XML
GE-PACKT

Alfred Nussbaumer
Dr. August Mistlbacher

XML GE-PACKT

Die Deutsche Bibliothek –
CIP-Einheitsaufnahme

Ein Titeldatensatz für diese Publikation
ist bei Der Deutschen Bibliothek erhältlich.

ISBN 3-8266-0690-6
1. Auflage 2002

Printed in Germany

Lektorat: Hans-Joachim Beese
Korrektorat: Christine Wöltche
Satz und Layout: mediaService, Siegen
Umschlaggestaltung: Anika Linnhoff
Druck: Druckerei Media Print, Paderborn

Inhaltsverzeichnis

1 Einführung in XML

Die Sprache XML (*Extensible Markup Language*) dient zum Bearbeiten von strukturierten Daten. Sie stellt nach HTML eine neue Art von Websprache dar. In XML können eigene Tags und Attribute definiert werden. Daher ist XML im Gegensatz zu HTML dynamisch und erweiterbar. Die Inhalte einer XML-Datei können durch eine eigene Sprache in HTML, PDF, ASCII, WML usw. transformiert werden. Diese Sprache heißt XSLT (*Extensible Stylesheet Language Transformation*). In diesem Kapitel soll ein erster Einblick in die vielfältigen Möglichkeiten von XML gegeben werden. Die Erläuterungen sind sehr knapp gehalten und auf das jeweilige Beispiel bezogen. Ausführliche Informationen zu den angesprochenen Themen finden Sie in den entsprechenden Referenzkapiteln.

Die Beispiele in diesem Kapitel wurden mit Hilfe des Internet Explorers MSIE 6, Netscape 6.1 sowie mit den Kommandozeilen-Prozessoren XT und XALAN (unter aktuellen Betriebssytemversionen von Linux und Windows) durchgeführt. XSL-FO-Beispiele wurden an Hand von FOP getestet. Informationen zum Bezug der Anwendungen und zur Installation finden sich weiter unten in diesem Kapitel.

1.1 XML-Dokumente

Wenn man einen HTML-Quelltext betrachtet, erkennt man durch die Verwendung von **Tags** wie <p> oder <h1> eine gewisse Strukturierung. Viele Tags haben eigentlich eine doppelte Bedeutung. Sie geben an, dass sie zum Beispiel eine Überschrift beinhalten und bestimmen damit automatisch die Art der Ausgabe. In Zusammenhang mit einem XML-Text spricht man nicht von Tags sondern von **Elementen**. Elemente beschreiben im Gegensatz zu HTML-Tags grundsätzlich nur die Struktur des Textes. Dabei können selbstgewählte Bezeichnungen für die Elemente verwendet werden. Die Art der Ausgabe der Elemente wird im XML-File nicht festgelegt.

Es ist sehr einfach, ein XML-Dokument zu erstellen. Man tippt den Text in einem beliebigen Editor und speichert ihn mit der Endung xml. Dann lädt man ihn mit einem Webbrowser. Der Internet Explorer ab Version 5 (http://www.microsoft.com/window/ie_int/de/download/) und der Netscape 6 Browser (http://home.netscape.com) sind XML-tauglich. Sie besitzen einen eingebauten Parser, der die XML-Datei syntaktisch überprüft und gegebenenfalls Fehlermeldungen ausgibt. Es gibt auch eigene XML-Editoren mit eingebauten Parsern, z.B. Xmetal (http://www.xml.de) oder XML-Spy (http://www.xmlspy.com).

Das erste Beispiel zeigt die grundlegende Struktur einer XML-Datei. In der ersten Zeile steht die so genannte XML-Deklaration, in der die verwendete XML-Version angegeben wird. So wie alle Tags in einem HTML-Text dem <html>-Tag untergeordnet sind, muss auch ein XML-Dokument ein Element besitzen, dem alle anderen Elemente untergeordnet sind. Im ersten Beispiel ist dies das Element <Text>, welches auch das **Dokument-Element** genannt wird.

1.Beispiel:

beisp1.xml:

```
<?xml version="1.0" encoding="iso-8859-1"?>
<!-- Kommentar: Ein erstes XML-File -->
<!-- Die XML-Deklaration steht am Beginn -->
<!-- Das Attribut encoding="iso-8859-1" ermöglicht die -->
<!-- Verwendung der deutschen Sonderzeichen -->
<Text>
   <Titel>
     XML-Grundlagen
   </Titel>
   <Absatz>
     Es ist sehr wichtig zu wissen, dass in XML
     immer zwischen Groß- und Kleinschreibung
     unterschieden wird. Außerdem muss jedes
     Start-Tag ein End-Tag besitzen und Tags
     müssen richtig geschachtelt sein.
   </Absatz>
</Text>
```

Wenn der Internet Explorer diesen Text lädt, stellt er ihn samt den Elementbezeichnungen „Text", „Titel" und „Absatz" dar. Man erkennt ihre hierarchische Struktur. Dem Dokumentelement `<Text>` sind die beiden Kind-Elemente `<Titel>` und `<Absatz>` untergeordnet.

Obwohl hier nur eine sehr kurze XML-Datei vorliegt, werden bereits wesentliche Unterschiede zur Schreibweise von HTML-Tags sichtbar. So müssen in XML-Dateien alle Elemente ein Start-Tag und ein End-Tag besitzen, und alle Tags müssen korrekt geschachtelt werden. Im obigen Beispiel kommt das durch die Einrückungen zum Ausdruck. Leerzeichen, Tabulatoren und Leerzeilen, Leerraum (*white-space*) genannt, spielen für die Interpretation der XML-Datei durch einen Parser keine Rolle.

Der folgende Ausschnitt einer XML-Datei wäre syntaktisch nicht zulässig, weil das End-Tag des Elementes <Titel> vor dem End-Tag des Elementes <Absatz> steht. Dies widerspricht der korrekten Schachtelung der Tags.

```
...
<Text>
   <Titel>
     Schlechte XML-Datei
     <Absatz>
       Untertitel
     </Titel>
   </Absatz>
</Text>...
```

Im Gegensatz zu XML werden nicht korrekt geschachtelte HTML-Tags von den Browsern toleriert und auch meist richtig interpretiert.

Ein XML-Dokument, das neben dieser korrekten Schachtelung der verwendeten Tags weitere grundlegende Strukturregeln befolgt, nennt man **„wohlgeformt"**. Die genauen Regeln dafür werden in Kapitel 2, „Die Syntax von XML" behandelt. Nur die Inhalte von wohlgeformten XML-Dateien können auf einem Bildschirm, einem Drucker, usw. ausgegeben werden.

1.2 Cascading Style Sheets (CSS)

Für die Darstellung des Inhaltes des XML-Dokumentes im WEB kann man ähnlich wie bei HTML-Files **Cascading Style Sheets** (CSS) verwenden. Die CSS-Befehle stehen in einer externen Datei, die durch eine so genannte **Xml-Stylesheet-Verarbeitungsanweisung** in das XML-File eingebunden wird. Diese Verarbeitungsanweisung steht meist unmittelbar nach der XML-Deklaration und gibt den Namen der CSS-Datei an.

Wohlgeformte XML-Dokumente können auch mittels XSLT (*Extensible Stylesheet Language Transformation*) ausgegeben werden (siehe Abschnitt 1.6).

Die XML-Datei verwendet dieselben Elemente wie jene vom 1. Beispiel. In der CSS-Datei „beisp2.css" wird für jedes Element eine **Stilklasse** (*style sheet*) definiert. Entsprechend diesen Vereinbarungen wird der Inhalt der Elemente ausgegeben.

2.Beispiel:

beisp2.xml:

```
<?xml version="1.0" encoding="iso-8859-1"?>
<?xml-stylesheet href="beisp2.css" type="text/css"?>
<!-- Kommentar: Ein XML-File mit CSS-Datei -->
<!-- Die xml-stylesheet-Anweisung bindet die CSS ein -->
<!-- Das Attribut type="text/css" gibt an, dass  die -->
<!-- CSS-Stylesheets im ASCII-Code geschrieben werden -->
<Text>
  <Titel>
    XML-Grundlagen
  </Titel>
  <Absatz>
    Elemente vererben ihre Eigenschaften an ihre
    Kindelemente.Daher haben auch die Elemente "Titel" und
    "Text" die Eigenschaft font-family: Times; die
    Eigenschaft font-size wird von dem Kindelement "Titel"
    überschrieben.
  </Absatz>
</Text>
```

beisp2.css:

```
Text {font-family: Times;
     font-size: 15pt;
     }
Titel {display: block;
     font-family: Arial;
     font-size: 30pt;
     color: fuchsia;
     text-align:center;
      }
Absatz {display: block;
     color: blue;
     background-color:silver;
```

Die Eigenschaft „display: block" bewirkt, dass der Inhalt der Elemente mit Zeilenumbruch erfolgt.

1.3 HTML-Namensräume

Viele von HTML her vertraute Features wie das Einbinden von Grafiken oder das Erstellen von Links sind mit CSS nicht machbar. Wenn es nur darum geht, einen Text in der neuen XML-Norm im WEB darzustellen, gibt es eine einfache Möglichkeit, beliebige HTML-Tags in den XML-Text einzubinden. Man definiert einen so genannten HTML-Namensraum. Dies geschieht mit Hilfe des „xmlns"-Attributs in irgendeinem Element des XML-Dokumentes.

Das Verwenden von HTML-Tags im XML-File widerspricht der Grundidee, dass das XML-Dokument nur strukturierte Daten enthält, aber keine Information für deren Ausgabe. Trotzdem ist die Verwendung von HTML-Namensräumen für Dokumente sinnvoll, die in erster Linie im WWW verwendet werden.

Das Beispiel zeigt, wie man eine Grafik und einen internen Link durch die entsprechenden HTML-Tags in ein XML-Dokument einbindet. Der Namensraum wird im `<html>`-Tag definiert. Weil dies das Dokumentelement ist, dürfen im gesamten XML-Text HTML-Tags verwendet werden. Man beachte, dass bei allen `<html>`-Tags das Präfix „html" vorangestellt werden muss, damit sie von den selber definierten XML-Elementen unterschieden werden können. Außerdem müssen HTML-Tags klein geschrieben werden.

3.Beispiel:

beisp3.xml:

```
<?xml version="1.0" encoding="iso-8859-1"?>
<?xml-stylesheet href="beisp3.css" type="text/css"?>
<html:html xmlns:html="http://www.w3.org/TR/REC-html40">

<!-- Verwendung von HTML in XML-Files -->
<!-- Es wird ein so genannter Namensraum eröffnet, -->
<!-- in dem HTML-Tags erkannt werden -->
<Text>
   <Titel>
     XML-Grundlagen
   </Titel>
   <html:br/>
   <html:a href="#ende" class="Link"
      >Sprung zum Text</html:a>
   <html:br/>
   <html:img src="cook.jpg" width="342" height="490"
      border="0" alt=""/>
   <html:br/>
   <Absatz>
     Alle bekannten HTML-Tags können im HTML-Namensraum
     verwendet werden. Die Webadresse "http://www.w3.
     org/TR/REC-html40" ist im Parser gespeichert und
     eindeutig HTML zugeordnet. Es wird jedoch keine
     Webverbindung zu dieser Seite aufgebaut.
   </Absatz>
   <html:br/>
   <Absatz>
     HTML-Tags ohne End-Tag wie z.B. "br" schreibt man in
     XML "br/", d.h. dies sind Tags ohne Inhalt, die das
     End-Tag sozusagen bereits mit eingebaut haben.
   </Absatz>
   <html:a name="ende"></html:a>
</Text>
</html:html>
```

beisp3.css:

```
Titel {font-family: Arial;
       font-size: 30pt;
```

```
        color: fuchsia;
        text-align:center;
       }
Text {font-size: 15pt;
      }
.Link {font-family: Courier;
      display:block;
      text-align:center;
      font-size:large;
      text-decoration:none;
      border-style:solid;
      border-width:8pt;
      border-color: blue;
      font-size: 12pt;
      color: blue;
      background-color:gray;
       }
```

XML-Files wie es das beisp3.xml darstellt, unterscheiden sich kaum von herkömmlichen HTML-Files. Die Cascading Style Sheets stehen in einer eigenen Datei. Die Schreibweise der HTML-Tags weist nur kleine Unterschiede auf und es dürfen alle HTML-Tags verwendet werden. Detaillierte Informationen zu HTML-Namensräumen finden Sie im Abschnitt 4.2 des Kapitels 4 „Namensräume".

In „beisp3.css" wird eine Stylesheetklasse „Link" deklariert, die im XML-File bei der Linkreferenz Verwendung findet. Sie sorgt für ein besonderes Aussehen des Links. Der Link wird nicht unterstrichen, sondern steht zentriert in einem blauen Rahmen auf grauem Hintergrund.

Einen Überblick über die vielfältigen Möglichkeiten, die CSS-Befehle bieten, erhalten Sie im Kapitel 5.

Im XML-Text mischen sich Elemente, welche die Struktur des Dokuments beschreiben, mit Elementen, die angeben, wie die Ausgabe erfolgen soll. Das oben beschriebene Ideal der Trennung dieser beiden

Bereiche geht hier wieder verloren. Derartige XML-Dateien wird man erstellen, wenn man Wert auf den XML-Standard legt und man daher alte HTML-Dateien auf XML überträgt oder wenn einem die Trennung von Inhalt und Darstellung durch den Browser einfach nicht wichtig ist.

Das 4. Beispiel zeigt, dass es auch möglich ist, Skriptsprachen in XML-Files zu verwenden. Unser Beispiel verwendet die bekannte Skriptsprache JavaScript. Dazu muss man ebenfalls einen HTML-Namensraum definieren. Die Befehle der Skriptsprache stehen innerhalb des von HTML bekannten Tags `<html:script type="text/JavaScript">`. Das Beispiel verwendet dieses Tag zweimal: einmal zum Definieren einer Funktion, die mit Hilfe des „Date"-Objekts das Datum liefert und einmal, um diese Funktion an geeigneter Stelle im XML-Text aufzurufen. Der HTML-Namensraum umfasst wie im 3. Beispiel den gesamten Text.

4. Beispiel:

beisp4.xml:

```
<?xml version="1.0" encoding="iso-8859-1"?>
<?xml-stylesheet href="beisp3.css" type="text/css"?>

<html:html xmlns:html="http://www.w3.org/TR/REC-html40">
                        <!--Beginn des HTML-Namensraums-->
<html:script type="text/JavaScript">
   function Datum() {               <!--JavaScript-Funktion-->
    var date=new Date();
    var monat=date.getMonth()+1;
    var datum=date.getDate()+"."+monat+"."+date.getYear();
    return datum;
           }
</html:script>
<Text>
   <Titel>
    XML und JavaScript
   </Titel>
```

```
    <html:br/>
    <Absatz>
      Im HTML-Namensraum können auch Skriptbefehle
      verwendet werden.
    </Absatz>
    <html:br/>
    <Absatz>
      Aktuelles Datum:<html:script type="text/JavaScript">
             document.write(Datum());
           </html:script>
    </Absatz>
</Text>                          <!--Ende des HTML-Namensraums-->
</html:html>
```

Das nächste Beispiel zeigt, dass man die Befehle der Skriptsprache auch in einer eigenen Datei ablegen kann. Dies stellt eine gute Möglichkeit dar, den Text des XML-Files übersichtlich zu gestalten.

5. Beispiel:

beisp5.xml:

```
<?xml version="1.0" encoding="iso-8859-1"?>
<?xml-stylesheet href="beisp3.css" type="text/css"?>

<html:html xmlns:html="http://www.w3.org/TR/REC-html40">
<html:script type="text/JavaScript" src="java5.js"/>

<Text>
    <Titel>
      XML-JavaScript
    </Titel>
    <html:br/>
    <Absatz>
      Bitte drücken sie auf den Knopf, um ein
      Spiel zu starten:
    </Absatz>
    <html:br/>
    <Absatz>
      Die zu erratende Zahl liegt zwischen 0 und 99.
    </Absatz>
    <html:br/>
```

```
    <html:form>
    <html:input type="button" value="Zahlenraten"
         onclick="zahlenraten()"/>
    </html:form>
</Text>
</html:html>
```

Die JavaScript-Funktion „zahlenraten" befindet sich in der Datei „java5.js". Die in den Vergleichen enthaltenen Kleiner(<)- und Größer(>)-Zeichen würden, wenn sie im XML-File vorhanden wären, als Tag-Zeichen missinterpretiert und somit zu einer Fehlermeldung des XML-Parsers führen. Dies ist ein weiteres Argument, JavaScript in eine externe Datei auszulagern.

java5.js:

```
function zahlenraten() {
   var zahl = parseInt(Math.random() * 100);
   var fehler = 0;
   var fertig = false;
   while (!fertig) {
       eingabe = prompt("Bitte erraten Sie die Zahl:","");
       if (!eingabe) fertig = true;
                // Abbrechenknopf gedrückt!!!
       else {if (eingabe == zahl)
            { alert("Erraten\nnach "+fehler+" Versuchen");
                 fertig = true;
                }
            else
                { fehler++;
                 if (eingabe<zahl)
                    alert("Geratene Zahl ist zu klein!");
                 if (eingabe>zahl)
                    alert("Geratene Zahl ist zu gross!");
                }
            }
       } //endwhile
}
```

1.4 Document Type Definition (DTD)

Im Folgendem beschäftigen wir uns mit XML-Dateien, bei denen es in erster Linie auf die Struktur der Inhalte ankommt. Es wird deutlich werden, dass hier die eigentlichen Stärken und Verbesserungen von XML im Vergleich zu HTML liegen. XML-Dateien können beliebige Daten strukturiert verwalten, von Systemkonfigurationsdateien, Kundenadressen und Fahrplänen bis zu Polizeiregistern und Wissensdatenbanken.

Die Struktur einer XML-Datei wird durch die selbstdefinierten Elemente festgelegt. Dabei gibt es genau ein Wurzelelement (**Dokument-Element**), das Kindelemente hat, die wiederum Kindelemente haben können. So ergibt sich die hierarchische Struktur eines Baums. Wir wissen bereits, dass die Eigenschaften eines Elementes, wie zum Beispiel die CSS-Festlegungen, an die "Nachkommen" vererbt werden.

Bis jetzt wurden Elemente einfach dadurch definiert, dass sie im Text standen und der Parser auf sie stieß. Ab jetzt werden wir alle Elemente zuerst definieren, bevor wir sie verwenden. Dies geschieht in der so genannten **Document Type Definition** (DTD). XML-Dateien mit einer DTD nennt man "**gültig**". Alle bisherigen XML-Dateien waren keine "gültigen" XML-Files, sondern nur "**wohlgeformt**". Im einfachsten Fall steht die DTD im Prolog der XML-Datei gleich nach der `<?xml>`-Deklaration. Man spricht von einer **internen DTD**.

Das 5. Beispiel zeigt ein gültiges XML-File, bei dem jedoch die Ausgabe der Elemente fehlt. Der Browser zeigt daher wie beim 1. Beispiel nur die Baumstruktur der Elemente und ihre Inhalte an. Das Dokumentelement ist das Element `<Buch>` mit dem Kindelement `<Kapitel>`. Dieses Kindelement kann ein oder mehrmals auftreten, weil in der DTD ein + steht. Jedes Kapitel hat genau ein Kindelement `<Titel>` und möglicherweise ein oder mehrere Kindelemente `<Text>`

(neben Text steht ein *). #PCDATA gibt an, dass die Elemente <Titel> und <Text> nur Zeichen enthalten, deren Gültigkeit vom XML-Parser überprüft werden. Deutsche Sonderzeichen sind beispielsweise nur erlaubt, wenn in der XML-Deklaration durch „encoding" der entsprechende Zeichensatz für westeuropäische Schriften angegeben wird.

6.Beispiel:

beisp6.xml:

```
<?xml version="1.0" encoding="iso-8859-1"?>
<!-- -->
<!-- Eine interne DTD -->
<!-- Das erste wohlgeformte XML-File -->
<!-- -->
<!DOCTYPE Buch [
       <!ELEMENT Buch (Kapitel)+>
          <!ELEMENT Kapitel (Titel,Text*)>
               <!ELEMENT Titel (#PCDATA)>
               <!ELEMENT Text (#PCDATA)>
   ]>
<Buch >
   <Kapitel>
       <Titel>1) Dokument-Element </Titel>
       <Text> Die Document-Type-Definition gibt die
              Struktur der Daten an. Der Name der
              Definition muss dem Namen des Dokument-
              elements "Buch" gleich sein. Das ELEMENT-Tag
              beschreibt den Aufbau von "Buch". Es besteht
              aus "Kapitel". Das + neben Kapitel bedeutet,
              dass "Buch" aus einem oder mehreren Elementen
              "Kapitel" besteht.
       </Text>
   </Kapitel>
   <Kapitel>
       <Titel>2) Kind-Elemente</Titel>
       <Text> "Kapitel" ist das einzige Kindelement von
              "Buch" und hat selber zwei Kindelemente
              "Titel" und "Text". "Titel" muss genau einmal
              auftreten, "Text" kann ein oder mehrmals
              auftreten oder auch fehlen (dies wird durch
              den * neben dem Namen angezeigt).
```

```
      </Text>
    </Kapitel>
    <Kapitel>
      <Titel>3) PCDATA</Titel>
      <Text> PCDATA steht für Parsed Character Data.</Text>
      <Text> PCDATA steht daher für einfache Zeichen.
             Der Inhalt der durch #PCDATA vereinbarten
             Elemente wird durch den Parser syntaktisch
             überprüft.
      </Text>
    </Kapitel>
</Buch>
```

Um die XML-Datei übersichtlich zu halten, ist es sinnvoll, die DTD in eine eigene Datei auszulagern. Beim 7. Beispiel steht die DTD in der Datei beisp7.dtd. Man spricht von einer **externen DTD**. Verwendet man gleichzeitig eine interne und eine externe DTD, so haben Vereinbarungen der internen DTD die höhere Priorität.

> Alle weiteren Einzelheiten zum Thema „Die Syntax einer DTD" sind im 3. Kapitel zusammengefasst.

7.Beispiel:

beisp7.xml:

```
<?xml version="1.0" encoding="iso-8859-1" ?>
<!DOCTYPE Buch SYSTEM "beisp7.dtd">
<Buch >
   <Kapitel>
       <Titel>1) Externe DTD </Titel>
       <Text> Das Schlüsselwort "SYSTEM" bedeutet,
              dass die externe DTD nur lokal auf einem
              Rechner verwendet wird. Alternativ könnte
              man "PUBLIC" angeben, wenn die DTD auf einer
              Webseite öffentlich zugänglich ist und es
              möglich sein soll, dass sie auch von anderen
              Benutzern geladen wird.
       </Text>
```

```
        <Text> Die Angabe der dtd-Datei kann auch einen
               absoluten oder besser einen relativen Pfad
               beinhalten. Ansonsten muss sich die Datei
               im selben Verzeichnis wie die xml-Datei
               befinden.
        </Text>
    </Kapitel>
    <Kapitel>
        <Titel>2) Ausgabe durch XSLT </Titel>
    </Kapitel>
</Buch>
```

beisp7.dtd:

```
<!ELEMENT Buch (Kapitel)+>
     <!ELEMENT Kapitel (Titel,Text*)>
            <!ELEMENT Titel (#PCDATA)>
            <!ELEMENT Text (#PCDATA)>
```

1.5 XHTML

XHTML entspricht einer Umsetzung von HTML 4.0 nach XML. Aus diesem Grund muss XHTML-Code auch alle Regeln erfüllen, die für XML-Dateien gelten, etwa:

1. Es wird eine der folgenden drei Document-Type-Definitionen (DTD) verwendet:
    - XHTML-1.0-Strict,
    - XHTML-1.0-Transitional,
    - XHTML-1.0-Frameset
2. Die DTD muss zu Beginn deklariert werden.
3. Das Dokumentelement muss `<html>` sein.
4. Als Namensraum muss *http://www.w3.org/1999/xhtml* festgelegt sein.
5. Die Datei muss wohlgeformt sein, das bedeutet beispielsweise, dass alle Tags korrekt geschachtelt werden müssen.

Wir untersuchen dies anhand einer einfachen HTML-Datei. Die HTML-Datei soll folgenden Inhalt haben:

8. Beispiel:

```
<html>
  <head>
    <title>XML</title>
    <meta http-equiv="Content-Type" content="text/html;
                      charset=ISO-8859-1">
    <link rel="stylesheet" type="text/css"
          href="../inf.css">
  </head>
  <body>
    <h3>XML - XHTML</h3>
    <p>Dies ist ein erster Übungstext.</p>
  </body>
</html>
```

Die Transformation nach XHTML kann mit Hilfe des Kommandozeilenprogramms „**tidy**" geschehen, das vom W3C zur Verfügung gestellt wird. Wir rufen dieses Tool mit den folgenden Optionen auf:

Option	**Auswirkung**
-indent	Stellt Einrückungen wie in der HTML-Datei dar.
-asxml	Konvertiert HTML-Text in wohlgeformten XML-Text
- latin1	Verarbeitet Eingabe- und Ausgabedaten in Zeichensatz „latin1"

Tabelle 1.1: Processingoptions für das Kommandozeilentool „tidy"

Wir führen die Umformung aus:

```
tidy -indent -asxml -latin1 neu.html > neu.xhtml
```

Damit erhalten wir den folgenden Output:

```
<!DOCTYPE html PUBLIC "-//W3C//DTD XHTML 1.0 Strict//EN"
   "http://www.w3.org/TR/xhtml1/DTD/xhtml1-strict.dtd">
```

```
<html xmlns="http://www.w3.org/1999/xhtml">
  <head>
    <meta name="generator" content="HTML Tidy,
                 see www.w3.org" />
    <title>
      XML
    </title>
    <meta http-equiv="Content-Type"
    content="text/html; charset=ISO-8859-1" />
    <link rel="stylesheet" type="text/css"
          href="../inf.css" />
  </head>
  <body>
    <h3>
      XML - XHTML
    </h3>
    <p>
      Dies ist ein erster Übungstext.
    </p>
  </body>
</html>
```

1.6 XSL Transformation (XSLT)

Auch gültige XML-Files können mit Hilfe einer CSS-Datei und mit Hilfe von HTML-Tags ausgegeben werden. Es gibt jedoch, wie bereits vor dem 2. Beispiel erwähnt, die viel wichtigere Möglichkeit der Ausgabe mit Hilfe von XSLT = *Extensible Stylesheet Language Transformation*. XSLT ist eine eigene Metasprache, die aus den im XML-File gegebenen Daten einen HTML-Code, einen PDF-Code oder einen Code für irgendein anderes Format erzeugt. Für die Interpretation der XSLT-Befehle benötigt man einen XSLT-Prozessor.

Neben der eigentlichen XML-Datei, deren Inhalte transformiert und ausgegeben werden sollen, muss eine XSL-Datei vorliegen, in der alle Anweisungen für den XSLT-Prozessor enthalten sind. Damit die XSLT-Befehle verstanden werden, muss ein Namensraum definiert werden. Interessanterweise stellt auch eine XSL-Datei eine XML-Datei dar und muss somit alle Regeln für eine XML-Datei erfüllen (und beispielsweise „wohlgeformt" sein).

Der Internet Explorer von Microsoft besitzt ab der Version 5 einen XSLT-Prozessor, Mozilla und der daraus abgeleitete Browser Netscape 6.1 sind ebenfalls in der Lage, XSL-Transformationen auszuführen. Die in der Browsersoftware integrierten XSLT-Prozessoren verwenden den vom W3C-Konsortium offiziell definierten XSL-Namensraum, MSIE 5.x verwendet einen inzwischen abgelaufenen Namensraum, der jedoch auch noch vom IE 6 verstanden wird.

Das 9. Beispiel zeigt die selektive Ausgabe mit Hilfe von XSLT-Befehlen. Es werden verschiedene XSL-Dateien auf die XML-Datei „beisp9.xml" angewendet. „beisp9.xsl", „beisp9_1.xsl" und „beisp9_2.xsl" verwenden den alten Namensraum und funktionieren daher mit dem IE5.x und dem IE6.

Die XSL-Dateien werden wie die CSS-Dateien in der **„xml-stylesheet-Verarbeitungsanweisung"** in die XML-Datei eingebunden. Das Attribut „type" hat in diesem Fall den Wert „text/xsl".

9.Beispiel:

beisp9.xml:

```
<?xml version="1.0" encoding="iso-8859-1" ?>
<?xml-stylesheet href="beisp9.xsl" type="text/xsl" ?>
<!DOCTYPE Buch SYSTEM "beisp7.dtd">
<Buch>
   <Kapitel>
       <Titel>XML</Titel>
       <Text>XML ist erweiterungsfähig.</Text>
   </Kapitel>
   <Kapitel>
       <Titel>Ausgabe durch XSLT</Titel>
       <Text>Eine XSLT-Datei wird wie eine CSS-Datei
             eingebunden.</Text>
```

```
      <Text>Eine XSLT-Datei enthält einen XSL-Namensraum,
            in dem beliebige HTML-Tags verwendet werden
            können.
      </Text>
   </Kapitel>
</Buch>
```

beisp9.xsl:

```
<xsl:stylesheet version="1.0"
                xmlns:xsl="http://www.w3.org/TR/WD-xsl">
                <!--alter Namensraum fuer IE5-->
<xsl:template match="/">
                <!--ein Template wird erzeugt und auf das
                Wurzelelement angewendet-->
    <xsl:for-each select="Buch/Kapitel">
                <!--liefert alle Tags "Kapitel"-->
      <h1>
      <xsl:value-of select="Titel"/>
          <!--liefert den Inhalt der Elemente "Titel"-->
      </h1>
    </xsl:for-each>
 </xsl:template>
</xsl:stylesheet>
       <!--nur die Titel der Kapitel werden angezeigt-->
```

Am Beginn wird der XSL-Namensraum vereinbart. Das Präfix für XSL-Befehle ist die Zeichenfolge „xsl". Der erste Befehl <xsl:template match="/"> erzeugt ein so genanntes „Template", welches die gesamten im XML-Dokument enthaltenen Elemente in Form eines Baums abbildet und so einen Zugriff auf diese Elemente ermöglicht. In unserem Beispiel hat der Baum als Wurzel das Dokumentelement <Buch>, von dem zwei Kindelemente <Kapitel> abstammen. Jedes Element <Kapitel> hat ein Element <Titel> sowie ein beziehungsweise zwei Elemente <Text> als Nachfolger. Der „Elementenbaum" hat daher drei Ebenen.

Genau genommen ist <Buch> nicht die Wurzel, sondern selber bereits ein Nachfolger der eigentlichen Wurzel, die auf die XML-Deklaration des XML-Files zeigt. Daher hat der von <xsl:template match="/"> erzeugte Baum sogar vier Ebenen, wobei die „Wurzelebene" keine Informationen über die Inhalte der XML-Elemente liefert.

Das XSLT-Tag „xsl:for-each" ist eine Schleife. Der Inhalt der Schleife wird so oft ausgeführt, wie es Elemente gibt, auf die die von „select=" angegebene Eigenschaft zutrifft. Das Beispiel zeigt, dass nicht notwendigerweise alle Daten des XML-Files dargestellt werden. Würde man auch den jeweiligen Text der Kapitel ausgeben wollen, müsste man zum Beispiel folgende XSLT-Datei verwenden:

beisp9_1.xsl:

```
<xsl:stylesheet version="1.0" xmlns:xsl=
                "http://www.w3.org/TR/WD-xsl">
<xsl:template match="/">
   <xsl:for-each select="Buch/Kapitel">
     <h1>
       <xsl:value-of select="Titel"/>
     </h1>
     <xsl:for-each select="Text">
       <p>
         <xsl:value-of select="." />
       </p>
     </xsl:for-each>
   </xsl:for-each>
</xsl:template>
</xsl:stylesheet>
```

Die innere <xsl:for-each>-Schleife sorgt für die Ausgabe der Elemente <Text>. Der aktuelle Knoten des Elementenbaums wird durch " . " selektiert. (" .. " würde das übergeordnete Elternelement selektieren).

Es ist lehrreich, sich den Elementenbaum für obige XML-Datei aufzuzeichnen und anhand dieser Zeichnung das Wirken der xsl-Schleifen nachzuvollziehen.

In einem XSLT-Dokument kann man über das STYLE-Attribut die Form der Ausgabe festlegen. Wenn man dies nutzt, verwendet man günstigerweise das HTML-Tag <DIV>, weil es lediglich einen Abschnitt definiert und keine Spezifikationen bezüglich der Ausgabe trifft. Das nächste Beispiel zeigt, wie es gemacht wird. Es sorgt auch mit den bekannten HTML-Tags dafür, dass die Kapitelüberschriften bei der Ausgabe durch den Browser nummeriert werden.

beisp9_2.xsl:

```
<xsl:stylesheet version="1.0"
     xmlns:xsl="http://www.w3.org/TR/WD-xsl">
<xsl:template match="/">
<ol start="1" type="1">
    <xsl:for-each select="Buch/Kapitel">
      <div STYLE="color:blue; font-size:20pt;
              font-family:Arial;
        position:relative; left:2px; top:10px">
        <li>
          <xsl:value-of select="Titel"/>
        </li>
      </div>
      <xsl:for-each select="Text">
        <div STYLE="color:black; font-size:16pt;
            position:relative; left:30px; top:4px">
          <xsl:value-of select="." />
        </div>
      </xsl:for-each>
    </xsl:for-each>
</ol>
</xsl:template>
</xsl:stylesheet>
```

Der Parameter „position" hat folgende Bedeutung: Der Inhalt des Elements „Titel" wird 2 Pixel rechts und 10 Pixel unterhalb des zuletzt ausgegebenen Elements geschrieben.

Zum Vergleich wird eine XSLT-Datei angegeben, die den offiziellen XSLT-Namensraum verwendet. Sie ergibt dieselbe Ausgabe wie beisp9_2.xsl, funktioniert aber nur mit dem Internet Explorer 6. Dieser enthält einen verbesserten XSLT-Parser, der die Syntax von XSLT genauer verwirklicht. Die Unterschiede zur obigen XSL-Datei sind hervorgehoben.

beisp9_2ie6.xsl:

```
<xsl:stylesheet version="1.0"
     xmlns:xsl="http://www.w3.org/1999/XSL/Transform">
     <!-- offizieller Namensraum -->
<xsl:output method="html"/><!-- legt fest, dass
     HTML-Code erzeugt werden soll -->
<xsl:template match="Buch">
          <!-- match="Buch"  funktioniert nur mit dem
                neuem Namensraum -->
<ol start="1" type="1">
     <!-- der alte Namensraum erlaubt nur match="/" -->
   <xsl:for-each select="Kapitel">
     <div STYLE="color:blue; font-size:20pt;
         font-family:Arial;
          position:relative; left:2px; top:10px">
       <li>
         <xsl:value-of select="Titel"/>
       </li>
     </div>
     <xsl:for-each select="Text">
       <div STYLE="color:black; font-size:16pt;
          position:relative; left:30px; top:4px">
         <xsl:value-of select="." />
       </div>
     </xsl:for-each>
   </xsl:for-each>
</ol>
</xsl:template>
</xsl:stylesheet>
```

Die nächste XSLT-Datei liefert eine sortierte Liste der Titeleinträge. Neu ist die Verwendung des XSLT-Sortierbefehls `<xsl:sort>`, welcher nach dem `<xsl:for-each>`-Schleifenbefehl eingefügt werden muss und der dafür sorgt, dass die Titel in alphabetischer Reihenfolge sortiert ausgegeben werden.

beisp9_3ie6.xsl:

```
<xsl:stylesheet version="1.0"

    xmlns:xsl="http://www.w3.org/1999/XSL/Transform">
<xsl:output method="html"/>
<xsl:template match="Buch">
   <div STYLE="color:blue; font-size:25pt">
         <!-- zuerst eine Ueberschrift -->
     Die Titel in alphabetischer Reihenfolge
   </div>
   <ol start="1" type="1">
         <!-- hier wird die Liste gestartet -->
     <xsl:for-each select="Kapitel">
       <xsl:sort select="Titel"/>
         <!-- die Titel werden sortiert -->
       <div STYLE="color:black; font-size:15pt">
         <li>
           <xsl:value-of select="Titel"/>
                 <!-- und hier eingefuegt -->
         </li>
       </div>
     </xsl:for-each>
   </ol>
</xsl:template>
</xsl:stylesheet>
```

Die nächste - und letzte - XSL-Datei für das XML-Dokument „beisp9.xml" zeigt, wie man statt des XSLT-Schleifenbefehls `<xsl:for-each>` den Befehl `<xsl:apply-templates>` verwenden kann.

Wie bereits weiter oben erwähnt wurde, erzeugt der Befehl `<xsl:template match="Buch">` ein so genanntes „Template", welches den Zugriff auf alle Elemente des XML-Dokuments ermöglicht.

Dabei muss man die Eltern- Kind-Beziehungen beachten, die eine Hierarchie zwischen den Elementen etablieren. Daher spricht man vom Ausgabebaum. Der Befehl `<xsl:apply-templates select="Kapitel"/>` selektiert alle Elemente `<Kapitel>`, die Kindelement von `<Buch>` sind und erzeugt jeweils ein Template für jenen Teilbaum, dessen Wurzel das Element `<Kapitel>` ist. Auf jeden auftretenden Teilbaum wird das durch `<xsl:template match="Kapitel">` definierte Template angewendet. In diesem Template werden wieder Elemente selektiert, die Kindelemente von "Kapitel" sind. Auf die entsprechenden Teilbäume werden wiederum eigene Templates angewendet. Erst diese schreiben den Inhalt der gefundenen Knoten auf den Bildschirm.

Die Methode zeigt deutlich die Baumstruktur des XML-Dokuments und stellt eine rekursive Methode dar, in XSL-Dateien „Schleifen" zu erzeugen.

beisp9_4ie6.xsl:

```
<xsl:stylesheet version="1.0"
xmlns:xsl="http://www.w3.org/1999/XSL/Transform">
<xsl:output method="html"/>
<xsl:template match="Buch">
   <html>
     <head>
       <title>XML-Themen</title>
     </head>
     <div STYLE="color:blue;
          font-size:30pt">XML-Themen</div>
     <body>     <!--selektiere alle Kapitelelemente-->
       <xsl:apply-templates select="Kapitel"/>
                <!--und wende jedes Mal auf den-->
     </body>    <!--entsprechenden Teilbaum das-->
                <!--Template "Kapitel" an-->
   </html>
</xsl:template>

<xsl:template match="Kapitel">
```

```
    <div STYLE="color:blue; font-size:20pt">
      <xsl:apply-templates select="Titel"/>
                   <!--selektiere alle Titelelemente-->
    </div>
    <div STYLE="color:black; font-size:12pt">
      <xsl:apply-templates select="Text"/>
                   <!--selektiere alle Textelemente-->
    </div>
</xsl:template>

<xsl:template match="Titel">
    <xsl:value-of select="."/>
    <!--selektiere alle aktuellen Knoten des Ausgabebaums-->
</xsl:template>
    <!--das sind die Titelknoten-->

<xsl:template match="Text">
    <xsl:value-of select="."/>
        <!--selektiere alle aktuellen Elemente-->
</xsl:template>
        <!--das sind die Textelemente-->

</xsl:stylesheet>
```

Oftmals ist es übersichtlicher, die Daten einer XML-Datei in Form einer Tabelle auszugeben. Wir verwenden eine XML-Datei, in der Telefonnummern abgelegt sind. In der DTD wird für das Element "Person" ein Attribut "kontakt" definiert, welches anzeigt, ob man die betreffende Person privat oder dienstlich kennt. Diese Information wird in der letzten Spalte der Tabelle angezeigt.

10.Beispiel:

beisp10.xml:

```
<?xml version="1.0" encoding="iso-8859-1"?>
<?xml-stylesheet href="beisp10.xsl" type="text/xsl"?>
<!DOCTYPE Bekannte SYSTEM "beisp10.dtd">
<Bekannte>
   <Person kontakt='dienstlich'>
     <Vorname>Anton</Vorname>
     <Nachname>Hümer</Nachname>
```

```
        <Nummer>
          <Vorwahl>07623</Vorwahl>
          <Ortswahl>39612</Ortswahl>
        </Nummer>
      </Person>
      <Person kontakt='privat'>
        <Vorname>Herbert</Vorname>
        <Nachname>Danzinger</Nachname>
      </Person>
      <Person kontakt='privat'>
        <Vorname>Johannes</Vorname>
        <Nachname>Baireder</Nachname>
        <Nummer>
          <Ortswahl>523509</Ortswahl>
        </Nummer>
      </Person>
      <Person kontakt='dienstlich'>
        <Vorname>Maria</Vorname>
        <Nachname>Domani</Nachname>
        <Nummer>
          <Vorwahl>07266</Vorwahl>
          <Ortswahl>837375</Ortswahl>
        </Nummer>
      </Person>
</Bekannte>
```

beisp10.dtd:

```
<!ELEMENT Bekannte (Person+)>
     <!ELEMENT Person (Vorname,Nachname,Nummer*)>
          <!ATTLIST Person kontakt
                    (privat|dienstlich) #REQUIRED>
          <!ELEMENT Vorname (#PCDATA)>
          <!ELEMENT Nachname (#PCDATA)>
          <!ELEMENT Nummer (Vorwahl?,Ortswahl)>
                     <!ELEMENT Vorwahl (#PCDATA)>
                     <!ELEMENT Ortswahl (#PCDATA)>
```

Die XSL-Datei „beisp10.xsl" verwendet nur ein Template für den Ausgabebaum mit dem Dokumentelement „Bekannte" als Wurzel. Zuerst wird der Tabellenkopf wie in einem HTML-File ausgegeben. Die Ausgabe der einzelnen Tabellenzeilen wird durch eine `<xsl:for-`

each>-Schleife bewerkstelligt. Neu ist die Verwendung einer bedingten Abfrage mit dem Befehl <xsl:choose> <xsl:when .... > ...... </xsl:when> <xsl:otherwise> ...... </xsl:otherwise> </xsl: choose>, durch die je nach dem Wert des Attributs „kontakt" der Text „privat" oder „dienstlich" in die letzte Spalte der Tabelle geschrieben wird.

Der Wert des Attributs „kontakt" wird mit „@kontakt" ausgelesen und mit dem Textliteral 'privat' verglichen. Das Ergebnis des Vergleiches wird im Attribut „test" des <xsl:when ... > abgespeichert.

beisp10.xsl:

```
<xsl:stylesheet version="1.0"
xmlns:xsl="http://www.w3.org/1999/XSL/Transform">
<xsl:output method="html"/>
<xsl:template match="Bekannte">
<html>
    <head>
      <title>Meine wichtigsten Bekannten</title>
    </head>
    <body>
      <h1 align="center">Meine wichtigsten Bekannten</h1>
      <table border="2" STYLE="position:absolute;
                                    left:120px; top:70px;
            border-style:outset">
        <tr style="font-weight:bold; font-size:20pt;
                                          color:blue">
          <td><b>Nachname</b></td>
          <td><b>Vorname</b></td>
          <td><b>Vorwahl</b></td>
          <td><b>Ortswahl</b></td>
          <td><b>Kontakt</b></td>
        </tr>
        <xsl:for-each select="Person">
          <xsl:sort select='-Nachname'/>
                        <!-- absteigend sortieren mit "-" -->
          <tr>
            <td>
              <div STYLE="font-size:15pt">
```

```
            <xsl:value-of select="Nachname"/>
          </div>
        </td>
        <td>
          <div STYLE="  font-size:15pt">
            <xsl:value-of select="Vorname"/>
          </div>
        </td>
        <td>
          <div STYLE="  font-size:15pt">
            <xsl:value-of select="Nummer/Vorwahl"/>
          </div>
        </td>
        <td>
          <div STYLE=" font-size:15pt">
            <xsl:value-of select="Nummer/Ortswahl"/>
          </div>
        </td>
        <td>
          <xsl:choose>
            <xsl:when test="@kontakt='privat'">
              <div STYLE=" font-size:15pt">privat</div>
            </xsl:when>
            <xsl:otherwise>
              <div STYLE=" font-size:15pt">
                                 dienstlich</div>
            xsl:otherwise>
          </xsl:choose>
        </td>
      </tr>
    </xsl:for-each>
  </table>
 </body>
</html>
 </xsl:template>
</xsl:stylesheet>
```

Statt der `<xsl:choose>`-Konstruktion kann man auch die etwas einfachere if-Konstruktion verwenden. Die entsprechende Passage im XSL-File würde so aussehen:

```
<td>
<div STYLE=" font-size:15pt">
   <xsl:if test="@kontakt='privat'">
     privat
   </xsl:if>
   <xsl:if test="@kontakt='dienstlich'">
     dienstlich
   </xsl:if>
 </div>
</td>
```

Schließlich soll auch bei diesem Beispiel gezeigt werden, wie durch die wiederholte rekursive Anwendung von Templates dieselben Daten in einer Tabelle ausgegeben werden. Die if-Konstruktion wird verwendet, um die Telefonnummer von privaten Bekannten grün anzuzeigen. Alle „dienstlichen Nummern" werden in der Farbe lila ausgegeben.

```
<xsl:stylesheet version="1.0"
xmlns:xsl="http://www.w3.org/1999/XSL/Transform">
<xsl:output method="html"/>
<xsl:template match="Bekannte">
<html>
   <head>
     title>Bekannte</title>
   </head>
   <body>
     <div STYLE="color:blue; font-size:30pt;
       font-weight:bold">Bekannte</div>
     <table border="2" STYLE="position:absolute;
       left:10px; top:80px">
       <tr style="font-weight:bold; font-size:20pt;
         color:blue">
         <td>Vorname</td>
         <td>Nachname</td>
         <td>Vorwahl</td>
         <td>Ortswahl</td>
       </tr>
       <xsl:apply-templates select="Person"/>
     </table>
   </body>
```

```
</html>
</xsl:template>

<xsl:template match="Person">
   <tr style="font-size:15pt">
     <td><xsl:apply-templates select="Vorname"/></td>
     <td><xsl:apply-templates select="Nachname"/></td>
     <td><xsl:apply-templates select="Nummer/Vorwahl"/>
     </td>
     <td><xsl:apply-templates select="Nummer/Ortswahl"/>
     </td>
   </tr>
</xsl:template>

<xsl:template match="Vorname">
   <xsl:if test="../@kontakt='privat'">
     <div STYLE="color:lime">
       <xsl:value-of select="."/>
     </div>
   </xsl:if>
   <xsl:if test="../@kontakt='dienstlich'">
     <div STYLE="color:purple">
       <xsl:value-of select="."/>
     </div>
   </xsl:if>
</xsl:template>

<xsl:template match="Nachname">
   <xsl:if test="../@kontakt='privat'">
     <div STYLE="color:lime">
       <xsl:value-of select="."/>
     </div>
   </xsl:if>
   <xsl:if test="../@kontakt='dienstlich'">
     <div STYLE="color:purple">
       <xsl:value-of select="."/>
     </div>
   </xsl:if>
</xsl:template>

<xsl:template match="Nummer/Vorwahl">
   <xsl:if test="../../@kontakt='privat'">
```

```
      <div STYLE="color:lime">
        <xsl:value-of select="."/>
      </div>
    </xsl:if>
    <xsl:if test="../../@kontakt='dienstlich'">
      <div STYLE="color:purple">
        <xsl:value-of select="."/>
      </div>
    </xsl:if>
</xsl:template>

<xsl:template match="Nummer/Ortswahl">
    <xsl:if test="../../@kontakt='privat'">
      <div STYLE="color:lime">
        <xsl:value-of select="."/>
      </div>
    </xsl:if>
    <xsl:if test="../../@kontakt='dienstlich'">
      <div STYLE="color:purple">
        <xsl:value-of select="."/>
      </div>
    </xsl:if>
</xsl:template>

</xsl:stylesheet>
```

Detaillierte Informationen zu XSLT und eine komplette Referenz werden in Kapitel 6: „XSLT" dargestellt. XPath wird in Kapitel 7 beschrieben.

1.7 XML-Daten ohne Browser verarbeiten

Bis jetzt haben wir XML-Daten ausnahmslos in HTML-Code umgeformt. Diese Umformung wurde jeweils vom Browser durchgeführt; die Regeln dazu sind in entsprechenden CSS- oder XSL-Dateien festgelegt. Für Transformationen in eine Textdatei oder in eine XML-Datei müssen XSLT-Prozessoren eingesetzt werden, die über die Kommandozeile aufgerufen werden.

XT

Wir wollen an dieser Stelle einen XSLT-Prozessor beschreiben, der als Java-Applikation auf allen Plattformen eingesetzt werden kann, die eine Java-Runtime-Umgebung zur Verfügung stellen. In diesem Abschnitt wird der Einsatz von XT unter Linux beschrieben. Dabei gehen wir von folgenden Voraussetzungen aus:

- Eine geeignete Java-Laufzeitumgebung (*JRE, Java Runtime Environment*) muss auf dem System vorhanden sein.
- Die Pakete „XT" und „XP" von James Clark müssen auf dem System entpackt worden sein.
- Die „CLASSPATH"-Variable muss so abgeändert werden, dass beim Aufruf die Java-Archive „xt.jar", sax.jar und „xp.jar" korrekt gefunden werden.

Installation von XT

Die Datei xt.zip wird von http://www.jclark.com/ heruntergeladen und in einem Verzeichnis (z.B. in /home/user/xt) entpackt.

Installation von XP

Die Datei xp.zip wird von http://www.jclark.com/ heruntergeladen und in einem Verzeichnis (z.B. in /home/user/xp) entpackt.

Wählen der korrekten Umgebungsvariblen „CLASSPATH"

Die Umgebungsvariable CLASSPATH ermöglicht dem Java-Bytecodeinterpreter, die erforderlichen Java-Klassen zu finden. In unserem Fall müssen wir den Pfad zu den Klassen folgendermaßen setzen:

```
alfred@newbie:~ > export CLASSPATH=$CLASSPATH:/home/alfred/
xt/xt.jar:/home/alfred/xt/sax.jar:/home/alfred/xp/xp.jar:/
usr/lib/java/lib/classes.zip
```

Wir untersuchen den Inhalt der Umgebungsvariablen mit Hilfe des „set"-Befehls:

```
alfred@newbie:~ > set | grep CLASSPATH
CLASSPATH=:/home/alfred/xt/xt.jar:/home/alfred/xt/sax.jar:/
home/alfred/xp/xp.jar:/usr/lib/java/lib/classes.zip
_=CLASSPATH
```

Damit sollte die Java-Applikation fehlerlos laufen.

Wir untersuchen die XSL-Transformationen anhand zweier Beispiele: Einerseits sollen XML-Dateien in eine HTML-Datei transformiert werden, andererseits sollen die gleichen Daten unter dem Textsatzsystem „LaTeX" zur Verfügung stehen (im nächsten Abschnitt sollen die gleichen Daten in eine PDF-Datei ausgegeben werden). Wir verwenden die folgende (einfache) XSML-Datei, die einen fiktiven Text enthält:

11.Beispiel:

Datei start.xml:

```
<?xml version="1.0" encoding="ISO-8859-1"?>
<bericht>
  <bericht_titel>Sitzungsprotokoll</bericht_titel>
  <bericht_text>
    <abschnitt>
      <h>Tagesordnung:</h>
      <p>Bericht des Vorstandes</p>
      <p>Diskussion</p>
      <p>Vorstellung der neuen Mitglieder</p>
    </abschnitt>
    <abschnitt>
      <h>Bericht des Vorstandes</h>
      <p>Einleitung</p>
      <p>Die Entwicklung moderner Betriebssysteme unter
         Berücksichtigung der so genannten Open-Source-
         Bewegung soll mit dem prozentuellen Anteil der
         verschiedenen Betriebsysteme am Server- und
         Desktopbereich verglichen werden.</p>
```

```
      <p>Schlussfolgerungen.</p>
    </abschnitt>
  </bericht_text>
</bericht>
```

Der obige Text ist in XML gut strukturiert. Wir verwenden nun zwei verschiedene Transformationsdateien, um die geplanten Ausgaben zu erreichen.

Datei start2html.xsl:

```
<xsl:stylesheet version = "1.0"
        xmlns:xsl = "http://www.w3.org/1999/XSL/Transform"
        xmlns:xt = "http://www.jclark.com/xt"
        extension-element-prefixes="xt">
<xsl:output indent="yes" />

  <xsl:template match="/">
    <html>
      <body>
        <h1>
          <xsl:value-of select="bericht/bericht_titel" />
        </h1>
        <xsl:apply-templates select="bericht" />
      </body>
    </html>
  </xsl:template>

  <xsl:template match="bericht">
    <xsl:apply-templates select="bericht_text" />
  </xsl:template>

  <xsl:template match="bericht_text">
    <xsl:apply-templates select="abschnitt" />
  </xsl:template>

  <xsl:template match="abschnitt">
    <h3>
      <xsl:value-of select="h" />
    </h3>
    <ul>
      <xsl:apply-templates select="p" />
```

```
    </ul>
  </xsl:template>

  <xsl:template match="p">
    <li>
      <xsl:value-of select="." />
    </li>
  </xsl:template>
</xsl:stylesheet>
```

Mit Hilfe von XT führen wir die Transformation durch:

```
alfred@newbie:~/xml > java -Dcom.jclark.xsl.sax.par-
ser=com.jclark.xml.sax.CommentDriver
com.jclark.xsl.sax.Driver start.xml start2html.xsl
start.html
```

Wir erhalten damit die folgende HTML-Datei:

Datei start.html:

```
<html>
<body>
<h1>Sitzungsprotokoll</h1>
<h3>Tagesordnung:</h3>
<ul>
<li>Bericht des Vorstands</li>
<li>Diskussion</li>
<li>Vorstellung der neuen Mitglieder</li>
</ul>
<h3>Bericht des Vorstandes</h3>
<ul>
<li>Einleitung</li>
<li>Die Entwicklung moderner Betriebssysteme unter
    Berücksichtigung der so genannten Open-Source-Bewegung
    soll mit dem prozentuellen Anteil der verschiedenen
    Betriebssysteme am Server- und Desktopbereich
    verglichen werden.</li>
<li>Schlussfolgerungen.</li>
</ul>
</body>
</html>
```

12. Beispiel:

Zur Transformation nach LaTeX verwenden wir die gleiche XML-Datei und eine der Struktur nach sehr ähnliche XSL-Datei:

Datei start2tex.xsl:

```
<?xml version="1.0" encoding="ISO-8859-1"?>
<xsl:stylesheet version = "1.0"
     xmlns:xsl = "http://www.w3.org/1999/XSL/Transform">
  <xsl:output method="text"
        indent="no"
        omit-xml-declaration="yes" />

  <xsl:template match="/">
    \documentclass[a4paper]{article}
    \usepackage[latin1]{inputenc}
    \usepackage{ngerman}
    \begin{document}
    \title{<xsl:value-of select="bericht/bericht_titel" />}
    \maketitle
      <xsl:apply-templates select="bericht" />
    \end{document}
  </xsl:template>

  <xsl:template match="bericht">
    <xsl:apply-templates select="bericht_text" />
  </xsl:template>

  <xsl:template match="bericht_text">
    <xsl:apply-templates select="abschnitt" />
  </xsl:template>

  <xsl:template match="abschnitt">
    \section*{<xsl:value-of select="h" />}
    <xsl:apply-templates select="p" />
  </xsl:template>

  <xsl:template match="p">
    \\
    \\
    <xsl:value-of select="." />
```

```
  </xsl:template>
</xsl:stylesheet>
```

Sogar der Aufruf von XT ist ähnlich:

```
alfred@newbie:~/xml > java -Dcom.jclark.xsl.sax.par-
ser=com.jclark.xml.sax.CommentDriver
com.jclark.xsl.sax.Driver start.xml start2tex.xsl start.tex
```

Die (sehr einfache) LaTeX-Datei erhält dabei den folgenden Inhalt:

Datei start.tex:

```
    \documentclass[a4paper]{article}
    \usepackage[latin1]{inputenc}
    \usepackage{ngerman}
    \begin{document}
    \title{Sitzungsprotokoll}
    \maketitle

    \section*{Tagesordnung:}

    \\
    \\
    Bericht des Vorstands
    \\
    \\
    Diskussion
    \\
    \\
    Vorstellung der neuen Mitglieder
    \section*{Bericht des Vorstands}

    \\
    \\
    Einleitung
    \\
    \\
    Die Entwicklung moderner Betriebssysteme unter
    Berücksichtigung der so gena
    \\
    \\
    Schlussfolgerungen.
    \end{document}
```

Die LaTeX-Datei wird im Acrobat Reader wie folgt dargestellt:

Eine genauere Beschreibung von XSL erfolgt in Kapitel 6 - XSLT.

Ein Shell-Skript verwenden (Linux):

Der relativ komplizierte Aufruf von XT auf der Kommandozeile kann mit Hilfe eines Shellskripts vereinfacht werden. Im folgenden Beispiel muss jedenfalls die Zeile für die CLASSPATH-Variable der jeweiligen Systemumgebung angepasst werden.

```
#!/bin/sh
# $Id:XT $ $ $
# uses James Clark's xt running under JRE to
# transform xml-documents
# usage XT if xf of, where if = XML-inputfile,
# xf = XSL-file, of = output
# A.Nussbaumer, September 2001
```

```
export CLASSPATH=$CLASSPATH:/home/alfred/xt/sax.jar:
/home/alfred/xt/xt.jar:/home/alfred/xp/xp.jar

java -Dcom.jclark.xsl.sax.parser=com.jclark.xml.sax.
CommentDriver com.jclark.xsl.sax.Driver $1 $2 $3
```

Ähnliche Skripten lassen sich für XALAN, FOP, FOA usw. einsetzen. Sie sind sinnvollerweise im Verzeichnis /usr/bin enthalten und mit entsprechenden Rechten versehen:

```
alfred@newbie:/usr/bin > ls XT -l
-rwxr-xr-x    1 root     root          400 Sep 23 09:20 XT
```

XALAN

Der XSLT-Prozessor XALAN wird im Rahmen des XML-Projekts von apache.org zur Verfügung gestellt. XALAN wird dementsprechend von http://xml.apache.org bezogen und am Rechner installiert. Da XALAN unter Java läuft, kann XALAN sowohl unter Linux als auch unter Windows eingesetzt werden. Wie XT empfiehlt sich die Verwendung für Transformationen, bei denen das Ergebnis in eine Text-Datei oder XML-Datei ausgegeben wird.

Die CLASSPATH-Variable muss auch hier entsprechend modifiziert werden:

```
#!/bin/sh
# $Id:XALAN $ $ $
# XALAN for processing Stylesheets
# usage: XALAN in.xml stylesheet.xsl out.html
# A.Nussbaumer, Dezember 2001

export CLASSPATH=$CLASSPATH:/home/alfred/xalan/
xalan-j_2_2_D14/bin/xalan.jar:/ho

java org.apache.xalan.xslt.Process -in $1 -xsl $2 -out $3
```

Auf diese Weise vereinfacht sich der Aufruf von XALAN bedeutend:

```
alfred@newbie:~/xsl/xalan > XALAN expr.xml expr5.xsl
expr1.xml
```

1.8 XML-Daten in PDF-Dokumente verarbeiten

Die Java-Applikation FOP setzt XML-Dokumente in PDF-Dokumente um. Dazu müssen auf dem System bestimmte Voraussetzungen erfüllt sein:

Eine geeignete Java-Laufzeitumgebung (*JRE, Java Runtime Environment*) muss auf dem System vorhanden sein (z.B. Version 1.3).

- Die FOP-Distribution muss vollständig auf dem System vorhanden sein (z.B. im Verzeichnis /home/user/FOP-0.20.1/)
- Die „CLASSPATH"-Variable muss so abgeändert werden, dass beim Aufruf die Java-Archive „fop.jar", „batik.jar", „xalan.jar", „xerces.jar" und „jimi.jar" korrekt gefunden werden.

Installation von FOP

Die aktuelle FOP-Distribution kann vom Apache-FOP-Projekt heruntergeladen werden: http://xml.apache.org/fop. Grundlage zur Ausführung von FOP sind eine aktuelle Java-Runtimeumgebung (z.B. JDK 1.3) und die korrekten ClassPath-Angaben zu den in der Distribution enthaltenen Java-Archiven. Dies wird durch das Shellscript fop.sh sichergestellt, das Teil der FOP-Distribution ist.

Wir verwenden eine XML-Datei, die mit Hilfe geeigneter XSL-Transformationen die entsprechende Format-Anweisungen enthält. Das Ergebnis ist eine XML-Datei, die die ursprünglichen Daten und zahlreiche Formatierungsanweisungen enthält. Eine bestimmte Formatierungssprache, die einen wesentlichen Teil von XSL darstellt, beschreibt alle Bereiche und ihre Eigenschaften. Die entsprechenden XML-Elemente heißen Formatierungsobjekte (*formatting objects*). Für alle Elemente wird der fo-Namensraum „http://www.w3.org/1999/XSL/Format" verwendet.

13. Beispiel:

Im folgenden Beispiel soll aus der XML-Datei „start.xml" mittels geeigneter XSL-Transformationen das fo-Dokument start.fo generiert werden.

start.xsl:

```
<?xml version="1.0" encoding="ISO-8859-1"?>
<xsl:stylesheet version = "1.0"
        xmlns:xsl = "http://www.w3.org/1999/XSL/Transform"
        xmlns:xt = "http://www.jclark.com/xt"
        xmlns:fo = "http://www.w3.org/1999/XSL/Format"
        result-ns="fo"
        indent-result="yes"
        extension-element-prefixes="xt">
<xsl:output indent="yes" />
  <xsl:template match="/">
    <fo:root xmlns:fo="http://www.w3.org/1999/XSL/Format">
      <fo:layout-master-set>
        <fo:simple-page-master master-name="anfang"
              page-height="29.7cm"
              page-width="21cm"
              margin-top="2cm"
              margin-bottom="2cm"
              margin-left="3.5cm"
              margin-right="2.5cm">
          <fo:region-body />
        </fo:simple-page-master>
      </fo:layout-master-set>
      <fo:page-sequence master-name="anfang">
        <fo:flow flow-name="xsl-region-body">
          <fo:block font-size="24pt"
              font-family="sans-serif"
              line-height="30pt"
              space-after.optimum="20pt"
              background-color="blue"
              color="white"
              text-align="center"
              padding-top="3pt">
            <xsl:value-of select="bericht/bericht_titel" />
          </fo:block>
```

```
        <xsl:apply-templates select="bericht" />
      </fo:flow>
    </fo:page-sequence>
  </fo:root>
</xsl:template>
<xsl:template match="bericht">
  <xsl:apply-templates select="bericht_text" />
</xsl:template>
<xsl:template match="bericht_text">
  <xsl:apply-templates select="abschnitt" />
</xsl:template>
<xsl:template match="abschnitt">
  <fo:block font-size="18pt"
            font-family="sans-serif"
            line-height="24pt"
            space-after.optimum="16pt"
            background-color="green"
            color="white"
            text-align="center"
            padding-top="3pt">
    <xsl:value-of select="h" />
  </fo:block>
  <xsl:apply-templates select="p" />
</xsl:template>
<xsl:template match="p">
  <fo:block font-size="12pt"
            font-family="sans-serif"
            line-height="14pt"
            space-after.optimum="10pt"
            background-color="white"
            color="black"
            text-align="justify"
            padding-top="2pt">
    <xsl:value-of select="." />
  </fo:block>
</xsl:template>
</xsl:stylesheet>
```

Mit Hilfe des Skripts „XT" rufen wir xt mit den korrekten Parametern auf und erzeugen ein fo-Dokument:

```
alfred@newbie:~/xsl/fop > XT start.xml start.xsl start.fo
```

In der fo-Datei wurden die Formatanweisungen und die Daten in Form einer wohlgeformten XML-Datei zusammengefügt.

Mit Hilfe des Skripts „FOP" rufen wir fop.sh auf und erzeugen aus dem fo-Dokument start.fo das PDF-Dokument start.pdf:

```
alfred@newbie:~/xsl/fop > FOP start.fo start.pdf
```

Das pdf-File wird im Acrobat Reader wie folgt dargestellt:

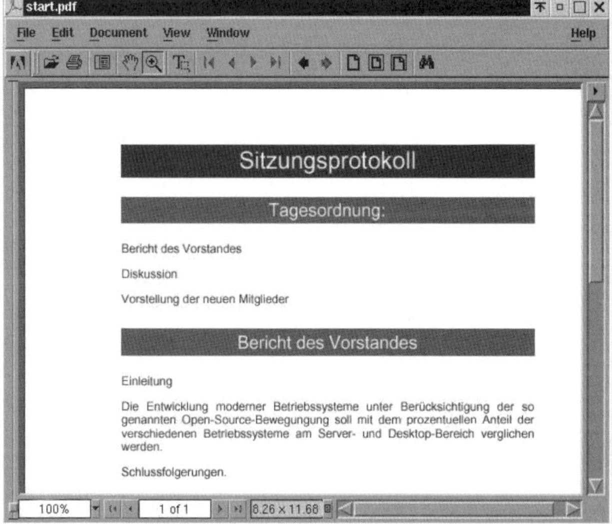

Detaillierte Informationen zu XSL-FO und zu den Formatting Objects sind im Kapitel 8: „XSL-FO" zu lesen.

2 Die Syntax von XML

2.1 Grundlegendes

Namen

Gültige XML-Namen (*QNames, qualified names*) beginnen mit einem Buchstaben oder einem Unterstrich. Der Rest des Namens muss aus gültigen XML-Namenszeichen bestehen: Das sind Buchstaben, Ziffern, der Unterstrich und der Bindestrich. Laut Festlegung des W3C-Konsortiums ist auch der Doppelpunkt erlaubt. Er sollte aber nur als Trennsymbol bei Namensräumen verwendet werden.

Zu den XML-Namenszeichen zählen alle Buchstaben, die zum verwendeten Zeichensatz (siehe Abschnitt „XML-Deklaration" - encoding) gehören. Daher dürfen auch die deutschen Sonderzeichen beziehungsweise japanische, arabische oder andere Zeichen beim Schreiben von Namen verwendet werden, wenn der entsprechende Zeichensatz vereinbart ist.

> Tatsächlich verstehen viele Browser deutsche Sonderzeichen in Namen nicht. Die Verwendung von solchen Zeichen ist daher problematisch.

Weiters darf ein gültiger XML-Name nicht mit der Buchstabenfolge XML, XMl, Xml, XmL, xML, xMl, xml, xmL beginnen, weil derartige Namen nur vom W3C-Konsortium für besondere Zwecke (z.B. für Namensräume) vergeben werden dürfen.

Bei der Schreibweise von Namen wird zwischen Groß- und Kleinbuchstaben unterschieden (*case sensitiv*).

Name	Kommentar
Moebel	Der Umlaut ö wäre erlaubt
_Gasse	Unterstrich ist auch als erstes Zeichen erlaubt
N135-356	Ziffern und Bindestrich sind erlaubt, aber nicht am Beginn

Tabelle 2.1: Beispiele für gültige Namen

Name	Kommentar
Preis_in_$	Das Dollarzeichen ist nicht erlaubt
Name<H	Das Kleiner-Zeichen ist nicht erlaubt
2.Teil	Der Punkt ist nicht erlaubt
Xml-Dateien	Der Name darf nicht mit Xml beginnen.

Tabelle 2.2: Beispiele für ungültige Namen

Zeichen- und Entity-Referenzen

Zeichenreferenzen

Zeichenreferenzen sind Verweise auf druckbare Zeichen und enthalten die Unicode-Nummer nach ISO/IEC10646 in dezimaler oder hexadezimaler Form:

Zeichenreferenz	Kommentar
ċ	Unicode-Nummer dezimal
ƽ	Unicode-Nummer hexadezimal

Diese Schreibweise wird in erster Linie benutzt, wenn die literale Schreibweise eines Zeichens die Syntax verletzen würde. Wenn man zum Beispiel eine spitze Klammer(<, >) oder das Ampersant (&) braucht und es nicht als Begrenzungszeichen interpretiert werden soll, schreibt man:

Zeichenreferenz	Kommentar
<	Zeichenreferenz für <
>	Zeichenreferenz für >
&	Zeichenreferenz für &

Ein Ausschnitt aus einem XML-File:

```
<Absatz>
  Die spitzen Klammern &#60; und &#62; kennzeichnen Tags und
  dürfen daher nicht zwischen Anfang- und End-Tag stehen.
</Absatz>
<Absatz>
  Auch das CopyRight-Zeichen (©) &#169, das Register-Zeichen
  (®) &#174, die Brüche ¼  und ½ lassen sich mit &#188
  beziehungsweise &#189 in den XML-Text einfügen.
</Absatz>
```

Zeichen, die nicht über die Tastatur eingegeben werden können, lassen sich ebenfalls als Zeichenreferenz in das XML-Dokument einbinden.

Entities

Ein **Entity** ist ein Teil des XML-Dokumentes. Es kann eine gesamte externe Datei sein oder aus wenigen Wörtern bestehen. Auch ein einzelnes Zeichen kann ein Entity bilden.

Man kann Entities nach unterschiedlichen Gesichtspunkten einteilen:

- **analysiertes Entity** (*parsed entity*): Der Inhalt des Entities wird vom XML-Prozessor geprüft
- **nicht analysiertes Entity** (*unparsed entity*): Der Inhalt wird vom Prozessor nicht geprüft. Nicht analysierte Entities sind zum Beispiel Grafikdateien. Sie brauchen eine so genannte NOTATION, in der festgelegt ist, wie der XML-Prozessor mit „diesen unbekannten Wesen" umgehen soll.
- **allgemeine Entities**: Allgemeine Entities sind analysierte Entities, die innerhalb des XML-Dokuments verwendet werden.
- **Parameter-Entities:** werden nur innerhalb der Document-Type-Definition (DTD) verwendet. Eine DTD enthält Deklarationen, die die Struktur für eine Klasse von Dokumenten festlegen (siehe Kapitel 3). Parameter-Entities müssen in einer externen DTD vereinbart werden. Man erkennt sie am Prozentzeichen nach dem Schlüsselwort „ENTITY".

```
<!ENTITY % Name_des_Entity "Text, auf den durch das Entity
  Bezug genommen wird.">
```

Analysierte Entities sind praktisch Textmakros, die einmal vereinbart, überall wo sie benötigt werden, eingefügt werden können. Sie werden daher vielfach benutzt, um den Programmtext abzukürzen und übersichtlich zu halten.

Interne Entities

Der Inhalt von **internen Entities** wird direkt in der <!ENTITY>-Deklaration festgelegt:

```
<!ENTITY Name_des_Entity “Text, auf den durch das Entity
   Bezug genommen wird.“>
```

Die Vereinbarung einer internen Entity muss in der (internen oder externen) DTD (Document Type Definition) erfolgen. Üblicherweise schreibt man die <!ENTITY>-Deklarationen an den Beginn der DTD. Die Referenz auf dieses Entity schaut folgendermaßen aus:

```
&Name_des_Entity;
```

Die Definition eines internen Entities darf auch bereits bekannte Zeichen-, Parameter- und interne Entity-Referenzen enthalten. Bei einer Referenz auf ein Entity werden jedoch nur bei Zeichen- und Parameter-Entities die Referenzen durch den jeweiligen Wert ersetzt, interne Entities werden nicht expandiert. Dazu ein kleines Beispiel:

```
<!ENTITY % kleiner “5 ist kleiner als 8:  5  &#62; 8“ >
<!ENTITY merkregel “Wo die Klammer sich öffnet, ist die
   größere Zahl“>
<!ENTITY vergleich “Ein Vergleich sieht so aus: %kleiner;
   Man merkt sich am besten: &merkregel;“ >
```

Der Ersetzungstext der Entity *vergleich*, das ist der Text, der expandiert in der Definition der Entity steht, lautet:

> Ein Vergleich sieht so aus: 5 ist kleiner als 8: 5 < 8 Man merkt sich am besten: &merkregel;

Der Text, der eingesetzt wird, wenn die Referenz &vergleich; im XML-Dokument oder in einem Attributwert verwendet wird, lautet:

> Ein Vergleich sieht so aus: 5 ist kleiner als 8: 5 < 8 Man merkt sich am besten: Wo die Klammer sich öffnet, ist die größere Zahl.

Die XML-Syntax kennt fünf vordefinierte interne Entities, die alle wichtigen Zeichen, die man beim Schreiben von Markup benötigt, codieren:

Zeichen	Codierung	Erklärung
<	<	less than
>	>	greater than
&	&	ampersant
'	'	apostroph
"	"	quote

Diese internen Entities ermöglichen eine sprechendere Schreibweise statt der oben angegebenen Zeichenreferenzen. In dieser Schreibweise lautet das Beispiel von oben:

```
<Absatz>
  Die spitzen Klammern &lt; und &gt; kennzeichnen Tags und
  dürfen daher nicht zwischen Anfang- und End-Tag stehen.
</Absatz>
<Absatz>
  Auch das CopyRight-Zeichen (©) &#169, das Register-Zeichen
  (®) &#174, die Brüche ¼ und ½ lassen sich mit &#188
  beziehungsweise &#189 in den XML-Text einfügen.
</Absatz>
```

Externe Entities und **Parameter-Entities** werden im Abschnitt 3.4 des Kapitels „Syntax der DTD" beschrieben

Elemente

Ein Element besteht aus einem Start-Tag, dem Inhalt und dem End-Tag. Das Start- und das End-Tag enthalten den Namen des Tags:

```
<Name_des_Elements>Hier steht der Inhalt des Elements
</Name_des_Elements>
```

Im Gegensatz zu HTML darf das End-Tag nicht weggelassen werden. Eine Sonderrolle spielen jedoch die so genannten leeren Elemente, das sind Elemente, die keinen Inhalt haben dürfen. Leere Elemente schreibt man in folgender Form:

```
<Name_des_leeren_Elements />
```

als Abkürzung für die ebenfalls reguläre Schreibweise

```
<Name_des_leeren_Elements></Name_des_leeren_Elements>
```

Einige Beispiele für leere Elemente:

```
<Geschlecht />
<Amtstitel />
<Kein_Inhalt></Kein_Inhalt>
```

Elemente haben einen Typ, der in der DTD spezifiziert wird (siehe im Abschnitt 3.2). Sie können auch Attribute haben, die im Start-Tag angegeben werden. Das End-Tag eines Elements muss denselben Namen haben wie das entsprechende Start-Tag. Zwischen Start- und End-Tag steht der Inhalt des Elements. Der Inhalt von Elementen kann sehr unterschiedlich sein. Elemente stellen daher Container dar, die zum Beispiel andere Elemente, Zeichen, Zeichenreferenzen und anderes aufnehmen können.

Elemente müssen richtig geklammert werden, zum Beispiel:

```
<Person>
  <Name>Gertraud</Name>
  <Adresse>Blumenweg 17</Adresse>
</Person>
```

Verboten sind Klammerungen, die nicht korrekt ineinander greifen, zum Beispiel:

```
<Person>
  <Name>Gertraud<Adresse>Blumenweg 17
  </Name></Adresse>
</Person>
```

oder

```
<Person>
  <Name>Gertraud</Name>
  <Adresse>Blumenweg 17
  </Person>
</Adresse>
```

Attribute

Mit Attributen können Eigenschaften von Elementen angegeben werden. Es gilt folgende Schreibweise

```
Name_des_Attributs="Wert_des_Attributs"
```

oder

```
Name_des_Attributs='Wert_des_Attributs'
```

Jedes Attribut besitzt einen Namen und einen Wert. Im Gegensatz zu HTML dürfen die Anführungszeichen nicht weggelassen werden.

> Es wird hier vorausgesetzt, dass alle Attribute bereits definiert sind. Attribute werden gemeinsam mit den Elementen in der DTD vereinbart. Dazu benutzt man die Attributdefinition <!ATTLIST>. In Abschnitt 3.3 werden die entsprechenden Einzelheiten erklärt.

Einige Beispiele für Start-Tags mit Attributen:

```
<Rechnung status="bezahlt">
<Person typ="cholerisch" haarfarbe="blond" brille="ja">
<Auto firma="Citroen" typ="ZX" farbe="rot">
```

Einige Beispiele für leere Elemente mit Attributen:

```
<Geschlecht geschlecht="weiblich"/>
<PC prozessor="pentium" taktrate="1000MHz"
  festplatte="20GB" ram="512MB"/>
```

Der Wert eines Attributs ist ein so genanntes **Literal**. Literale werden mit Anführungsstrichen (") oder mit Apostrophen (') begrenzt und enthalten eine beliebige Zeichenkette. Ein Literal darf Anführungsstriche enthalten, muss in diesem Fall jedoch von Apostrophen eingeschlossen sein und umgekehrt. Benötigt man Apostrophe und Anführungszeichen, müssen die internen Entities &apos und " verwendet werden.

Einige Beispiele für gültige Literale:

```
"bezahlt"
'weiblich'
"Citroen ZX 'Sondermodell'"
'Citroen ZX "Sondermodell"'
```

Ein Element kann mehrere Attribute haben, wenn diese unterschiedliche Namen besitzen. Der Name eines Attributs muss ein gültiger XML-Name sein.

```
<Buch sparte="edv" jahr="2002">
  <Titel>XML-gepackt</Titel>
  <Verlag>mitp</Verlag>
</Buch>
```

In der „XML-Gemeinde" ist es vielfach üblich, Elementnamen groß und Attributnamen klein zu schreiben. Auch in diesem Buch wird diese Konvention weitgehend eingehalten.

Natürlich könnte man auf die Verwendung der Attribute verzichten und stattdessen Elemente verwenden:

```
<Buch>
  <Sparte>edv</Sparte>
  <Jahr>2002</Jahr>
  <Titel>XML-gepackt</Titel>
  <Verlag>mitp</Verlag>
</Buch>
```

In manchen Fällen ist es nicht klar, was genau zum Inhalt eines Elements und was zu den Eigenschaften eines Elementes zu rechnen ist. Einige Anhaltspunkte sollen die Entscheidung erleichtern:

- Attribute sollten nur wenige diskrete Werte annehmen können, wie z.B. männlich/weiblich, Beamter /Angestellter/Arbeiter, rot/grün/blau/gelb. Dadurch ist die Überprüfung der Attribute durch den Parser mit weniger Aufwand verbunden als eine entsprechende Überprüfung von Elementen.
- Information, die in Attributen abgelegt ist, kann man mit CSS nicht so einfach anzeigen wie die Inhalte von Elementen. Attribute sollten zusammen mit CSS nur für die Formatierung der Ausgabe verwendet werden.
- Die Verwendung von Attributen vereinfacht die Struktur von Elementen und erleichtert daher dem Parser die Arbeit.

Vordefinierte Attribute

Es gibt zwei Attribute, deren Namen und Bedeutung durch die Spezifikation von XML 1.0 bereits festgelegt sind. Wie man diese Attribute in der DTD vereinbart, damit sie im Dokument verwendet werden können, wird im „Syntax" der DTD erklärt. Diese Attribute werden auf Kindelemente vererbt, also auch auf die Kindelemente angewendet.

xml:space

Dieses Attribut zeigt an, ob der im Inhalt des Elements vorhandene Leerraum unverändert an die Anwendung weitergegeben werden soll. Mit Leerraum (white space) werden die im XML-Dokument vorhandenen Leerzeichen, Tabulatoren und Leerzeilen bezeichnet. Das Attribut „xml:space" kann folgende Werte annehmen:

Wert	Bedeutung
default	Der Leerraum wird komprimiert.
preserve	Der Leerraum bleibt erhalten.

Ein Beispiel:

```
<quellcode xml:space="preserve" >.............</quellcode>
```

Im Inhalt des Elements <quellcode> soll der durch Leerzeichen, Tabulatorzeichen, Zeilenendemarkierungen und Leerzeilen bestehende Leerraum nicht verändert werden. Ob dies wirklich passiert, hängt vom Programmierer der Anwendung ab.

xml:lang

Dieses Attribut gibt an, welche Sprache dem Inhalt und den Attributwerten eines Elements zugrunde liegt. Der Wert dieses Attributs ist ein Sprachcode. Dafür gibt es folgende Möglichkeiten:

Wert	Bedeutung
Zwei-Buchstaben-Sprachcode	Sprachcode gemäß ISO 639, eventuell gemeinsam mit einem Ländercode (siehe Anhang A.1 und A.2)
IANA-Sprachcode	Sprachcode, der bei der Internet Assigned Numbers Authority [IANA] registriert ist und mit "i-" oder "I-" beginnt (siehe ftp://ftp.isi.edu/in-notes/iana/assignments/character-sets).
benutzerdefinierter Sprachcode	benutzerdefinierter Sprachcode beginnend mit "x-"

Zu jedem Punkt ist zur Illustration ein Beispiel angegeben:

```
<Titel xml:lang="az-arabic">.....</Titel>
```

Der arabische Dialekt in Aserbaidschan.

```
<Titel xml:lang="i-sami-no">......</Titel>
```

Die Sprache der Samen (Lappen) – Dialekt im Norden Lapplands

```
<Titel xml:lang="x-klingon">......</Titel>
```

Die künstliche Sprache der Klingonen in Star-Trek.

CDATA-Blöcke

Mit einem CDATA-Block kann man Texte in ein XML-File einfügen, ohne dass diese Texte vom Parser interpretiert werden. Die im Text enthaltenen spitzen Klammern usw. werden ignoriert. Damit kann man XML-Code in ein XML-Dokument einbauen und die im Code enthaltenen Tags werden nicht als solche verstanden:

```
<![CDATA[
  Dieser Text wird vom Parser ignoriert.
  <spitze Klammer> oder & können im CDATA-Block stehen.
]]>
```

Auch JavaScript-Code (oder anderer Skriptcode) kann mit Hilfe eines CDATA-Blocks eingebunden werden. Das Beispiel ist ein Ausschnitt aus einer XSLT-Datei.

```
<xsl:script language="JavaScript">
<![CDATA[
  function Date() {}
]]>
</xsl:script>
```

Ein CDATA-Block darf nicht die Zeichenfolge „]]>" enthalten, weil sie die Endmarkierung für den Block darstellt. Daher ist es nicht sinnvoll, in einen CDATA-Block binär codierte Daten einzubinden, weil man nicht ausschließen kann, dass die Bitfolge „01011101 01011101 00111110" innerhalb der Daten vorkommt und daher vom Parser fälschlicherweise als Endmarkierung des CDATA-Blocks interpretiert würde.

2.2 Wohlgeformte XML-Dokumente

Wohlgeformte XML-Dokumente bestehen aus folgenden Teilen:

- **Prolog** (optional)
- **Rumpf** (obligatorisch)
- **Epilog** (optional)

Prolog

Der Prolog besteht aus der optionalen **XML-Deklaration**, den optionalen **Verarbeitungsanweisungen**, aus **Kommentaren** und, wenn das XML-File auch gültig sein soll, aus einer **internen bzw. externen Document Type Definition (DTD)**.

XML-Deklaration

Die erste Zeile eines Prologs enthält die **XML-Deklaration.** Sie besitzt folgende Form:

```
<?xml version="1.0" encoding="ISO-8859-7" standalone="yes" ?>
```

Eine XML-Deklaration kann bis zu drei Attribute haben:

- **version** (obligatorisch) : Der Wert gibt die verwendete XML-Version an. Weil es derzeit nur die Version 1.0 gibt, muss der Wert gleich 1.0 sein.
- **encoding** (optional): Der Wert gibt eine Zeichencodierung an (oben ist Griechisch angegeben). Für Westeuropa benötigt man den ISO-Standard ISO-8859-1. Als Defaultwert wird einer der Unicode-Zeichensätze UTF-8 oder UTF-16 verwendet, je nachdem wie der Beginn des XML-Dokumentes codiert ist.

UTF-8 speichert ASCII-Zeichen gemäß dem 7-Bit-ASCII-Code, für andere Zeichen werden bis zu 5 Bytes benötigt. Daher ist UTF-8 nur für ASCII-Texte eine gute Wahl.

UTF-16 speichert seine Zeichen in Codierungseinheiten von 16 Bit. Für zusätzliche Zeichen werden weitere 16 Bit im so genannten „surrogate block" benötigt. Solche Zeichen werden jedoch äußerst selten verwendet, so dass UTF-16 eine gute Basis für Texte in unterschiedlichen Sprachen darstellt.

Alle anderen in der XML 1.0 Spezifikation explizit genannten Zeichencodierungen werden in der Tabelle angeführt.

Zeichencodierung	Erklärung
ISO-8859-2	Ungarisch, Rumänisch, Slawisch (Osteuropa)
ISO-8859-3	Esperanto (Südeuropa)
ISO-8859-4	Skandinavien, Baltikum
ISO-8859-5	Russisch (kyrillisch)
ISO-8859-1	Katalanisch, Dänisch, Niederländisch, Englisch, Finnisch, Französisch, Deutsch, Gälisch, Italienisch, Norwegisch, Portugiesisch, Spanisch, Schwedisch
ISO-8859-6	Arabisch
ISO-8859-7	Griechisch
ISO-8859-8	hebräisch
ISO-8859-9	Türkisch
ISO-8859-10	Lappland, Eskimo

Zeichencodierung	Erklärung
ISO-2022-JP	Japanisch
Shift_JIS	Japanisch
EUC-JP	Japanisch

- **standalone** (optional): Der Wert kann nur *yes* oder *no* sein. Dieses Attribut gibt an, ob das XML-File mit einer externen DTD arbeitet. Wenn man keine externe DTD verwendet, ist dieses Attribut ohne Bedeutung. Verwendet man eine externe DTD, so ermöglicht die Angabe von *standalone="no"*, dass ein Algorithmus das XML-Dokument in ein standalone-Dokument umwandelt. Benötigt man dieses Feature nicht, kann man auch in diesem Fall das Attribut weglassen und es wird defaultmäßig *no* gesetzt.

Die Reihenfolge der Attribute ist vorgeschrieben. Die XML-Deklaration ist kein Element und besitzt daher auch kein End-Tag.

Verarbeitungsanweisungen (PI)

Als Nächstes können so genannte **Verarbeitungsanweisungen** (*processing instructions*) angegeben werden. Sie geben Informationen an eine bestimmte Anwendung und sind nicht Bestandteil des eigentlichen XML-Textes. Verarbeitungsanweisungen werden daher nicht durch die XML-1.0-Spezifikation geregelt. Sie haben folgende Form:

```
<?Ziel .... Anweisungen ... ?>
```

Die Bezeichnung für das Ziel legt die Anwendung fest, an die Anweisungen gegeben werden. Bei Verarbeitungsanweisungen, die durch Dokumente des W3C festgelegt sind, beginnt der Name für das Ziel mit dem Präfix „xml-“.

Ein Beispiel wäre die Verbindung eines Stylesheets mit einer XML-Datei:

```
<?xml-stylesheet href="Dateiname.xsl" type="text/xsl" ?>
```

Die xml-stylesheet-Verarbeitungsanweisung wird in einer eigenen Empfehlung des W3C geregelt (siehe www.w3.org/TR/xml-stylesheet).

Kommentare

Kommentare können praktisch überall in einem XML-Dokument stehen und haben folgende Form:

```
<!--    Hier steht der Text des Kommentars    -->
```

Innerhalb von Tags dürfen keine Kommentare stehen. Daher wäre folgender Kommentar nicht erlaubt:

```
<Titel>
  Homo faber
</<!--Das End-Tag muss denselben Namen haben wie das
  Start-Tag-->Titel>
```

Ein Kommentar darf auch nicht mit dem Zeichen „-" enden, weil es sonst Unklarheiten mit der Endmarkierung „-->" geben könnte.

Dokumenttyp-Deklaration

Schließlich kann eine Referenz auf eine DTD im Prolog stehen. Dazu gibt es zwei Möglichkeiten:

- **interne DTD:**
  Die Vereinbarungen der DTD stehen direkt im Prolog. Ein Beispiel soll dies illustrieren:

```
<!DOCTYPE Buch [
  <!ELEMENT Buch (Kapitel)+>
```

```
    <!ELEMENT Kapitel (Titel,Text)>
      <!ELEMENT Titel (#PCDATA)>
      <!ELEMENT Text (#PCDATA)>
]>
```

- **externe DTD:**
  Die Vereinbarungen der DTD stehen in einem externen DTD-File. Im Prolog wird nur die Adresse der DTD-Datei angegeben. Ein Beispiel:

```
<!DOCTYPE Buch SYSTEM "dateiname.dtd">
```

Sowohl bei der internen wie auch bei der externen DTD muss nach dem Schlüsselwort „DOCTYPE" der Name des Dokumentelements (*root-element*) kommen. Das Dokumentelement ist Elternelement für alle anderen Elemente eines XML-Dokuments.

Werden eine interne und eine externe DTD verwendet, so überschreiben interne Deklarationen eventuell vorhandene namensgleiche externe Deklarationen.

Rumpf

Der Rumpf eines wohlgeformten XML-Files hat die Struktur eines Baums, dessen Wurzel das Dokumentelement ist. Deshalb dürfen die Elemente eines XML-Files nicht falsch geklammert werden. Die hierarchische Baumstruktur würde verloren gehen. Ein einfaches Beispiel soll die Begriffe erläutern.

```
<Familie>
  <Person>
    <Vorname>Gertraud</Vorname>
    <Nachname>Moser</Nachname>
  </Person>
  <Person>
    <Vorname>Walter</Vorname>
```

```
    <Nachname>Moser</Nachname>
  </Person>
</Familie>
```

<Familie> ist das Dokumentelement und hat <Person> als Kindelement. <Person> ist das Elternelement von <Vorname> und <Zuname>. Die verschiedenen Elemente eines Dokuments zusammen heißen Markup. Aus der Tatsache, dass der Anwender dieses Markup selber definieren kann und nicht wie in HTML auf bestimmte definierte Tags angewiesen ist, erklärt sich der Name XML (eXtensible Markup Language).

In diesem Sinne hat jedes XML-File sein eigenes Markup. Die Namen der Elemente und Attribute sollten möglichst so gewählt werden, dass sie klar machen, welche Informationen sie beinhalten (semantisches Markup).

Epilog

Der Epilog ist optional und wird auch praktisch nicht verwendet. Er könnte Kommentare und Verarbeitungsanweisungen (PI) enthalten. Tatsächlich ist es üblich und ratsam, die Verarbeitungsanweisungen in den Prolog zu schreiben.

2.3 Regeln für Wohlgeformtheit

Die wichtigsten Regeln für ein wohlgeformtes XML-Dokument werden nun zusammengefasst:

- Ein XML-Dokument besteht aus mindestens einem Element.
- Ein XML-Dokument besitzt genau ein Dokumentelement, von dem alle anderen Elemente abstammen. Die Elemente sind korrekt geklammert und bilden so eine hierarchische Baumstruktur.

- Jedes Element mit Inhalt hat ein Start-Tag und ein End-Tag. Start- und End-Tag müssen denselben Namen haben. Leere Elemente besitzen ein eigenes Format.
- Im Start-Tag können Informationen durch Attribute eingetragen werden. Die Werte von Attributen müssen in Anführungszeichen oder in Apostrophen eingeschlossen sein. Ein Element darf keine zwei Attribute mit gleichem Namen haben.
- Das Zeichen „<" darf in literaler Form, außer in CDATA-Blöcken oder in Kommentaren, nur als erstes Zeichen eines Start- oder End-Tags verwendet werden.
- Das Zeichen „&" darf in literaler Form, außer in CDATA-Blöcken oder in Kommentaren, nur als erstes Zeichen einer Entity-Referenz verwendet werden.

2.4 Referenz

Die wichtigsten Syntaxelemente von XML werden in Tabellenform angegeben:

Elemente

Syntaxelement	Syntax	Beispiel
Start-Tag eines Elements	<Elementname>	<Titel>
End-Tag eines Elements	</Elementname>	</Titel>
Leeres Element	<Elementname/>	<Auto/>
Start-Tag mit einem Attribut	<Elementname Attributname = "Wert ">	<Titel sprache="deutsch" sparte="krimi">
Leeres Element mit einem Attribut	<Elementname Attributname = "Wert"/>	<Auto typ="kombi" anzahl_der_sitze="5" motortyp="diesel mit kat"/>

Tabelle 2.3: Elemente

Entity-Referenzen

Syntaxelement	Vereinbarung in der DTD	Beispiel
Zeichenreferenz (dezimal)	----		
Zeichenreferenz (hexadezimal)	----		
internes Entity	<!ENTITY mlg "mit lieben Grüßen">	&mlg;
Parameter-Entity	<!ENTITY % klein "small">	%klein;

Tabelle 2.4: Entity-Referenzen

Verschiedenes

Syntaxelement	Beispiel
CDATA-Block	<![CDATA ..... Text ......]]>
XML-Deklaration	<?xml version="1.0" encoding="ISO-8859-1" standalone="no" ?>
Verarbeitungsanweisung	<?xml-stylesheet href="katalog.xsl" type="text/xsl" ?>
Kommentar	<!-- ...... Text ...... -->
Dokumenttyp-Deklaration (intern)	<!DOCTYPE Katalog [<!ELEMENT Katalog (Titel)*> <!ELEMENT Titel (#PCDATA)>]>
Dokumenttyp-Deklaration (extern)	<!DOCTYPE Katalog SYSTEM "katalog.dtd">

Tabelle 2.5: Verschiedenes

3 Die Syntax einer DTD

DTD heißt Dokument-Typ-Definition (*document type definition*). Sie hat den Zweck, alle Elemente eines XML-Dokuments samt ihren Eigenschaften anzugeben. Eine DTD legt somit die formale Struktur eines XML-Files fest und ermöglicht es anderen Anwendungen, nach festgelegten Regeln auf die Inhalte des XML-Files zuzugreifen.

3.1 Definition einer DTD

Ein wohlgeformtes XML-Dokument, in dem eine DTD benutzt wird, wird gültig genannt. In diesem Fall überprüft ein Parser, ob die Elemente des XML-Files die Vereinbarungen der DTD erfüllen. Bei Fehlerfreiheit hat man einen hohen Grad an Sicherheit, dass das XML-Dokument seine Daten anderen Anwendungen korrekt übergibt.

Im Prolog der XML-Datei wird in der **DOCTYPE-Deklaration** eine Referenz auf eine interne oder externe DTD gegeben. Zur Erinnerung sei noch einmal eine **interne DTD** angegeben:

```
<!DOCTYPE Buch [
  <!ELEMENT Buch (Kapitel)+>
    <!ELEMENT Kapitel (Titel,Text)>
      <!ELEMENT Titel (#PCDATA)>
      <!ELEMENT Text (#PCDATA)>
]>
```

Das Dokumentelement ist hier vom Typ *Buch*. Daher muss man auch im DOCTYPE-Tag als Dokumenttyp *Buch* angeben.

Eine interne DTD wird man bei kleinen, überschaubaren Dokumenten verwenden. Es wurde bereits erwähnt, dass bei gleichzeitiger Verwendung einer internen und einer externen DTD die Vereinbarungen der internen Vorrang gegenüber jenen der externen DTD besitzen. Wird daher in der internen DTD ein Element definiert, welches auch in der externen DTD vorkommt, so wird die externe Deklaration überschrieben. Eine interne DTD kann aber auch die Vereinbarungen der externen ergänzen.

Aus Gründen der Übersichtlichkeit wird die DTD meist in eine eigene Datei verlagert (**externe DTD**). In diesem Fall sieht die DOCTYPE-Vereinbarung folgendermaßen aus.

```
<!DOCTYPE Buch SYSTEM "buch.dtd">
```

Die im File buch.dtd enthaltene externe DTD sieht für das angegebene Beispiel so aus:

```
 <!ELEMENT Buch (Kapitel)+>
   <!ELEMENT Kapitel (Titel,Text)>
     <!ELEMENT Titel (#PCDATA)>
     <!ELEMENT Text (#PCDATA)>
```

Bei der Deklaration der Quelle des DTD-Files steht das Schlüsselwort SYSTEM. Dieses Schlüsselwort verlangt, dass die DTD-Filebezeichnung eindeutig ist. Im obigen Fall steht die Datei im selben Verzeichnis wie die XML-Datei. Es sind natürlich auch relative oder absolute Pfadangaben möglich. Auch die Angabe einer Webadresse wäre möglich, zum Beispiel:

```
<!DOCTYPE Buch SYSTEM
 "http://www.gymmelk.ac.at/xml/buch.dtd">
```

Nun könnte man weltweit über das Internet auf die DTD-Datei zugreifen. Dies wird nur dann sinnvoll sein, wenn in der DTD eine besondere und weltweit bekannte Auszeichnungssprache festgelegt wird. Dafür verwendet man jedoch besser das Schlüsselwort "PUBLIC". Dieses Schlüsselwort ermöglicht, im DOCTYPE-Tag neben einer

„lokalen" Adresse auch eine „öffentliche" Adresse anzugeben. Wird die DTD lokal nicht gefunden, kann auf die öffentliche Adresse zurückgegriffen werden:

```
<!DOCTYPE Buch PUBLIC "c:/daten/statistik/xml/produkte.dtd"
"http://www.gymmelk.ac.at/daten/statistik/xml/produkte.dtd">
```

Damit haben große Unternehmungen oder Institutionen die Möglichkeit, mittels geeigneter DTDs Informationen über einen bestimmten gemeinsamen Standard auszutauschen.

3.2 Elemente

Der Typ der im XML-File benutzten Elemente muss in der DTD festgelegt werden, wenn man ein gültiges XML-Dokument haben möchte. Dabei muss streng hierarchisch mit dem Dokumentelement begonnen werden.

Die **Elementtyp-Deklaration** legt den Namen eines Elements, seinen Inhalt und seinen Typ fest. Die Regeln für die Namensvergabe sind bereits im 2. Kapitel „Syntax von XML" erklärt worden.

Man kann Elemente je nach dem Inhaltstyp unterscheiden. Die folgende Tabelle bietet einen Überblick:

Inhaltstyp	**Schlüsselwort**	**Beschreibung**
leer	EMPTY	Inhalt ist leer
beliebig	ANY	Inhalt ist beliebig
Elementinhalt	Inhaltsmodell	Inhalt besteht nur aus Kindelementen
Text	(#PCDATA)	Inhalt besteht aus Text
gemischt	(#PCDATA)|Kindelement	Inhalt besteht aus Text und optional aus Kindelementen

Bevor die einzelnen Inhaltstypen im Detail erläutert werden, sollen sie an jeweils einem Beispiel vorgestellt werden:

Inhaltstyp	**Beispiel**
leer	<!ELEMENT PC EMPTY>
beliebig	<!ELEMENT Paket ANY>
Elementinhalt	<!ELEMENT Buch (Autor, Titel, Preis)>
Text	<!ELEMENT Name (#PCDATA)>
gemischt	<!ELEMENT Person (#PCDATA | Name)>

Leere Elemente

Ist der Inhalt leer, spricht man von leeren Elementen. Sie werden durch das Schlüsselwort EMPTY definiert.

```
<!ELEMENT Haare EMPTY>
```

Leere Elemente können über ihre Attribute wertvolle Informationen für den Programmablauf bereithalten. Ihre Verwendung kann also sehr sinnvoll sein. Näheres über Attribute erfahren Sie im Abschnitt 3.3.

Elemente mit beliebigem Inhalt

Das Gegenstück zu leeren Elementen sind Elemente mit beliebigem Inhalt. Dies sind Elemente, deren Inhalt nicht genauer spezifiziert wird. Für sie gibt es das Schlüsselwort ANY.

```
<!ELEMENT Person ANY>
```

Diesen Elementtyp sollte man nach Möglichkeit nicht verwenden. Je detaillierter eine DTD die Struktur der Daten beschreibt, umso aussagekräftiger ist es, wenn der Parser oder die Anwendung bei der Überprüfung keinen Fehler feststellt. Elemente mit Typ ANY können fast beliebiges Aussehen haben und werden daher, auch wenn sie semantische Fehler enthalten, syntaktisch richtig sein.

Elemente mit Inhaltsmodell (*content model*)

Meistens besitzen Elemente selber eine innere Struktur. Diese Struktur wird mit einem Inhaltsmodell beschrieben. Angenommen, das Element Person besteht aus den Kindelementen Vor- und Nachname (in dieser Reihenfolge), so lautet die ELEMENT-Deklaration:

```
<!ELEMENT Person (Vorname, Nachname)>
```

Der Beistrich ist das Trennsymbol bei der Aufzählung der Kindelemente. Mit einem senkrechten Strich werden Alternativen angegeben.

Verknüpfung	Beschreibung
(X,Y)	UND - die in der Klammer angegebenen Elemente kommen in genau dieser Reihenfolge vor.
(X|Y)	ODER - nur ein Element wird aus den in der Klammer angeführten Elementen ausgewählt.

UND- und ODER-Verknüpfungen können auch kombiniert werden. Wenn zum Beispiel eine Familie als „Vater-Mutter-Kind" oder „Oma-Mutter-Kind" definiert wird, könnte man dies folgendermaßen angeben:

```
<!ELEMENT Familie ( (Vater | Oma), Mutter, Kind)>
```

Damit kann das Element Familie im XML-File so aussehen:

```
<Familie>
  <Vater> ....... </Vater>
  <Mutter> ...... </Mutter>
  <Kind> .........</Kind>
</Familie>
```

oder so

```
<Familie>
  <Oma> ....... ..</Oma>
  <Mutter> ...... </Mutter>
  <Kind> .........</Kind>
</Familie>
```

Bei der bisherigen Schreibweise muss jedes angeführte Element im XML-File genau einmal auftreten. Indem man das Inhaltsmodell durch Operatoren ergänzt, kann man angeben, wie oft der entsprechende Elementtyp auftreten darf:

Operator	Elementtyp darf auftreten
?	0-mal oder 1-mal
*	0-mal oder beliebig oft
+	1-mal oder beliebig oft

Ein Beispiel soll die Verwendung der Operatoren erläutern:

```
<!ELEMENT Familie ( (Vater | Oma)*, Mutter?, Kind+)>
```

Eine Familie kann aus mehreren Vätern oder Omas bestehen, kann aber auch weder Vater noch Oma haben. Mehr als eine Mutter ist nicht erlaubt und eine Familie muss mindestens ein Kind beinhalten. Folgende Elemente im XML-Code wären demnach erlaubt:

```
<Familie>
  <Mutter> ...... </Mutter>
  <Kind> .........</Kind>
  <Kind> .........</Kind>
  <Kind> .........</Kind>
</Familie>
```

oder

```
<Familie>
  <Oma> ...... </Oma>
  <Oma> ...... </Oma>
  <Vater> ...... </Vater>
```

```
  <Kind> .........</Kind>
</Familie>
```

oder

```
<Familie>
  <Vater> ...... </Vater>
  <Kind> .........</Kind>
</Familie>
```

oder die kleinste mögliche „Familie" wäre

```
<Familie>
  <Kind> .........</Kind>
</Familie>
```

Elemente mit Inhalt Text

Enthält ein Element nur normale Zeichen, wird es mit #PCDATA definiert. PCDATA steht für *parsed character data*, also Daten, die der Parser mit überprüft.

```
<!ELEMENT Beschreibung (#PCDATA)>
```

Elemente mit gemischten Inhalt

Schließlich gibt es Elemente mit gemischten Inhalt. Dies sind Elemente, deren Inhalt entweder aus Text oder aus einem Kindelement besteht. Beim Inhaltsmodell muss an erster Stelle das Schlüsselwort #PCDATA für geparsten Text stehen, dann folgen die Namen der Kindelemente, die alternativ statt des Textes auftreten können.

```
<!ELEMENT Liste (#PCDATA | Person)+>
  <!ELEMENT Person (Vorname?,Nachname)>
    <!ELEMENT Vorname (#PCDATA)>
    <!ELEMENT Nachname (#PCDATA)>
```

Daher sind folgende Elemente gültig:

```
<Liste>
  <Person> <Vorname>Peter</Vorname>
```

```
    <Nachname>Schwaiger</Nachname>
  </Person>
    Er trägt eine Brille und hat eine Glatze,
    aber Vor- und Nachnamen sind unbekannt.
  <Person> <Nachname>Kronister</Nachname> </Person>
</Liste>
```

oder

```
<Liste>
  In dieser Liste steht nur Text.
</Liste>
```

3.3 Attribute

Die Grundlagen der Anwendung von Attributen und ihre Bedeutung zur Beschreibung der Eigenschaften von Elementen wurden bereits im 2. Kapitel „Syntax einer XML" erläutert. Sie werden innerhalb der DTD im so genannten ATTLIST-Tag definiert. Das Beispiel zeigt die typische Gestalt dieses Tags.

```
<!ATTLIST Name_des_Elements Name_des_Attributs
  CDATA #REQUIRED>
```

Nach dem Namen für das Element, auf das sich das Attribut bezieht, und für das Attribut selbst, wird der Attributtyp angegeben. Die verschiedenen Attributtypen werden später vorgestellt. Nach dem Attributtyp folgt optional ein Schlüsselwort, welches angibt, ob das Attribut zwingend angegeben werden muss oder nicht.

Die Tabelle zeigt die unterschiedlichen Möglichkeiten:

Schlüsselwort	Bedeutung
#REQUIRED	Attribut muss angegeben werden
#IMPLIED	Attribut muss nicht angegeben werden

Schlüssel-wort	Bedeutung
#FIXED "ein"	Attribut muss immer den Wert "ein" haben; wenn dieser Wert nicht angegeben wird, wird er automatisch zugewiesen
"ein"	Wird nur ein Defaultwert "ein" ohne Schlüsselwort angegeben, so wird dem Attribut der Wert "ein" zugewiesen, wenn das Attribut nicht angegeben wird; ansonsten erhält das Attribut den angegebenen Wert

Nun werden die unterschiedlichen Attributtypen vorgestellt und mit Beispielen erklärt. Die Attributtypen werden in drei Gruppen eingeteilt:

Allgemeine Attributtypen

CDATA

CDATA steht für Character Data und bezeichnet einfachen Text, natürlich ohne Markup.

```
<!ELEMENT Person (Vorname, Nachname)>
  <!ELEMENT Vorname (#PCDATA)>
  <!ELEMENT Nachname (#PCDATA)>
<!ATTLIST Person charakter CDATA #REQUIRED>
```

Das folgende Element ist mit diesem Inhaltsmodell kompatibel:

```
<Person charakter="Das ist ein wirklich netter Mensch">
  <Vorname>Peter</Vorname>
  <Nachname>Schwaiger</Nachname>
</Person>
```

Es stellt sich die Frage, ob dieses Attribut, das ja beliebige Texte aufnehmen kann, nicht zu allgemein ist oder ob man nicht besser ein Kindelement „Charakter" vom Typ #PCDATA für diesen Zweck verwenden sollte, wenn es wirklich so allgemein sein soll. Für ein Attribut wäre es wünschenswert, wenn es nur wenige vordefinierte

Werte annehmen könnte. Dies lässt sich mit einer Aufzählung bewerkstelligen.

Aufzählung

Die verschiedenen möglichen Werte des Attributs werden durch senkrechte Striche getrennt explizit angeführt:

```
<!ELEMENT Person (Vorname, Nachname)>
  <!ELEMENT Vorname (#PCDATA)>
  <!ELEMENT Nachname (#PCDATA)>
<!ATTLIST Person charakter
  (nett|aufbrausend|sachlich|unfreundlich) #REQUIRED>
```

Das folgende Element ist mit diesem Inhaltsmodell kompatibel:

```
<Person charakter="nett" >
  <Vorname>Peter</Vorname>
  <Nachname>Schwaiger</Nachname>
</Person>
```

Ein weiteres Beispiel:

```
<!ELEMENT Rechnung (Kunde, Betrag)>
  <!ELEMENT Kunde (#PCDATA)>
  <!ELEMENT Betrag (#PCDATA)>
<!ATTLIST Rechnung bezahlt (ja|j|JA|J) #REQUIRED>
```

mit dem Element:

```
<Rechnung bezahlt="JA" >
  <Kunde>Neunkirchler</Kunde>
  <Betrag>Euro 760.-</Betrag>
</Rechnung>
```

Die einzelnen alternativen Werte eines Attributs werden nicht in Anführungszeichen gesetzt, sondern nur durch senkrechte Striche getrennt.

NMTOKEN, NMTOKENS

NMTOKEN steht für „**name token**" (*Namenssymbol*). Das Attribut darf irgendeinen Wert annehmen, der einem gültigen Namen für NMTOKEN entspricht. Gültige Namen sind XML-Namen, die aber auch mit einer Ziffer beginnen dürfen. Das erste Zeichen ist also ein Buchstabe, ein Unterstrich oder eine Ziffer, danach ist auch der Bindestrich erlaubt. Beim Typ NMTOKENS ist die Angabe mehrerer derartiger Namen möglich, die durch Leerzeichen getrennt sein müssen.

```
<!ELEMENT Person (Vorname, Nachname)>
  <!ELEMENT Vorname (#PCDATA)>
  <!ELEMENT Nachname (#PCDATA)>
<!ATTLIST Person charakter NMTOKEN #REQUIRED>
```

Das folgende Element ist mit diesem Inhaltsmodell kompatibel:

```
<Person charakter="1a-supernett"
  <Vorname>Peter</Vorname>
  <Nachname>Schwaiger</Nachname>
</Person>
```

Ein weiteres Beispiel:

```
<!ELEMENT Person (Vorname, Nachname)>
  <!ELEMENT Vorname (#PCDATA)>
  <!ELEMENT Nachname (#PCDATA)>
<!ATTLIST Person charakter NMTOKENS #REQUIRED>
```

Das folgende Element ist mit diesem Inhaltsmodell kompatibel:

```
<Person charakter="nett kompetent hilfsbereit"
  <Vorname>Peter</Nachname>
  <Nachname>Schwaiger</Nachname>
</Person>
```

Die Attributwerte werden nur daraufhin überprüft, ob sie gültige NMTOKEN-Namen sind. Bei einer Aufzählung werden vergleichsweise nur einige wenige Namen als gültig akzeptiert. Das geschieht hier nicht. Wenn man trotzdem die Anzahl der erlaubten Werte beschränken will, muss man dies durch das Programm tun.

Attributtypen für Relationen in Dokumenten

ID

Mit dem Attributtyp ID kann man einem einzelnen Element einen eindeutigen Wert zuordnen, über den auf das Element Bezug genommen werden kann. Damit keine Zweideutigkeiten auftreten können, darf ein Attribut mit dem Typ ID nur als #IMPLIED oder als #REQUIRED definiert werden (siehe Tabelle am Beginn des Abschnitts 3.3). Ein Beispiel:

Die Vereinbarung des Elementtyps in der DTD:

```
<!ELEMENT Rechnung (Kunde, Betrag)>
  <!ELEMENT Kunde (#PCDATA)>
  <!ELEMENT Betrag (#PCDATA)>
<!ATTLIST Rechnung bezahlt (ja|j|JA|J) #REQUIRED
  nummer ID #REQUIRED>
```

und das Element im XML-Text:

```
<Rechnung bezahlt="JA" nummer="3776"
  <Kunde>Neunkirchler</Kunde>
  <Betrag>Euro 760.-</Betrag>
</Rechnung>
```

IDREF

Mit IDREF kann man eine Referenz zu einem mit ID gekennzeichneten Element herstellen:

```
<!ELEMENT Mahnung EMPTY>
<!ATTLIST Mahnung nummer IDREF #REQUIRED>
```

mit dem Element:

```
<Mahnung nummer="3776"/>
```

Über die Rechnungsnummer kann eine Anwendung die notwendigen Daten für eine Mahnung wie Name und Adresse des Kunden, ausstehender Betrag u.Ä. ermitteln.

IDREFS

Natürlich kann auch der Fall eintreten, dass ein Kunde zur Zahlung mehrerer Rechnungen gemahnt werden muss. Es werden also einem Kunden mehrere Rechnungsnummern zugeordnet.

```
<!ELEMENT Mahnung EMPTY>
<!ATTLIST Mahnung nummern IDREFS #REQUIRED>
```

mit dem Element:

```
<Mahnung nummern="3776 4980 2861"/>
```

Die Referenzen zu den Rechnungen mit den Nummern 3776, 4980 und 2861 bilden zusammen das leere Element Mahnung.

Vordefinierte Attribute

Die vordefinierten Attribute **xml:space** und **xml:lang** wurden bereits im 2. Kapitel „Die Syntax von XML" vorgestellt. Auch diese Attribute müssen in der DTD für einen Elementtyp vereinbart werden. Die Details dieser Deklaration werden nun besprochen.

xml:space

Das Attribut kann nur die Werte "preserve" und "default" annehmen. Die Deklaration für einen Elementtyp „quellcode" könnte folgendermaßen aussehen:

```
<!ATTLIST quellcode xml:space (default|preserve) 'preserve'>
```

Dieses Attribut zeigt an, dass der in den Inhalten von Elementen des Elementtyps „quellcode" vorhandene Leerraum unverändert an die Anwendung weitergegeben werden soll. Dies gilt auch für alle Kindelemente der Elemente vom Elementtyp „quellcode".

xml:lang

Mit diesem Attribut kann der XML-Parser einer Anwendung mitteilen, in welcher Sprache beziehungsweise in welchem Dialekt der Inhalt des Elements und die Werte von Attributen geschrieben sind. Wie in Kapitel 2.1 besprochen, gibt es drei Möglichkeiten, eine Sprache anzugeben. Meist wird der Zwei-Buchstaben-Sprachcode gemäß ISO 639 verwendet. Dieser Code ist im Anhang A.1 vollständig angegeben.

Die Deklaration in der DTD erfolgt in folgender Form:

```
<!ATTLIST Titel xml:lang NMTOKEN 'en'>
```

Der vordefinierte Wert für das Attribut xml:lang für Elemente des Elementtyps „Titel" ist 'en' (Englisch).

> Groß- und Kleinschreibung spielt bei der Angabe des Sprachcodes ausnahmsweise keine Rolle. Es ist jedoch üblich, den Code für das Land in Großbuchstaben und jenen für die Sprache in Kleinbuchstaben zu schreiben.

An den Sprachcode kann gegebenenfalls ein Landescode mit Bindestrich angeschlossen werden, um landesspezifische Ausdrucksweisen in ein XML-Dokument einbringen zu können. Dieser Code für das Land ist nach ISO-3166 genormt und kann im Anhang A.2 nachgelesen werden.

```
<!ATTLIST Titel xml:lang NMTOKEN 'de-AT'>
```

Der Inhalt des Elements „Titel" wird in „österreichischem Deutsch" geschrieben.

Sowohl bei der Ausgabe durch CSS als auch mittels XSLT kann die Gestaltung der Ausgabe vom Wert des Attributs „xml:lang" abhängig gemacht werden.

3.4 ENTITY, ENTITIES

Parameter-Entities

Parameter-Entities bilden keinen eigenen Attributtyp. Sie werden oft benutzt, um mehrmals vorkommende Textteile einer DTD mit einer Abkürzung ansprechen zu können. Das Parameter-Entity beginnt mit einem Prozentzeichen, dann kommt der Name und schließlich das Literal, welches abgekürzt wird.

```
<!ENTITY % ja-nein "antwort
  (ja|Ja|JA|j|J|nein|Nein|NEIN|n|N) #REQUIRED">
```

Der Aufruf einer Parameter-Entity erfolgt durch ein vorangestelltes Prozentzeichen, den Entity-Namen und einen Strichpunkt:

```
%ja-nein;
```

Wenn zum Beispiel mehrere Elemente mit demselben Attribut versehen werden, kann dies auf folgende Art übersichtlich und mit weniger Tippaufwand gemacht werden.

```
<!ENTITY % ja-nein "antwort
  (ja|Ja|JA|j|J|nein|Nein|NEIN|n|N) #REQUIRED">
<!ELEMENT Umfrage (Datensatz)+>
<!ELEMENT Datensatz(Fleisch,Salat,Fisch,Obst,Milchprodukte)>
<!ELEMENT Fleisch EMPTY>
  <!ATTLIST Fleisch %ja-nein;>
<!ELEMENT Salat EMPTY>
  <!ATTLIST Salat %ja-nein;>
<!ELEMENT Fisch EMPTY>
  <!ATTLIST Fisch %ja-nein;>
```

```
<!ELEMENT Obst EMPTY>
  <!ATTLIST Obst %ja-nein;>
<!ELEMENT Milchprodukte  EMPTY>
  <!ATTLIST Milchprodukte  %ja-nein;>
```

Externe Entities

Man kann Entities auch dazu verwenden, Nicht-XML-Daten als gültige Attributwerte einzufügen. Dies könnten beispielsweise Bilder oder Diagramme oder andere binäre Daten sein. Weil der XML-Parser mit diesen Daten nicht umgehen kann, muss zuerst angegeben werden, welches Programm dazu benutzt werden soll. Dies geschieht in einer Notationsdeklaration.

```
<!NOTATION jpg SYSTEM "jpgviewer.exe">
```

Zur Ausgabe von jpg-Grafiken wird das Programm „jpgviewer" verwendet. Als Nächstes definiert man das externe Entity:

```
<!ENTITY sonnenuntergang SYSTEM "foto38_01.jpg" NDATA JPEG>
```

Mit **NDATA** (*notation data*) teilt man mit, dass es für die binäre, externe Datei „"foto38_01.jpg" eine Notation gibt, die ihre Ausgabe regelt. Anschließend vereinbart man in der DTD ein Element mit einem Attribut, dessen Typ gleich ENTITY ist:

```
<!ELEMENT Urlaubsdoku(Tag)+>
  <!ELEMENT Tag (#PCDATA)>
  <!ATTLIST Tag fotoart ENTITY #IMPLIED >
```

Bei der Beschreibung eines Urlaubstages kann daher, falls vorhanden, ein Foto dargestellt werden. Im XML-Dokument würde der Zugriff auf dieses Foto so aussehen.

```
<Tag fotoart="sonnenuntergang">
  Beschreibung des Urlaubstages </Tag>
```

Wenn beispielsweise mehrere Fotos angezeigt werden sollen, muss für jedes Foto ein ENTITY-Tag geschrieben werden, auf die durch den

Attributtyp ENTITIES referenziert wird. Die syntaktischen Details sieht man im folgenden Beispiel.

```
<!ELEMENT Urlaubsdoku(Tag)+>
  <!ELEMENT Tag (#PCDATA)>
  <!ATTLIST Tag fotoart ENTITIES #IMPLIED >
  <!ENTITY bergsee SYSTEM "foto35_01.jpg" NDATA JPEG>
  <!ENTITY berggipfel1
    SYSTEM "foto35_02.jpg" NDATA JPEG>
  <!ENTITY berggipfel2
    SYSTEM "foto35_03.jpg" NDATA JPEG>
```

Nun werden bei der Beschreibung eines Urlaubstages drei Fotos dargestellt:

```
<Tag fotoart="bergsee berggipfel1 berggipfel2">
  Beschreibung des Urlaubstages </Tag>
```

Ähnlich wie beim DOCTYPE-Tag kann auch beim ENTITY-Tag statt des Schlüsselworts "SYSTEM" das Schlüsselwort "PUBLIC" verwendet werden. Der XML-Prozessor bekommt damit die Möglichkeit, wenn das Laden der Entity vom lokalen Speichermedium nicht möglich ist, auf eine alternative Adresse entweder im WEB oder im Firmennetzwerk etc. zurückzugreifen. Eine derartige Vereinbarung könnte folgendermaßen aussehen:

```
<!ENTITY bergsee PUBLIC "foto35_01.jpg"
  "http://www.gymmelk.ac.at/xml/urlaub/fotos/foto35_01.jpg"
  NDATA JPEG>
```

3.5 Bedingte Abschnitte

Der Programmierer hat die Möglichkeit, Teile der externen DTD als bedingte Abschnitte zu definieren. Je nachdem ob das Schlüsselwort INCLUDE oder IGNORE verwendet wird, werden die entsprechenden

Definitionen vom Parser in die DTD eingebunden oder ignoriert. Damit ist es möglich, neue Versionen von Teilen einer DTD gegen die alten zu testen.

Ein Beispiel soll die Syntax bedingter Abschnitte zeigen.

```
<![INCLUDE [
  <!ELEMENT Gedicht (#PCDATA)>
    <!ATTLIST Gedicht xml:lang NMTOKEN 'en-AU'>
]]>
<![IGNORE [
  <!ELEMENT Gedicht (#PCDATA)>
    <!ATTLIST Gedicht xml:lang NMTOKEN 'en-US'>
]]>
```

Interessant ist es, in einem bedingten Abschnitt Parameter-Entities zu verwenden. In diesem Fall muss der Parser das Entity zuerst durch seinen Inhalt ersetzen, bevor er entscheiden kann, ob er die Definitionen dieses Abschnitts in die DTD einbinden soll oder ob er sie ignorieren soll. Im einfachsten Fall bilden die beiden Schlüsselwörter INCLUDE und IGNORE jeweils ein Parameter-Entity. Das oben angeführte Beispiel schaut dann folgendermaßen aus.

```
<!ENTITY % australien "INCLUDE">
<!ENTITY % amerika "IGNORE">
  <![%australien [
    <!ELEMENT Gedicht (#PCDATA)>
      <!ATTLIST Gedicht xml:lang NMTOKEN 'en-AU'>
  ]]>
  <![%amerika [
    <!ELEMENT Gedicht (#PCDATA)>
      <!ATTLIST Gedicht xml:lang NMTOKEN 'en-US'>
  ]]>
```

3.6 Regeln für die Gültigkeit von XML-Dokumenten

Die wichtigsten Regeln für ein gültiges XML-Dokument werden nun zusammengefasst:

- Das XML-Dokument besitzt eine Dokumenttyp-Deklaration.
- In der Dokumenttyp-Deklaration muss der Name des Dokumentelements (root element) stehen.
- Das Attribut „standalone" der Dokumenttyp-Deklaration darf nur dann auf "yes" gesetzt werden, wenn eine interne DTD vorhanden ist.
- Die Elemente im XML-Dokument entsprechen strukturell den Vorgaben der DTD.
- Die Elemente im XML-Dokument mit Elementtypen, bei denen die DTD ein Attribut zwingend vorsieht, besitzen tatsächlich ein Attribut mit einem erlaubten Wert.

3.7 Referenz

Die wichtigsten Syntaxelemente einer DTD werden in Tabellenform angegeben.

Elemente

Element	Beispiel
Inhalt leer	<!ELEMENT Foto EMPTY>
Inhalt beliebig	<!ELEMENT Kommentar ANY>
Inhalt Kindelemente	<!ELEMENT Firma (Name, Adresse, Kontakt) >
Inhalt Text	<!ELEMENT Name (#PCDATA)>
Inhalt gemischt	<!ELEMENT Buch (#PCDATA | Buchtitel)>

Tabelle 3.1: Elemente

Attribute

Attributtyp	Beispiel
CDATA (Text)	<!ATTLIST Krimi verlag CDATA #REQUIRED>
Aufzählung	<!ATTLIST Krimi verlag (Vieweg||Zsolnay|Fischer)>
NMTOKEN	<!ATTLIST Krimi verlag NMTOKEN #IMPLIED>
ID	<!ATTLIST Krimi isbn ID #REQUIRED>
IDREF	<!ATTLIST Person isbn IDREF #REQUIRED>
IDREFS	<!ATTLIST Krimiautor isbn IDREFS #REQUIRED>
xml:space	<!ATTLIST Vertrag xml:space (default|preserve) 'default'>
xml:lang	<!ATTLIST Handlung xml:lang NMTOKEN 'fr'>

Tabelle 3.2: Attribute

Verschiedenes

Syntaxelement	Beispiel
Parameter-Entity	<!ENTITY % kf "konfektion (S|s|M|m|L|l|XL|Xl|xL|xl) 'M' ">
externes Entity	<!ENTITY abbildung1 SYSTEM "abb1.gif" NDATA GIF>
bedingter Abschnitt	<![INCLUDE [<!ELEMENT Gedicht (#PCDATA | Inhalt)>]]> <![IGNORE [<!ELEMENT Gedicht (Inhalt)>]]>

Tabelle 3.3: Verschiedenes

4 Namensräume

Man kann sich XML-Dokumente vorstellen, in denen Elementtypen und Attribute mit gleichem Namen Verwendung finden, die für mehrere verschiedene Softwarerichtungen definiert wurden. Dabei dürfen natürlich keine Zweideutigkeiten etwa durch gleiche Bezeichnungen entstehen. Die Verwendung so genannter Namensräume verhindert derartige Kollisionen und stellt ein mächtiges Werkzeug für XML-Anwender dar. Dieses Kapitel stellt zunächst das allgemeine Konzept der Namensräume vor, wie es vom W3C-Konsortium festgelegt wurde, und zeigt anschließend die Handhabung von HTML-Namensräumen anhand typischer Beispiele.

4.1 Die W3C-Empfehlung

Das W3C-Konsortium hat am 14. Januar 1999 eine Empfehlung (*recommendation*) mit dem Titel „Namensräume in XML" („*Namespaces in XML*") erlassen. Dieses Dokument beschreibt die gesamte Syntax von Namensräumen und stellt die normative Referenz zu diesem Thema dar. Es kann unter der Web-Adresse „http://www.w3.org/TR/REC-xml-names" in seiner englischsprachigen Originalfassung nachgelesen werden.

Deklaration von Namensräumen

XML-Dokumente können Elemente enthalten, deren Typen in unterschiedlichen DTDs definiert werden. Kommt zum Beispiel ein Element mit dem Namen „Buch" in mehreren dieser DTDs vor, muss eine eindeutige Zuordnung des verwendeten Namens „Buch" zu einer bestimmten DTD erfolgen. Dies geschieht über die Vereinbarung von Namensräumen.

Ein Beispiel:

Ein Verlag hat eine DTD mit einem Elementtyp Buch. Ein Element dieses Typs in einem XML-Text könnte so aussehen:

```
<Buch>
  <Titel>XML</Titel>
  <Serie>GE-PACKT</Serie>
  <Autor>August Mistlbacher</Autor>
  <Autor>Alfred Nussbaumer</Autor>
</Buch>
```

Ein Buchhändler hingegen benutzt eine andere DTD, in der ebenfalls ein Elementtyp mit der Bezeichnung „Buch" vorkommt. Ein derartiges Element könnte folgendermaßen aussehen:

```
<Buch sparte='edv'>
  <Titel>XML-gepackt</Titel>
  <Autor>Mistlbacher, Nussbaumer</Autor>
  <Bestand>12</Bestand>
  <Preis>14,95</Preis>
</Buch>
```

Die beiden Elementtypen sind syntaktisch und semantisch inkompatibel. Um sie dennoch beide in einem XML-File verwenden zu können, muss man zwei verschiedene Namensräume definieren.

Dazu benutzt man das Schlüsselwort **„xmlns"**. Es steht für **„xml-namespace"** und stellt ein Attribut dar, welches grundsätzlich in beliebigen Elementen eines XML-Dokuments verwendet werden kann. Daran schließt, durch einem Doppelpunkt getrennt, ein Präfix an, das als eine Abkürzung für den Namensraum dient. Die Angabe eines Präfixes ist optional. Der Wert des Attributs „xmlns" ist ein URI, der den Namensraum eindeutig identifiziert. Ein URI (*Uniform Resource*

Identifier) stellt üblicherweise eine Webadresse dar, weil damit sichergestellt ist, dass die Zuordnung zum Namensraum eindeutig ist (siehe Kapitel 5 „CSS").

Für das obige Beispiel könnten die Deklarationen der Namensräume wie folgt aussehen:

```
xmlns:verlag="http://www.mitp.de"
xmlns:handel="http://schaden.at"
```

Allgemein definiert man einen Namensraum folgendermaßen, wobei die Angabe eines Präfixes auch weggelassen werden kann:

```
xmlns:präfix="URI"
```

Durch die Deklaration eines Namensraums stehen dem XML-Dokument alle Elementtypen zur Verfügung, die in der dem Namensraum zugeordneten DTD vereinbart sind. Um ein Element aus einem Namensraum verwenden zu können, braucht man einen so genannten **qualifizierten Namen** (*qualified name*). Wir geben ein Beispiel, in dem zwei Namensräume verwendet werden.

```
<Bestellung xmlns:verlag="http://www.mitp.de"
            xmlns:handel="http://schaden.at">
  <verlag:Buch>     <-- das ist ein qualifizierter Name -->
    <verlag:Titel> <-- das Präfix „verlag" macht die    -->
      Java 2        <-- Bezeichnung „Buch" eindeutig     -->
    </verlag:Titel>
    <verlag:Autor>Herbert Schildt</verlag:Autor>
    <verlag:Serie>GE-PACKT</verlag:Serie>
    <verlag:Autor>Joe O'Neil</verlag:Autor>
  </verlag:Buch>
  <handel:Buch sparte='edv'>
    <handel:Titel>Java2-gepackt</handel:Titel>
    <handel:Autor>Schildt, O'Neil</handel:Autor>
    <handel:Bestand>6</handel:Bestand>
    <handel:Preis>14,95</handel:Preis>
  </handel:Buch>
  <Kunde>
    <Name>Florian Kunz</Name>
```

```
    <Adresse>Blumenweg 3,A-3680 Pöchlarn</Adresse>
  </Kunde>
</Bestellung>
```

Das Beispiel verwendet ein Element „Bestellung", in dem die Namensräume für den Verlag und den Buchhändler vereinbart werden. Beide Deklarationen definieren auch ein Präfix, welches den ersten Teil des qualifizierten Namens bildet. Dadurch werden mögliche Namenskonflikte ausgeschaltet. Man beachte, dass die Elemente <Bestellung>, <Kunde>, <Name> und <Adresse> im lokalen XML-Dokument definiert werden. <verlag:Buch> und <handel:Buch> stammen hingegen samt ihren Kindelementen aus den DTD-Vereinbarungen, die den jeweiligen (verschiedenen) Namensräumen zugeordnet sind.

Es gibt Namensräume für bestimmte Anwendungen, deren URI vom W3C-Konsortium und anderen Institutionen festgelegt worden sind. Die Deklaration eines derartigen Namensraums ermöglicht es, im XML-Dokument die unterschiedlichen Sprachelemente einer Anwendung zu benutzen. Beispielsweise können innerhalb eines HTML-Namensraumes alle HTML-Tags verwendet werden. Einige wichtige derartige Namensräume sind in der Tabelle angegeben.

Anwendung	**Namensraum**
XML	http://www.w3.org/XML/1998/namespace
XLINK	xmlns:xlink="http://www.w3.org/1999/xlink"
XSL	xmlns:xsl = "http://www.w3.org/1999/XSL/Transform"
XSL-FO	xmlns:fo="http://www.w3.org/1999/XSL/Format"
XML Schema	xmlns:xsd="http://www.w3.org/2001/XMLSchema"
XT	xmlns:xt = "http://www.jclark.com/xt"

Anwendung	Namensraum
SMIL Animation	xmlsn:smil="http://www.w3.org/2001/smil-animation"
MathML	xmlns:math="http://www.w3.org/1998/Math/MathML"
HTML 4.0	xmlns:html="http://www.w3.org/TR/REC-html40"
XHTML	xmlns:html="http://www.w3.org/1999/xhtml"
SVG	xmlns:svg="http://www.w3.org/2000/svg"

Wenn ein Browser eine XML-Datei interpretiert, ist es nicht sicher, ob ein bestimmter Namensraum erkannt wird und ob alle für diesen Namensraum vorgesehenen Elemente unterstützt werden. Der Namensraum für XLink wird beispielsweise nur vom W3C-eigenen Browser „Amaya" realisiert. Verschiedene Browserversionen verwenden innerhalb der eingebauten XSLT-Prozessoren verschiedene Namensraum-Deklarationen.

Geltungsbereich von Namensräumen

Die Deklaration eines Namensraumes erfolgt wie oben beschrieben durch Setzen des „xmlns"-Attributs in einem Element. Demgemäß kann dieser Namensraum nur innerhalb dieses Elements und seiner Kindelemente verwendet werden.

Namensräume, die im gesamten XML-Dokument verwendet werden, müssen im Dokumentelement, von dem alle anderen Elemente abstammen, vereinbart werden.

Wird ein Namensraum in einem XML-File häufig verwendet, ist das ständige Schreiben des entsprechenden Präfixes unangenehm. In so einem Fall ist es sinnvoll, einen **Default-Namensraum** (*default namespace*) zu definieren. Ein Namensraum gilt als Default-Namensraum, wenn bei der Deklaration kein Präfix angegeben wird. Die Elemente eines Default-Namensraums werden ohne ein vorgestelltes Präfix verwendet.

Wenn innerhalb des Geltungsbereiches eines Default-Namensraums ein neuer Default-Namensraum deklariert wird, überdeckt dieser den alten Default-Namensraum. Dies ist jedoch sicher ein fehleranfälliger und daher nicht empfehlenswerter Programmierstil.

Ein Beispiel:

```
<!DOCTYPE html PUBLIC "-//W3C//DTD XHTML 1.0 Strict//EN"
   "http://www.w3.org/TR/xhtml1/DTD/xhtml1-strict.dtd">
<html xmlns="http://www.w3.org/1999/xhtml">
  <!-- xhtml-Namensraum -->
  <head>
    <title>XML</title>
    <meta http-equiv="Content-Type" content="text/html;
          charset=ISO-8859-1" />
    <link rel="stylesheet" type="text/css"
          href="../inf.css" />
  </head><html:ul
  <body>
    <h3>Default-Namensraum</h3>
    <p>Im Default-Namensraum braucht man <b>kein Präfix
    </b>, um Elemente des Namensraumes zu verwenden.</p>
  </body>
</html>
```

Ein weiteres Beispiel mit mehreren Namensräumen:

```
<Buch xmlns="http://www.mitp.de"<!-- Default-Namensraum -->
      xmlns:html="http://www.w3.org/TR/REC-html40">
                        <!-- zweiter Namensraum -->
  <Titel>Java 2</Titel>
  <Serie>GE-PACKT</Serie>
  <html:ul>
    <html:li><Autor>Herbert Schildt</Autor></html:li>
    <html:li><Autor>Joe O'Neil</Autor></html:li>
  </html:ul>
</Buch>
```

Wenn man mit einem oder mehreren Namensräumen arbeitet, erhält man „nur mehr" wohlgeformte und nicht mehr gültige XML-Dokumente. Jedem Namensraum entspricht eine DTD, deren Elementtypen im XML-Markup verwendet werden. Dies wird von der XML-1.0-Spezifikation nicht unterstützt. Sie sieht vor, dass ein XML-Dokument durch eine einzige DTD beschrieben wird. In dieser DTD müsste man alle Elementtypen, die aus irgendwelchen Namensräumen in einem XML-Text verwendet werden, definieren, damit der XML-Text gültig ist. Dies ist jedoch kaum praktikabel. Unter anderem wegen dieser Schwierigkeit wurden die so genannten XML-Schemata entwickelt, die die DTDs weiterentwickeln. XML-Schemata sind noch in Entwicklung.

4.2 HTML-Namensräume

Ein HTML-Namensraum wird durch den URL **"http://www.w3.org/TR/REC-html40"** eindeutig identifiziert. Er kann, wie jeder Namensraum, mit dem „xmlns"-Attribut in jedem beliebigen Element eines XML-Dokumentes deklariert werden und ist dann mit seiner

Gültigkeit an dieses Element gebunden. Im Element und in seinen Kindelementen können daher HTML-Tags verwendet werden.

XML ist case-sensitive, unterscheidet also im Gegensatz zu HTML Groß- und Kleinschreibung. HTML-Tags müssen in einem XML-File ausnahmslos klein geschrieben werden, um in einem HTML-Namensraumes erkannt zu werden.

Werden HTML-Namensräume nicht als Default-Namensräume definiert, so muss man das Präfix **html** verwenden. Es ist also nicht möglich, eine eigene Bezeichnung für das Präfix zu verwenden. Dies würde zu einer Fehlermeldung des Parsers führen.

Benötigt man an vielen Stellen des XML-Dokuments HTML-Tags, wird man den Namensraum im Dokumentelement vereinbaren. Dazu ein Beispiel:

```
<?xml version="1.0" encoding="iso-8859-1"?>
<?xml-stylesheet href="beisp.css" type="text/css"?>

<Webseite xmlns:html="http://www.w3.org/TR/REC-html40">
  <html:h1>HTML-Namensraum</html:h1>
  <html:img src="cook.jpg" width="500" height="100"
    border="0" alt=""/>
  <absatz>Dieser Absatz befindet sich natürlich im
    HTML-Namensraum. Daher kann man problemlos
    <html:b>HTML-Tags</html:b> verwenden.
  </absatz>
  <absatz>
    HTML-Tags ohne End-Tag wie z.B. "br" schreibt
    man in XML "br/"
  </absatz>
</Webseite>
```

Dasselbe Beispiel mit einem Default-Namensraum:

```
<?xml version="1.0" encoding="iso-8859-1"?>
<?xml-stylesheet href="beisp.css" type="text/css"?>

<Webseite xmlns="http://www.w3.org/TR/REC-html40">
  <h1>HTML-Namensraum</h1>
  <img src="cook.jpg" width="500" height="100"
    border="0" alt=""/>
  <absatz>Im gesamten XML-Dokument können
    <b>HTML-Tags</b> in der von HTML-Files gewohnten
    Art verwendet werden. Dies ist ein Beispiel, welches
    zeigt, wie mächtig das Konzept der Namensräume ist.
  </absatz>
  <absatz>
    Namensräume erweitern die Fähigkeiten von XML.
    Im Falle von HTML-Namensräumen kann der komplette
    HTML-Befehlssatz in XML verwendet werden.
  </absatz>
</Webseite>
```

Der Internet Explorer 6.0 unterstützt das Konzept der Default-Namensräume nicht. Er erkennt daher die HTML-Befehle im obigen Beispiel nicht. Deshalb kann die Grafik „cook.jpg" nicht dargestellt werden. Auch der Text „HTML-Namensraum" wird vom Browser nur in Standardschrift dargestellt.

Möglicherweise braucht man nur an wenigen Stellen eines XML-Dokuments einen HTML-Befehl, etwa zum Einfügen einer Grafik oder für einen Link. In diesem Fall kann der Namensraum im entsprechenden HTML-Tag mit dem Attribut „xmlns" deklariert werden. Das nächste Beispiel zeigt, wie man eine Tabelle in einen XML-Text einfügt. Der Namensraum wird direkt im <table>-Tag vereinbart. Innerhalb dieses Tags können daher HTML-Befehle benutzt werden.

```
<?xml version="1.0" encoding="iso-8859-1"?>
<?xml-stylesheet href="beisp.css" type="text/css"?>

<Webseite>
```

```
  <Ueberschrift>Namensräume und Präfixe</Ueberschrift>
  <Absatz>
    <html:table xmlns:html=
      "http://www.w3.org/TR/REC-html40">
      <html:tr>
        <html:td><html:b>Namensraum</html:b></html:td>
        <html:td><html:b>Präfix</html:b></html:td>
      </html:tr>
      <html:tr>
        <html:td>Html</html:td>
        <html:td>html</html:td>
      </html:tr>
      <html:tr>
        <html:td>xslfo</html:td>
        <html:td>fo</html:td>
      </html:tr>
    </html:table>
  </Absatz>
  <Absatz>
    Jeder Namensraum erweitert die Fähigkeiten von XML.
  </Absatz>
</Webseite>
```

HTML-Namensräume können auch benutzt werden, um beispielsweise JavaScript in ein XML-Dokument einzubinden. Ein Beispiel dazu wurde bereits in Kapitel 1 gegeben. An dieser Stelle soll ein weiteres Beispiel angeführt werden. Der HTML-Namensraum wird direkt im Script-Tag vereinbart.

XML-Datei:

```
<?xml version="1.0" encoding="iso-8859-1"?>
<?xml-stylesheet href="b.css" type="text/css"?>
<Webside>
  <!--Beginn des HTML-Namensraums-->
  <html:script xmlns:html=
    "http://www.w3.org/TR/REC-html40"
    type="text/JavaScript" src="b.js"/>
  <!--Ende des HTML-Namensraums-->
  <titel>XML und JavaScript</titel>
  <absatz>Im HTML-Namensraum können auch Scriptbefehle
```

```
    verwendet werden.
  </absatz>
</Webside>
```

JavaScript-Datei „b.js“:

```
var name=navigator.appName;
var version=navigator.appVersion;
var system=navigator.platform;
var sprache=navigator.userAgent;
alert("Browser: "+name+"\nVersion: "+version);
alert("Betriebssystem: "+system+"\nUser-Agent: "+sprache);
```

Falls man eine HTML-Datei mit JavaScript-Elementen in eine XML-Datei umwandeln möchte, ist es vorteilhaft, den Namensraum im HTML-Tag zu deklarieren. Dadurch sind nur wenige Änderungen notwendig, um ein wohlgeformtes XML-Dokument zu erhalten, weil die HTML-Befehle im gesamten Text erkannt werden. Das Ergebnis kann beispielsweise so aussehen:

Die XML-Datei „rechner.xml“:

```
<?xml version="1.0" encoding="iso-8859-1"?>

<html xmlns="http://www.w3.org/TR/REC-html40">
  <head>
    <script type="text/JavaScript" src="rechner.js"/>
    <title>Rechner</title>
  </head>

  <body text="#000000" bgcolor="#FFFFFF">
    <h1>Rechner</h1>
    <form>
      <input type="text" name="a1" value="0"/> +
      <input type="text" name="a2" value="0"/>
      <input type="button" value="    =    "
      onclick="add(a1,a2,a3);"/>
      <input type="text" name="a3" value="0"/>
    </form>
    <form>
      <input type="text" name="s1" value="0"/> -
```

```
      <input type="text" name="s2" value="0"/>
      <input type="button"  value="    =    "
      onclick="sub(s1,s2,s3);"/>
      <input type="text" name="s3" value="0"/>
    </form>
    <form>
      <input type="text" name="m1" value="0"/> *
      <input type="text" name="m2" value="0"/>
      <input type="button"  value="    =    "
      onclick="mult(m1,m2,m3);"/>
      <input type="text" name="m3" value="0"/>
    </form>
    <form>
      <input type="text" name="d1" value="0"/> :
      <input type="text" name="d2" value="0"/>
      <input type="button"  value="    =    "
      onclick="div(d1,d2,d3);"/>
      <input type="text" name="d3" value="0"/>
    </form>
  </body>
</html>
```

Die JavaScript-Datei „rechner.js“:

```
function add(x,y,z) {wert1=parseFloat(x.value);
                      wert2=parseFloat(y.value);
                      z.value=wert1+wert2;
                      }
function sub(x,y,z) {wert1=parseFloat(x.value);
                      wert2=parseFloat(y.value);
                      z.value=wert1-wert2;
                      }
function mult(x,y,z) {wert1=parseFloat(x.value);
                       wert2=parseFloat(y.value);
                       z.value=wert1*wert2;
                      }
function div(x,y,z) {wert1=parseFloat(x.value);
                      wert2=parseFloat(y.value);
                      z.value=wert1/wert2;
                      }
```

Dieses Beispiel verwendet einen Default-Namensraum und funktioniert daher nicht mit dem Internet Explorer 6.0. Es werden vier Formulare erzeugt, die jeweils zwei Eingabefelder für die Eingabe der Operanden und ein Ausgabefeld für die Anzeige des Ergebnisses aufweisen. Die Berechnungen erfolgen in der jeweiligen JavaScript-Funktion. Diese Funktionen sind extern in der Datei „rechner.js" abgelegt und werden über das <script>-Tag in das XML-File eingebunden.

4.3 Namensräume in StarOffice

Das Büropaket StarOffice benutzt ab der Version 6 ein vollständig auf XML basierendes Speicherformat. Die dabei verwendeten Namensräume werden hier vorgestellt.

Textdaten speichern

Die beim Speichern von Textdaten erstellten XML-Dateien benutzen die folgende DTD:

```
<!DOCTYPE office:document-content PUBLIC "-//OpenOffice.org
  //DTD OfficeDocument 1.0//EN" "office.dtd">
```

Im Wurzelelement sind eine Reihe von Namensräumen, darunter auch einige in Kapitel 4.1 angeführte, festgelegt:

```
<office:document-content
  xmlns:office="http://openoffice.org/2000/office"
  xmlns:style="http://openoffice.org/2000/style"
  xmlns:text="http://openoffice.org/2000/text"
  xmlns:table="http://openoffice.org/2000/table"
  xmlns:draw="http://openoffice.org/2000/drawing"
  xmlns:fo="http://www.w3.org/1999/XSL/Format"
  xmlns:xlink="http://www.w3.org/1999/xlink"
  xmlns:number="http://openoffice.org/2000/datastyle"
```

```
  xmlns:svg="http://www.w3.org/2000/svg"
  xmlns:chart="http://openoffice.org/2000/chart"
  xmlns:dr3d="http://openoffice.org/2000/dr3d"
  xmlns:math="http://www.w3.org/1998/Math/MathML"
  xmlns:form="http://openoffice.org/2000/form"
  xmlns:script="http://openoffice.org/2000/script"
  office:class="text"
  office:version="1.0">
  ...
</office:document-content>
```

Für das Präsentationsmodul des Officepakets wird noch der folgende Namensraum ergänzt:

```
xmlns:presentation="http://openoffice.org/2000/presentation"
```

Tabellenkalkulationsdaten speichern

Die beim Speichern der Daten erstellten XML-Dateien benutzen wieder die bereits in Abschnitt 4.3 angegebene DTD:

```
<!DOCTYPE office:document-content PUBLIC "-//OpenOffice.org
  //DTD OfficeDocument 1.0//EN" "office.dtd">
```

Im Wurzelelement werden folgende Namensräume vereinbart. Wieder sind einige in Abschnitt 4.1 angeführte Namensräume dabei:

```
<office:document-content
  xmlns:office="http://openoffice.org/2000/office"
  xmlns:style="http://openoffice.org/2000/style"
  xmlns:text="http://openoffice.org/2000/text"
  xmlns:table="http://openoffice.org/2000/table"
  xmlns:draw="http://openoffice.org/2000/drawing"
  xmlns:fo="http://www.w3.org/1999/XSL/Format"
  xmlns:xlink="http://www.w3.org/1999/xlink"
  xmlns:number="http://openoffice.org/2000/datastyle"
```

```
  xmlns:svg="http://www.w3.org/2000/svg"
  xmlns:chart="http://openoffice.org/2000/chart"
  xmlns:dr3d="http://openoffice.org/2000/dr3d"
  xmlns:math="http://www.w3.org/1998/Math/MathML"
  xmlns:form="http://openoffice.org/2000/form"
  xmlns:script="http://openoffice.org/2000/script"
  office:class="spreadsheet"
  office:version="1.0">
  ...
</office:document-content>
```

Grafikdaten speichern

Es wird dieselbe DTD wie bisher verwendet:

```
<!DOCTYPE office:document-content PUBLIC "-//OpenOffice.org
  //DTD OfficeDocument 1.0//EN" "office.dtd">
```

Die im Wurzelelement deklarierten bekannten Namensräume sind wieder fett hervorgehoben:

```
<office:document-content
  xmlns:office="http://openoffice.org/2000/office"
  xmlns:style="http://openoffice.org/2000/style"
  xmlns:text="http://openoffice.org/2000/text"
  xmlns:table="http://openoffice.org/2000/table"
  xmlns:draw="http://openoffice.org/2000/drawing"
  xmlns:fo="http://www.w3.org/1999/XSL/Format"
  xmlns:xlink="http://www.w3.org/1999/xlink"
  xmlns:number="http://openoffice.org/2000/datastyle"
  xmlns:presentation=
    "http://openoffice.org/2000/presentaon"
  xmlns:svg="http://www.w3.org/2000/svg"
  xmlns:chart="http://openoffice.org/2000/chart"
  xmlns:dr3d="http://openoffice.org/2000/dr3d"
  xmlns:math="http://www.w3.org/1998/Math/MathML"
  xmlns:form="http://openoffice.org/2000/form"
  xmlns:script="http://openoffice.org/2000/script"
  office:class="drawing"
  office:version="1.0">
  ...
</office:document-content>
```

5 CSS

Die Daten, die in einem XML-Dokument abgelegt sind, enthalten keine Angaben, wie sie in einem Ausgabemedium dargestellt werden sollen. CSS (*Cascading Style Sheets*) sind neben XSL eine Möglichkeit der Ausgabe. CSS2 (*Cascading Style Sheets, Level 2)* wurden am 12. Mai 1998 vom W3C-Konsortium als Empfehlung (*Recommendation*) vorgestellt und stellen eine Erweiterung der am 17. Dezember 1996 herausgegebenen CSS1 dar.

Der Originaltext von CSS2 kann im Internet unter der Adresse „http://www.w3.org/TR/1998/REC-CSS2-19980512 nachgelesen werden. In diesem Kapitel werden die Konzepte von CSS2 beschrieben. An einigen Stellen wird auch auf den Originaltext verwiesen, wenn es sich um eher aufwändigere technische Details handelt, die man im Allgemeinen nicht braucht. In diesen Fällen erfolgt die Referenz auf eine Seitenzahl des PDF-Dokuments, weil so eine genauere Bezugnahme möglich ist. Das PDF-Dokument zu CSS2 erhält man unter der Adresse http://www.w3.org/TR/1998/REC-CSS2-19980512/css2.pdf.

Wenn auch CSS2 eine ganze Reihe von unterschiedlichen Ausgabemedien spezifiziert - unter ihnen auch weniger geläufige wie Sprachsythesizer oder Braille-Display (etwa um die Dokumente behindertengerecht ausgeben zu können) - werden sie doch in erster Linie für die Darstellung von HTML- und XML-Dokumenten im World Wide Web verwendet. Sehr viele CSS-Eigenschaften beziehen sich daher auch auf diese Aufgabe. Diese Eigenschaften werden auch weitgehend von den gängigen Browsern unterstützt. Wir geben in der Referenz an, welche Eigenschaften beim Internet Explorer 6.0 realisiert sind. Diese Software ist weit verbreitet und kann kostenlos unter http://www.microsoft.com/windows/ie heruntergeladen werden.

Der Einstieg in das Thema XML ist bestimmt via CSS am einfachsten, weil sich hier XML und HTML ziemlich nahe kommen. Die Beispiele des ersten Kapitels sollen dies illustrieren.

5.1 Die Syntax von CSS2-Regeln

Allgemeines

Stylesheets bestehen aus einer bestimmten Anzahl von Anweisungen der Form

```
Selektor{Attribut1:Wert1;/* 1. Eigenschaft */
         Attribut2:Wert2;/* 2. Eigenschaft */
}
```

Im einfachsten Fall bezeichnet der Selektor den Namen eines Elementtyps. Auf die Elemente dieses Elementtyps werden die angegebenen Eigenschaften angewendet. Selektoren können jedoch auch auf kompliziertere Art eine Auswahl der Elemente treffen. Dies wird im nächsten Abschnitt genauer dargestellt. Jedes Attribut definiert gemeinsam mit seinem Wert eine bestimmte Eigenschaft. Die Angaben in einer CSS sind nicht case-sensitive, Groß- oder Kleinschreibung spielt also keine Rolle. Eine Ausnahme bilden beispielsweise Elementnamen oder Namen von Zeichensätzen. Auch mehrere Leerzeichen, Tabulatoren oder Leerzeilen (*White Spaces*) besitzen in CSS keine Bedeutung.

Spezielle CSS-Anweisungen sind die so genannten „**At-Regeln**" (*At-rules*).

Einige Beispiele:

```
@import "bericht.css"
       /* importiert die CSS-Regeln der Datei */
       /* bericht.css (siehe Abschnitt 5.8) */
@page {margin-top: 5cm;
       /* Formatanweisungen für seitenweise Ausgabe */
```

```
        margin-right: 2cm;/* siehe Abschnitt 5.9*/
        margin-bottom: 3cm;
        margin-left: 3.5cm;}
@media print{Absatz {font-size: 10pt}
        /* CSS-Regel wird nur beim Ausgabemedium */
        /* print angewendet(siehe weiter unten)  */}
```

Eine Übersicht über alle At-Regeln von CSS finden Sie im Referenzteil 5.11.

Kommentare haben in CSS die Form: /* Text des Kommentars */

Werte von Eigenschaften

<Zahl>

Bei Zahlenangaben unterscheiden wir zwischen <ganze Zahl> und <Dezimalzahl>. Dezimalzahlen verwenden einen Dezimalpunkt. Jede Zahl kann auch ein Vorzeichen besitzen.

<Länge>

Bei der Angabe der Schriftgröße oder der Breite eines Randes gibt es relative oder absolute Längenangaben:

relative Längenangabe	Beschreibung
em	1em ist die Schriftgröße des vom Element benutzten Fonts
ex	1ex ist die so genannte „x-Höhe" des vom Element benutzten Fonts
px	Die Größe von 1px hängt von der Auflösung des Ausgabemediums ab, meist also von der Auflösung des Bildschirms. 1px entspricht bei einer Auflösung von 90dpi ungefähr 0.28mm.

absolute Längenangabe	Beschreibung
in	1 inch = 2.54 cm
cm	Zentimeter
mm	Millimeter
pt	1 Punkt = 1/72 inch = 0.35 mm
pc	1 Pica = 12pt = 4.23 mm

Zwischen der Maßzahl und der Längeneinheit darf kein Zwischenraum sein, also „3cm" und nicht „3 cm".

<Prozent>

Prozentangaben sind natürlich relativ zu einem bestimmten Grundwert zu verstehen. Bei Längenangaben kann dies beispielsweise die Größe der Box des Elternelements oder die Schriftgröße sein.

Die Kindelemente erben in diesem Fall nicht den in Prozenten angegebenen Wert, sondern den Wert, der aufgrund der Prozentangabe berechnet wurde.

<URI>

Ein **URI** (Uniform resource identifier) bezeichnet eine Ressource im Internet mit einem eindeutigen Namen. Er ist entweder ein URL (Uniform Resource Locator) oder ein URN (Uniform Resource Name). Mit URLs sind die üblichen Bezeichnungen von Dateien im Internet gemeint.

Beispiele: c:\xml\buch.css
buch.dtd

http://www.gymmelk.ac.at/xml/buch.xml
ftp://ftp.nzn.uni-hannover.de

Ein URN ist eine eindeutige Bezeichnung für eine Ressource, die nicht davon abhängt, an welchem Server die Ressource liegt. In der Praxis gibt es momentan keine URN's.

<Farbe>

Es gibt 16 vordefinierte Farben mit folgenden Bezeichnungen: aqua, black, blue, fuchsia, gray, green, lime, maroon, navy, olive, purple, red, silver, teal, white und yellow.

Man kann aber auch eine andere Farbe definieren, indem man den Rot- Grün- und Blauanteil auf eine der folgenden Arten definiert:

Farbangabe	Beschreibung
rgb(r, g, b)	Der Anteil der Farben Rot, Grün und Blau wird durch eine ganze Zahl zwischen 0 und 255 angegeben
rgb(r%, g%, b%)	Der Anteil der Farben Rot, Grün und Blau wird in Prozenten angegeben.
#rrggbb	Die Farbanteile werden durch zwei hexadezimale Ziffern (0 bis F) angegeben.
#rgb	Die Farbanteile werden durch eine hexadezimale Ziffern (0 bis F) angegeben. Jede Ziffer wird dupliziert.

Eine detailliertere Beschreibung finden Sie im Abschnitt 5.4.

<Winkel>

Die Maßzahl bei der Angabe eines Winkels ist eine ganze Zahl. Es können daher auch negative Werte angegeben werden. Drei Winkelmaße sind möglich:

Winkelmaß	Beschreibung
deg	Altgrad: ein rechter Winkel hat 90deg
grad	Neugrad: ein rechter Winkel hat 100grad
rad	Radiant: ein rechter Winkel hat $\frac{1}{2}\pi$ = 1.570796326794897rad

Winkelangaben sind nur bei manchen Eigenschaften, die sich auf akustische Ausgabe mittels Sprachsynthesizer beziehen, vorgesehen.

<Zeit>

Die Maßzahl bei der Angabe von Zeiten ist eine ganze Zahl. Negative Werte dürfen nicht angegeben werden. Zwei Zeitmaße sind möglich:

Zeitmaß	Beschreibung
ms	Millisekunden
s	Sekunden

Ausgabemedien (*Media type*)

Die CSS2-Spezifikation definiert folgende Ausgabemedien:

Medium	Beschreibung
all	die Eigenschaften sind für alle Ausgabegeräte geeignet
aural	Sprachausgabe (Sprachsynthesizer), siehe Abschnitt 5.10
braille	die Ausgabe erfolgt auf Geräten, die die Blindenschrift sensorisch umsetzen (taktile Ausgabe)

Medium	Beschreibung
embossed	die Ausgabe für Drucker, die die Blindenschrift ausgeben können
handheld	die Ausgabe erfolgt auf Handheld-Geräten (Palmtops, Handys, ...)
print	Ausgabe auf einem Drucker
projection	Ausgabe auf einem Projektor, Video-Beamer, u.Ä.
screen	Ausgabe auf einem Bildschirm
tty	die Ausgabe erfolgt auf Geräten, die ein festes Punkteraster für Zeichen verwenden (z.B. Fernschreiber, Terminals)
tv	Ausgabe auf einem Fernsehbildschirm

Tabelle 5.1: Ausgabemedien

Die at-Regel „@media" sorgt für die Verknüpfung der Stylesheets mit einem Ausgabemedium:

```
{ Buch {font-size: 10pt }
}
@media screen{ Buch {font-size: 12pt }
}
@media print,screen{ Buch {line-height: 2cm }
}
```

Die Eigenschaften von Elementen sind im Allgemeinen nur für bestimmte Ausgabegeräte sinnvoll. Daher werden so genannte **Mediengruppen** (*media groups*) definiert:

Mediengruppe	Beschreibung
continuous/paged	Ausgabe erfolgt stetig oder seitenweise
visual/aural/tactile	Ausgabe erfolgt visuell, akustisch oder über Tastsinn

Mediengruppe	Beschreibung
grid/bitmap	Ausgabe erfolgt mit grid bzw. bitmap-Grafik
interactive/static	Ausgabegerät erlaubt Benutzerinteraktion oder nicht

Jedem Ausgabemedium werden Mediengruppen zugeordnet:

Ausgabemedium	Mediengruppe			
	continuous/ paged	**visual/aural/ tactile**	**grid/ bitmap**	**interactive/ static**
aural	continuous	aural	----	beides
braille	continuous	tactile	grid	beides
embossed	paged	tactile	grid	beides
handheld	continuous, paged	visual	grid, bitmap	beides
print	paged	visual	bitmap	static
projection	paged	visual	bitmap	static
screen	continuous	visual	bitmap	beides
tty	continuous	visual	grid	beides
tv	beides	visual, aural	bitmap	beides

Tabelle 5.2: Zusammenhang Ausgabemedien - Mediengruppen

In der Referenz wird bei den einzelnen Eigenschaften die Mediengruppe, für die die Eigenschaft verwendet werden kann, angegeben.

5.2 Selektoren

Der Selektor einer CSS-Anweisung bestimmt, auf welche Elemente die Stylesheets angewendet werden. Dabei werden **Muster** (*pattern*) verwendet. Je nach Muster unterscheidet man folgende Gruppen von Selektoren:

Gruppe	Muster
Universalselektor	*
Typselektoren	E oder E,F oder E F oder E>F oder E+F
Attributselektoren	E[atr] oder E[atr="w"] oder E[atrX="w"] oder E[lang|="en"]
ID-Selektor	E#id13
Pseudoklassen-selektoren	E:first-child oder E:link oder E:visited oder E:active oder E:hover oder E:focus oder E:lang(c)
Pseudoelement-selektoren	E:first-line oder E:first-letter oder E:before oder E:after

Universalselektor

Muster	das Muster passt
*	auf alle Elemente

Typselektor

Muster	das Muster passt
E	auf alle Elemente vom Typ E
E, F	auf alle Elemente vom Typ E oder F

Muster	das Muster passt
E F	auf alle Elemente vom Typ F, die Nachfolger eines Elements vom Typ E sind
E > F	auf alle Elemente vom Typ F, die direkte Nachfolger eines Elements vom Typ E sind
E + F	auf ein Element vom Typ F, das einem Element vom Typ E direkt folgt

Attributselektor

Muster	das Muster passt
E[atr]	auf alle Elemente vom Typ E, die ein Attribut „atr" haben (unabhängig vom Wert)
E[atr="w"]	auf alle Elemente vom Typ E, die ein Attribut „atr" haben, dessen Wert gleich „w" ist
E[atr~="w"]	auf alle Elemente vom Typ E, die ein Attribut „atr", dessen Wert gleich einer Liste verschiedener Werte ist, von denen einer gleich „w" ist
E[lang|="en"]	auf ein Element vom Typ E, für das im „lang"-Attribut eine Liste von Werten angegeben ist, die mit „en" beginnt

ID-Selektor

Muster	das Muster passt
E#id13	auf ein Element vom Typ E, dessen ID gleich „id13" ist

Beispiele:

```
Titel { color: blue }
Auszeichnen { color: blue }
Titel Auszeichnen { color: red }
```

Mit diesen Vereinbarungen können Teile eines Titels hervorgehoben werden:

```
<Titel>Die <Auszeichnen>CSS</Auszeichnen>-Spezifikationen
</Titel>
```

Für die nächsten Beispiele wird ein Element vom Typ „Person" verwendet. Seine Vereinbarung in der DTD sieht folgendermaßen aus:

```
<!Element Person (#PCDATA)>
  <!ATTLIST Person brille (ja|nein) "nein"
    geschlecht CDATA #IMPLIED>
```

Die Beispiele illustrieren den Gebrauch von Attributen beim Selektieren von Elementen.

```
Person {color: black}
Person [geschlecht] {color: yellow}
Person [geschlecht="m"] {color: blue}
Person [geschlecht="w"] {color: red}
```

Diese CSS-Regeln bewirken, dass Elemente vom Typ „Person", bei denen das Attribut „geschlecht" nicht gesetzt wurde, schwarz ausgegeben werden, jene, bei denen das Attribut „geschlecht" zwar gesetzt wurde, aber nicht den Wert „m" oder „w" hat, werden gelb geschrieben. Wenn das Attribut „geschlecht" den Wert „m" oder „w" hat, wird der Inhalt blau beziehungsweise rot ausgegeben.

Eine weitere Verfeinerung der Selektion erreicht man, wenn auch das zweite Attribut „brille" herangezogen wird. Möchte man alle weiblichen Brillenträger blau ausgeben und die weiblichen Personen, die keine Brillen tragen, schwarz ausgeben, könnte man folgende CSS-Regeln anwenden.

```
Person {color: yellow} /* Grundeinstellung ist gelb */
Person [geschlecht="m"] {display: none}
       /* männliche Personen werden nicht angezeigt */
Person [geschlecht="w"] [brille="ja"] {color: blue}
Person [geschlecht="w"] [brille="nein"] {color: red}
```

Möglicherweise werden jene Elemente vom Typ „person", bei denen das Attribut „brille" defaultmäßig durch die DTD-Vereinbarung den Wert „nein" hat, vom Selektor nicht erfasst, weil dieser Wert nicht im Dokumentenbaum erscheint. Wenn alle Brillenträger blau ausgegeben werden sollen und alle Personen, die keine Brillen tragen, rot ausgegeben werden sollen, ist es daher empfehlenswert, folgendermaßen vorzugehen:

```
Person {color: red} /* Grundeinstellung ist rot */
Person [brille="ja"] {color="blue"}
       /* Überschreiben der Grundeinstellung */
```

Je feiner die Selektion ist, um so mehr Ausgabeformate kommen zur Anwendung. Möglicherweise trifft in diesem Fall die Selektion nur mehr wenige Elemente. Dies könnte der Grundidee der Cascading Style Sheets zuwiderlaufen, die ja die Ausgabe möglichst einheitlich und übersichtlich gestalten möchte. Deshalb wird in der Empfehlung des W3C-Konsortiums eigens vor zu starkem Gebrauch der vielfältigen Selektionsmechanismen gewarnt. Besonders der Einsatz des ID-Selektors, bei dem die CSS-Regeln nur auf ein einziges Element angewendet werden, sollte natürlich genau überlegt werden.

Pseudoklassenselektoren

Pseudoklassen ermöglichen das dynamische Erstellen von Inhalten (siehe dazu Abschnitt 5.6). In unserem Zusammenhang kann man durch die Verwendung von Pseudoklassen Elemente selektieren, ohne ihren Namen anzugeben. Die Tabelle zeigt, welche Möglichkeiten der Einsatz von Pseudoklassen für den Selektor bietet.

Muster	das Muster passt
E:first-child	auf ein Element, welches erstes Kindelement eines Elements vom Typ E ist
E:link	auf ein Element vom Typ E, wenn es der Anker eines Links ist, der bereits aktiviert wurde
E:visited	auf ein Element vom Typ E, wenn es der Anker eines Links ist, der noch nicht aktiviert wurde
E:active	auf ein Element vom Typ E, wenn es vom Benutzer aktiviert wird
E:hover	auf ein Element vom Typ E, wenn der Benutzer das Element auswählt, ohne es zu aktivieren (z.B. wenn der Mauszeiger sich auf dem Element befindet)
E:focus	auf ein Element vom Typ E, wenn es fokussiert ist (der Cursor blinkt auf dem Element und Tastatureingaben sind möglich)
E:lang(c)	auf ein Element vom Typ E, dessen Inhalt in der Sprache „c" verfasst ist; das heißt, der Wert des globalen Attributs „xml:lang" ist gleich „c" (siehe Kapitel „Die Syntax einer DTD")

Pseudoelementselektoren

Bei den bisherigen Beispielen werden die Elemente anhand ihrer Stellung im Dokumentenbaum selektiert. Durch das CSS2-Konstrukt der Pseudoelemente kann man beispielsweise Stylesheets für den ersten Buchstaben, respektive die erste Zeile des Inhalts eines Elements angeben.

Das :first-line-Pseudoelement

kann nur auf Blocklevelelemente (siehe Abschnitt 5.3) angewendet werden und selektiert die erste Zeile des Inhalts. Zulässige Eigenschaften sind: Fonts, Farben, Hintergrund, 'word-spacing', 'letter-spacing', 'text-decoration', vertical-align', 'text-transform', 'line-height', 'text-shadow' und 'clear'.

```
Text:first-line {text-transform: uppercase}
```

Im XML-Dokument könnte diese CSS-Regel so zur Anwendung kommen:

```
<Text>
  <Text:first-line>XML-Namen beachten die Groß- und
                   Kleinschreibung.
  </Text:first-line>
  Der restliche Text wird normal ausgegeben.
</Text>
```

Das :first-letter Pseudoelement

selektiert den ersten Buchstaben des Inhalts eines Elements. Zulässig sind: Fonts, Farben, Hintergrund, Rand, Füllung, 'text-decoration', vertical-align' (nur bei float='none'), 'text-transform', 'float', 'text-shadow' und 'clear'

```
Text {font-size: 12pt; line-height: 12pt}
Text:first-letter {font-size: 200%; font-weight:bold;
                   font-style: italic}
```

Die :before- und :after-Pseudoelemente

werden benutzt, um dynamisch erzeugten Inhalt wie Nummern vor oder nach dem Inhalt eines Elements einzufügen (siehe Abschnitt 5.6).

```
Kapitel:before {content:"Kapitel"
                counter(chapnr,upperroman)}
Kapitel {color: blue}
Kapitel:first-letter {color: red}
       /* Das „K" von „Kapitel" wird rot geschrieben */
```

5.3 Das Boxmodell

Die Eigenschaften einer Box

Eine CSS-Box ist eine rechteckige Fläche, in der nach gewissen Regeln der Inhalt von Elementen dargestellt wird. Diese Box besteht aus vier Bereichen und besitzt demgemäß vier Begrenzungslinien:

- innere Grenzlinie (*content edge*): begrenzt jenen Bereich im Inneren der Box, in dem der Inhalt eines Elements dargestellt wird.
- Padding-Grenzlinie (*padding edge*): begrenzt den „Padding"-Bereich, der den inneren Bereich wie einen Rahmen umgibt. Das Aussehen dieses Rahmens wird durch die „Padding"-Eigenschaft festgelegt.
- Border-Grenzlinie (*border edge*): begrenzt den „Border"-Bereich, der den Padding-Bereich wie einen Rahmen umgibt. Das Aussehen dieses Rahmens wird durch die „Border"-Eigenschaft festgelegt.
- äußere Grenzlinie (*margin edge*): begrenzt den „Margin"-Bereich, der den Border-Bereich wie einen Rahmen umgibt. Das Aussehen dieses Rahmens wird durch die „Margin"-Eigenschaft festgelegt.
- Jede Grenzlinie wird in einen linken, rechten, unteren und oberen Rand geteilt. Der Margin-Bereich ist immer transparent (kein Hintergrund), der Hintergrund des Border-Bereichs wird durch die „border"-Eigenschaft, der Hintergrund der beiden inneren Bereiche durch die „background"-Eigenschaft des Elements definiert.

Padding-Bereich

Der Rahmen des Padding-Bereichs erhält mit der folgenden CSS-Regel eine gleichmäßige Breite von 5 Pixel:

```
Person {display: block; padding: 5px;}
```

Wenn der Rahmen verschiedene Breiten haben soll, geht man folgendermaßen vor:

```
Person {display: block; padding-top: 5px; padding-right:
        10px; padding-bottom: 5px; padding-left: 10px;}
```

Natürlich kann die Breite auch mit einer relativen Längenangabe festgelegt werden:

```
Person {display: block; padding: 1em;}
```

Border-Bereich

Die Größe des Border-Bereichs wird ähnlich der des Padding-Bereichs vereinbart:

```
Person {display: block; border-width: 1px;
        /* gleichmäßig 1px breit */}
Person {display: block; border-width: thin;
        /* gleichmäßig dünn */}
Person {display: block; border-width: medium;
        /* gleichmäßig mittel */}
Person {display: block; border-width: thick;
        /* gleichmäßig dick */}
```

Die Attributwerte „**thin**", „**medium**" und „**thick**" werden je nach Browsersoftware unterschiedlich interpretiert. Gibt man keine Border-Eigenschaft an, hängt es wiederum vom Browser ab, ob er entweder überhaupt keinen Border-Bereich anzeigt oder nur einen dünnen.

Der Border-Bereich kann ebenfalls unterschiedliche Breiten besitzen:

```
Person {display: block; border-top-width: 1px;
                        border-right-width: 2px;
                        border-bottom-width: 1px;
                        border-left-width: 2px;}
```

Die Farbe des Randes wird mit Hilfe der Eigenschaften „**border-color**" beziehungsweise „**border-top-color**", „**border-right-color**", „**border-bottom-color**" und „**border-left-color**" festgelegt. Wie Farben angegeben werden, wird im Abschnitt 5.4 erklärt. Hier nur einige Beispiele:

```
border-top-color: aqua;
border-right-color: rgb(0,255,255);
border-bottom-color: rgb(0%,100%,100%);
border-left-color: #00ffff;
border-color: #0ff;
```

Die Gestaltung des Randes lässt sich mit den Eigenschaften „**border-style**" beziehungsweise „**border-top-style**", „**border-right-style**", „**border-bottom-style**" und „**border-left-style**" festlegen. Folgende Werte sind möglich:

Wert	Bedeutung
none	kein Rand, der Wert von „border-width" wird auf null gesetzt
hidden	kein Rand, außer eventuell bei Elementen einer Tabelle (siehe Abschnitt 5.5)
dotted	gepunkteter Rand
dashed	gestrichelter Rand
solid	durchgezogener Rand
double	doppelter Rand
ridge	vom inneren Bereich in den Border hinein gehender gerillter Rand
groove	in den inneren Bereich hinein gehender gerillter Rand (umgekehrt zu ridge)
inset	die Box scheint in den inneren Bereich eingebettet zu sein
outset	die Box scheint aus dem inneren Bereich hervorgehoben zu sein (umgekehrt zu inset)

Tabelle 5.3: Werte für die Gestaltung von Rahmen

Ein Beispiel:

```
Person {display: block; border-width: 1;
                        border-color: grey;
```

```
                              border-style: double;}
Formel {display: block; border-width: medium;
                              border-style: solid;}
```

Margin-Bereich

Beim äußersten Rahmen wird die Breite über die Eigenschaften „margin", „margin-top", „margin-right", „margin-bottom" und „margin-left" festgelegt. Der Defaultwert ist null. Die Breite kann absolut oder durch einen auf die übergeordnete Box bezogenen Prozentwert festgelegt werden. Auch der Wert „auto" ist möglich. Den Margin-Bereich braucht man, wenn man verhindern will, dass sich zwei benachbarte Boxen mit ihren Rändern treffen. In diesem Fall kann der Margin-Bereich einen Zwischenraum schaffen. Der Margin-Bereich ist immer transparent. Vertikale Margin-Bereiche benachbarter Elemente können einander überlappen (collapsing margins).

Ausgabe der Boxen (Visual formatting model)

Jedes Element des *Dokumentenbaumes* erzeugt eine bestimmte Anzahl von Boxen (diese Anzahl kann auch null sein), die auf einem visuellen Medium ausgegeben werden. Die Art und Weise, wie diese Boxen dargestellt werden, hängt vom Boxentyp, der Boxengröße, dem Positionierungsschema, dem Verhältnis der Elemente im Dokumentenbaum und von externen Informationen (Bildschirmgröße, Abmessungen von Grafiken etc.) ab.

Boxentypen

Der Typ einer Box hängt von der **Displayeigenschaft** des Elements ab, welches die Box erzeugt (siehe Abschnitt 5.3). Ist der Wert gleich „**block**", „**list-item**" oder „**table**", so nennt man das Element ein „Blocklevel"-Element. Blocklevel-Elemente erzeugen **Hauptblock-Boxen** (*principal block box*). Falls der Wert gleich „**inline**" oder „**inline-table**" ist, wird eine „**Inline-Box**" erzeugt. Bei einem Wert von

„**compact**" beziehungsweise „**run-in**" wird eine „**Kompakt-Box**" beziehungsweise eine „**Run-in-Box**" erzeugt.

Boxentyp	**Wert von display**
Hauptblock-Box	block, list-item, table
Inline-Box	inline, inline-table
Kompakt-Box	compact
Run-in-Box	run-in

Tabelle 5.4: Boxentypen

Blockboxen

Hauptblock-Boxen (principal block boxes) enthalten untergeordnete Blockboxen und eventuell Boxen für dynamisch erzeugten Inhalt. Listenelemente und Marker erzeugen eigene Boxen, die in Bezug auf eine Hauptblock-Box positioniert werden.

Blockboxen werden der Reihe nach vertikal ausgegeben. Der vertikale Abstand zweier benachbarter Boxen wird durch die „Margin"-Eigenschaft bestimmt. Vertikale Rahmen zwischen „Geschwister"-Boxen fallen zusammen, die Boxen besitzen nur einen gemeinsamen Rahmen. Alle Blockboxen berühren mit ihrer linken oberen Ecke die Hauptblock-Box, die sie enthält.

Inlineboxen

Inlineboxen, die sich in einer Blockbox befinden, werden horizontal der Reihe nach ausgegeben. Der rechteckige Bereich, der die Inlineboxen einer Zeile enthält, heißt „Zeilenbox" (*line box*). Die Breite einer Zeilenbox hängt von der Breite der Blockbox ab, die sie enthält. Die Höhe einer Zeilenbox hängt von den „line-height"- und „vertical-align"-Eigenschaften der einzelnen Inlineboxen ab.

Zeilenboxen werden vertikal von oben nach unten ohne Abstand angeordnet. Ihre Breite entspricht meist der Breite der Box, in der sie enthalten ist, außer wenn umflossene (floated) Boxen einen bestimmten Raum einnehmen.

Kompakte Inlineboxen werden im Margin-Bereich einer Blockbox positioniert. Auch so genannte Markerboxen zählen zu den Inlineboxen. Ihre Position liegt außerhalb von Blockboxen und wird relativ zu einer Hauptblock-Box definiert.

Kompaktboxen

Wenn der Kompaktbox eine Blockbox folgt, wird die Kompaktbox wie eine Inlinebox, die sich in einer eigenen Zeilenbox befindet, ausgegeben. Wenn die Kompaktbox in den Rand der übergeordneten Box hineinpasst (das heißt, seine Breite ist höchstens gleich der Breite des Margin-Bereiches), wird sie im Rand positioniert, ansonsten beansprucht sie eine eigene Zeile.

Folgt einer Kompaktbox keine Blockbox, wird sie bei der Ausgabe wie eine Blockbox behandelt.

Run-in-Boxen

Wenn auf die Run-in-Box eine Blockbox folgt, die weder eine andere Box umfließt noch absolut positioniert ist, wird sie wie die erste Inlinebox dieser Blockbox ausgegeben, ansonsten wie eine Blockbox.

Die „display"-Eigenschaft

Jedem Element kann die display-Eigenschaft explizit zugeordnet werden. Defaultmäßig ist der Wert dieser Eigenschaft auf „**inline**" gestellt. Diese Eigenschaft wird nicht auf Kindelemente weitervererbt. Folgende Werte sind möglich:

Wert	Bedeutung
block	Das Element erzeugt eine Hauptblock-Box.
inline	Das Element erzeugt eine oder mehrere Inlineboxen.
list-item	Das Element erzeugt eine Hauptblock-Box, die eine Inlinebox für den Listeneintrag enthält. Die Einzelheiten werden im Abschnitt 5.7 beschrieben.
marker	Dieser Wert sollte nur im Zusammenhang mit den Pseudoelementen „:before" und „:after" verwendet werden und macht den dynamisch erzeugten Inhalt zu einer Markerbox. Ansonsten wird eine Inlinebox erzeugt. Näheres dazu in Abschnitt 5.6.
none	Das Element erzeugt keine Boxen und hat daher keinen Einfluss auf die Ausgabe. Diese Eigenschaft wird ausnahmsweise auf alle untergeordneten Elemente vererbt und kann auch nicht überschrieben werden. Es wird daher der gesamte Teilbaum, der am betreffenden Element hängt, nicht ausgegeben. Man beachte, dass auch keine unsichtbaren Boxen erzeugt werden, sondern eben überhaupt keine. Unsichtbare Boxen hätten einen Einfluss darauf, wie die Inhalte der anderen Boxen ausgegeben würden.
run-in	Das Element erzeugt je nach den Eigenschaften der benachbarten Boxen eine Blockbox oder eine Inlinebox (siehe weiter oben - Ausgabe der Boxen).
compact	Das Element erzeugt je nach den Eigenschaften der benachbarten Boxen eine Blockbox oder eine Inlinebox (siehe weiter oben - Ausgabe der Boxen).

Weitere mögliche Werte der Eigenschaft „display" sind **„table", „inline-table", „table-row-group", „table-column", „table-column-group", „table-header-group", „table-footer-group", „table-row", „table-cell"** und **„table-caption"**. In diesen Fällen erzeugt das Element eine Tablebox. Näheres dazu im Abschnitt 5.5.

Beispiele:

```
Absatz {display: block;}
Fett {display: inline;}
Bild {display: none;}
```

Die „position“-Eigenschaft

Die position-Eigenschaft kann bei allen Elementen, nicht jedoch bei Pseudoelementen definiert werden. Der Defaultwert ist „**static**“. Diese Eigenschaft wird nicht vererbt.

Gemeinsam mit der position-Eigenschaft wird die Lage der Box durch die Eigenschaften „**left**“, „**right**“, „**top**“ und „**bottom**“ festgelegt. Deren Werte können absolute Längenangaben oder auch Prozentangaben sein. Prozentangaben beziehen sich auf die Abmessungen des Blocks, der die Box enthält. Auch der Wert „**auto**“ ist möglich.

Für die Eigenschaft „position“ sind folgende Werte möglich:

Wert	Bedeutung
static	Die Box wird wie oben beschrieben, entsprechend ihrem Typ „normal“ ausgegeben. Die „left“- und „top“- Eigenschaften werden in diesem Fall ignoriert.
relative	Die Position der Box wird mit den Eigenschaften „left“, „right“, „top“ und „bottom“ relativ zu der Position berechnet, die die Box bei normaler Ausgabe haben würde. Dies beeinflusst die Ausgabe der folgenden Boxen nicht. Daher kann die relativ positionierte Box mit der Box, die als nächste ausgegeben wird, überlappen.

Wert	Bedeutung
absolute	Die Position der Box wird mit den Eigenschaften „left", „right", „top" und „bottom" festgelegt. Diese Angaben gelten in Bezug auf den Block, in dem die Box enthalten ist.
fixed	Die Position der Box wird wie bei „absolute" festgelegt. Die Box bleibt aber auch bei einem eventuellen Scrollvorgang an ihrem Platz auf dem Bildschirm. Bei Printmedien wird eine derartige Box auf jeder Seite an ihrem bestimmten Platz ausgegeben.

Beispiele:

```
Absatz        {position: relative; top: 12px; color: red;}
Ueberschrift {position: absolute; left: 15px; right: 15px;
               color: yellow;}
Kopfzeile    {position: fixed; top: 10px; left: 15px;
               right: 15px;}
```

Die „float"- und „clear"-Eigenschaft

Es ist möglich, eine Box, deren position-Eigenschaft nicht gleich „relative", „absolute" oder „fixed" ist, links oder rechts von jenem Block zu platzieren, der die Box enthält. Wir nennen eine derartige Box eine **umflossene Box** (*floated box*). Die übrigen Boxen werden wie im „Visual Formatting Model" beschrieben ausgegeben, wobei aber alle Linienboxen so gekürzt werden, dass der notwendige Platz für die umflossene Box frei bleibt.

Eine umflossene Box kann mit einer normal ausgegebenen Box überlappen, wenn diese Box beispielsweise einen negativen Rand hat. In einem derartigen Fall werden Inlineboxen die umflossene Box überschreiben, bei Blockboxen ist es umgekehrt.

float

Die float-Eigenschaft wird nicht vererbt. Sie kann auf Elemente angewendet werden, deren position-Eigenschaft gleich „static" ist, oder auf Elemente mit dynamisch erzeugtem Inhalt. Folgende Werte sind möglich:

Wert	Bedeutung
left	Das Element erzeugt eine Blockbox, die an die linke Kante des Blocks gesetzt wird, in dem die Box liegt. Die anderen Boxen umfließen sie an der rechten Kante. Die display-Eigenschaft des Elements wird ignoriert, außer wenn sie den Wert „none" besitzt.
right	analog zu „left"
none	Die Box wird nicht umflossen. Das ist der Defaultwert.

clear

Die Zeilenboxen einer Blockbox, die eine andere Box umfließt, sind möglicherweise nicht gleich lang, weil sie zum Beispiel teils rechts von der umflossenen Box dargestellt werden, teils unterhalb dieser Box. Die Ausgabe der Blockbox erfolgt daher nicht wie sonst auf einem rechteckigen Bereich des Bildschirms. Mit der clear-Eigenschaft kann man dies unterbinden. Sie wird nicht vererbt und kann folgende Werte annehmen:

Wert	Bedeutung
left	Der obere Margin-Bereich wird so stark vergrößert, dass der obere äußere Rand der Box unter der unteren Ecke einer Box liegt, die von rechts umflossen wird.
right	analog zu „left"

Wert	Bedeutung
both	Der obere Margin-Bereich wird so stark vergrößert, dass der obere äußere Rand der Box unter der unteren Ecke einer Box liegt, die von rechts oder von links umflossen wird.
none	Das ist der Defaultwert. Der Margin-Bereich wird nicht verändert.

Die Eigenschaft „clear" kann auch für umflossene Boxen angegeben werden. Dies bewirkt, dass diese Boxen ihren Margin-Bereich so weit dehnen, dass sie selbst keine anderen Boxen umfließen.

Beispiele:

```
Kapitel {color: black;}
Bilder  {float: right; width: 100px;}
Absatz  {clear: right; color: blue;}
```

Die „z-index"-Eigenschaft

CSS2 definiert für jede Box einen z-Wert. Dieser Wert bestimmt neben der x- und y-Position die Ausgabe der Box. Boxen mit gleichen x- und y-Werten besitzen unterschiedliche z-Werte und liegen daher übereinander. Die Box mit dem größten z-Wert wird ausgegeben. Das Konzept der z-Werte bezieht sich auf visuelle Ausgabegeräte.

Übereinander liegende Boxen bilden einen Stapel und bekommen eine Zahl, den so genannten „*Stack-Level*" zugewiesen, die ihre Position im Stapel festlegt. Wird eine neue Box erzeugt, kann auch ein eigener Stapel erzeugt werden. Für diesen lokalen Stapel bekommt die Box den Stack-Level '0', für den Stapel insgesamt bekommt die Box als Stack-Level jenen Wert, der in der z-index-Eigenschaft angegeben wurde. Wenn ein Element eine Box erzeugt, erhält diese

Box defaultmäßig den Stack-Level der Elternbox. Gibt man den Stack-Level mit der z-index-Eigenschaft an, erhält die Box diesen Wert als Stack-Level zugewiesen.

Wenn für eine Box keine Hintergrundfarbe mit der „background-color"-Eigenschaft festgelegt wurde, besitzt diese Box einen transparenten Hintergrund. Dann ist auch der Inhalt darunter liegender Boxen sichtbar.

Die **z-index-Eigenschaft** kann auf alle Elemente angewendet werden, deren Position-Eigenschaft den Wert „relative", „absolute" oder „fixed" hat. Sie gibt an, ob die Box einen lokalen Stapel generiert und welchen Stack-Level die Box im gesamten Stapel besitzt. Es sind folgende Werte möglich:

Wert	**Bedeutung**
<ganze Zahl>	Die angegebene ganze Zahl (auch negative Zahlen sind möglich) definiert den Stack-Level der Box im gesamten Stapel. Es wird auch ein lokaler Stapel erzeugt. Der Stack-Level in Bezug auf den lokalen Stapel wird auf '0' gesetzt.
auto	Der Stack-Level der erzeugten Box wird gleich dem Stack-Level der Elternbox gesetzt. Es wird kein lokaler Stapel errichtet. 'auto' ist der Defaultwert der z-index-Eigenschaft.

Die z-Index-Eigenschaft wird von Skripten genutzt, um bewegte Objekte darzustellen. Diese Skripten können zur Laufzeit die Eigenschaften von Elementen verändern.

Beispiel:

Die CSS-Vereinbarungen:

```
Box1 {position: absolute;
      left: 3cm;
      z-index: 1;
      background-color: blue;}
Box2 {position: absolute;
      left: 3cm;
      z-index: 2;
      background-color: yellow;}
Box3 {position: absolute;
      left: 3cm;
      background-color: red;}
```

Das XML-Dokument:

```
<?xml version="1.0" encoding="iso-8859-1"?>
<?xml-stylesheet href="testzindex.css" type="text/css"?>
<Stapel>
  <Box1>Dieser Text bildet den Inhalt der 1.Box. Die 1.Box
        hat den z-index 1 und liegt daher unter der 2.Box.
  </Box1>
  <Box2>Dieser Text bildet den Inhalt der 2.Box. Die 2.Box
        hat den z-index 2 und liegt daher über der 1.Box.
  </Box2>
  <Box3>Dieser Text bildet den Inhalt der 3.Box. Die 3.Box
        hat den z-index 0 und liegt daher unter den anderen
        Boxen.
  </Box3>
</Stapel>
```

Die „direction"- und „unicode-bidi"-Eigenschaften

geben die Richtung der Ausgabe an. Es gibt XML-Dokumente, in denen die Richtung der Ausgabe wechselt. Diese XML-Files sind beispielsweise in arabischer oder hebräischer Sprache geschrieben und heißen bidirektional.

Die „direktion"-Eigenschaft kann die Werte „**ltr**" (left to right) oder „**rtl**" (right to left) annehmen. Voreingestellt ist der Wert „ltr".

Die „unicode-bidi"-Eigenschaft kann die Werte **„normal"** , **„embed"** oder **„bidi-override"** besitzen. Für Details sei auf die CSS2-Spezifikation des W3C-Konsortiums in der PDF-Version, S. 128, verwiesen. Man bekommt sie unter der WWW-Adresse http://www.w3.org/TR/REC-CSS2-19980512/css2.pdf.

Der „Containing-Block"

Die Position und Größe einer Box wird oftmals relativ zu einem bestimmten rechteckigen Bereich, dem so genannten „Containing-Block", berechnet. Der Containing-Block des Dokumentelements wird vom Ausgabegerät festgelegt. Bei nicht absolut positionierten Elementen wird der Containing-Block durch die innere Grenze der nächsten übergeordneten Blockbox definiert. Hat ein Element die Eigenschaft „position:fixed", so bildet der Bildschirm, bzw. die Druckseite den Containing-Block. Ist die Eigenschaft „position:absolute", so ergibt sich der Containing-Block durch die Vorgängerbox.

width

gibt die Breite des inneren Bereiches einer Box an, in dem der Inhalt der Box dargestellt wird. Der Wert dieser Eigenschaft kann eine absolute Längenangabe sein, eine Prozentangabe, die relativ zum Containing-Block ausgewertet wird, oder gleich „auto".

Beispiel:

```
Absatz {width: 150px}
```

min-width, max-width

Die „min-width"- und „max-width"-Eigenschaften ermöglichen die Angabe einer minimalen beziehungsweise maximalen Längenangabe für die Breite einer Box. Die Angabe kann absolut oder in Prozenten erfolgen.

height

gibt die Höhe des inneren Bereiches einer Box an. Der Wert dieser Eigenschaft kann eine absolute Längenangabe sein, eine Prozentangabe, die relativ zum Containing-Block ausgewertet wird, oder gleich „auto".

Beispiel:

```
Absatz {height: 120px}
```

Wenn der Inhalt des Elements „Absatz" nicht mit einer Höhe von 120 Punkten dargestellt werden kann, entsteht ein „Overflow". Darüber wird im Abschnitt 5.7 genauer berichtet.

min-height, max-height

Wie bei der „width"-Eigenschaft kann mit „min-height" und „max-height" eine minimale beziehungsweise eine maximale Längenangabe für die Höhe einer Box angegeben werden. Die Angabe kann wiederum absolut oder in Prozenten erfolgen.

line-height

Die Höhe einer Zeilenbox hängt wie bereits beschrieben von den Abmessungen der einzelnen Inlineboxen ab, die in der Zeilenbox enthalten sind, und entspricht einfach der Höhe der höchsten Inlinebox.

Die Eigenschaft „**line-height**" gibt bei Inlineelementen die **exakte** Höhe der erzeugten Boxen an. Bei Blockelementen, die aus Inlineelementen bestehen, wird durch „line-height" die **minimale** Höhe der erzeugten Boxen definiert. Folgende Werte sind möglich:

Wert	Bedeutung
normal	Die Anwendung berechnet ausgehend von der Schriftgröße des benutzten Fonts selbstständig die Höhe der Box.
<Länge>	Die Höhe der Box wird gleich dem angegebenen Wert gesetzt.
<Dezimalzahl>	Die Höhe der Box wird gleich der Schriftgröße des benutzten Fonts multipliziert mit dem angegebenen Wert gesetzt
<Prozent>	Die Prozentangabe wird in Bezug auf die Schriftgröße des benutzten Fonts interpretiert.

Beispiele:

```
Absatz {line-height: normal}
Ueberschrift {line-height: 4cm}
Doppelt {line-height: 2}
Notiz {line-height: 70%}
```

vertical-align

Die Eigenschaft „vertical-align" beeinflusst die Position der Boxen innerhalb einer Zeilenbox. Folgende Werte sind möglich:

Wert	Bedeutung
baseline	Die Basislinie der Box wird auf die Basislinie der Elternbox gesetzt.
middle	Setzt die Basislinie der Box in die Mitte der Elternbox.
sub	Setzt die Basislinie der Box auf die Position für tiefgestellte Schrift.
super	Setzt die Basislinie der Box auf die Position für hochgestellte Schrift.
text-top	Setzt die Spitze (*top*) der Box an die Spitze der Elternbox.

Wert	Bedeutung
text-bottom	Setzt den Boden (*bottom*) der Box auf den Boden der Elternbox.
<Prozent>	Hebt oder senkt die Basislinie der Box, je nachdem, ob die Prozentangabe positiv oder negativ ist.
<Länge>	Hebt oder senkt die Basislinie der Box um den angegebenen Wert
top	Orientiert die Spitze (*top*) der Box an der Spitze der Linienbox.
bottom	Orientiert den Boden (*bottom*) der Box am Boden der Linienbox.

5.4 Font- und Texteigenschaften

Fontbeschreibung

CSS2 bietet die Möglichkeit, den Font, mit dem die Ausgabe erfolgen soll, über eine Reihe von so genannten **Fonteigenschaften** (*font properties*) zu beschreiben. Mit diesen Informationen kann die Anwendung den tatsächlich verwendeten Font auswählen, der die gewünschten Merkmale am besten realisiert. Wenn nicht anders angegeben, werden Fonteigenschaften an untergeordnete Elemente vererbt. Relative Angaben und Prozentangaben werden als absolut berechnete Werte an Kindelemente weitergegeben.

font-family

Mit „font-family" wird angegeben, mit welcher Schriftart ein Element und seine untergeordneten Elemente ausgegeben werden sollen. Es sind einerseits Namen von Schriftfamilien wie 'Times', 'Courier', usw. möglich. Andererseits können auch generische Bezeichnungen wie 'serif', 'cursive', usw. verwendet werden. Es dürfen auch mehrere Namen und Bezeichnungen angegeben werden. Ausgewählt wird der erste Zeichensatz in der Liste, der auch verfügbar ist.

Beispiele:

Wenn ein XML-File normalen Text, japanische Zeichen und mathematische Symbole enthält, wäre folgende Vereinbarung sinnvoll:

```
Kapitel {font-family: Baskerville, "Heisi Mincho W3",
        Symbol, serif}
```

Soll bei der Ausgabe eines XML-Dokuments teilweise Handschrift verwendet werden, könnte man folgende CSS-Regel anwenden:

```
Kapitel {font-family: Book-Antiqua, Arioso, courier}
```

Die Möglichkeiten, Elemente nach dem Wert von Attributen zu selektieren, können hier genutzt werden. Sind manche Textteile in japanischer Sprache, andere in traditionellem Chinesisch auszugeben, könnten folgende CSS2-Regeln zur Anwendung kommen:

```
:lang(ja-jp) {font-family: „Heisei Mincho W9", serif }
             /* japanisch */
:lang(zh-tw) {font-family: „Li Sung", serif }
             /* chinesisch*/
```

font-style

Diese Eigenschaft wählt aus, welche Schrift einer Schriftfamilie Verwendung finden soll. Die möglichen Werte sind neben dem Defaultwert „normal" die Werte „italic" und „oblique".

font-variant

Mit dieser Eigenschaft kann eine Ausgabe mit Kapitälchen erzeugt werden. Die möglichen Werte sind „normal" und „small-caps". Alle Kleinbuchstaben werden in Großbuchstaben umgewandelt und in etwas kleinerer Schriftgröße ausgegeben.

font-weight

Die Schriftstärke der Ausgabe wird mit „font-weight" festgelegt. Möglich sind ganze Hunderterwerte zwischen 100 und 900 oder eines der Schlüsselwörter „normal" (entspricht dem Wert 400), „bold" (entspricht dem Wert 700), „bolder" (wählt die nächstdunklere Schrift aus, wenn der aktuelle Wert kleiner als 900 ist) oder „lighter" (wählt die nächsthellere Schrift aus, wenn der aktuelle Wert größer als 100 ist).

font-stretch

Die „font-stretch"-Eigenschaft selektiert eine normale, verdichtete oder gedehnte Schreibweise der Zeichen. Als Werte sind die Schlüsselwörter „ultra-condensed", „extra-condensed", „condensed", „semi-condensed", „normal", „semi-expanded", „expanded", „extra-expanded" und „ultra-expanded" möglich.

Die nächstgedehntere Schrift erhält man mit dem Wert „**wider**". Umgekehrt ergibt der Wert „**narrower**" die nächstdichtere Schriftausgabe.

font-size

Die Schriftgröße kann durch die Eigenschaft „font-size" ausgewählt werden.

Die Werte „**xx-small**", „**x-small**", „**small**", „**medium**", „**large**", „**x-large**" und „**xx-large**" werden relativ zur normalen Schriftgröße „medium" interpretiert. Der Faktor zwischen zwei benachbarten Größen sollte etwa 1.2 sein. Die Schriftgröße „large" sollte daher die 1.2-fache Größe von „medium" haben, „x-large" die 1.44-fache Größe usw.

Die Werte „**larger**" und „**smaller**" stellen die nächstgrößere beziehungsweise nächstkleinere Schrift im Vergleich zur Schriftgröße des Elternelements ein.

Der Wert von „font-size" kann auch eine absolute oder in Prozenten definierte Größenangabe sein. Prozentangaben werden relativ zur Schriftgröße des Elternelements interpretiert.

font-size-adjust

Die Lesbarkeit einer Schrift hängt nicht nur von der Schriftgröße der Schriftart ab, sondern auch vom so genannten „Aspect Value", dem Verhältnis Schriftgröße zu „x-Höhe". Verdana hat zum Beispiel einen Aspect Value von 0.58. Ist diese Schrift in der Schriftgröße 14px nicht verfügbar und wird deshalb durch einen Font mit einem aspect ratio von 0.46 ersetzt, so wird von der Anwendung eine Schriftgröße gewählt, die der Zahl 14*(0.58/0.46)=17.65px möglichst nahe kommt.

Der Wert von „Font-size-adjust" ermöglicht die Angabe eines Aspect Values für ein Element, damit bei dessen Ausgabe mit einem Ersatzfont die x-Höhe des eigentlich gewünschten Fonts *(First Choice Font)* erhalten bleibt. Wählt man den Defaultwert „**none**", bleibt die x-Höhe nicht gleich.

Generische Fontfamilien

Die generischen Bezeichnungen „serif", „sans-serif", „cursive", „fantasy" und „monospace" dienen als Notanker, wenn keine der spezifizierten Fonts verfügbar sind. Alle CSS-Anwendungen müssen diese fünf Schrifttypen implementiert haben. Die Aufstellung zeigt, welche Fonts zu welchem Schrifttyp gehören.

serif	Proportionalschrift, Serifenschrift
lateinische Fonts	Times New Roman, Bodoni, Garamond, Minion Web, ITC Stone Serif, MS Georgia, Bitstream Cyberbit
griechischer Font	Bitstream Cyberbit
cyrillische Fonts	Adobe Minion Cyrillic, Excelcior Cyrillic Upright, Monotype Albion 70, Bitstream Cyberbit, ER Bukinst

serif	**Proportionalschrift, Serifenschrift**
hebräische Fonts	New Peninim, Raanana, Bitstream Cyberbit
japanische Fonts	Ryumin Light-KL, Kyokasho ICA, Futo Min A101
arabische Fonts	Bitstream Cyberbit
cherokeeischer Font	Lo Cicero Cherokee

sans-serif	**Proportionalschrift, serifenlose Schrift**
lateinische Fonts	MS Trebuchet, ITC Avant Garde Gothic, MS Arial, MS Verdana, Univers, Futura, ITC Stone Sans, Gill Sans, Akzidenz Grotesk, Helvetica
griechische Fonts	Attika, Typiko New Era, MS Tahoma, Monotype Gill Sans 571, Helvetica Greek
cyrillische Fonts	Helvetica Cyrillic, ER Univers, Lucida Sans Unicode, Bastion
hebräische Fonts	Arial Hebrew, MS Tahoma
japanische Fonts	Shin Go, Heisei Kaku Gothic W5
arabischer Font	MS Tahoma

cursive	**schräggestellte Schrift, mit zum Teil verbundenen Zeichen ähnlich einer Handschrift**
lateinische Fonts	Caflisch Script, Adobe Poetica, Sanvito, Ex Ponto, Snell Roundhand, Zapf-Chancery
cyrillischer Font	ER Architekt
hebräischer Font	Corsiva
arabische Fonts	DecoType Naskh, Monotype Urdu 507

fantasy	in erster Linie dekorative Proportionalschriften, enthalten auch „normale" Zeichen
lateinische Fonts	Alpha Geometrique, Critter, Cottonwood, FB Reactor, Studz

monospace	**alle Zeichen haben diese lbe Weite, ähnlich einer Schreibmaschinenschrift**
lateinische Fonts	Courier, MS Courier New, Prestige, Everson Mono
griechischer Font	MS Courier New, Everson Mono
cyrillische Fonts	ER Kurier, Everson Mono
japanische Fonts	Osaka Monospaced
cherokeeischer Font	Everson Mono

Tabelle 5.5: Generische Fontfamilien - Zeichensätze

Fontauswahl

Methoden der Fontauswahl

Die CSS2-Anwendung muss nach den Angaben des Autors einen Font auswählen. Dazu können unterschiedliche Mechanismen angewendet werden. CSS2 definiert vier Möglichkeiten, die mit zunehmendem Aufwand arbeiten:

- **font name matching**: Die Anwendung wählt einen Font, dessen Name mit dem gewünschten Font übereinstimmt. Diese Wahl erfolgt auch dann, wenn die metrischen Eigenschaften dieses Fonts nicht oder nur schlecht zu den gewünschten Werten passen. Dieser einfache Mechanismus war die einzige in CSS1 vorhandene Methode der Fontauswahl.
- **intelligent font matching**: Die Anwendung wählt einen Font, der in seinem Aussehen mit dem gewünschten Font möglichst gut

übereinstimmt. Die metrischen Eigenschaften des Fonts werden nicht berücksichtigt. Die Auswahl erfolgt nach den gewünschten Werten für „weight", „cap height", „x-height", „ascent" (Oberlänge), „descant" (Unterlänge), „slant" (Schräge) u.Ä.

- **font synthesis**: Die Anwendung erzeugt einen Font, der sowohl in seinem Aussehen als auch in seinen metrischen Eigenschaften dem gewünschten Font sehr nahe kommt. Dazu bedarf es sehr genauer Angaben seitens des Anwenders.
- **font download**: Die Anwendung versucht, einen passenden Font über das Internet zu laden.

@font-face

Die @font-face-Regel wird in der CSS-Datei angegeben. Sie gibt mit Hilfe von so genannten Deskriptoren (descriptors) unterschiedliche Informationen über einen Font und besitzt folgende Form:

```
@font-face {descriptor: value; descriptor: value;
          ...descriptor: value;}
```

Die Deskriptoren beschreiben teilweise dieselben Eigenschaften wie jene im Abschnitt 5.4. Wir geben hier nur einen Überblick über alle Möglichkeiten, ohne auf Details einzugehen. In der PDF-Version der CSS2-Spezifikation des W3C-Konsortiums, ab S. 212, stehen die Einzelheiten. Man bekommt sie unter der WWW-Adresse http://www.w3.org/TR/REC-CSS2-19980512/css2.pdf.

In der Tabelle werden die Operatoren ?, * und + und der senkrechte Strich im Sinne der DTD zur Angabe der erlaubten Werte eines Deskriptors verwendet.

?	0-mal oder 1-mal
*	0-mal oder 1-mal oder öfter
+	1-mal oder öfter

Der senkrechte Strich " | " bezeichnet alternative Möglichkeiten. Der Defaultwert, falls es einen gibt, ist fett gedruckt.

<table>
<tr><th>Deskriptor</th><th>erlaubte Werte</th></tr>
<tr><td>font-family</td><td>[<family-name>|<generic-family>][,[<family-name>|<generic-family>]]*</td></tr>
<tr><td>font-style</td><td>all | [normal|italic|oblique][,[normal|italic|oblique]]*</td></tr>
<tr><td>font-variant</td><td>[normal|small-caps][,[normal|italic|oblique]]*</td></tr>
<tr><td>font-weight</td><td>all|[normal|bold|100|200|300|400|500|600|700|800|900][,[normal|bold|100|200|300|400|500|600|700|800|900]]*</td></tr>
<tr><td>font-stretch</td><td>all|[normal|ultra-condensed|extra-condensed|condensed| semi-condensed|normal|semi-expanded|expanded|extra-expanded|ultra-expanded][,[normal|ultra-condensed|extra-condensed|condensed|semi-condensed|normal|semi-expanded|expanded| extra-expanded|ultra-expanded]]*</td></tr>
<tr><td>font-size</td><td>all | <Länge> [,<Länge>]*</td></tr>
<tr><td>unicode-range</td><td><urange> [,<urange>]* ,U+0-7FFFFFFF</td></tr>
<tr><td>units-per-em</td><td><Dezimalzahl></td></tr>
<tr><td>src</td><td>[<uri>[format(<string>[,<string>]*)]<font-face-name>] [,<uri>[format(<string>[,<string>]*)] | <font-face-name>]*</td></tr>
<tr><td>panose-1</td><td>[<ganze Zahl>]{10} ,0 0 0 0 0 0 0 0 0 0</td></tr>
<tr><td>stemv</td><td><Dezimalzahl></td></tr>
<tr><td>stemh</td><td><Dezimalzahl></td></tr>
<tr><td>slope</td><td><Dezimalzahl></td></tr>
</table>

Deskriptor	erlaubte Werte
cap-height	<Dezimalzahl>
x-height	<Dezimalzahl>
ascent	<Dezimalzahl>
descent	<Dezimalzahl>
widths	[<urange>]?[<Dezimalzahl>]+[,[<urange>]?[<Dezimalzahl>]+]
bbox	<Dezimalzahl>, <Dezimalzahl>, <Dezimalzahl>, <Dezimalzahl>
definition-src	<URI>
baseline	<Dezimalzahl> ,0
centerline	<Dezimalzahl>
mathline	<Dezimalzahl>
topline	<Dezimalzahl>

Einige Beispiele sollen die at-Regel @font-face und einige Deskriptoren erläutern:

```
@font-face {font-family: “Swiss 721“; src:
            url(“swiss721lt.pfr“);  /*  Swiss 721 light  */
            font-style: normal, italic; font-weight: 200;}
@font-face {font-family: “Swiss 721“; src:
            url(“swiss721blk.pfr“);   /* Swiss 721 black */
            font-style: normal, italic;
            font-weight: 800,900;}
@font-face {font-family: “Swiss 721“; src:
            url(“swiss721.pfr“);  /* Condensed Swiss 721 */
            font-stretch: condensed;}
@font-face {font-family: “Swiss 721“; src:
            url(“swiss721lt.pfr“); /* Expanded Swiss 721 */
            font-stretch: expanded;}
```

Texteigenschaften

Eine Reihe von Eigenschaften beeinflusst, wie einzelne Zeichen, Wörter und Absätze ausgegeben werden. Diese Eigenschaften werden nun vorgestellt.

text-indent

Die erste Zeile eines Absatzes kann durch eine absolute Längenangabe oder durch eine Prozentangabe eingerückt werden. Diese Eigenschaft ist nur für Blockelemente vorgesehen und wird auf nachfolgende Elemente vererbt. Prozentangaben werden auf die Weite des „Containing-Blocks" bezogen.

```
Absatz        {display: block; text-indent: 3cm;}
Ueberschrift {display: block; text-indent: 30%;}
Hinaussetzen {display: block; text-indent: -5%;}
```

text-align

Die Anordnung der Inlineelemente innerhalb eines Blockelements wird durch „text-align" gesteuert. Diese Eigenschaft kann daher nur auf Blockelemente angewendet werden. Sie wird auf nachfolgende Elemente vererbt. Es sind folgende Werte möglich:

Wert	**Bedeutung**
left	Der Inhalt wird linksbündig ausgerichtet.
right	Der Inhalt wird rechtsbündig ausgerichtet.
center	Der Inhalt wird zentriert.
justify	Blocksatz
<string>	Die Zellen einer Tabelle werden nach den im String angegebenen Zeichen ausgerichtet. Näheres dazu finden Sie im Abschnitt 5.5.

text-decoration

Diese Eigenschaft kann auf alle Elemente angewendet werden. Sie wird nicht vererbt. Wenn sie jedoch auf ein Blockelement angewendet wird, werden auch die nachfolgenden Inlineelemente entsprechend dargestellt. Erlaubte Werte sind die Schlüsselwörter „none", „underline", „overline", „line-through" und „blink".

text-shadow

Ein Textschatten wird durch zwei Zahlenwerte, die den Abstand des Schattens vom Text in horizontaler und vertikaler Richtung angeben, definiert. Optional können noch der so genannte „blur radius", der die Abrundung des Schattens an den Ecken steuert, und eine Farbe angegeben werden. Wird keine Farbe angegeben, hat der Schatten dieselbe Farbe wie der Text. Als Wert von „text-shadow" kann man einen oder mehrere Textschatten angeben. Gibt man mehrere Textschatten an, werden sie in der angegebenen Reihenfolge auf den Text angewendet. Die Eigenschaft „text-shadow" wird von CSS1 nicht unterstützt.

Diese Eigenschaft kann auf alle Elemente angewendet werden, insbesondere auch auf die Pseudoelemente „:first-letter" und „:first-line". Sie wird nicht vererbt.

```
Ueberschrift {text-shadow: 0.2em 0.2em}
Schatten     {text-shadow: 2px 2px 5px yellow}
Supereffekt  {text-shadow: 2px 2px red,
              yellow -3px 2px 2px, 3px -3px}
```

Beim letzten Beispiel werden drei Textschatten definiert. Der erste ist rot und befindet sich rechts und unterhalb vom Text. Der zweite ist gelb und liegt links und unterhalb des Textes. Er überdeckt teilweise den ersten Schatten. Der dritte Schatten hat die Farbe des Textes und ist rechts und oberhalb vom Text positioniert.

```
Doppelschrift {background: white; color: white;
               text-shadow: black 0px 0px 5px;}
```

Der Text selber ist nicht sichtbar, weil Textfarbe und Hintergrundfarbe weiß sind. Der Schatten hat einen Abstand von 0 vom Text und einen blur-Radius von 5 Pixel. Dadurch werden die Umrisse der einzelnen Zeichen durch den sichtbaren Schatten dargestellt. Der Effekt sind Buchstaben mit einem äußeren und inneren Rand.

letter-spacing

Der Abstand der einzelnen Zeichen kann durch „letter-spacing" verändert werden. Erlaubt ist die Angabe einer Länge, um die der Abstand zwischen den Zeichen erhöht wird. Bei Angabe eines negativen Wertes werden die Zeichen enger zusammengerückt.

word-spacing

Analog zu „letter-spacing" wird durch „word-spacing" der Abstand zwischen einzelnen Wörtern vergrößert oder verkleinert. Auch diese Eigenschaft kann auf alle Elemente angewendet werden und wird auf nachfolgende Elemente vererbt.

text-transform

Der Text, auf den „text-transform" wirkt, wird verändert, je nachdem, welcher Wert angegeben wird. Drei Werte sind erlaubt:

Wert	Bedeutung
capitalize	Das erste Zeichen der Wörter wird in einen Großbuchstaben umgewandelt.
uppercase	Alle Zeichen der Wörter werden in Großbuchstaben umgewandelt.
lowercase	Alle Zeichen der Wörter werden in Kleinbuchstaben umgewandelt.

„text-transform" kann auf alle Elemente angewendet werden und wird vererbt.

white-space

Diese Eigenschaft definiert, wie der Leerraum des Inhalts eines Elements behandelt wird. Sie kann nur auf Blockelemente angewendet werden und wird vererbt. Folgende Werte sind erlaubt:

Wert	Bedeutung
normal	Dies ist der Defaultwert und bewirkt keine besondere Behandlung des Leerraums (Leerzeichen, Tabulatoren und Zeilenumbrüche werden auf ein Leerzeichen komprimiert).
pre	Der Leerraum wird beibehalten, Zeilenumbrüche bleiben erhalten.
nowrap	Der Leerraum wird komprimiert wie bei „normal", der Zeilenumbruch im Text wird jedoch unterdrückt.

Vordergrund- und Hintergrundfarben

Farben können auf zwei Arten angegeben werden. Entweder durch die numerische Angabe des Rot- Grün- und Blauanteils oder durch die Verwendung eines vordefinierten Namens.

Der Rot- Grün- und Blauanteil einer Farbe kann folgendermaßen festgelegt werden. Die ersten beiden in der Tabelle angeführten Möglichkeiten benutzen eine CSS-Funktion:

Schreibweise	Erklärung
rgb(r, g, b)	Für jeden Farbanteil wird eine ganze Zahl zwischen 0 und 255 angegeben. Die Farbe rot wird beispielsweise durch rgb(255, 0, 0) definiert.
rgb(r%, g%, b%)	Jeder Farbanteil wird durch eine Prozentangabe festgelegt. Für die Farbe rot sieht dies so aus: rgb(100%, 0%, 0%)
#rrggbb	Die Farbanteile werden jeweils durch zwei hexadezimale Ziffern definiert. Die Schreibweise #ff0000 steht daher für die Farbe rot.
#rgb	Je Farbanteil wird eine hexadezimale Ziffer angegeben, die doppelt gezählt wird. Mit #f00 wird die Farbe rot bezeichnet.

In der folgenden Tabelle sind die Bezeichnungen und die Zahlencodes der vordefinierten Farben zusammengefasst:

Bezeichnung	Farbcode		Farbe
aqua	rgb(0,255,255)	#00ffff	kobaltblau
black	rgb(0,0,0)	#000000	schwarz
blue	rgb(0,0,255)	#0000ff	blau
fuchsia	rgb(255,0,255)	#ff00ff	violett
gray	rgb(128,128,128)	#808080	grau
green	rgb(0,128,0)	#008000	dunkelgrün
lime	rgb(0,255,0)	#00ff00	grün
maroon	rgb(128,0,0)	#800000	kastanienbraun
navy	rgb(0,0,128)	#000080	marineblau
olive	rgb(128,128,0)	#808000	olivgrün

Bezeichnung	Farbcode		Farbe
purple	rgb(128,0,128)	#800080	lila
red	rgb(255,0,0)	#ff0000	rot
silver	rgb(192,192,192)	#c0c0c0	silber
teal	rgb(0,128,128)	#008080	blaugrün
white	rgb(255,255,255)	#ffffff	weiß
yellow	rgb(255,255,0)	#ffff00	gelb

Neben den hier vorgestellten definierten Farbwerten stellt CSS2 auch die Farben der Betriebssystemumgebung über eine Reihe von Schlüsselwörtern zur Verfügung. Siehe Abschnitt 5.7 für nähere Details.

Nun werden die verschiedenen Eigenschaften, die die Vordergrundfarbe und die Gestaltung des Hintergrunds betreffen, vorgestellt.

color

Diese Eigenschaft kann auf beliebige Elemente angewendet werden. Sie wird auf Kindelemente vererbt.

```
Ueberschrift {color: red}
```

background-color

Die Hintergrundfarbe eines Elements wird gesetzt. Erlaubt ist die Angabe einer Farbe oder das Schlüsselwort „transparent", welcher der Defaultwert ist.

Der Hintergrund eines Elements betrifft den Padding-Bereich und den inneren Bereich der entsprechenden Box. Das Aussehen des Border-Bereichs wird durch die Border-Eigenschaften festgelegt (siehe Abschnitt 5.3). Alle Hintergrundeigenschaften werden nicht vererbt und können auf beliebige Elemente angewendet werden.

```
Absatz {background-color: #f00}
```

background-image

Ein Bild wird definiert und im oberen Teil des Hintergrunds dargestellt. Der übrige Teil des Hintergrundes bleibt entweder transparent oder bekommt die Hintergrundfarbe, die definiert ist. Der Defaultwert von „background-image" ist das Schlüsselwort "none".

```
Absatz {background-image: url("muster.gif")}
```

background-repeat

Diese Eigenschaft legt fest, ob und wie der gesamte Hintergrund durch die wiederholte Darstellung eines Hintergrundbilds gekachelt wird. Folgende Werte sind möglich:

Wert	Bedeutung
repeat	Das Bild wird in horizontaler und vertikaler Richtung wiederholt.
repeat-x	Das Bild wird nur in horizontaler Richtung wiederholt.
repeat-y	Das Bild wird nur in vertikaler Richtung wiederholt.
no-repeat	Das Bild wird nur einmal dargestellt.

```
Absatz {background-color: white;
        background-image: url("muster.gif");
```

```
    background-repeat: repeat-y;
    background-position: center;
    /* wird weiter unten erklärt */}
```

background-attachment

Mit dieser Eigenschaft kann man festlegen, ob ein Hintergrundbild gemeinsam mit dem Dokument gescrollt wird oder nicht. Dementsprechend sind die Schlüsselwörter „scroll" und „fixed" die erlaubten Werte von „background-attachment".

background-position

Die erste Position eines Hintergrundbilds wird durch „background-position" festgelegt. Diese Position kann durch zwei Längenangaben definiert werden. Die linke obere Ecke der Box ist der Ausgangspunkt. Die Längen können absolut oder in Prozenten festgelegt werden. Das Zahlenpaar '3cm 5cm' definiert einen Punkt, der 3cm rechts und 5cm unterhalb vom linken oberen Rand liegt. Mit '100% 50%' beschreibt man einen Punkt, der in der Mitte des rechten Randes der Box liegt.

Die Eigenschaft „background-position" kann auf Blockelemente angewendet werden. Der Defaultwert ist die linke obere Ecke der Box. Neben Zahlenangaben können auch eine Reihe von Schlüsselwörtern verwendet werden:

Schlüsselwort	**Zahlenpaar**	
top left, left top	0%	0%
top, top center, center top	50%	0%
right top, top right	100%	0%
left, left center, center left	0%	50%
center, center center	50%	50%

Schlüsselwort	Zahlenpaar	
right, right center, center right	100%	50%
bottom left, left bottom	0%	100%
bottom, bottom center, center bottom	50%	100%
bottom right, right bottom	100%	100%

Beispiele:

```
Kopf   {background-color: #b20;
        background-image: url("bild12.jpeg");
        background-repeat: no-repeat;
        background-attachment: fixed;
        background-position: bottom right;
}
Absatz {background-color: gray;
        background-image: url("muster.gif");
        background-repeat: repeat;
        background-attachment: fixed;
        background-position: 30%;
        /* die vertikale Position wird, weil nicht */
        /* angegeben, gleich 50% gesetzt           */
}
Absatz {/* dieselben Vereinbarungen wie oben in */
        /* shorthand-Schreibweise               */
        background: url("muster.gif") gray 50% repeat fixed
}
```

5.5 Tabellen

Das CSS-Tabellenmodell

Eine Tabelle strukturiert Daten in **Reihen** (*rows*) und **Spalten** (*columns*). Jede Reihe besteht aus einer bestimmten Anzahl von **Zellen** (*cells*), genauso besteht jede Spalte aus Zellen. Mehrere Reihen können einen **Reihenblock** (*row group*) und mehrere Spalten können einen **Spaltenblock** (*column group*) bilden.

Der erste Reihenblock einer Tabelle kann als **Titelblock** (*header group*) definiert werden. Genauso kann ein **Fußblock** (*footer group*) als letzter Reihenblock einer Tabelle festgelegt werden. Schließlich ist es möglich, eine **Überschrift** (*caption*) für die Tabelle anzugeben.

Eine Reihe von Werten der „display"-Eigenschaft ergibt die soeben genannten Bestandteile einer Tabelle. Es können Tabellen erzeugt werden, deren erzeugende Elemente Blockelemente sind, und Tabellen, die von Inlineelementen erzeugt werden. Dafür besitzt „display" die Werte „**table**" beziehungsweise „**inline-table**".

Eine komplette Tabelle mit Überschrift, einem Titelblock, einer Überschrift usw. könnte mit folgenden CSS-Regeln festgelegt werden.

```
Tabelle      {display: inline-table}
Reihe        {display: table-row}
Spalte       {display: table-column}
Titelblock   {display: table-header-group}
Ueberschrift {display: table-caption}
Reihenblock  {display: table-row-group}
Fussblock    {display: table-footer-group}
Spaltenblock {display: table-column-group}
Zelle        {display: table-cell}
```

Im CSS-Tabellenmodell entstehen die Spalten durch die Zellen einer Reihe: es ist reihenorientiert. Daher wird der Inhalt der Elemente, deren „display"-Eigenschaft gleich „table-column" oder „table-column-group" ist, nicht ausgegeben, so als ob die „display"-Eigenschaft gleich „none" wäre. Trotzdem ist es sinnvoll, solche Elemente zu definieren, weil durch ihre Attribute die Art der Ausgabe in einer Spalte einheitlich gestaltet werden kann.

Folgende Eigenschaften sind für derartige „Spaltenelemente" erlaubt:

border

Die Eigenschaften „border-width", „border-color" und „border-style" (siehe Abschnitt 5.3) können mit den bereits in Abschnitt 5.3 besprochenen Werten verwendet werden.

background

Die Eigenschaften „background-color", „background-image", „background-repeat", „background-attachment" und „background-position" können mit den in Abschnitt 5.4 angeführten Werten verwendet werden.

width

Die minimale Breite einer Spalte wird mit der Eigenschaft „width" festgelegt.

visibility

Der einzige sinnvolle Wert von „visibility" ist „collapse". Wenn dieser Wert gesetzt ist, wird keine Zelle der entsprechenden Spalte dargestellt. Die Breite der gesamten Tabelle wird um die Breite der nicht ausgegebenen Spalte verringert.

```
Spalte {border-style: double;
        background-color: rgb(0, 0, 255);
        width: 3cm;}
```

Layout einer Tabelle

table-layout

Das Layout einer Tabelle wird nicht von CSS spezifiziert. Es bleibt weitgehend der Anwendung überlassen, für eine optimale Gestaltung der Ausgabe zu sorgen.

Mit der Eigenschaft „table-layout:fixed" kann man jedoch die Ausgabe der Tabelle nach folgenden Regeln (*fixed table layout algorithm*) erzwingen.

Die Breite einer Spalte wird folgendermaßen bestimmt:

- Wenn im Spaltenelement mit der Eigenschaft „width" eine Breite angegeben ist, dann ist dies die fixe Breite der Spalte, unabhängig von den Zellinhalten.
- Wenn im Spaltenelement keine Breite definiert ist, dann definiert die Zelle in der ersten Reihe die Breite der Spalte, wenn für diese Zelle mittels der Eigenschaft „width" eine Breite angegeben wurde.
- Alle Spalten, die noch keine definierte Breite haben, bekommen jenen Wert als Breite, der sich ergibt, wenn man den noch vorhandenen Platz gleichmäßig auf diese Spalten aufteilt.

Die Breite der Tabelle ist entweder gleich der im Tabellenelement mit „width" angegebenen Breite oder gleich der Summe der Spaltenbreiten, je nachdem, welcher Wert größer ist. Wenn die mit „width" angegebene Breite größer als die Summe der Spaltenbreiten ist, wird der freie Platz gleichmäßig auf alle Spalten aufgeteilt.

Mit diesen Regeln kann die Anwendung mit der Darstellung der Tabelle beginnen, sobald sie die Werte der ersten Zeile kennt. Der „fixed table layout algorithm" bietet also ein sehr schnelles Verfahren, Tabellen auszugeben. Der Defaultwert von „table-layout" ist „**auto**". Er bewirkt, dass die Anwendung einen eigenen, eventuell aufwändigeren Algorithmus für die Gestaltung der Ausgabe verwendet.

```
Tabelle {display: table;table-layout: fixed;}
```

caption-side

Mit dieser Eigenschaft wird die Position der vom "table-caption"-Element erzeugten Box in Bezug auf den Tabellenrumpf festgelegt. Sie wird auf nachfolgende Elemente vererbt. Möglich sind die Werte „top", „bottom", „left" und „right".

Wird die „caption"-Box oberhalb oder unterhalb der Tabelle positioniert, so verhält sie sich weitgehend wie eine Blockbox. Sie bekommt dieselbe Breite wie die Box, welche die Tabelle enthält. Wenn die „caption"-Box links oder rechts von der Tabelle liegt, sollte ihre Breite mit „**width**" explizit definiert werden.

Um den Inhalt der „caption"-Box horizontal auszurichten, kann die Eigenschaft „**text-align**" verwendet werden (siehe Ende dieses Abschnitts). Befindet sich die „caption"-Zelle links oder rechts von der Tabelle, so kann ihr Inhalt mittels „**vertical-align**" vertikal ausgerichtet werden. Sinnvolle Werte für „vertical-align" sind in diesem Fall „**top**", „**middle**" und „**bottom**".

Beispiele:

```
Caption1 {display: table-caption;
          caption-side: bottom;
          width: auto;
          text-align: left }
Caption2 {display: table-caption;
          caption-side: left;
          width: 4cm;
          text-align: right;
          vertical-align: middle }
```

rowspan und colspan

Es ist möglich, mehrere Zellen horizontal oder vertikal zu verbinden. Dazu braucht man die Eigenschaften „rowspan" und „colspan". Sie werden auf Zellen angewendet und haben als Wert die Anzahl der zu verbindenden Zellen.

Die Beispiele verwenden folgende CSS-Vereinbarungen:

```
Tabelle {display: table}
Reihe   {display: table-row}
Zelle   {display: table-cell}
```

Im 1. Beispiel werden die zweite und die dritte Zelle der ersten Reihe verbunden. Der XML-Text sieht folgendermaßen aus:

```
<Tabelle>
  <Reihe> <Zelle>1.Reihe, 1.Spalte</Zelle>
    <Zelle colspan="2">1.Reihe, 2.Spalte</Zelle>
    <Zelle>1.Reihe, 3.Spalte</Zelle>
    <Zelle>1.Reihe, 4.Spalte</Zelle>
  </Reihe>
  <Reihe> <Zelle>2.Reihe, 1.Spalte</Zelle>
    <Zelle>2.Reihe, 2.Spalte</Zelle>
    <Zelle>2.Reihe, 3.Spalte</Zelle>
    <Zelle>2.Reihe, 4.Spalte</Zelle>
  </Reihe>
</Tabelle>
```

Im 2. Beispiel werden die zweite Zelle der ersten Reihe und die zweite Zelle der zweiten Reihe verbunden. Der XML-Text sieht folgendermaßen aus:

```
<Tabelle>
  <Reihe> <Zelle>1.Reihe, 1.Spalte</Zelle>
    <Zelle rowspan="2">1.Reihe, 2.Spalte</Zelle>
    <Zelle>1.Reihe, 3.Spalte</Zelle>
    <Zelle>1.Reihe, 4.Spalte</Zelle>
  </Reihe>
  <Reihe> <Zelle>2.Reihe, 1.Spalte</Zelle>
    <Zelle>2.Reihe, 2.Spalte</Zelle>
    <Zelle>2.Reihe, 3.Spalte</Zelle>
    <Zelle>2.Reihe, 4.Spalte</Zelle>
  </Reihe>
</Tabelle>
```

background

Die „background"-Eigenschaft kann auf Zellen, Reihen, Spalten, Reihenblöcke, Spaltenblöcke und ganze Tabellen angewendet werden. Die Vereinbarungen haben unterschiedliche Priorität. Oberste Priorität hat die „background"-Vereinbarung auf der Ebene der Zelle, dann jene auf der Ebene der Spalten, dann jene auf der Ebene der Reihen, dann jene für Reihenblöcke, danach jene für Spaltenblöcke und schließlich jene, die sich auf die gesamte Tabelle beziehen.

empty-cells

Zellen ohne Inhalt werden standardmäßig nicht dargestellt. Der entsprechende Platz bleibt frei und auch eventuell vereinbarte Rahmen werden nicht gezeichnet. Diese Eigenschaft kann vererbt und daher für die ganze Tabelle auf einmal angewendet werden. Die erlaubten Werte für „empty-cells" sind die Schlüsselwörter „show" und „hide". Mit der Eigenschaft „empty-cells:show" werden die Rahmen leerer Zellen angezeigt; wenn alle Zellen einer Reihe die Eigenschaft „empty-cells:hide" besitzen und ihr Inhalt leer ist, werden sie so behandelt, als ob ihre „display"-Eigenschaft gleich „none" wäre.

Die CSS-Vereinbarungen seien:

```
Tabelle     {display: table;
             background-color: black;
             color: white;
             empty-cells: show;
}
Reihe       {display: table-column;
             border-style: double;
}
Reihe-blau  {display: table-column;
             background-color: blue;
             border-style: double;
}
Zelle       {display: table-cell;
}
```

```
Zelle-rot  {display: table-cell;
            background-color: red;
}
```

Der XML-Text sei:

```
<Tabelle>
  <Reihe-blau> <Zelle>1.Reihe, 1.Spalte</Zelle>
    <Zelle-rot>1.Reihe, 2.Spalte</Zelle-rot>
    <Zelle>1.Reihe, 3.Spalte</Zelle>
    <Zelle>1.Reihe, 4.Spalte</Zelle>
  </Reihe-blau>
  <Reihe> <Zelle>2.Reihe, 1.Spalte</Zelle>
    <Zelle></Zelle>
    <Zelle></Zelle>
    <Zelle></Zelle>
  </Reihe>
</Tabelle>
```

Die zweite Zelle der ersten Reihe der Tabelle hat einen roten Hintergrund, die restlichen Zellen in der ersten Reihe haben einen blauen Hintergrund, die restlichen Zellen der Tabelle einen schwarzen Hintergrund. Auch die leeren Zellen in der zweiten Reihe werden mit Rahmen dargestellt.

vertical-align

Jede Zelle hat eine Basislinie (baseline), eine Spitze (top) und einen Boden (bottom). Die „vertical-align"-Eigenschaft kann auf jede Zelle angewendet werden und bestimmt die Ausrichtung ihres Inhalts. Folgende Werte sind möglich: „baseline", „top", „bottom" und „middle".

text-align

Die horizontale Ausrichtung des Inhalts von Zellen wird mit „text-align" angegeben. Im Abschnitt 5.4 sind die erlaubten Werte „left", „right", „center" und „justify" angegeben. Auch die Angabe eines Strings ist für „text-align" erlaubt. Wenn in den Zellen einer Spalte für „text-align" ein String angegeben wird, orientiert sich die Ausrichtung der Zelleninhalte nach diesem String.

Im folgenden Beispiel werden die Inhalte der Zellen einer einzigen Spalte so angeordnet, dass die Bindestriche jeweils untereinander stehen.

In der CSS-Datei steht:

```
Zelle {display: table-cell; text-align: "<"}
```

Im XML-Dokument steht:

```
<Tabelle>
  <Spalte> <Reihe><Zelle>0 - 30</Zelle></Reihe>
    <Reihe><Zelle>30 - 50</Zelle></Reihe>
    <Reihe><Zelle>50 - 100</Zelle></Reihe>
    <Reihe><Zelle>100 - 200</Zelle></Reihe>
    <Reihe><Zelle>200 - 1000</Zelle></Reihe>
  </Spalte>
</Tabelle>
```

Rahmen

border-collapse

Es gibt zwei unterschiedliche Varianten, wie die Rahmen einer Tabelle festgelegt werden. Mit „border-collapse" wird entweder das „separated border"- oder das „collapsing border"-Modell ausgewählt. Daher sind die Schlüsselwörter „separate" und „collapse" erlaubte Werte. Der Defaultwert für „border-collapse" ist „collapse". Die Eigenschaft wird vererbt und auf Elemente mit „display:table" oder „display:inline-table" angewendet.

Das „separated border"-Modell

Bei diesem Modell besitzt jede Zelle ihren eigenen Rahmen. Ganze Reihen, Spalten, Reihenblöcke oder Spaltenblöcke haben keine Rahmen. Für die Tabelle als Ganzes kann ein Rahmen vereinbart werden. Benachbarte Rahmen sind durch einen Zwischenraum, der mit der Hintergrundfarbe der Tabelle gefüllt wird (oder transparent bleibt, wenn keine Hintergrundfarbe definiert ist), getrennt. Die Größe dieses Abstands wird durch die Eigenschaft **„border-spacing"** angegeben. Ihr Wert ist eine absolute Längenangabe, und sie wird auf nachfolgende Elemente vererbt. Der Defaultwert ist null. Sie wird auf Elemente, deren „display"-Wert gleich „table" oder „inline-table" ist, angewendet.

Beispiel:

```
Tabelle    {border-style: outset;
            border-width: 10pt;
            border-collapse: separate;
            border-spacing: 15pt;
}
Zelle      {border-style: inset;
            border-width: 5pt;
}
Zelle-dick {border-style: inset;
            border-width: 10pt;
}
```

Das collapsing border-Modell

In diesem Modell können Rahmen auch für Teile einer Zelle, für Reihen, Spalten, Reihenblöcke und Spaltenblöcke vereinbart werden. Nicht jede Zelle hat ihren eigenen Rahmen, sondern benachbarte Zellen teilen sich einen Rahmen, der auf der gemeinsamen Grenzlinie zentriert wird.

Wenn auf verschiedenen Ebenen (Zelle, Reihe, usw.) unterschiedliche Vereinbarungen bezüglich des Rahmens getroffen wurden, wird nach folgenden Regeln entschieden, welche Vereinbarung zum Tragen kommt.

- Wenn auf irgendeiner Ebene der Wert von „border-style" gleich „hidden" ist, wird der Rahmen nicht gezeichnet, unabhängig von allen anderen Vereinbarungen (die Eigenschaft „border-style" wird am Ende dieses Abschnitts erklärt).

- Die Eigenschaft „border-style:none" hat niedrigste Priorität. Nur wenn auf allen Ebenen die Eigenschaft „border-style:none" gesetzt ist, wird der Rahmen tatsächlich nicht gezeichnet.
- Wenn auf keiner Ebene „border-style:hidden" gesetzt wurde und auf mindestens einer Ebene der Wert von „border-style" nicht „none" ist, wird jener Rahmen gezeichnet, der auf irgendeiner Ebene vereinbart die größte Breite hat. Bei gleichen Werten von „border-width" entscheidet der Wert von „border-style"; die Werte bilden die folgende Rangfolge: „double", „solid", „dashed", „dotted", „ridge", „outset", „groove" und „inset".
- Wenn sich die Rahmen nur in der Farbe unterscheiden, hat die Vereinbarung für eine Zelle Vorrang gegenüber einer Vereinbarung für eine Reihe, für einen Reihenblock, für eine Spalte, für einen Spaltenblock, für die Tabelle.

Das Beispiel erzeugt eine Tabelle mit einem schwarzen, durchgehenden Rahmen zwischen erster und zweiter Spalte und einem roten, gestrichelten Rahmen um die zweite Zelle in der ersten Reihe. Die Tabelle umgibt ein grauer Rahmen und die Zellen werden durch einen dünnen, ebenfalls grauen Rahmen getrennt.

Die Vereinbarungen in der CSS-Datei:

```
Tabelle {display: table;
         border-collapse: collapse;
         border-style: solid;
         border-color: grey;
         border-width: 0.3cm;
}
Spalte  {display: table-column;
}
Spalte1 {display: table-column;
         border-style: solid;
         border-color: black;
         border-width: 0.2cm;
}
```

```
Zelle   {display: table-cell;
         border-style: solid;
         border-color: gray;
         border-width: 0.1cm;
}
Zelle12 {display: table-cell ;
         border-style: dashed;
         border-color: red;
         border-width: 0.3cm ;
}
```

Der Ausschnitt aus der XML-Datei:

```
<Tabelle>
  <Spalte1/><Spalte/><Spalte/>
  <Reihe> <Zelle>1.Reihe 1.Spalte</Zelle>
    <Zelle12>1.Reihe 2.Spalte</Zelle12>
    <Zelle>1.Reihe 3.Spalte</Zelle>
  </Reihe>
  <Reihe> <Zelle>2.Reihe 1.Spalte</Zelle>
    <Zelle>2.Reihe 2.Spalte</Zelle>
    <Zelle>2.Reihe 3.Spalte</Zelle>
  </Reihe>
  <Reihe> <Zelle>3.Reihe 1.Spalte</Zelle>
    <Zelle>3.Reihe 2.Spalte</Zelle>
    <Zelle>3.Reihe 3.Spalte</Zelle>
  </Reihe>
</Tabelle>
```

border-style

Die Eigenschaft „border-style" wurde bereits im Abschnitt 5.3 für Blockelemente beschrieben. Im Zusammenhang mit Tabellen gibt es nur drei Werte mit etwas anderer Bedeutung.

Wert	Bedeutung
hidden	Im „separated border"-Modell gleichbedeutend mit „none"; im „collapsing border"-Modell hat diese Vereinbarung höchste Priorität und es wird daher definitiv kein Rahmen gezeichnet.
inset	Im „separated border"-Modell wird der Rahmen so gezeichnet, als ob die ganze Box in der Bildfläche versenkt wäre; im „collapsing border"-Modell gleichbedeutend mit „groove".
outset	Im „separated border"-Modell wird der Rahmen so gezeichnet, als ob die ganze Box aus der Bildfläche herausgehoben wäre; im „collapsing border"-Modell gleichbedeutend mit „ridge".

Sprachausgabe von Tabellen

Bei der Ausgabe von Tabellen mit einem Sprachgenerator muss die zweidimensionale Struktur in eine eindimensionale umgewandelt werden. Dazu muss der Inhalt der einzelnen Zellen mit den in der ersten Reihe der Tabelle (Titelreihe header) angegebenen Begriffen gekoppelt werden. Diese Begriffe werden zuerst genannt, bevor der eigentliche Inhalt einer Zelle gesprochen wird.

Nun gibt es, etwa um den Anfordernissen sehbehinderter Benützer gerecht zu werden, zwei Möglichkeiten: Entweder wird der Titelbegriff jedes Mal vor dem Zelleninhalt gesprochen oder nur dann, wenn der Titelbegriff wechselt.

Zur Einstellung einer der beiden Möglichkeiten definiert CSS2 die Eigenschaft „**speak-header**" mit den erlaubten Schlüsselwörtern „**once**" und „**always**". Diese Eigenschaft wird vererbt und wird auf Elemente angewendet, deren „display"-Eigenschaft gleich „table" oder „inline-table" ist. Der Defaultwert ist „once".

Die CSS-Eigenschaften zur Sprachausgabe von XML-Dokumenten werden im Abschnitt 5.10 behandelt.

5.6 Dynamisch erzeugter Inhalt (*generated content*)

Ein Teil der Ausgabe eines XML-Files kommt nicht vom Dokumentenbaum und kann auch nicht zum Inhalt des XML-Files gerechnet werden. Diese Textteile werden dynamisch erzeugt. CSS2 ermöglicht damit vor allem die automatische Erstellung von Nummerierungen und Zählern verschiedener Art. Wir werden jedoch sehen, dass die praktischen Möglichkeiten weit über diese naheliegenden Bereiche hinausgehen. Damit kann man bis zu einem bestimmten Grad auch mit CSS dynamische Effekte erzielen.

Die Pseudoelemente :before und :after

Die Pseudoelemente :before und :after wurden bereits am Ende des Abschnitts 5.2 kurz vorgestellt. Sie müssen in Verbindung mit einem Element verwendet werden. Ihr Inhalt, der mit der Eigenschaft „content" definiert wird, wird entsprechend entweder direkt vor dem Inhalt des Elements oder direkt nach dem Inhalt des Elements ausgegeben. Dabei werden alle Eigenschaften, die vererbbar sind, vom Element auf das Pseudoelement vererbt. Es können aber auch eigene Eigenschaften definiert werden.

Das Beispiel zeigt ein Element „Anmerkung". Es sind Vorder- und Hintergrundfarbe definiert, sowie ein Rahmen. Vererbt wird nur der Rahmen. Die Vordergrundfarbe wird durch eine eigene Farbe überschrieben, die Hintergrundfarbe kann nicht vererbt werden. Das Ergebnis ist, dass das Wort 'Anmerkung' schwarz und in etwas kleinerer Schrift ausgegeben wird, gefolgt vom eigentlichen Inhalt des Elements „Anmerkung". Dies wird in blauer Farbe auf grauem Hintergrund dargestellt. Das Ganze hat einen dünnen, durchgezogenen, blauen Rahmen.

```
Anmerkung         {display: block;
                   color: blue;
                   background-color: grey;
                   border-style: solid;
                   border-width: thin;}
Anmerkung:before {content: "Anmerkung: ";
                   font-size: 80%;
                   color: black;}
```

Die Eigenschaften „position", „float", sowie alle Tabelleneigenschaften (siehe Abschnitt 5.5) und Listeneigenschaften (siehe Abschnitt 5.6) können aus naheliegenden Gründen auf die Pseudoelemente :before und :after nicht angewendet werden.

Die erlaubten Werte der **Eigenschaft „display"** hängen davon ab, zu welchem Element E das entsprechende Pseudoelement gehört.

- Wenn E ein Blockelement ist, sind die Werte „none", „inline", „block" und „marker" möglich.
- Wenn E ein Inlineelement ist, sind die Werte „none" und „inline" möglich.

content

Die „content"-Eigenschaft kann nur auf die Pseudoelemente :before und :after angewendet werden und legt ihren Inhalt fest. Dieser Inhalt wird unmittelbar vor beziehungsweise nach dem Inhalt des mit dem Pseudoelement zusammengehörigen Elements ausgegeben.

Der Defaultwert von „content" ist ein leerer String. Folgende Werte sind möglich:

Wert	Bedeutung
<string>	Eine Zeichenkette, durch die der Inhalt des Pseudoelements festgelegt wird. Damit kann Text statisch vor beziehungsweise nach bestimmten Elementen eingefügt werden. Im obigen Beispiel wird etwa das Wort 'Anmerkung' vor dem Text der Anmerkung eingefügt.
<URI>	Der Wert bezeichnet ein externes File, dessen Inhalt entsprechend eingefügt wird, wenn die Anwendung diesen Inhalt interpretieren kann.
<counter>	Der Wert ist entweder die Funktion „**counter**" oder die Funktion „**counters**". Die Funktion „counter" besitzt die Schreibweise „counter(name)" oder „counter(name,list-style-type)" und liefert den Wert des Zählers mit der Bezeichnung „name", wobei die zweite Schreibweise Stilangaben ermöglicht. Die zweite Funktion kann mit counters(name, string) oder mit counters(name, string, list-style-type) aufgerufen werden. Sie liefert die Werte aller Zähler mit der Bezeichnung „name". Diese Werte werden durch die mit <string> definierte Zeichenkette getrennt und gegebenenfalls im Stil, der in „list-style-type" (siehe Abschnitt 5.6) festgelegt wurde, ausgegeben.
open-quote	Es wird ein entsprechendes Anführungszeichen eingefügt.
close-quote	Es wird ein entsprechendes Anführungszeichen eingefügt.
no-open-quote	Es wird zwar nur der Leerstring eingefügt, der Grad der Einklammerung wird jedoch erhöht , als ob ein Anführungszeichen gesetzt worden wäre.

Wert	Bedeutung
no-close-quote	Es wird zwar nur der Leerstring eingefügt, der Grad der Einklammerung wird jedoch gesenkt, als ob ein Anführungszeichen gesetzt worden wäre.
attr(X)	Der Wert des Attributs X des mit dem Pseudoelelement verbundenen Elements wird eingefügt. Wenn es dieses Attribut gar nicht gibt, wird der Leerstring eingefügt.

Automatisches Zählen und Nummerieren

counter-reset

Der Wert von „counter-reset" ist eine Liste von Bezeichnungen von Zählern (mindestens einer), wobei bei jedem Zähler optional eine ganze Zahl angegeben werden kann. In diesem Fall wird der Zähler auf diesen Wert gesetzt, ansonsten wird der Zähler auf den Defaultwert null gesetzt. Zählerbezeichnungen und ganze Zahlen sind einfach durch Leerzeichen getrennt.

counter-increment

Auch hier ist als Wert eine Liste von Bezeichnungen von Zählern, jeweils optional mit einer ganzen Zahl versehen, erlaubt. Der jeweilige Zähler wird um den angegebenen Wert erhöht. Ist kein Wert angegeben, wird der Zähler um den Defaultwert 1 erhöht. Auch null oder negative Werte sind erlaubt.

Beispiele:

```
Kapitelueberschrift:before {
      content: counter(kapitelnr) ". Kapitel";
      counter-increment: kapitelnr;
      counter-reset: abschnittnr;
}
Abschnittueberschrift:before {
      content: "Abschnitt" counter(kapitelnr) "."
```

```
                counter(abschnittnr) ": ";
        counter-increment: abschnittnr;
}
```

Wenn ein Element den Wert eines Zählers verändert und mit der Funktion „counter" seinen Wert abfragt, dann liefert die Funktion den bereits veränderten Wert. Wenn ein Zähler innerhalb eines Elements auf null gesetzt und sein Wert erhöht wird, so wird dies so interpretiert, dass der Zähler zuerst auf null gesetzt wird und erst anschließend sein Wert erhöht wird, ganz unabhängig davon, in welcher Reihenfolge die CSS-Regeln stehen.

```
Teil:before   {content: "Teil " counter(teilnr) ;
               counter-increment: teilnr;
               counter-reset: blocknr  absatznr;
}
Block:before  {content: counter(teilnr) "."
                        counter(blocknr) "  :";
               counter-increment: blocknr;
               counter-reset: absatznr;
}
Absatz:before {content: counter(teilnr) "."
                        counter(blocknr) "."
                        counter(absatznr) ": ";
               counter-increment: abschnittnr;
}
```

Wenn man einen Zähler in einem Kindelement verwendet, wird von diesem Zähler eine neue Instanz erzeugt und man hat praktisch einen zweiten Zähler für eine untergeordnete Ebene, ohne dafür einen neuen Namen definieren zu müssen. Bei einer größeren Anzahl von Ebenen kann man dies gut gebrauchen. Das Beispiel besitzt der Übersichtlichkeit halber nur zwei Ebenen.

CSS-Vereinbarungen:

```
Liste              {counter-reset: zaehler;
}
Unterliste         {display: block;
                    font-size: 12pt;
                    font-weight: bold;
}
Unterliste:before {content: counters(zaehler, ".");
                    counter-increment: zaehler;
                    font-size: 8pt;
}
```

Die Funktion „counters" liefert einen String, der die Werte aller Instanzen von „zaehler" enthält, in diesem Fall durch jeweils einen Punkt getrennt.

Der Ausschnitt aus der XML-Datei: zaehler[0] und zaehler[1] bezeichnen die unterschiedlichen Instanzen von „zaehler".

```
<Liste>                    <!-- zaehler[0]:=0   -->
  <Unterliste>Fisch</Unterliste>
                           <!-- zaehler[0]:=zaehler[0]+1 -->
  <Unterliste>Fleisch</Unterliste>
                           <!-- zaehler[0]:=zaehler[0]+1 -->
  <Liste>                  <!-- zaehler[1]:=0   -->
    <Unterliste>Kalb</Unterliste>
                           <!-- zaehler[1]:=zaehler[1]+1 -->
    <Unterliste>Schwein</Unterliste>
                           <!-- zaehler[1]:=zaehler[1]+1 -->
    <Unterliste>Rind</Unterliste>
                           <!-- zaehler[1]:=zaehler[1]+1 -->
  </Liste>
</Liste>
```

Die XML-Datei müsste im Wesentlichen folgendermaßen dargestellt werden:

1Fisch
2Fleisch

2.1Kalb
2.2Schwein
2.3Rind

Marker

Marker werden erzeugt, indem man in einem :before- oder :after-Pseudoelement die Eigenschaft „display" auf den Wert „marker" setzt. Damit wird eine Marker-Box erzeugt, die außerhalb der Hauptbox liegt und unabhängig von ihr formatiert werden kann. Sie wird wie eine Zeilenbox behandelt. Ihre Höhe hängt von der Höhe der ersten beziehungsweise letzten Zeilenbox der Hauptbox ab und kann auch mit „line-height" definiert werden. Mit der Eigenschaft „marker-offset" kann ein horizontales Offset zwischen Hauptbox und Marker-Box definiert werden. Die Breite der Marker-Box hängt von der Breite des Inhalts ab und kann mit „width" angegeben werden.

Das Beispiel zeigt eine Marker-Box mit fester Breite. Zuerst die CSS-Vereinbarungen:

```
Liste         {display: block;
               font-style: italic;
               font-size: 12pt;
}
Liste:before {display: marker;
               content: counter(listennr) ".";
               counter-increment: listennr;
               width: 4cm;
               text-align: center;
}
```

Ein Ausschnitt aus dem XML-File:

```
<Liste>Marker-Boxen liegen außerhalb der Hauptbox.</Liste>
<Liste>Marker-Boxen werden mit display:marker vereinbart.
</Liste>
<Liste>Marker-Boxen können unabhängig von der Hauptbox
  formatiert werden,
```

```
</Liste>
<Liste>Dies alles gilt nicht für Boxen, die sonst
  Pseudoelemente erzeugen.
</Liste>
```

Im zweiten Beispiel wird auch ein Offset definiert:

```
Teil        {display: block;
             font-style: italic;
             font-size: 12pt;
             margin-right: 18em;
}
Teil:after {display: marker;
             marker-offset: 3em;
             content: "Ende von Teil "
                        counter(teilnr,upper-roman);
             counter-increment: teilnr;
             text-align: right;
}
```

Ein Ausschnitt aus dem XML-File:

```
<Teil>„marker-offset" schafft Platz zwischen Marker-Box
                        und Hauptbox.</Teil>
<Teil>Auch negative Werte sind für „marker-offset"
                        erlaubt.</Teil>
<Teil>Bei negativen Werten werden Marker-Box und
                        ihre Hauptbox überlappen</Teil>
```

Listen

Elemente, deren display-Eigenschaft den Wert „list-item" haben, nennen wir Listenelemente. Sie erzeugen eine Hauptblock-Box für den Listeneintrag (siehe Abschnitt 5.3). Verschiedene Eigenschaften ermöglichen es, auf die Gestaltung von Listen und Markern Einfluss zu nehmen. Sie werden in Folgendem vorgestellt.

list-style-type

Im letzten Beispiel wurde durch „counter(teilnr,upper-roman)" eine Stilangabe gegeben. Solche Stilangaben regeln das Erscheinungsbild von Zählern und Listenelementen.

Drei Arten von Markern stehen zur Verfügung: Symbole, nummerische und alphabetische Listenelemente.

Wert	Bedeutung (Symbol)
disc	Ring
circle	Kreis
square	Rechteck

Tabelle 5.6: Symbole für Marker

Wert	Bedeutung (numerisches Listenelement)
decimal	1, 2, 3, ... (Default)
decimal-leading-zero	01, 02, 03, ..., 10, 11, ...
lower-roman	i, ii, iii, iv, ...
upper-roman	I, II, III, IV, ...
hebrew	hebräische Nummerierung
georgian	georgianische Nummerierung (an, ban, gan, ..., he, tan, in, in-an, ...)
armenian	armenische Nummerierung
cjk-ideographic	aus Ideogrammen (Schriftzeichen) gebildete Nummerierung
hiragana	a, i, u, e, o, ka, ki, ...
katagana	A, I, U, E, O, KA, KI, ...

Wert	Bedeutung (numerisches Listenelement)
hiragana-iroha	i, ro, ha, ni, ho, he, to, ...
katakana-iroha	I, RO, HA, NI, HO, HE, TO, ...

Tabelle 5.7: Numerische Listenelemente für Marker

Wert	Bedeutung (alphabetisches Listenelement)
lower-latin	a, b, c, d, ...
lower-alpha	a, b, c, d, ...
upper-latin	A, B, C, D, ...
upper-alpha	A, B, C, D, ...
lower-greek	α, β, χ, δ, ...

Tabelle 5.8: Alphabetische Listenelemente für Marker

Wenn mit der Eigenschaft „list-style-image" eine Grafikdatei definiert wird, wird diese Datei als Listensymbol verwendet, auch wenn gleichzeitig die Eigenschaft „list-style-type" gesetzt wurde.

Beispiel:

```
Liste {display: list-item;
       font-style: italic;
       font-size: 12pt;
       list-style-type: circle;
       text-align: right;
}
```

Ein Ausschnitt aus dem XML-File:

```
<Liste>Für lange Listen sind alphabetische Systeme
                    problematisch.</Liste>
```

```
<Liste>Es ist nicht festgelegt, was zum Beispiel bei
                    „lower-latin“ nach dem z kommt</Liste>
<Liste>Daher nimmt man hier besser eine numerische
                    Methode.</Liste>
```

list-style-image

Die möglichen Werte sind eine URI-Adresse, die auf eine Grafik verweist, welche als List-Marker verwendet werden soll, oder der Defaultwert „none“.

> Ist der Wert von „list-style-image“ gleich „none“ oder ist der Wert gleich einer URI, die nicht dargestellt werden kann, kommt die Eigenschaft „list-style-type“ zum Tragen, die sonst von „list-style-image“ überdeckt wird.

Beispiel:

```
Liste {display: list-item;
       list-style-image: url(“hakerl.png“);}
```

list-style-position

Je nach dem Wert wird die Marker-Box als erste Inlinebox in der Hauptblock-Box dargestellt („list-style-position: inside“) oder als eigene Hauptblock-Box im äußeren Bereich („list-style-position: outside“).

> Beim Internet Explorer 6 sollte diese Eigenschaft auf den Wert „inside“ gesetzt werden.

list-style

bietet die Möglichkeit, list-style-type, list-style-image und list-style-position in einem „short-hand“ zu definieren. Sie wird hier nur erwähnt und wie alle anderen in CSS2 vorgesehenen Shorthands nicht genauer beschrieben.

Bei Listen hat man kaum Einfluss auf die Gestaltung und die Positionierung der List-style-Elemente. Die Verwendung von Markern ermöglicht allerdings entsprechende Vereinbarungen für die Marker-Box. Marker werden vom Internet Explorer 6.0 nicht unterstützt.

5.7 Spezielle Effekte

Überlauf (*overflow*)

In speziellen Fällen kann der Inhalt eines Elements nicht vollständig innerhalb der entsprechenden Box dargestellt werden. Es gibt einen Überlauf. Dies passiert beispielsweise, wenn

- eine Zeile nicht abgeteilt werden kann und daher in einer Zeilenbox dargestellt wird, die breiter als die einhüllende Blockbox ist.
- eine Blockbox nicht in ihrem Container Platz hat, weil ihre Weite mit der Eigenschaft „width" einen zu großen Wert hat.
- eine Box nicht in ihrem Container Platz hat, weil ihre Höhe mit der Eigenschaft „height" einen zu großen Wert hat.
- eine Box absolut positioniert wird.
- die Eigenschaft „margin" für eine Box einen negativen Wert hat (siehe 3.1).

overflow

Diese Eigenschaft legt fest, wie ein möglicher Überlauf der Box behandelt wird. Folgende Werte können verwendet werden:

Wert	Bedeutung
visible	Dies ist der Defaultwert. Der Überlauf wird nicht abgeschnitten, sondern außerhalb der Box dargestellt.
hidden	Der Überlauf wird abgeschnitten und ist für den Anwender nicht erreichbar.
scroll	Der Überlauf wird abgeschnitten, ist jedoch über einen Scrolling-Mechanismus für den Anwender erreichbar.
auto	Das Verhalten hängt von der Anwendung ab. Ein Scrolling-Mechanismus sollte jedenfalls Anwendung finden.

clip

Diese Eigenschaft definiert einen rechteckigen Bereich, den Clipping-Bereich (clipping region). Der Inhalt dieses Bereiches wird dargestellt. Defaultmäßig ist der Clipping-Bereich gleich groß wie die Box. Die „clip"-Eigenschaft kann auf Elemente angewendet werden, deren Eigenschaft „overflow" nicht den Wert „visible" hat.

Der rechteckige Bereich wird in der Form „rect(<top>, <right>, <bottom>, <left>) festgelegt, wobei vier Längenangaben in der Klammer die verschiedenen Ecken des Bereiches spezifizieren. Auch negative Werte oder der Wert null sind erlaubt. Diese Längenangaben geben den Abstand des Clipping-Bereiches von der entsprechenden Seite der Box an.

Der Clipping-Bereich ist rundherum 10 Pixel innerhalb des Bereiches der Box:

```
Absatz {display: block;
        clip: rect(10px, 10px, 10px, 10px);}
```

Der Clipping-Bereich ist rundherum 10 Pixel außerhalb des Bereiches der Box:

```
Absatz {display: block;
        clip: rect(-10px, -10px, -10px, -10px);}
```

visibility

Diese Eigenschaft entscheidet, ob der Inhalt eines Elements in der Box ausgegeben wird. Die Box wird jedoch in jedem Fall erzeugt und beeinflusst, auch wenn sie keinen Inhalt darstellt, das Layout der anderen Boxen. Die möglichen Werte sind:

Wert	Bedeutung
visible	Der Inhalt der Box wird dargestellt.
hidden	Die Box ist voll transparent und daher unsichtbar, kann jedoch die Position und das Aussehen von anderen Boxen beeinflussen.
collapse	Nur für Spaltenelemente von Tabellen sinnvoll (siehe Abschnitt 5.5)

Die Eigenschaft „visibiliy" kann verwendet werden, um dynamische Effekte zu erzeugen. Man kann etwa zwei Boxen mit gleicher Größe und gleicher absoluter Position, aber unterschiedlichem Inhalt definieren. Über eine Skriptsprache können die Werte des Attributs „visibility" aufgrund einer Benutzeraktion (z.B. Mausklick) so verändert werden, dass die zuvor sichtbare Box durch die zuvor unsichtbare Box ersetzt wird.

Der Cursor

Der Cursor kann unterschiedliche Formen annehmen. Diese Formen sind vom jeweiligem Betriebssystem abhängig und signalisieren dem Benutzer, ob der Computer bereit für Eingaben ist, ob die Größe eines Fensters verändert werden kann und Ähnliches mehr. CSS2 ermöglicht mit der „cursor"-Eigenschaft, die Gestalt des Cursors für jedes beliebige Element des XML-Files individuell zu definieren.

cursor

Folgende Werte sind möglich:

Wert	Bedeutung
auto	Dies ist der Defaultwert. Die Form des Cursors wird von der Anwendung bestimmt.
crosshair	Die Gestalt des Cursors gleicht einem einfachen Pluszeichen.
default	Der Standard-Cursor der Programmumgebung (meist ein Pfeil, die genaue Form hängt vom Betriebssystem ab) wird verwendet.
pointer	Die Gestalt des Cursors ist ein Zeiger, wie er zur Anzeige eines Hyperlinks verwendet wird.
move	Der Cursor zeigt an, dass etwas bewegt werden kann.
text	Der Cursor erhält jene Form, die anzeigt, dass man Text selektieren kann. Meist gleicht diese Form einer einfachen vertikalen Linie.
wait	Der Cursor wird in der Form dargestellt, die dem Benutzer signalisiert, dass die Anwendung nicht für Eingaben bereit ist. Meist ist dies die Form einer kleinen Sanduhr.
help	Die Form des Cursors drückt aus, dass ein bestimmtes grafisches Element auf Mausklick Hilfe anbietet. Die Gestalt entspricht oft einem Fragezeichen.

Wert	Bedeutung
<URI>	Eine Liste von externen Ressourcen kann angegeben werden, sinnvollerweise abgeschlossen durch einen generischen Wert, das heißt einem der oben angeführten Werte. Ist die erste angeführte Ressource nicht verfügbar, muss die Anwendung die zweite URI-Adresse heranziehen. Wenn keine einzige externe Ressource gefunden werden kann, wird die zuletzt genannte generische Form zur Darstellung des Cursors verwendet.
e-resize, ne-resize, nw-resize, n-resize, se-resize, sw-resize, s-resize, w-resize	Der Cursor wird in jener Form dargestellt, welche angibt, dass die rechte Seite (e-resize) oder die rechte, obere Ecke (ne-resize) oder usw. gezogen und die Größe des entsprechenden Fensters so verändert werden kann.

Beispiel:

```
Logo {cursor: url("gesicht1.cur"),
              url("d:\xml\cursors\gesicht1.cur"), default;}
```

Umgebungsabhängige Farbwerte

Neben den vordefinierten Farbwerten aqua, black, blue, fuchsia, gray, green, lime, maroon, navy, olive, purple, red, silver, teal, white und yellow (siehe Abschnitt 5.4) stellt CSS2 auch die Farben der Betriebssystemumgebung zur Verfügung. Damit wird es dem Anwender ermöglicht, seine Ausgabe an die dem Benutzer vertraute Umgebung anzupassen.

Die entsprechende Liste von Farbwerten schöpft die Möglichkeiten eines Betriebsystems vollständig aus. Daher ist es möglich, dass ein bestimmter Farbwert von einem bestimmten Betriebssystem nicht realisiert wird. In diesem Fall wird die Farbe eines semantisch verwandten Objekts herangezogen.

Alle angeführten Farbwerte können als Werte für beliebige Farbeigenschaften wie „color" oder „background-color" verwendet werden.

Wert	**Bedeutung**
ActiveBorder	Rahmen des aktiven Fensters
ActiveCaption	Titelleiste des aktiven Fensters
AppWorkspace	Hintergrundfarbe von multiplen Dokumentschnittstellen (multiple document interface)
Background	Hintergrundfarbe des Desktops
ButtonFace	Farbe von dreidimensionalen Display-Elementen
ButtonHighlight	Dunkle Farbe des Schattens von dreidimensionalen Display-Elementen
ButtonShadow	Hellere Farbe des Schattens von dreidimensionalen Display-Elementen
ButtonText	Farbe des Textes von Buttons
CaptionText	Farbe des Textes von Überschriften
GrayText	Farbe von inaktiven Menüeinträgen
Highlight	Farbe von selektierten Einträgen
HighlightText	Farbe von selektiertem Text
InactiveBorder	Farbe des Rahmens eines nicht aktiven Fensters
InactiveCaption	Farbe eines nicht aktiven Titelrahmens
InactiveCaptionText:	Farbe des Textes in einem nicht aktiven Titelrahmen
InfoBackground	Hintergrundfarbe von „tooltip-controls"

Wert	Bedeutung
InfoText	Farbe des Textes von „tooltip-controls"
Menu	Hintergrundfarbe von Menüs
MenuText	Farbe des Textes von Menüs
Scrollbar	Graue Farbe des Scroll-Bereiches
ThreeDDarkShadow	Dunkler Schatten von dreidimensionalen Display-Elementen
ThreeDFace	Farbe von dreidimensionalen Display-Elementen
ThreeDHighlight	Auswahlfarbe von dreidimensionalen Display-Elementen
ThreeDLightShadow	Lichtfarbe von dreidimensionalen Display-Elementen für jene Ecken, die sich im Licht befinden.
ThreeDShadow	Dunkler Schatten von dreidimensionalen Display-Elementen
Window	Hintergrundfarbe eines Fensters
WindowFrame	Farbe eines Fensterrahmens
WindowText	Textfarbe innerhalb eines Fensters

Wenn man für die Farbe des Textes und die Hintergrundfarbe in einem Element „Absatz" dieselben Farben wie im Darstellungsfenster festlegen möchte, spezifiziert man folgende Regel in der CSS-Datei:

```
Absatz {display: block;
       color: WindowText;
       background-color: Window;
}
```

5.8 Vererbung und Kaskadierung

Kaskadierung

Die Eigenschaften eines Elements werden durch CSS-Regeln festgelegt, die im Allgemeinen einen unterschiedlichen Ursprung besitzen:

- Autor:Der Autor eines XML-Dokuments schreibt Stylesheets für bestimmte Elemente in eine externe CSS-Datei. In diesen Stylesheets sind gewisse Eigenschaften (natürlich nicht unbedingt alle, die man auf das Element anwenden könnte) definiert.
- Anwender: Eine XML-Anwendung kann einem Benutzer der Anwendung eine Schnittstelle zu Stylesheets ermöglichen. Diese „Anwender-Stylesheets" haben eine geringere Priorität gegenüber CSS-Regeln des Autors. Wird eine Anwender-CSS Regel jedoch als „wichtig" deklariert (siehe weiter unten), hat sie größeres Gewicht als eine entsprechende Regel des Autors.
- Software: Das Programm, welches das XML-Dokument interpretiert (z.B. die Browsersoftware, allgemein „*user-agent*") muss alle nicht gesetzten Eigenschaften defaultmäßig festlegen. Diese „*default style sheets*" besitzen gegenüber anderen Vereinbarungen die geringste Wertigkeit.

Der unterschiedliche Ursprung von Stylesheets bedingt unterschiedliche Priorität. Haben Stylesheets gleichen Ursprung, tritt folgende Kaskadierung in Kraft:

- Stylesheets in einer bestimmten CSS-Datei überschreiben jene, die mit einer @import-Anweisung eingebunden wurden.

```
@import "artikel.css";
  Absatz {font-size: 14pt} //überschreibt die font-size-
          Regel,die in artikel.css gegeben wurde
```

- CSS-Regeln mit einem spezielleren Selektor überschreiben jene, die einen allgemeineren Selektor besitzen. Der ID-Selektor hat daher beispielsweise Vorrang gegenüber dem Selektor, der einen bestimmten Elementtyp selektiert. Das geringste Gewicht hat der Universalselektor *, der auf alle Elemente des Dokumentenbaums zutrifft (siehe Abschnitt 5.2).
- Sind mehrere CSS-Regeln nach den bisher genannten Kriterien gleichwertig, so kommt die in der CSS-Datei zuletzt angeführte zur Anwendung.

„Wichtige“ CSS-Regeln

Durch den Zusatz „**! important**“ kann eine CSS-Regel als wichtig deklariert werden. Dadurch kann sich ihr Rang in der Kaskadierungskette erhöhen.

Für eine Schriftausgabe weiß auf blau sorgt folgende CSS-Regel:

```
* {color: white !important;
   background: blue !important;
}
```

Das zweite Beispiel benutzt Anwender-Stylesheets und CSS-Regeln des Autors, die grundsätzlich höhere Priorität haben.

CSS-Regeln des Autors:

```
Absatz {text-indent: 3cm !important;
        font-weight: 400 !important;
        font-size: 12pt;
}
Absatz {font-size: 18pt;
        font-weight: 500;
}
```

CSS-Regeln des Anwenders:

```
Absatz {text-indent: 4cm !important;
        font-size: 15pt;
}
```

„text-indent: 4cm" hat Vorrang gegenüber „text-indent: 3cm", obwohl auch diese Regel als wichtig vereinbart wurde. „font-size: 15pt" besitzt geringeres Gewicht zu „font-size: 12pt", weil es „nur" eine Anwenderregel ist. „font-size: 12pt" verliert jedoch gegen „font-size: 18pt" aufgrund der Stellung in der CSS-Datei. „font-weight: 400" gelangt zur Anwendung, weil sie als wichtig deklariert wurde.

Vererbung

Viele CSS-Eigenschaften werden defaultmäßig von Elternelementen auf Kindelemente vererbt. Eine Ausnahme stellen die Hintergrundeigenschaften von Elementen dar. Will man explizit einer bestimmten Eigenschaft eines Kindelements den Wert der entsprechenden Eigenschaft des Elternelements zuweisen, kann man das Schlüsselwort „inherit" (erben) als Wert angeben.

```
Kapitel   {font-size: 12pt;      // Kapitel sei Elternelement
                                    von Bemerkung
           color: blue;
}
Bemerkung {font-size: inherit; // Bemerkung sei Kindelement
                                    von Kapitel
           color: inherit;
           font-style: italic;
}
```

5.9 Gedruckte Ausgabeformate

Für gedruckte Ausgabeformate wird das Box-Modell von CSS2 (siehe Abschnitt 5.3) durch eine „**Seitenbox**" („*page box*") und entsprechende Regeln für den Seitenumbruch erweitert. Die Ausgabe der XML-Daten kann seitenweise auf einem Drucker oder auch seitenweise auf einem Bildschirm (z.B. wie ein pdf-File) erfolgen. Dabei ist es möglich, mehrere Seiten zugleich darzustellen oder beispielsweise doppelseitig zu drucken.

Die Seitenbox

Eine Seitenbox ist ein rechteckiger Bereich, der die Seitenfläche und den Seitenrand umfasst. Alle Eigenschaften einer Seitenbox werden innerhalb der at-Regel @page festgelegt.

```
@page {size: auto;
  margin: 10%;
}
```

margin, margin-top, margin-right, margin-bottom, margin-left

Die in Abschnitt 5.3 für allgemeine CSS-Boxen eingeführten Eigenschaften werden auch zur Festlegung der Abmessungen des Seitenrandes verwendet. Der Defaultwert ist null. Es sind absolute und prozentuelle Angaben und auch negative Werte möglich. Die relativen Einheiten „em" und „ex" sind hingegen nicht erlaubt, weil ihr Bezug zu Zeichenfonts in diesem Kontext keinen Sinn ergibt.

size

Die Größe einer Seitenbox kann durch die Angabe zweier absoluter Längenangaben, wobei die erste die Breite und die zweite die Höhe der Box definiert, festgelegt werden. Prozentuelle Angaben sind hier nicht erlaubt.

```
@page {size: 21cm 29.7cm; /* Breite Höhe */}
```

Neben der Festlegung der absoluten Breite und Höhe der Seitenbox gibt es drei Schlüsselwörter, mit deren Hilfe die Ausgabe optimal auf die Gegebenheiten des Ausgabegeräts angepasst werden kann.

Wert	Bedeutung
auto	Die Seitenbox wird gemäß den Abmessungen des Ausgabegeräts definiert. Der Wert „auto" ist der Defaultwert.
landscape	Die Größe der Seitenbox richtet sich nach den Abmessungen des Ausgabegeräts, die längeren Seiten der Seitenbox sind horizontal („Querformat").
portrait	Die Größe der Seitenbox richtet sich nach den Abmessungen des Ausgabegeräte, die kürzeren Seiten der Seitenbox sind horizontal („Hochformat").

marks

Die beiden möglichen Schlüsselwörter heißen „crop" und „cross". „Crop"-Markierungen bezeichnen die Linien, wo das Papier geschnitten werden soll. Mit „Cross"-Markierungen wird der Papierbogen ausgerichtet. Markierungen werden nur dann ausgegeben, wenn Breite und Höhe der Seitenbox mit absoluten Längenangaben festgelegt wurde.

Pseudoklassen für linke, rechte und erste Seiten

Wenn die Ausgabe für linke beziehungsweise rechte Seiten unterschiedlich sein soll, verwendet man die dafür vorgesehenen Pseudoklassen **:left** und **:right**.

Dies könnte beispielsweise folgendermaßen aussehen:

```
@page:left  {margin-left: 4.3cm;
             margin-right: 2.5cm;
}
@page:right {margin-left: 2.5cm;
             margin-right: 4.3cm;
}
```

Entsprechend kann man mit der Pseudoklasse **:first** eigene Stilangaben für die Ausgabe der ersten Seite eines Dokuments vereinbaren.

In diesem Beispiel erhält die erste Seite einen größeren oberen und unteren Rand:

```
@page       {margin: 3cm} /* Der Rand hat eine einheitliche
                             Breite von 3cm */
@page:first {margin-top: 5cm;
             margin-bottom: 5cm;}
```

Seitenumbruch

Die unterschiedlichen Eigenschaften, die den Seitenumbruch betreffen, werden im Folgendem vorgestellt.

page-break-before, page-break-after, page-break-inside

Alle drei Eigenschaften sind auf beliebige Block-Level-Elemente anwendbar und haben den Defaultwert „auto". „page-break-inside" wird auf Kindelemente vererbt, die beiden anderen nicht. Folgende Schlüsselwörter können als Werte auftreten:

Wert	Eigenschaft
auto	Ein Seitenumbruch ist vor respektive nach oder innerhalb des Block-Level-Elements möglich, aber nicht zwingend.
always	Ein Seitenumbruch wird erzwungen.
avoid	An dieser Stelle wird kein Seitenumbruch vorgenommen.
left	An dieser Stelle werden ein oder zwei Seitenumbrüche vorgenommen, so dass die nächste ausgegebene Seite eine linke Seite ist.
right	Bedeutung analog zu „left".

page

Mit „page" ist es möglich, einen bestimmten Typ von Seite zu definieren, der in seinen Formatierungseigenschaften von den anderen Seiten der Ausgabe abweicht. Diese Eigenschaft kann auf alle Block-Level-Elemente angewendet werden und wird auf Kindelemente vererbt.

Das Beispiel vereinbart zuerst zwei Seitentypen „tabelle" und „seite" und ordnet sie dann den Elementtypen „Table" und „Text" zu.

Der Ausschnitt aus der CSS-Datei:

```
@page tabelle {size: portrait}
@page seite   {size: landscape}
Table         {display: block;
               page: tabelle;
               page-break-before: always;
}
Text          {display: block;
               page: seite;
}
```

und aus der XML-Datei:

```
<Text> . . . . . </Text>
<Text> . . . . . </Text>
<Table>. . . . . </Table>
<Text> . . . . . </Text>
```

orphans, widows

Beide Eigenschaften sind auf beliebige Block-Level-Elemente anwendbar und werden auf Kindelemente vererbt. Mit „orphans" („Schusterjungen", Setzersprache) spezifiziert man die minimale Anzahl von Zeilen, die in einem umgebrochenen Absatz am unterem Ende der Seite vorhanden sein müssen. Analog legt „widows" („Hurenkinder", Setzersprache) fest, wie viele Zeilen ein umgebrochener Absatz am Anfang einer Seite mindestens enthalten muss. Der Defaultwert ist für beide Eigenschaften gleich 2.

5.10 Sprachausgabe

Die Sprache ist das Kommunikationsmittel des Menschen und wird immer stärker in Anwendungen Gebrauch finden. Sicherlich wird es noch Jahre dauern, bis Sprachein- und -ausgabe auf breiter Basis eingesetzt werden können. Das Potenzial ist jedoch enorm und lässt eine dynamische Entwicklung in diesem Bereich erwarten. Des Weiteren gibt es Bestrebungen, den Zugang zum WWW behindertengerecht zu gestalten. Man versucht Barrieren abzubauen, die das Bedienen von Tastatur oder Maus bei der Eingabe aber auch Bildschirme bei der Ausgabe bedeuten können. Für diese Bemühungen bedeutet interaktive Sprache im Web eine ganz große Chance.

Die akustische Ausgabe von XML-Daten kann durch eine Reihe von Eigenschaften festgelegt werden. Diese Eigenschaften betreffen die Art der Aussprache, die Lautstärke, die Position und Länge von Pausen und vieles mehr. Die Anwendung leitet diese Informationen an einen Sprachgenerator (Synthesizer), der für die tatsächliche Umsetzung sorgt.

Das spezielle Problem der akustischen Ausgabe von Tabellen wurde bereits im Abschnitt 5.5 behandelt. Die allgemeinen Eigenschaften werden nun vorgestellt.

volume

regelt die Lautstärke der Ausgabe. Erlaubte Werte sind Zahlen zwischen 1 und 100, die den gesamten Lautstärkenbereich des Synthesizers abdecken. Man kann auch folgende Schlüsselwörter verwenden, die bestimmten Zahlenwerten entsprechen: x-soft (= '0'), soft (= '25'), medium(= '50'), loud (= '75') und x-loud (= '100'). Das Schlüsselwort „silent" schaltet die Sprachausgabe völlig ab und ist daher nicht mit „x-soft" gleichzusetzen. Die Eigenschaft „volume" kann auf beliebige Elemente angewendet werden und wird auf Kindelemente vererbt.

```
Ueberschrift {display: block;
              volume: loud;}
```

speak

regelt die Art der gesprochenen Ausgabe. Die Schlüsselwörter sind „normal" (normale Sprachausgabe), „none" (Element wird bei der Sprachausgabe unterdrückt) und „spell-out" (Element wird bei der Sprachausgabe buchstabiert). Die Eigenschaft „speak" kann auf beliebige Elemente angewendet werden und wird auf Kindelemente vererbt. „none" unterdrückt die Ausgabe, indem es die Zeit der Ausgabe auf null setzt. Kindelemente könnten jedoch die Eigenschaft „speak:none" überschreiben und daher ausgegeben werden. Mit „spell-out" erreicht man eine buchstabierte Sprechweise. Der Defaultwert beträgt „normal".

```
Fremdwort {display: block;
           speak: spell-out;}
```

pause-before, pause-after

Mit diesen Eigenschaften kann eine Pause eingefügt werden, bevor beziehungsweise nachdem der Inhalt eines Elements ausgegeben wurde. Als Wert wird entweder die Zeitdauer in Millisekunden oder eine Prozentangabe akzeptiert. 100 Prozent entspricht der durchschnittlichen Zeit für die Ausgabe eines halben Wortes. Die Eigenschaften sind auf alle Elemente anwendbar und werden nicht vererbt.

```
Fremdwort {display: block;
           speak: spell-out;
           pause: 30ms 20ms;
           /* Kurzform für 30ms Pause vor und 20ms Pause */
           /* nach der Ausgabe des Inhalts des Elements   */
}
```

cue-before, cue-after

fügen ein akustisches Signal ein, bevor beziehungsweise nachdem der Inhalt eines Elements ausgegeben wird. Die Eigenschaften werden nicht vererbt, sind auf beliebige Elemente anwendbar und besitzen eine <URI>-Adresse als Wert.

```
Fremdwort {display: block;
           speak: spell-out;
           cue-before: url("fremdwort.au");
           /* Akustisches Signal vor der Ausgabe des    */
           /* Inhaltes des Elements                     */
           pause-after: 30ms;
           /* 30ms Pause nach der Ausgabe des Inhaltes */
}
```

play-during

ermöglicht das Abspielen einer Melodie oder von irgendwelchen akustischen Signalen gleichzeitig mit dem gesprochenen Text der Ausgabe. Es muss die <URI>-Adresse einer entsprechenden externen Ressource angegeben werden. Optional kann eines der folgenden Schlüsselwörter angegeben werden:

Wert	Eigenschaft
mix	Die Melodie der externen Ressource wird von einer im Elternelement mit „play-during" definierten Melodie überlagert. Grundsätzlich wird „play-during" jedoch nicht vererbt.
repeat	Die Melodie wird so lange wiederholt, bis der Inhalt des Elements ausgegeben wurde. Ist die Melodie zu lange, wird sie abgeschnitten. Ohne den Zusatz „repeat" wird die Melodie höchstens einmal wiedergegeben.

Wird die „play-during"-Eigenschaft bei einem Element definiert, nicht jedoch bei dessen Kindelement, wird bei der Ausgabe des Kindelements die vereinbarte Melodie weitergespielt, weil ja das Kindelement ein Teil des betreffenden Elements ist.

```
Bundeshymne {volume: loud;
              play-during: url("bhymne.wav");
}
Lied         {volume: soft;
              play-during: url("forelle.wav") repeat;
}
```

azimuth

legt den horizontalen Winkel fest, aus der die akustische Ausgabe kommt (räumlicher Effekt). Der Defaultwert ist null Grad und entspricht der Geradeausrichtung. Winkel zwischen 0 und 180 Grad liegen vorne rechts beziehungsweise hinten rechts, Winkel zwischen 180 und 360 Grad liegen links hinten bis links vorne. Es gibt auch Schlüsselwörter, die man statt der Angabe des Winkels verwenden kann. Einige seien genannt: right (= 40°), behind right (= 140°), behind (= 180°), behind left (= 220°), left (= 320°). Die Eigenschaft „azimuth" wird vererbt und kann auf alle Elemente angewendet werden.

elevation

legt den vertikalen Winkel fest, aus der die akustische Ausgabe kommt (räumlicher Effekt). Der Defaultwert ist null Grad und entspricht der Geradeausrichtung. Winkel zwischen 0 und 90 Grad werden nach oben gemessen, wobei 90 Grad direkt oberhalb des Betrachters liegt. Analog zählen negative Winkel nach unten. Die Eigenschaft „elevation" wird vererbt und kann auf alle Elemente angewendet werden.

speech-rate

legt das Tempo der Sprachausgabe fest. Man kann eine ganze Zahl angeben, die als Anzahl der gesprochenen Wörter pro Minute interpretiert wird, oder eines der folgenden Schlüsselwörter: x-slow (= 80 Wörter pro Minute), slow (= 120 Wörter pro Minute), medium (= 180 - 200 Wörter pro Minute), fast (= 300 Wörter pro Minute), x-fast (= 500 Wörter pro Minute), faster (erhöht „speech-rate" um 40 Wörter pro Minute), slower (senkt „speech-rate" um 40 Wörter pro Minute). Die Eigenschaft „speech-rate" wird vererbt und kann auf alle Elemente angewendet werden.

voice-family

legt eine Stimmfamilie fest. Möglich ist die Angabe einer der generischen Stimmfamilien „male", „female" und „child" oder von anderen spezifischen Familien. Auch mehrere Angaben sind möglich. Diese Eigenschaft ist das akustische Gegenstück zu „font-family". Sie kann auf beliebige Elemente angewendet werden und wird vererbt.

pitch

legt die mittlere Stimmhöhe fest. Die mittlere Frequenz einer Frauenstimme beträgt 210Hz, die einer Männerstimme nur 120Hz. Es kann die Frequenz als ganze Zahl als Wert auftreten oder eines der Schlüsselwörter „x-low", „low", „medium", „high" oder „x-high". „pitch" ist auf beliebige Elemente anwendbar und wird vererbt.

pitch-range

gibt den Frequenzbereich der Stimme durch eine Zahl zwischen 0 und 100 an. Der Wert 0 ergibt eine monotone, sehr flache Stimme. Mit dem Wert 50 erhält man eine durchschnittlich ausdrucksstarke Stimme. 50 ist auch der Defaultwert dieser Eigenschaft, die man auf beliebige Elemente anwenden darf und die auch vererbt wird.

stress

gibt an, wie stark die durch die Intonation entstehenden Spitzen sein können. Es sind Werte zwischen 0 und 100 möglich, wobei der Defaultwert 50 einer durchschnittlichen Intonation entspricht. „stress" kann auf jedes Element angewendet werden und ist vererbbar.

richness

legt die Breite des Klangs der Stimme fest. Die erlaubten Werte liegen zwischen 0 und 100, wobei 50 der Defaultwert ist. 0 ergibt eine äußerst dünne Stimme, 100 eine machtvolle Stimme. Die Eigenschaft wird vererbt und ist für alle Elemente anwendbar.

speak-punctuation, speak-numeral

legt fest, ob Satzzeichen (Beistriche, Klammern, usw.) genannt werden (speak-punctuation: code) oder nicht (speak-punctuation: none) beziehungsweise ob Zahlen ziffernweise (speak-numeral: digits) oder in einem (speak-numeral: continous) gesprochen werden. Der Defaultwert ist „none" respektive „continous". Beide Eigenschaften können auf beliebige Elemente angewendet werden und sind vererbbar.

5.11 Übersicht

CSS-Eigenschaften

Sie finden alle CSS-Eigenschaften in alphabetischer Reihenfolge anhand von Beispielen angeführt. Die zweite Spalte gibt an, auf welche Elemente die jeweilige Eigenschaft angewendet werden kann. Für eine detailliertere Information wird auf die entsprechende Abschnittsnummer verwiesen. Schließlich gibt die letzte Spalte Auskunft, ob die Eigenschaft vom Internet Explorer 6.0 unterstützt wird, falls sie zur Mediengruppe „visual" oder „all" gehört.

Eigenschaft (Beispiel(e))	anwendbar auf	vererbbar		Medium	IE6
azimuth: 180deg; azimuth: behind;	alle	ja	5.10	aural	----
background-attachment: scroll; background-attachment: fixed;	alle	nein	5.4	visual	nein
background-color: green; background-color: #00ff00; background-color: #0f0;	alle	nein	5.4	visual	ja
background-image: url("logo.gif"); background-image: none;	alle	nein	5.4	visual	ja
background-position: top left; background-position: 30% 40%;	Blockelemente	nein	5.4	visual	ja
background-repeat: repeat-x; background-repeat: no-repeat;	alle	nein	5.4	visual	ja

Eigenschaft (Beispiel(e))	anwendbar auf	vererbbar		Medium	IE6
border-collapse: separate; border-collapse: collapse;	Elemente mit display:table oder display:inline-table	ja	5.5	visual	nein

border-color: olive;
border-top-color: black;
border-right-color: fuchsia;
border-bottom-color: rgb(255,0,255);
border-left-color: rgb(100%,0,100%);
	alle	nein	5.3	visual	ja

border-spacing: 12pt;	Elemente mit display:table oder display:inline-table	ja	5.5	visual	nein

Eigenschaft (Beispiel(e))	anwendbar auf	vererbbar		Medium	IE6
border-style: inset; border-top-style: solid; border-right-style: double; border-bottom-style: dashed; border-left-style: dotted;	alle	nein	5.3	visual	ja
border-width: 0.1in; border-top-width: thin; border-right-width: medium; border-bottom-width: thick; border-left-width: 2px;	alle	nein	5.3	visual	ja ja ja ja ja
caption-side: top; caption-side: right;	Elemente mit display:table-caption	ja	5.2	visual	nein
clear: right; clear: left; clear: both;	Block-Level	nein	5.3	visual	ja

Eigenschaft (Beispiel(e))	anwendbar auf	vererbbar		Medium	IE6
clip: rect(5cm;3cm;5cm; 3cm);	alle, wenn nicht overflow:visible;	nein	5.7	visual	?
color: blue; color: rgb(0,0,255); color: #00f;	alle	ja	5.4	visual	ja
content: attr(geschlecht); content: "Kapitel"; content: "Kapitel " counter(kapnummer);	:before und :after Pseudoelemente	nein	5.6	alle	nein
counter-increment: kapnummer; counter-increment: kapnummer -4;	alle	nein	5.6	alle	nein
counter-reset: kapnummer; counter-reset: kapnummer 10;	alle	nein	5.6	alle	nein
cue-after: url("signal2.wav");	alle	nein	5.10	aural	----
cue-before: url("signal1.wav");	alle	nein	5.10	aural	----
cursor: crosshair; cursor: pointer;	alle	ja		visual interactive	ja

Eigenschaft (Beispiel(e))	anwendbar auf	vererbbar		Medium	IE6
direction: ltr; direction: rtl;	alle	ja	5.3	visual	ja
display: block;	alle	nein	5.3	alle	ja
display: inline;		nein			ja
display: list-item;		nein			ja
display: marker;		nein			nein
display: none;		ja			ja
display: run-in;		nein			ja
display: compact;		nein			ja
display: table; weitere Werte: inline-table, table-row-group, table-header-group; table-footer-group; table-row; table-column-group, table-column, table-cell, table-caption	alle	nein	5.5	alle	nein
elevation: -90deg elevation: below;	alle	ja	5.10	aural	----
empty-cells: show; empty-cells: hide;	Elemente mit display:cell	ja	5.5	visual	nein

Eigenschaft (Beispiel(e))	**anwendbar auf**	**vererbbar**		**Medium**	**IE6**
float: right; float: left;	Elemente mit position: static	nein	5.3	visual	ja
font-family: courier, cursive; font-family: "Times New Roman", serif;	alle	ja	5.4	visual	ja
font-size: x-small; font-size: larger; font-size: large;	alle	ja	5.4	visual	ja
font-size-adjust: 1.6; font-size-adjust: 1.27;	alle	ja	5.4	visual	nein
font-stretch: condensed; font-stretch: extra-expanded;	alle	ja	5.4	visual	nein
font-style: italic; font-style: oblique;	alle	ja	5.4	visual	ja
font-variant: normal; font-variant: small-caps;	alle	ja	5.4	visual	ja
font-weight: 900; font-weight: lighter; font-weight: bold;	alle	ja	5.4	visual	ja

Eigenschaft (Beispiel(e))	**anwendbar auf**	**vererbbar**		**Medium**	**IE6**
height: 80%; min-height: 116mm; max-height: 220mm;	alle	nein	5.3	visual	ja nein nein
letter-spacing: 0.5cm; letter-spacing: -3mm;	alle	ja	5.4	visual	ja
line-height: 3; line-height: 32mm; line-height: 210%;	alle	ja	5.3	visual	ja
list-style-image: url("deltoid.png");	Elemente mit display:list-item	ja	5.6	visual	ja
list-style-position: inside; list-style-position: outside;	Elemente mit display:list-item	ja	5.6	visual	ja
list-style-type: square; list-style-type: lower-roman; list-style-type: upper-alpha;	Elemente mit display:list-item	ja	5.6	visual	ja

Eigenschaft (Beispiel(e))	**anwendbar auf**	**vererbbar**		**Medium**	**IE6**
margin-top: 2em; margin-right: 7%; margin-bottom: 6%; margin-left: 2em; margin: -5pt;	alle	nein	5.3	visual	ja
marker-offset: 1cm; **marker-offset**: 3em;	Elemente mit display:marker	nein	5.6	visual	nein
marks: crop; marks: cross;	@page	--	5.9	visual paged	nein
orphans: 4	Blockelemente	ja	5.9	visual paged	nein
overflow: hidden; overflow: scroll;	Blockelemente	nein	5.7	visual	ja
padding-top: 5px; padding-right: 3mm; padding-bottom: 5%; padding-left: 10pt; padding: 1cm;	alle	nein	5.3	visual	ja
page-break-after: avoid; page-break-after: right;	Blockelemente	nein	5.9	visual paged	nein

Eigenschaft (Beispiel(e))	anwendbar auf	vererbbar		Medium	IE6
page-break-before: always; page-break-before: left;	Block-elemente	nein	5.9	visual paged	nein
page-break-inside: avoid; page-break-inside: auto;	Block-elemente	ja	5.9	visual paged	nein
pause-after: 32%;	alle	nein	5.10	aural	----
pause-before: 38ms;	alle	nein	5.10	aural	----
pitch: x-high; pitch: 210Hz;	alle	ja	5.10	aural	----
pitch-range: 70;	alle	ja	5.10	aural	----
play-during: url("melodie") mix; play-during: url("melodie") repeat;	alle	nein	5.10	aural	----

Eigenschaft (Beispiel(e))	anwendbar auf	vererbbar		Medium	IE6
position: static; position: relative; left:5pt; top:12pt; right:5pt; bottom:8pt; position: absolute; left:20%; right:20%; top:10%; position: fixed; top: 10px; left: 5px;	alle	nein	5.3	visual	ja
richness: 80;	alle	ja	5.10	aural	----
size: 20cm 28cm; size: landscape; size: portrait;	@page	--	5.9	visual paged	nein?
speak: spell-out;	alle	ja	5.10	aural	----
speak-header: once; speak-header: always;	Elemente mit „table-header" Information	ja	5.5	aural	nein
speak-numeral: digits; speak-numeral: continuous;	alle	ja	5.10	aural	----
speak-punctuation: code;	alle	ja	5.10	aural	----

Eigenschaft (Beispiel(e))	anwendbar auf	vererbbar		Medium	IE6
speech-rate: 120; speech-rate: slow;	alle	ja	5.10	aural	----
stress: 40;	alle	ja	5.10	aural	----
table-layout: fixed; table-layout: auto;	Elemente mit display:table oder display:inline-table	nein	5.5	visual	nein
text-align: left; text-align: center; text-align: justify; text-align: "."; text-align: "}: "	Block-elemente Spalten-elemente in Tabellen	ja	5.4 5.5	visual	ja
text-decoration: underline; text-decoration: line-through; text-decoration: blink; text-decoration: overline;	alle	nein	5.4	visual	ja
text-indent: 20%; text-indent: -5mm;	Block-elemente	ja	5.4	visual	ja

Eigenschaft (Beispiel(e))	anwendbar auf	vererbbar		Medium	IE6
text-shadow: 5mm 7mm; text-shadow: 6px 6px 4px red, -2px 3px yellow	alle	nein	5.4	visual	nein
text-transform: capitalize; text-transform: uppercase; text-transform: lowercase;	alle	ja	5.4	visual	ja
unicode-bidi: bidi-override; unicode-bidi: embed;	alle	nein	5.3	visual	ja
vertical-align: baseline; vertical-align: sub; vertical-align: -8mm;	Inline-elemente; Zellen in Tabellen;	nein	5.3 5.5	visual	ja
visibility: visible; visibility: hidden;	alle	nein	5.7	visual	ja
voice-family: female; voice-family: comedian, male;	alle	ja	5.10	aural	----
volume: 70; volume: soft;	alle	ja	5.10	aural	----

Eigenschaft (Beispiel(e))	**anwendbar auf**	**vererbbar**		**Medium**	**IE6**
white-space: pre; white-space: nowrap;	Block-elemente	ja	5.4	visual	nein
widows: 2	Block-elemente	ja	5.9	visual paged	nein
width: 12cm; min-width: 60%; max-width: 90%;	alle	nein	5.3	visual	ja nein nein
word-spacing: 12pt; word-spacing: -3px;	alle	ja	5.4	visual	ja
z-index: auto; z-index: 1; z-index: 3;	Elemente mit position:relative; position:absolute; position:fixed;	nein	5.3	visual	ja

At-Regeln

At-Regel	Bedeutung	Abschnitt
@media print { Buch {font-size: 10pt ; font-size-adjust: 0.46; } } @media screen { Buch {font-size: 12pt; font-size-adjust: 0.58; } } @media print,screen { Buch {font-family: Arioso, courier; font-weight: 300; } }	@media sorgt für die Verknüpfung der Stylesheets mit einem oder mehreren Ausgabemedien.	5.5
@font-face { font-family: monospace; font-style: normal; font-weight: 300, 200; } @font-face { font-family: "Times New Roman", serif; font-style: normal, italic; font-size: 12pt; }	Die @font-face-Regel gibt mithilfe von **Deskriptoren** (*descriptors*) unterschiedliche Informationen über einen Font, auf die bei der Fontauswahl zurückgegriffen werden kann.	5.5

At-Regel	Bedeutung	Abschnitt

`@import "artikel.css"; Absatz {font-size: 14pt};`
 	
`/* überschreibt die font-size /* Regeln die in artikel.css /* gegeben wurde*/`
	Die @import-Regel bindet eine externe CSS-Datei in die CSS-Datei ein. Stylesheets in der CSS-Datei überschreiben jene, die mit der @import Anweisung eingebunden wurden.	5.5

`@page {size: 21cm 29.7cm; /* Breite Höhe */ margin: 10%; }`	Die @page-Regel legt alle Eigenschaften einer Seitenbox fest. Die Seitenbox dient für die Ausgabe auf dem Medium „paged".	5.5

6 XSLT

XML-Daten liegen gemäß der Vereinbarungen der DTD gut strukturiert vor. Dennoch enthält die XML-Datei keine Angaben über die Anzeige der Daten. Die Auswahl der Daten und alle Formatanweisungen für die Ausgabe auf verschiedenen Medien werden mithilfe von **XSL** („*XML Stylesheet Language*" bzw. „*Extended Stylesheet Language*") realisiert. XSL stellt dazu drei wichtige Bereiche zur Verfügung:

- **XPath** („*XML Path Language*", vgl. Kapitel 7 „XPath") dient zum **Selektieren** der Daten.
- **XSLT** („*XSL Transformations*", dieses Kapitel) wird für die **Transformation** der Daten verwendet.
- **XSL-FO** („*XSL Formatting Objects*", vgl. Kapitel 8 XSL-FO) legt die **Formatierung** der ausgewählten Daten fest.

Gemäß dem Modell von XML werden Daten und ihre Präsentation getrennt. Auf diese Weise können dieselben Daten auf verschiedenen Ausgabemedien (etwa Bildschirm, Drucker, Kleindisplay) ausgegeben werden.

XSLT wurde vom W3C am 16. November 1999 als Empfehlung fertig gestellt. Einzelheiten dazu können unter http://www.w3.org/TR/1999/REC-xslt-19991116 nachgelesen werden.

Die Beispiele in diesem Abschnitt wurden wahlweise mit den XSLT-Prozessoren XT und XALAN (wenn der erzeugte Code keine HTML-Datei darstellte oder wenn der Code explizit überprüft werden sollte) und mithilfe von Netscape 6.1 (für reinen HTML-Code) unter einer aktuellen Linux-Distribution durchgeführt.

6.1 Grundlagen

XSLT formt einen XML-Baum nach den gegebenen Regeln in einen Ergebnisbaum um. Dabei wählt XSLT bestimmte Elemente aus dem XML-Baum (*source tree*, *input tree*) mithilfe von Mustern (*pattern*) aus und wendet bestimmte Schablonen (*Templates*) auf sie an. Diese erzeugen die Elemente für den Ergebnisbaum (*result tree*, *output tree*). Der erhaltene Ergebnisbaum weicht im Allgemeinen stark vom gegebenen XML-Baum ab: Die ursprünglichen Elemente werden bei der Transformation ausgewählt, umsortiert und durch neue Elemente ergänzt.

Der Namensraum für XSLT ist mit dem URI „http://www.w3.org/1999/XSL/Transform" festgelegt.

Jeder XML-Baum wird aus Elementen aufgebaut, die weitere Elemente enthalten können. Elemente, die weitere Elemente enthalten, bilden die „Verzweigungen" in der Baumstruktur; sie werden auch **Knoten** genannt. XSLT verwendet das Datenmodell von XPath (vgl. Kap. 7 XPath). Jedes XML-Dokument ist demnach aus den folgenden sieben **Knotentypen** aufgebaut.

- Wurzelknoten
- Elementknoten
- Attributknoten
- Textknoten
- Kommentarknoten
- Verarbeitungsanweisungsknoten
- Namensraumknoten

Knoten dienen also dazu, sich von einem Element zu einem anderen, diesem Element in der Baumstruktur des XML-Dokuments nachfolgenden Element zu bewegen. Dieser Vorgang wird im Kapitel 7 „XPath" ausführlich beschrieben. So genannte Knotentests ermöglichen die Auswahl eines oder mehrerer Knoten.

Um XML-Daten formatiert ausgegeben zu können, sind im Wesentlichen drei Vorgehensweisen denkbar:

- **XML-Daten werden mithilfe eines Browsers angezeigt, der die aufgerufene XML-Datei unter Berücksichtigung einer vorhandenen XSL-Datei parst und entsprechend darstellt (z.B. Netscape 6.1, MSIE 5, MSIE 6).** In diesem Abschnitt wird dies mit der aktuellen Version des Browsers Netscape 6.1 durchgeführt.
- **XML-Daten werden gemäß der in der XSL-Datei festgelegten Regeln mithilfe eines Programmes („XSL-Prozessor") transformiert. Der Ergebnisbaum wird in eine (neu erstellte) XML-Datei abgebildet (z.B. XT, XALAN).** In diesem Abschnitt wird dies fallweise mit XT oder mit XALAN realisiert (vgl. Kapitel 1 Einführung in XML).
- **Auf einem Webserver parst eine Erweiterung XML-Daten. Das Ergebnis wird „on-the-fly" an die Client-Software ausgeliefert (z.B. Cocoon für den Apache-WebServer).** Diese Möglichkeit wird in diesem Kapitel nicht behandelt.

Ausgabe mithilfe eines Browsers

Um eine XSL-Transformation mit einem Browser anzuzeigen, fügt man in die XML-Datei die Anweisung <?xml-stylesheet type="text/xsl" href="datei.xsl"?> hinzu. Der XSL-Prozessor des Browsers führt dann die Transformationen aus, die in der XSL-Datei (datei.xsl) festgelegt sind:

Beispiel: buch.xsl

```
<?xml version="1.0"?>
<xsl:stylesheet version = "1.0"
     xmlns:xsl = "http://www.w3.org/1999/XSL/Transform">

  <xsl:output method="html" />

  <xsl:template match="/buecher">
    <html>
      <body>
        <h1>
          <xsl:value-of select="@titel"/>
        </h1>
          <xsl:apply-templates select="buch"/>
      </body>
    </html>
  </xsl:template>

  <xsl:template match="buch">
    <ul>
      <li>Autor: <i>
          <xsl:value-of select="autor/." /></i></li>
      <li>Titel: <b><u>
          <xsl:value-of select="titel/." /></u></b></li>
    </ul>
  </xsl:template>
</xsl:stylesheet>
```

buch.xml:

```
<?xml version="1.0" encoding="iso-8859-1"?>
<?xml-stylesheet type="text/xsl" href="buch.xsl"?>
<buecher titel="IT-Buchladen">
  <buch>
    <autor>Meier</autor>
    <titel>XML</titel>
    <jahr>2002</jahr>
    <details>
      <seitenzahl>300</seitenzahl>
      <ladenpreis waehrung="euro">100</ladenpreis>
    </details>
  </buch>
```

```
  <buch>
    <autor>Bauer </autor>
    <titel>XSL </titel>
    <jahr>2002 </jahr>
    <details>
      <seitenzahl>450</seitenzahl>
      <ladenpreis waehrung="euro">120</ladenpreis>
    </details>
  </buch>
</buecher>
```

Damit werden im Browser alle Bücher mit Autor und Titel ausgegeben.

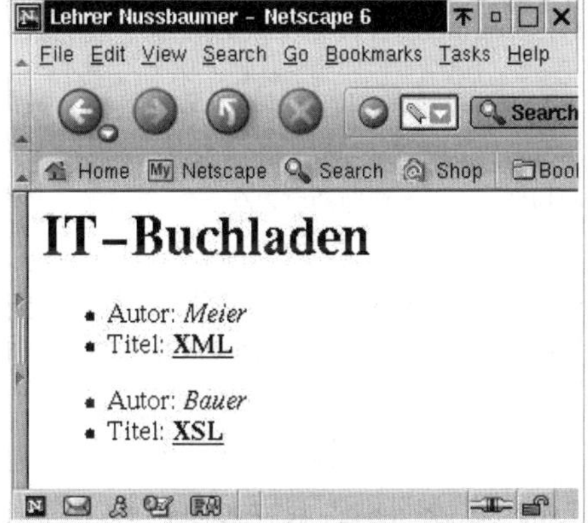

Die soeben vorgestellte Methode eignet sich nur für die Ausgabe von XML-Daten in HTML-Dateien, da die aktuellen Browser andere Formate zurzeit nicht anzeigen.

Verwenden eines XSL-Prozessors

Im nächsten Beispiel werden die XML-Daten lediglich als Textdaten in eine Datei geschrieben. Wir verwenden die folgende XSL-Datei:

Beispiel: buchtxt.xsl

```
<?xml version="1.0"?>
<xsl:stylesheet version = "1.0"
     xmlns:xsl = "http://www.w3.org/1999/XSL/Transform">

  <xsl:output method="text"/>

  <xsl:template match="/buecher">
          <xsl:value-of select="@titel"/>
          <xsl:apply-templates select="buch"/>
  </xsl:template>

  <xsl:template match="buch">
      Autor: <xsl:value-of select="autor/."/>
      Titel: <xsl:value-of select="titel/."/>
      Jahr: <xsl:value-of select="jahr/."/>
  </xsl:template>
</xsl:stylesheet>
```

Mit einem Kommandozeilenbefehl starten wir den XSL-Prozessor. XML-Eingabedatei, Stylesheet-Datei und Ausgabedatei werden als Parameter übergeben:

```
alfred@newbie:~/xsl/basic > XALAN buch.xml buchtxt.xsl
                                   buch.txt
```

Damit entsteht die folgende, „schnörkellose“ Ausgabe in die Datei buch.txt:

```
IT-Buchladen
      Autor: Meier
      Titel: XML
      Jahr: 2002
      Autor: Bauer
      Titel: XSL
      Jahr: 2002
```

Diese Transformationsmethode eignet sich für das Erstellen aller Arten von XML-Dateien. Dies ist beispielsweise für das Erzeugen von „FO-Dateien" wichtig (vgl. Kapitel 8, „XSL-FO").

Aufgrund der genauen Fehlermeldungen ist die Verwendung eines XSL-Prozessors bei der Entwicklung neuer Stylesheets zu empfehlen (vgl. auch Kapitel 1 „Einführung in XML").

Im nächsten Abschnitt soll der Aufbau eines Stylesheets genauer besprochen werden. Die gewünschten Daten wurden mit so genannten **Lokalisierungspfaden** gefunden (z.B. „autor/."). Diese werden im Kapitel 7 „XPath" genau erläutert.

6.2 Der Aufbau eines XSLT-Dokuments

Das Wurzelelement <xsl:stylesheet>

Mit dem Wurzelelement <xsl:stylesheet> werden wichtige Attribute für das XSL-Dokument festgelegt:

Attribut	Bedeutung
version	Obligat, zurzeit ist nur der Wert „1.0" zulässig.
xmlns: ...	Namensraumdeklaration
extension-element-prefixes	Legt Namen von Erweiterungsfunktionen fest
exclude-result-prefixes	Schließt die Ausgabe der angegebenen Namensraumpräfixe in das Ausgabedokument aus

Direkt an das Wurzelelement schließen die so genannten **Top-Level-Elemente** an, die das Verhalten für das ganze XSL-Dokument festlegen. An diese grundlegenden Deklarationen schließen die **Templates** (Schablonen) an, die die Transformationen strukturieren. Innerhalb der Templates werden die Transformationen mithilfe von Regeln und Anweisungen festgelegt.

Jedes XSL-Dokument ist ein wohlgeformtes XML-Dokument!

Top-Level-Elemente

Top-Level-Elemente sind Kindelemente des Wurzelelements. Sie legen im Allgemeinen Eigenschaften für das gesamte Stylesheet fest.

Top-Level-Element	Beschreibung
xsl:apply-imports	Verarbeitet Templates aus einer externen Stylesheet-Datei
xsl:attribute-set	Definiert eine Attributmenge
xsl:decimal-format	Legt das Zahlenformat für die Funktion format-number() fest
xsl:import	Importiert eine externe Stylesheet-Datei
xsl:include	Fügt den Inhalt einer externen Stylesheet-Datei in die aktuelle Datei ein
xsl:key	Definiert einen Schlüssel für die Funktion key()
xsl:namespace-alias	Erlaubt ein Namensraum-Alias
xsl:output	Spezifiziert das Format des erzeugten XML-Dokuments
xsl:param	Deklariert einen Parameter
xsl:preserve-space	Legt fest, bei welchen Elementen der Leerraum (*white space*) bei der Transformation erhalten bleiben soll
xsl:strip-space	Legt fest, bei welchen Elementen der Leerraum vor der Transformation entfernt werden soll

Top-Level-Element	Beschreibung
xsl:template	Legt ein Template für die Auswertung des Eingabebaums fest
xsl:variable	Deklariert eine Variable mit unveränderlichem Wert

Tabelle 6.1: Übersicht über alle Top-Level-Elemente von XSLT

Beispiel 1:

Das folgende Stylesheet liefert ein Textdokument, das die xml-Deklaration und alle Elemente der Datei buch.xml enthält.

```
<?xml version="1.0" ?>
<xsl:stylesheet version="1.0"
     xmlns:xsl="http://www.w3.org/1999/XSL/Transform">
</xsl:stylesheet>
```

Legt man das Ausgabeformat mithilfe des Top-Level-Elements <xsl:output> als Textformat fest, so wird ein Textdokument erzeugt, das die xml-Deklaration nicht enthält. Alle Elemente der XML-Datei buch.xml werden als Text ausgegeben.

```
<?xml version="1.0" ?>
<xsl:stylesheet version="1.0"
     xmlns:xsl="http://www.w3.org/1999/XSL/Transform">
  <xsl:output method="text" />
</xsl:stylesheet>
```

Templates

Templates (Schablonen, Vorlagen) ermöglichen die Auswahl von bestimmten Elementen des Eingabebaums oder generieren neue Elemente. Sie stellen somit die zentralen Elemente innerhalb der Abteilung Stylesheets dar: Sie erzeugen die Elemente für den Ergebnisbaum. So genannte Muster (*patterns*) legen fest, auf welche Elemente des Eingabebaums das Template angewendet werden soll.

Eine Vorlagenregel (*template rule*) wird grundsätzlich mithilfe des Elementes <xsl:template> deklariert:

```
<xsl:template
  match=pattern
  name=qname
  priority=number
  mode=qname>
  ...
</xsl:template>
```

Die einzelnen Attribute werden in der folgenden Tabelle aufgelistet:

Attribute	Beschreibung	Beispiel
match = *pattern*	Identifiziert die Elemente des Eingabebaumes	`<xsl:template match="adressen"`
name = *qname*	Legt den qualifizierten Namen eines benannten Templates fest. Solche Templates können ähnlich wie Unterprogramme aufgerufen werden (<xsl: call-template ...>)	`<xsl:template name="sgt"> <xsl:text> Sehr gut </xsl:text> </xsl:template>`
priority = *number*	Legt die Priorität für das Abarbeiten von Templates fest, wenn verschiedene Template-Muster auf einen Knoten des Eingabebaums zutreffen	(vgl. nachfolgende Tabelle)
mode = *qname*	Ermöglicht die Identifizierung der Schablone, wenn mehrere Schablonen auf einen Knoten zutreffen	`<xsl:apply-templates mode="dieses">`

Tabelle 6.2: Attribute des template-Tags

Das Attribut „priority" legt eine Vorrangregel fest, wenn mehrere Templates auf einen Knoten zutreffen. Das Template mit dem höheren Attributwert wird ausgeführt. Folgende Werte werden vom XSLT-Prozessor automatisch vergeben:

Muster enthält	**Beispiel**	**Wert des Attributes „priority"**
einzelne Element- oder Attributnamen	`match = „buch"`	0
Verarbeitungsanweisung	`match = „processing-instruction('proggi')"`	0
Achsenbezeichnung und Jokerzeichen	`match = „child::*"`	-0,25
Jokerzeichen „*", „@*", „comment()", „text()" oder „node()"	`match = „@*"`	-0,5
Alle andere Muster	`match="autor[position()=2]"`	0,5

Tabelle 6.3: Vorgegebene Werte für das Attribut „priority"

Besteht ein Ausdruck aus mehreren alternativen Mustern, so werden sie voneinander unabhängig bewertet.

Grundsätzlich sind zwei Schritte bei der Verwendung von Templates notwendig:

- Definition eines Templates mit <xsl:template>
- Anwenden des Templates mit <xsl:apply-templates>

Definition eines Templates

Zwischen den Tag-Klammern („Schablonenrumpf", „Vorlagenrumpf") werden alle Anweisungen eingefügt, die auf die Knoten angewendet werden sollen, die dem angegebenen Muster entsprechen.

```
<xsl:template match="buch">
  ... Anweisungen ...
</xsl:template>
```

Anwenden eines Templates

```
<xsl:apply-templates select="buch"/>
```

Auf alle Knoten, die anhand des Attributwerts für „select" ausgewählt werden, werden die schon definierten Template-Regeln angewendet.

Vorgegebene Template-Regeln

Für den Fall, dass keine Übereinstimmung zwischen den Templates und den Elementen des XML-Eingabebaums besteht, sorgen bestimmte Template-Regeln (*built-in template rules*) dafür, dass der Eingabebaum dennoch durchlaufen werden kann. Da diese Regeln grundsätzlich zu Beginn eines Stylesheets importiert werden, stehen sie immer zur Verfügung. Andererseits haben sie wie alle importierten Regeln die niedrigste Priorität; sie werden daher auf alle Fälle durch im Stylesheet definierte Templates überschrieben.

Die vorgegebenen Regeln werden von den XSLT-Prozessoren für Element- und Wurzelknoten, für Text- und Attributknoten, für Verarbeitungsanweisungs- und Kommentarknoten und für Namensraumknoten angewendet.

- Vorgegebene Regel für Element- und Wurzelknoten

Diese Regel veranlasst den XSLT-Prozessor, den XML-Eingabebaum in jedem Fall rekursiv abzuarbeiten. Sie entspricht folgender Definition:

```
<xsl:template match="*|/">
  <xsl:apply-templates/>
</xsl:template>
```

Im angeführten Muster werden zwei Alternativen, verbunden durch das „|" - Zeichen, dargestellt: Das Jokerzeichen „*" (*wild card asterisk*) steht für alle Elementknoten und das „/"- Zeichen für den Wurzelknoten.

- Vorgegebene Regel für Text- und Attributknoten

Diese Regel verarbeitet alle Text- und Attributknoten. Sie entspricht folgender Definition:

```
<xsl:template match="text()|@*">
  <xsl:value-of select="."/>
</xsl:template>
```

- Vorgegebene Regel für Verarbeitungsanweisungs- und Kommentarknoten

Verarbeitungsanweisungen und Kommentare werden defaultmäßig nicht verarbeitet. Die vorgegebene Regel verhält sich somit wie die folgende Definition:

```
<xsl:template match="processing-instruction()|comment()"/>
```

- Vorgegebene Regel für Namensraumknoten

Für Namensraumknoten gibt es keine Übereinstimmung mit einem Muster. Die vorgegebene Regel für Namensraumknoten legt daher fest, dass Namensraumknoten nicht verarbeitet werden.

Templates verwenden

Die folgenden Beispiele sollen die Arbeitsweise des XSL-Prozessors vor Augen führen, wenn verschiedene Templates verwendet werden. Grundsätzlich sucht der Prozessor den gesamten XML-Eingabebaum durch (vgl. dazu Beispiel 1). Passt das Muster eines Templates auf ein Element, so werden die Anweisungen des Templates ausgeführt und die Suche in diesem Teilsegment des Baumes wird beendet.

Beispiel 2:

```
<?xml version="1.0"?>
<xsl:stylesheet version="1.0"
     xmlns:xsl="http://www.w3.org/1999/XSL/Transform">
  <xsl:output method="text"/>

  <xsl:template match="buecher">
    Element gefunden
  </xsl:template>
</xsl:stylesheet>
```

Jedes Mal, wenn das Muster „buecher" erfüllt ist (das ist genau einmal der Fall), gibt das Template das Textelement „Element gefunden" in den Ergebnisbaum aus:

```
    Element gefunden
```

Beispiel 3:

```
<?xml version="1.0"?>
<xsl:stylesheet version="1.0"
     xmlns:xsl="http://www.w3.org/1999/XSL/Transform">
  <xsl:output method="html"/>

  <xsl:template match="buch">
    Element gefunden
  </xsl:template>
</xsl:stylesheet>
```

Wir erhalten diesmal mehrmals eine Übereinstimmung des angegebenen Musters:

```
    Element gefunden

    Element gefunden
```

Wie aus der Ausgabe des letzten Beispiels ersichtlich ist, kann ein Template gleich mehrere Elemente auswählen. In diesem Fall spricht man auch von Elementmengen.

Beispiel 4:

In diesem Beispiel wird die Suche in den Segmenten des Eingabebaumes immer dann abgebrochen, wenn eine Übereinstimmung mit dem Element „detail" erfolgt:

```
<?xml version="1.0" ?>
<xsl:stylesheet version="1.0"
     xmlns:xsl="http://www.w3.org/1999/XSL/Transform">
  <xsl:output method="text"/>

  <xsl:template match="details">
    Element gefunden
  </xsl:template>

</xsl:stylesheet>
```

Damit erhalten wir konsequent das folgende Ergebnis:

```
    Meier
    XML
    2002

    Element gefunden

    Bauer
    XSL
    2002

    Element gefunden
```

Das rekursive Verhalten von Templates erklärt sich aus der allgemeinen, rekursiven Struktur von XML-Bäumen.

Beispiel 5:

Häufig soll nach dem „Treffer" eines Templates ein weiteres Template abgearbeitet werden, etwa um Kindelemente auszuwerten. Mehrere Templates können miteinander mithilfe des XSL-Elements <xsl:apply-templates> verbunden werden:

```
<?xml version="1.0" ?>
<xsl:stylesheet version="1.0"
     xmlns:xsl="http://www.w3.org/1999/XSL/Transform">
  <xsl:output method="text"/>

  <xsl:template match="buecher">
    Buecher gefunden.
    <xsl:apply-templates select="buch"/>
  </xsl:template>

  <xsl:template match="buch">
    Buch entdeckt.
  </xsl:template>

</xsl:stylesheet>
```

ergibt:

```

    Buecher gefunden.

    Buch entdeckt.

    Buch entdeckt.
```

Die Reihenfolge, in der die Templates in der Stylesheet-Datei codiert werden, spielt keine Rolle. Für die Reihenfolge der Elemente im Ergebnisbaum ist die Anordnung der Elemente im Eingabebaum entscheidend.

Templates können mit <xsl:call-template> direkt aufgerufen werden (vgl. Abschnitt 6.3).

Templates können Elemente auf komplizierte Weise auswählen. In umfangreichen XML-Bäumen werden bestimmte Elemente entlang so genannter Lokalisierungspfade bestimmt. Mithilfe der eigenen Sprache XPath (*XML Path Language*, vgl. Kapitel 7 „XPath") können entsprechende Muster festgelegt werden.

Werden bei der Anwendung von Templates mehrere Knoten ausgewählt, so spricht man auch von **Knotenmengen**. Diese stehen bei der Transformation zur Verfügung; normalerweise werden sie durch bestimmte Anweisungen abgearbeitet.

Elemente ausgeben

Im Allgemeinen sollen Elemente des Eingabebaums in den Ausgabebaum übertragen werden. Diese Anweisungen stehen üblicherweise innerhalb eines Templates.

Neuen Text mit <xsl:value-of> erzeugen

Das XSL-Element <xsl:value-of> berechnet bestimmte Werte und übergibt sie als Zeichenketten in den Ergebnisbaum. Mithilfe des select-Attributs können entweder Werte des ausgewählten Elements des Eingabebaums übernommen werden oder es werden neue Werte berechnet.

Beispiel:

```
<?xml version="1.0" ?>
<xsl:stylesheet version="1.0"
     xmlns:xsl="http://www.w3.org/1999/XSL/Transform">
  <xsl:output method="text"/>

  <xsl:template match="buecher">
    <xsl:apply-templates select="buch"/>
```

```
  </xsl:template>

  <xsl:template match="buch">
    Neuer Titel:
    <xsl:value-of select="titel"/>
    <xsl:apply-templates select="details"/>
  </xsl:template>

  <xsl:template match="details">
    <xsl:value-of select="ladenpreis"/>
    <xsl:apply-templates select="ladenpreis"/>
  </xsl:template>

  <xsl:template match="ladenpreis">
    <xsl:value-of select="@waehrung"/>
  </xsl:template>
</xsl:stylesheet>
```

Die wiederholte Anwendung des Elements <xsl:apply-templates> erlaubt eine gezielte Auswahl von Elementen des Eingabebaums. Neben der Zeichenkette „Neuer Titel:" (die im Eingabebaum nicht vorkommt) werden die Werte der Elemente <titel> und <ladenpreis> sowie der Attributwert „waehrung" aus dem Eingabebaum übernommen:

```
Neuer Titel:
XML 100euro
Neuer Titel:
XSL 120euro
```

Attribute des aktuellen Elements werden mithilfe eines vorangestellten „@" adressiert. Das XSL-Element <xsl:value-of> gibt in diesem Fall den Wert des gewählten Attributs aus.

Häufig erzeugen XSL-Stylesheets HTML-Dokumente. Die folgenden Beispiele beziehen sich auf die Ausgabe von solchen (einfachen) Dokumenten.

Einen Kommentar mit <xsl:comment> einfügen

Das XSL-Element <xsl:comment> erzeugt einen Kommentar im Ausgabebaum.

Beispiel:

```
<xsl:stylesheet version = "1.0"
     xmlns:xsl = "http://www.w3.org/1999/XSL/Transform">
  <xsl:output method="html"/>

  <xsl:template match="buecher">
      <html>
        <body>
         <xsl:comment>Dies ist ein Kommentar, der mithilfe
                      eines XSLT-Prozessors generiert wird.
         </xsl:comment>
          <h1>
            <xsl:value-of select="@titel"/>
          </h1>
          <p>Neue Titel:</p>
        </body>
      </html>
  </xsl:template>
</xsl:stylesheet>
```

Damit erhalten wir das Gerüst einer einfachen HTML-Datei, einen Kommentar, Überschrift und einen Absatz.

```
<html>
<body><!-- Dies ist ein Kommentar, der mithilfe eines
XSLT-Prozessors generiert wird.  -->
<h1>IT-Buchladen</h1>
<p>Neue Titel:</p>
</body>
</html>
```

Den aktuellen Knoten mit <xsl:copy> in die Ausgabe kopieren.

<xsl:copy> kopiert das ausgewählte Element aus dem Eingabebaum in den Ausgabebaum.

Beispiel:

```
<xsl:stylesheet version = "1.0"
     xmlns:xsl = "http://www.w3.org/1999/XSL/Transform">

  <xsl:output method="html"/>

  <xsl:template match="buecher">
      <html>
        <body>
          <h1>
            <xsl:value-of select="@titel"/>
          </h1>
          <xsl:copy>Buecher</xsl:copy>
          <p>Neue Titel:</p>
        </body>
      </html>
  </xsl:template>
</xsl:stylesheet>
```

Ausgabe:

```
<html>
<body>
<h1>IT-Buchladen</h1>
<buecher>Buecher</buecher>
<p>Neue Titel:</p>
</body>
</html>
```

Man beachte, dass hier Elemente auftreten, die nicht zum Sprachumfang von HTML gehören. Die aktuellen Browser übergehen allerdings diese Unkorrektheit.

Einen gewählten Bereich mit <xsl:copy-of> in die Ausgabe kopieren

Mit dem XSL-Element <xsl:copy-of> kopiert man einen angegebenen Bereich in den Ausgabebaum.

Beispiel:

```
<xsl:stylesheet version = "1.0"
     xmlns:xsl = "http://www.w3.org/1999/XSL/Transform">

  <xsl:output method="html"/>

  <xsl:template match="buecher">
      <html>
        <body>
          <h1>
            <xsl:value-of select="@titel"/>
          </h1>
          <p>Neue Titel:</p>
          <xsl:copy-of select="buch/titel"/>
        </body>
      </html>
  </xsl:template>
</xsl:stylesheet>
```

Erzeugt die Ausgabe:

```
<html>
<body>
<h1>IT-Buchladen</h1>
<p>Neue Titel:</p>
<titel>XML </titel><titel>XSL </titel>
</body>
</html>
```

Mit <xsl:element> ein Element im Ausgabebaum erzeugen

Mit diesem XSL-Element kann ein neues Element für den Ausgabebaum erzeugt werden. Im Beispiel erzeugen wir damit beispielsweise ein bekanntes HTML-Tag:

Beispiel:

```
<?xml version="1.0" ?>
<xsl:stylesheet version = "1.0"
     xmlns:xsl = "http://www.w3.org/1999/XSL/Transform">
  <xsl:output method="html"/>
```

```
  <xsl:template match="/">
    <xsl:element name="html">
    </xsl:element>
  </xsl:template>
</xsl:stylesheet>
```

Dies erzeugt eine sehr kurze HTML-Datei:

```
<html></html>
```

Elemente vor der Ausgabe mit <xsl:sort> sortieren

Üblicherweise liegen die Elemente im Eingabe-XML-Dokument unsortiert vor. Das XSL-Element <xsl:sort> erlaubt das Sortieren der gewählten Elemente, bevor sie in den Ausgabebaum kopiert werden.

Beispiel:

```
<?xml version="1.0" ?>
<xsl:stylesheet version="1.0"
     xmlns:xsl="http://www.w3.org/1999/XSL/Transform">
  <xsl:output method="html"/>

  <xsl:template match="buecher">
    <html>
      <body>
        <h1>Autoren:</h1>
        <p>
          <xsl:apply-templates select="buch">
            <xsl:sort select="autor"/>
          </xsl:apply-templates>
        </p>
      </body>
    </html>
  </xsl:template>

  <xsl:template match="buch">
    <xsl:value-of select="autor" />
  </xsl:template>

</xsl:stylesheet>
```

In diesem Fall werden die <autor>-Elemente des Eingabebaums zunächst alphabetisch sortiert. Aus der sortierten Liste werden schließlich die Namen ausgewählt und in den Ausgabebaum geschrieben:

```
<html>
<body>
<h1>Autoren:</h1>
<p>Bauer Meier </p>
</body>
</html>
```

Das Element <xsl:sort> wird entweder innerhalb von <xsl:apply-templates> oder <xsl:for-each> verwendet (vgl. Abschnitt 6.3 „Ablaufsteuerung“ und Abschnitt 6.6 „XSLT-Elemente“).

Weitere XSL-Elemente zum Erzeugen von Elementen im Ausgabebaum können im Abschnitt 6.6 nachgelesen werden.

6.3 Ablaufsteuerung

Globale und lokale Variable (<xsl:variable>)

Variablen werden mit dem XSL-Element <xsl:variable> deklariert und initialisiert. Anschließend stehen sie unter ihrem Namen (mit einem führenden „$“-Zeichen) zur Verfügung.

```
<xsl:variable name="a" select="3.1"/>
<xsl:variable name="b" select="2.4"/>
<xsl:value-of select="$a"/>
     ...
<xsl:value-of select="$a - $b"/>
     ...
<xsl:variable name="c">
    13.45
</xsl:variable>
<xsl:value-of select="round($c)"/>
```

Werden Variablen als Top-Level-Elemente deklariert, so stehen sie im ganzen Dokument zur Verfügung. Sie sind also **globale Variablen**. Innerhalb eines Templates deklarierte Variablen stehen nur **lokal** zur Verfügung.

```
<xsl:stylesheet version = "1.0"
     ...>
  <xsl:output indent="yes"/>
  <xsl:variable name="global_var" select="24"/>

  <xsl:template match="/">
    <xsl:variable name="local_var" select="25"/>
    <xsl:value-of select="$global_var"/>
    <br/>
    <xsl:value-of select="$local_var"/>
  </xsl:template>
</xsl:stylesheet>
```

Variablen stellen eigentlich Konstanten dar, da ihr Wert während der Ausführung des Stylesheets nicht verändert werden kann.

Verzweigung mit <xsl:if>

Das Element <xsl:if> ist eine Anweisung, die die enthaltenen Regeln nur dann ausführt, wenn das Attribut „test" einen wahren Ausdruck enthält.

Beispiel:

```
<?xml version="1.0" ?>
<xsl:stylesheet version = "1.0"
     xmlns:xsl = "http://www.w3.org/1999/XSL/Transform">
  <xsl:output method="text"/>

  <xsl:template match="buecher">
    <xsl:variable name="raucher" select="0"/>

    <xsl:if test="$raucher=0">
```

```
      Sehr gut
    </xsl:if>
    <xsl:if test="$raucher=1">
      Schade
    </xsl:if>
  </xsl:template>
</xsl:stylesheet>
```

In diesem Fall erhalten wir die folgende Ausgabe:

```

      Sehr gut
```

Die Mehrfachverzweigung wird mit <xsl:choose> verwirklicht (vgl. Abschnitt 6.6 „XSLT-Elemente").

Schleifen mit <xsl:for-each>

Bei nicht wenigen Transformationen soll eine Regel der Reihe nach auf verschiedene Elemente eines XML-Baums angewendet werden. Dafür eignet sich das XSL-Element <xsl:for-each>. Es enthält das Attribut „select", welches eine bestimmte Menge von Knoten bildet, die dem angegebenen Muster entsprechen. Die angegebenen Regeln werden anschließend der Reihe nach auf diese Knoten angewendet.

Beispiel:

```
<?xml version="1.0" ?>
<xsl:stylesheet version = "1.0"
     xmlns:xsl="http://www.w3.org/1999/XSL/Transform">
  <xsl:output method="text"/>

  <xsl:template match="buecher">
    <xsl:for-each select="buch">
      <xsl:value-of select="autor"/>
      <xsl:value-of select="titel"/>
    </xsl:for-each>
  </xsl:template>

</xsl:stylesheet>
```

In diesem Fall werden alle <buch>-Knoten ausgewählt. Anschließend werden von jedem Knoten mithilfe des XSL-Elements <xsl:value-of> die Werte der gewählten Elemente berechnet und ausgegeben:

```
Meier XML Bauer XSL
```

(siehe auch Abschnitt 6.2 „Templates verwenden", Beispiel 5).

Beachten Sie, dass durch die <xsl:for-each>-Anweisung alle Kindelemente des aktuellen Knotens ausgewählt werden. Innerhalb der Schleife werden die Nachfolger dieses Kindelements angeführt.

Templates mit <xsl:call-template> aufrufen

Benannte Templates <xsl:template name="*qname*">können anhand ihres Namens aufgerufen werden. Damit eröffnet sich für Stylesheets eine weitere Programmstruktur: Benannte Templates werden wie Makros verwendet.

Beispiel:

Im folgenden Beispiel soll eine Tabelle mit einem Feld als Überschrift in der HTML-Ausgabe verwendet werden. Im Template ist die Struktur der Tabelle enthalten. Als Parameter werden der Inhalt und die Hintergrundfarbe übergeben:

```
<xsl:template name="rahmen">
  <xsl:param name="inhalt"/>
  <xsl:param name="bgc"/>
  <table border="1" bgcolor="{$bgc}">
    <tr>
      <th>
        <xsl:value-of select="$inhalt"/>
      </th>
    </tr>
```

```
  </table>
</xsl:template>
```

Die Parameter werden mit dem XSL-Element <xsl:param name= "*qname*"> übernommen. Anschließend stehen sie in diesem Template (lokal) unter ihrem Namen zur Verfügung. Wie bei den Variablen ist innerhalb des Templates ein „$"-Zeichen vor ihren Namen zu setzen.

Die Werte von Variablen und Parametern werden mit dem XSL-Element <xsl:value-of select="*variablenname*"> als Zeichenketten ausgegeben. Im obigen Template muss der Wert einer Variablen als Attributwert verwendet werden. Da jedes Stylesheet als XML-Datei wohlgeformt sein muss, ist es nicht möglich, Attributwerte mit <xsl:value-of> auszugeben. Wie im obigen Beispiel ersichtlich ist, werden hier die geschwungenen Klammern eingesetzt; sie bewirken, dass der Wert der Variablen als Zeichenkette ausgegeben wird.

Ein benanntes Template kann von jedem Bereich einer Stylesheet-Datei aufgerufen werden. Alle Parameterwerte werden dabei mithilfe des XSL-Elements <xsl:with-param name="*qname*"> übergeben:

```
<xsl:call-template name="rahmen">
  <xsl:with-param name="inhalt">Buch</xsl:with-param>
  <xsl:with-param name="bgc">red</xsl:with-param>
</xsl:call-template>
```

Im erzeugten HTML-Dokument steht damit das folgende Fragment zur Verfügung:

```
<table border="1" bgcolor="red">
<tr>
<th>Buch</th>
</tr>
</table>
```

6.4 Muster verwenden

Templates werden auf bestimmte Elemente des XML-Eingabebaumes angewendet. Die gewünschten Elemente werden mithilfe des Attributes match="*pattern*" ausgewählt. Das Ergebnis ist immer eine Knotenmenge. Diese kann keinen Knoten enthalten (wenn keine passende Übereinstimmung gefunden wurde) oder einen bzw. mehrere Knoten aufweisen. XPath (vgl. Kapitel 7) stellt eine Sprache zur genauen Lokalisierung der Knoten eines XML-Dokuments zur Verfügung.

Muster werden im Allgemeinen aus einzelnen Bedingungen zusammengesetzt:

```
match="child::buch[position()=1]"
```

Im letzten Ausdruck bezeichnet „child" eine so genannte Achse, „buch" einen Knotentest und der Ausdruck zwischen den eckigen Klammern ein so genanntes Prädikat. Die Details dazu werden im Kapitel 7 „XPath" behandelt.

Muster werden außer in Templates auch zur Ausgabe von nummerierten Listen und zur Deklaration von so genannten Schlüsseln (*keys*, vgl. Abschnitt 6.6) verwendet.

6.5 XSLT-Funktionen

Alle XPath-Funktionen (vgl. Kapitel 7 „XPath", Abschnitt 7.4) können auch in XSLT verwendet werden. Zusätzlich stellt XSLT die folgenden Funktionen zur Verfügung:

current()

Gibt die Knotenmenge zurück, die nur den aktuellen Knoten enthält.

document(*uri, base*)

Die Funktion öffnet ein externes Dokument und liefert den Inhalt als Knotenmenge zurück. Das erste Argument kann eine Zeichenkette oder eine Knotenmenge sein; das zweite Argument ist eine Knotenmenge und ist optional. Liegt nur das erste Argument vor, so wird das durch den Zeichenkettenwert dieses Arguments festgelegte Dokument aufgerufen: Die Funktion document() liefert entweder alle Knoten dieses Dokuments oder im Argument festgelegte Fragmente des Dokuments als Knotenmenge zurück. Das optionale zweite Argument legt eine Ausgangsknotenmenge fest, zu der das erste Argument relativ angewendet wird.

```
select="document('buchext.xml')"
```

Wird die Funktion document() ohne Argumente verwendet, so bezieht sie sich auf den Wurzelknoten des aktuellen XML-Dokuments.

element-available(*qname*)

Liefert den Booleschen Wert „*true*", wenn das im Argument bezeichnete Element vorliegt; andernfalls „*false*".

format-number(*number, string1, string2*)

Diese Funktion erzeugt aus der im ersten Argument angegebenen Zahl eine Zeichenkette. Das Zahlenformat wird durch das zweite Argument (string1) und das Dezimalformat durch das dritte Argument (string2) festgelegt. Die Angabe des Dezimalformats mittels seines Namens ist optional; in diesem Fall muss ein entsprechendes Top-Level-Element <xsl:decimal-format> vorliegen (vgl. Abschnitt 6.6).

Für das Zahlenformat stehen u.a. folgende Symbole zur Verfügung:

Symbol	Beschreibung
#	Ziffer (führende oder schließende Nullen werden unterdrückt)
0	Ziffer (alle Nullen werden ausgegeben)

Symbol	Beschreibung
.	Dezimalpunkt
,	Zifferngruppenseparator
;	Trennzeichen für verschiedene Muster
-	Negatives Vorzeichen
%	Anzeige als Prozentwert

Tabelle 6.4: Die wichtigsten Symbole für die Darstellung von Zahlen

```
#.###,00
```

legt die Ausgabe einer Zahl, in der jeweils drei Ziffern zu einer Gruppe zusammengefasst werden. Führende Nullen werden nicht ausgegeben. Es werden bis zu zwei Dezimalstellen nach dem Komma ausgegeben, dabei werden schließende Nullen mit ausgegeben.

function-available(*qname*)

Liefert den Booleschen Wert „*true*", wenn die Funktion mit dem angegebenen Namen vorliegt; andernfalls „*false*".

generate-id(*node*)

Erzeugt eine eindeutige Zeichenkette, die als Wert eines ID-Attrituts zur Verfügung steht. Wird kein Argument angegeben, so bezieht sich die Funktion auf den aktuellen Knoten.

key(*keyname, keyvalue*)

Wählt eine Knotenmenge aus, deren Knoten durch einen Schlüssel mit dem im ersten Argument angegebenen Namen beschrieben sind, deren Wert des Schlüssels mit dem angegebenen zweiten Argument übereinstimmen. Der Name des Schlüssels und der zugehörige Wert werden mit dem XSLT-Element <xsl:key> festgelegt

system-property()

Liefert Informationen über den XSLT-Prozessor.

Argument	Ergebnis
xsl:version	1.0
xsl:vendor	Name des Herstellers des XSLT-Prozessors
xsl:vendor-url	Adresse des Herstellers des XSLT-Prozessors

Tabelle 6.5: Argumente der Funktion system-property()

unparsed-entity-uri()

Liefert den URI des angegebenen Entities zurück, das vom Parser nicht ersetzt wurde; das Ergebnis ist die Zeichenkette des URI.

6.6 XSLT-Elemente

Im folgenden Abschnitt werden alle **Top-Level-Elemente** und **Anweisungselemente** von XSLT zusammengefasst. Dabei werden folgende Attribute verwendet:

Attribut	Beschreibung
expression	XPath-Ausdruck (Knotenmenge, Zeichenkette, Boolescher Wert, Zahl).
boolean-expression	Boolescher Ausdruck.
node-set-expression	Knotenmengenausdruck.
number-expression	Zahlenausdruck.
string-expression	Zeichenkettenausdruck.
id	Bezeichnung

Attribut	Beschreibung
number	Zahl; XSLT verwendet grundsätzlich reelle Zahlen, die gegebenenfalls vor der Ausgabe in ganze Zahlen gerundet werden.
qname	Qualifizierter Name.
pattern	Lokalisierungspfad (vgl. Kap. 7 XPath).
string	Zeichenkette
char	Einzelnes Zeichen (Unicode)
langcode	Sprachcode (RFC 1766).
nmtoken	Namenstoken.
uri-reference	URI

Der Kommentar bezieht sich auf mögliche Inhalte des betreffenden XSLT-Elements. Verschiedene Inhalte, die zugleich vorkommen müssen, werden mithilfe von Beistrichen aufgezählt; alternative Inhalte sind durch den senkrechten Strich „|" getrennt. Inhalte, die nicht oder höchstens einmal auftreten dürfen, werden mit dem Fragezeichen „?", Inhalte, die einmal oder öfter vorkommen können, mit einem „+" und Inhalte, die nicht, einmal oder mehrmals auftreten können, mit dem Zeichen „*" gekennzeichnet (vgl. Reguläre Ausdrücke, DTD).

xsl:apply-imports

```
<xsl:apply-imports />
```

Anweisungselement.

Erlaubt das Importieren einer externen XSL-Datei in Bezug auf den aktuellen Knoten. Die importierten XSLT-Elemente haben eine geringere Priorität als die XSLT-Elemente, die in der aufrufenden XSL-Datei enthalten sind.

xsl:apply-templates

```
<xsl:apply-templates
  select = node-set-expression
  mode = qname>
  <!-- (xsl:sort | xsl:with-param)* -->
</xsl:apply-templates>
```

Anweisungselement.

Führt die angegebenen Regeln aus und bearbeitet alle weiteren Child-Elemente rekursiv weiter.

```
<xsl:apply-templates select="buch">
  <xsl:sort select="autor"/>
</xsl:apply-templates>
```

xsl:attribute

```
<xsl:attribute
  name = qname
  namespace = uri-reference>
  <!-- Template -->
</xsl:attribute>
```

Anweisungselement.

Fügt dem aktuellen XML-Element ein Attribut und dessen Wert hinzu.

```
<xsl:attribute name="href">
  http://localhost/<xsl:value-of select="url"/>
</xsl:attribute>
```

xsl:attribute-set

```
<xsl:attribute-set name = qname
  use-attribute-sets = qnames>
  <!-- xsl:attribute* -->
</xsl:attribute-set>
```

Top-Level-Element.

Legt für eine Menge von Attributnamen und Werten einen Namen fest.

```
<xsl:attribute-set name="Menge">
  <xsl:attribute name="width">
    300
  </xsl:attribute>
  <xsl:attribute name="height">
    200
  </xsl:attribute>
</xsl:attribute-set>
```

Die definierten Attributnamen werden mit dem Attribut „use-attribute-sets="Menge" angewendet.

xsl:call-template

```
<xsl:call-template name = qname>
  <!-- xsl:with-param* -->
</xsl:call-template>
```

Anweisungselement.

Erlaubt das Aufrufen eines benannten Templates anhand des angegebenen Namens.

```
<xsl:template name="rahmen">
  <xsl:param name="inhalt" />
  <xsl:param name="bgc" />
  <table border="1" bgcolor="{$bgc}">
    <tr>
      <th>
        <xsl:value-of select="$inhalt"/>
      </th>
    </tr>
  </table>
</xsl:template>
  ...
<xsl:call-template name="rahmen">
  <xsl:with-param name="inhalt">Buch</xsl:with-param>
  <xsl:with-param name="bgc">red</xsl:with-param>
</xsl:call-template>
  ...
```

xsl:choose

```
<xsl:choose>
  <!-- (xsl:when+, xsl:otherwise?) -->
</xsl:choose>
```

Anweisungselement.

Wählt aus einer Reihe von xsl:when-Elementen diejenigen aus, deren Boolesche Bedingungen wahr sind.

```
<xsl:choose>
  <xsl:when test='$frage=1'>
    <xsl:call-template name="temp1"/>
  </xsl:when>
  <xsl:when test="$frage=2">
    <xsl:call-template name="temp2"/>
  </xsl:when>
  <xsl:otherwise>
    <xsl:comment>Ungültige Eingabe</xsl:comment>
  </xsl:otherwise>
</xsl:choose>
```

xsl:comment

```
<xsl:comment>
  <!-- Template -->
</xsl:comment>
```

Anweisungselement.

Erzeugt einen Kommentar zwischen <!-- und --> im Ausgabebaum.

```
<xsl:comment>Ungültige Eingabe</xsl:comment>
```

xsl:copy

```
<xsl:copy use-attribute-sets = qnames>
  <!--  Template -->
</xsl:copy>
```

Anweisungselement.

Kopiert das aktuelle Element in den Output.

```
<xsl:copy>
  <xsl:apply-templates select="*|@*|text()"/>
</xsl:copy>
```

xsl:copy-of

```
<xsl:copy-of select = expression />
```

Anweisungselement.

Kopiert den durch die select-Anweisung ausgewählten Bereich in die Ausgabe.

```
<xsl:template match="/">
  <xsl:copy-of select="/" />
</xsl:template>
```

xsl:decimal-format

```
<xsl:decimal-format
  name = qname
  decimal-separator = char
  grouping-separator = char
  infinity = string
  minus-sign = char
  NaN = string
  percent = char
  per-mille = char
  zero-digit = char
  digit = char
  pattern-separator = char/>
```

Top-Level-Element.

Deklariert das Format der Zahlen, wie sie von der format-number-Funktion interpretiert werden sollen. Dabei legen die folgenden Attribute folgende Formatmuster fest:

Attributname	Formatmuster (Defaultwerte)
digit	#
zero-digit	0
decimal-separator	.

Attributname	Formatmuster (Defaultwerte)
grouping-separator	,
pattern-separator	;
minus-sign	-
percent	%
per-mille	#x2030
infinity	Infinity
NaN	NaN

xsl:element

```
<xsl:element
  name = { qname }
  namespace = { uri-reference }
  use-attribute-sets = qnames>
  <!-- Template -->
</xsl:element>
```

Anweisungselement.

Erzeugt ein XML-Element in der Ausgabe.

```
<xsl:element name="ladenpreis">
  <xsl:attribute name="waehrung">euro</xsl:attribute>
  <xsl:value-of select="number(../ladenpreis)*$faktor"/>
</xsl:element>
```

xsl:fallback

```
<xsl:fallback>
  <!-- Template -->
</xsl:fallback>
```

Anweisungselement.

Legt fest, was ausgeführt werden soll, wenn die Anweisungen im Template, in dem die fallback-Anweisung steht, nicht ausgeführt werden können.

xsl:for-each

```
<xsl:for-each select = node-set-expression>
  <!-- (xsl:sort*, template) -->
</xsl:for-each>
```

Anweisungselement.

Dient zur Auswahl aller gleicher sibling-Elemente, die die select-Anweisung erfüllen (Schleife).

```
<xsl:for-each select="buch">
  <xsl:sort select="autor"/>
  <xsl:value-of select="autor"/>
  <xsl:value-of select="titel"/>
</xsl:for-each>
```

xsl:if

```
<xsl:if test = boolean-expression>
  <!-- Template -->
</xsl:if>
```

Anweisungselement.

Dient zur bedingten Auswahl einer Regel.

```
<xsl:if test="$frage=1">
  <xsl:call-template name="temp1"/>
</xsl:if>
```

xsl:import

```
<xsl:import href = uri-reference/>
```

Top-Level-Element.

Import von Stylesheet-Dateien. Die im aufrufenden Dokument vorhandenen Regeln haben Vorrang gegenüber den eingebunden.

xsl:include

```
<xsl:include href = uri-reference/>
```

Top-Level-Element.

Dient zum Einschließen externer Regeln. Diese haben dann die gleiche Wertigkeit wie die schon vorhandenen Regeln.

xsl:key

```
<xsl:key name = qname
  match = pattern
  use = expression/>
```

Top-Level-Element.

Deklaration von Schlüsseln, mit denen Knoten innerhalb eines XML-Dokumentes bezeichnet werden können. Die Funktion key(name) wählt die Knoten aus, deren Schlüssel (*key*) den angegebenen Namen trägt.

xsl:message

```
<xsl:message terminate = "yes" | "no">
  <!-- Template -->
</xsl:message>
```

Anweisungselement.

Sendet eine Nachricht. Der XSLT-Prozessor kann diese Nachricht in Form eines XML-Zweigs weiter verarbeiten (etwa in eine Log-Datei, oder in eine Bildschirmmeldung). Wird der Wert des Attributs „terminate" auf „yes" gesetzt, dann bricht die Transformation nach der Ausgabe der Meldung ab (Defaultwert: no).

xsl:namespace-alias

```
<xsl:namespace-alias
  stylesheet-prefix = prefix | "#default"
  result-prefix = prefix | "#default"/>
```

Top-Level-Element.

Ersetzt das Namensraumpräfix.

xsl:number

```
<xsl:number level = "single" | "multiple" | "any"
  count = pattern
  from = pattern
  value = number-expression
  format = string
```

```
lang = langcode
letter-value = "alphabetic" | "traditional"
grouping-separator = char
grouping-size = number />
```

Anweisungselement.

Bettet eine Zahl bzw. das Ergebnis der im Attribut „value" festgelegten Rechnung oder Funktion in den Ausgabebaum ein. Dabei werden die Zahlen zunächst auf ganze Zahlen gerundet und schließlich ein eine Zeichenkette transferiert.

Attribut	Bedeutung
level	Legt fest, auf welche Knoten das Muster „count" angewendet werden soll: **single** - das Muster „count" wird auf alle Vorgänger des Elternknotens des aktuellen Knotens angewendet (vgl. die Achse „preceding-sibling"); Defaultwert. **multiple** - das Muster „count" wird auf alle Vorgänger irgendeines Vorfahren des aktuellen Knotens angewendet. **any** - das Muster „count" wird auf alle Vorgänger des aktuellen Knotens angewendet.
count	Das angegebene Muster legt fest, welche Knoten gezählt werden sollen. Als Defaultwert wird der gleiche Knotentyp wie der des aktuellen Knotens gewählt.
from	Bestimmt, ab welchem Knoten gezählt werden soll
value	Der angegebene Ausdruck gibt die Zahl an, die formatiert ausgegeben werden soll.
format	Die angegebene Ziffer bzw. der angegebene Buchstabe legt fest, welche Folge von Symbolen für die fortlaufende Nummerierung bei der Ausgabe von Elementen (der gewählten Knotenmenge) zu verwenden ist (vgl. unten stehende Tabelle).

Attribut	Bedeutung
lang	Legt einen Sprachcode gemäß RFC 1766 fest, nach dem die ausgegebenen Zahlen zu formatieren sind
letter-value	Legt die Bedeutung der Buchstaben im Attributwert für „format" fest: **traditional** - der Attributwert „i" führt zur Folge i, ii, iii, iv, ... (Defaultwert) **alphabetical** - der Attributwert „j" führt zur Folge j, k, l, m, ...
grouping-separator	Bestimmt das Trennzeichen für die gruppierte Zahlenausgabe (etwa für Tausender)
grouping-size	Legt die Anzahl der Ziffern pro Gruppe fest; Defaultwert 3

Tabelle 6.6: Attribute für <xsl:number>

```
<xsl:template match="buecher">
  <xsl:for-each select="buch/titel">
    <xsl:sort select="buch/titel"/>
    <p>
      <xsl:number value="position()" format="a"/>
      <xsl:text>: </xsl:text>
      <xsl:value-of select="."/>
    </p>
  </xsl:for-each>
</xsl:template>
```

Die XSLT-Prozessoren der aktuellen Browser unterstützen das <xsl:number>-Element nur teilweise in Hinblick auf das Attribut „format". Kommandozeilen-Prozessoren wie XT oder XALAN formatieren zwar alphabetische Listen, unterstützen aber keine Startwerte.

Formatzeichen	Nummerierungsfolge
1	1 2 3 ... 9 10 11 12 ...
01	01 02 03 ...09 10 11 12 ...
A	A B C ... Z AA AB AC ...
a	a b c ... z aa ab ac ...
i	i ii iii iv v vi vii viii ix x ....
I	I II III IV V VI VII VIII IX X ...

Tabelle 6.7: Mögliche Werte für das Attribut format (<xsl:number>)

xsl:otherwise

```
<xsl:otherwise>
  <!-- Template -->
</xsl:otherwise>
```

Anweisungselement.

Liefert in Verbindung mit <xsl:choose> ein Ergebnis in die Ausgabe, wenn keine Entsprechung zu <xsl:when> vorliegt.

```
<xsl:otherwise>
  <xsl:comment>Ungültiger Wert</xsl:comment>
</xsl:otherwise>
```

xsl:output

```
<xsl:output
  method = "xml" | "html" | "text"
  version = nmtoken
  encoding = string
  omit-xml-declaration = "yes" | "no"
  standalone = "yes" | "no"
  doctype-public = string
  doctype-system = string
  cdata-section-elements = qnames
  indent = "yes" | "no"
  media-type = string/>
```

Top-Level-Element.

Legt die Art fest, wie der Ausgabebaum in ein Ausgabedokument serialisiert werden soll.

Attribut	**Bedeutung**
method	Legt die Ausgabeart fest
version	Spezifiziert die Version
encoding	Legt den Zeichensatz fest
omit-xml-declaration	Legt fest, ob eine XML-Deklaration ausgegeben werden soll
doctype-public	Legt den „Public-Bezeichner" im Ausgabebaum fest
doctype-system	Legt den „System-Bezeichner" im Ausgabebaum fest
cdata-section-elements	Legt eine Liste von Elementnamen an, deren Textknoten-Kindelemente als CDATA-Abschnitte ausgegeben werden
indent	Legt fest, ob Leerzeichen ausgegeben werden sollen
media-type	Legt den MIME-Typ des Ausgabedokuments fest

Tabelle 6.8: Attributwerte für <xsl:output>

```
<xsl:output method="text"
  indent="no"
  omit-xml-declaration="yes"/>
```

xsl:param

```
<xsl:param  name = qname
  select = expression>
  <!-- Template -->
</xsl:param>
```

Top-Level-Element.

Erzeugt einen benannten Parameter. Wird als Top-Level-Element oder als erste Anweisung innerhalb eines Templates verwendet.

```
<xsl:template name="rahmen">
  <xsl:param name="inhalt"/>
```

xsl:preserve-space

```
<xsl:preserve-space elements = qnames/>
```

Top-Level-Element.

Enthält eine Liste von Elementnamen, innerhalb derer Leerraum (*white* space, bestehend aus Leerzeichen, Zeilenumbruch, Tabulatoren) vor der Transformation nicht entfernt wird.

xsl:processing-instruction

```
<xsl:processing-instruction  name = ncname>
  <!-- Template -->
</xsl:processing-instruction>
```

Anweisungselement.

Fügt eine Verarbeitungsanweisung in den Ausgabebaum ein.

xsl:sort

Anweisungselement.

```
<xsl:sort select = string-expression
  lang = langcode
  data-type = "text" | "number"
  order = { "ascending" | "descending" }
  case-order = { "upper-first" | "lower-first" }/>
```

Bestimmt die Reihenfolge, in der die mit <xsl:apply-templates> oder <xsl:for-each> ausgewählten Knoten verarbeitet werden.

Attribut	Bedeutung
select	Beschreibt den Sortierschlüssel
lang	Legt den Sprachcode fest
data-type	Konvertiert den ausgewerteten Ausdruck in den angegebenen Datentyp
order	Legt die Sortierreihenfolge fest
case-order	Legt fest, wie gleichlautende Zeichen behandelt werden sollen, die in Groß- und Kleinschreibung auftreten

```
<xsl:for-each select="buch">
  <xsl:sort select="autor"/>
  ...
</xsl:for-each>
```

xsl:strip-space

```
<xsl:strip-space elements = qnames />
```

Top-Level-Element.

Innerhalb der genannten Liste von Elementen werden Leerzeichen, Tabulatoren und Zeilenschaltungen vor der Transformation entfernt.

xsl:stylesheet

```
<xsl:stylesheet
  xmlns:xsl="http://www.w3.org/1999/XSL/Transform"
  id = id
  extension-element-prefixes = qnames
  exclude-result-prefixes = qnames
  version = „1.0“>
  <!-- (xsl:import*, top-level-elements) -->
</xsl:stylesheet>
```

Hauptelement des Stylesheets.

Legt den Namensraum, Versionsnummer und allgemeine Eigenschaften für Namensraumpräfixe für Erweiterungselemente fest. Das Attribut „exclude-result-prefixes“ enthält eine Liste von Namensraumpräfixen, deren Deklaration nicht in den Ausgabebaum übertragen werden.

Das XSLT-Element xsl:stylesheet entspricht dem XSLT-Element xsl:transform.

```
<xsl:stylesheet version = "1.0"
  xmlns:xsl = "http://www.w3.org/1999/XSL/Transform">
```

xsl:template

```
<xsl:template match = pattern
  name = qname
  priority = number
  mode = qname>
  <!-- (xsl:param*, Template) -->
</xsl:template>
```

Top-Level-Element.

Legt ein Template (Vorlage) fest. „Benannte Templates" erhalten einen Attributwert für ihren Namen. Sie können mit dem XSLT-Element xsl:call-template aufgerufen werden. Mithilfe des Attributs „mode" wird das Template nur von jener Anweisung aktiviert, die ein „mode"-Attribut mit dem gleichen Wert aufweist.

```
<xsl:template match="buch">
  ...
</xsl:template>
```

xsl:text

```
<xsl:text disable-output-escaping = "yes" | "no">
  <!-- #PCDATA -->
</xsl:text>
```

Anweisungselement.

Erzeugt im Ausgabebaum ein Textelement mit dem angegebenen Inhalt.

xsl:transform

```
<xsl:transform
  xmlns:xsl="http://www.w3.org/1999/XSL/Transform"
```

```
  id = id
  extension-element-prefixes = qnames
  exclude-result-prefixes = qnames
  version = „1.0“>
  <!-- (xsl:import*, top-level-elements) -->
</xsl:transform>
```

Hauptelement des XSL-Stylesheets (vgl. 6.6 „xsl:stylesheet“).

xsl:value-of

```
<xsl:value-of select = string-expression
  disable-output-escaping = "yes" | "no" />
```

Anweisungselement.

Berechnet den Wert des angegebenen Ausdrucks und transformiert ihn in eine Zeichenkette. Diese Zeichenkette wird anschließend in den Ausgabebaum eingefügt. Das Attribut „disable-output-escaping“ legt fest, ob „<“, „>“ und „&“ in Zeichenreferenzen übertragen werden (bei „yes“ ist das Ausgabedokument im Allgemeinen nicht mehr wohlgeformt).

```
<xsl:value-of select="titel/." />
```

xsl:variable

```
<xsl:variable name = qname
  select = expression>
  <!-- Template -->
</xsl:variable>
```

Top-Level-Element (globale Variable) oder Anweisungselement (lokale Variable).

Legt eine Variable fest und erlaubt eine Wertzuweisung. Als Top-Level-Element steht diese Variable im gesamten XSL-Dokument zur Verfügung; andernfalls nur im Template, in dem sie deklariert wurde.

> Der Wert der Variablen kann während der Ausführung des Stylesheets nicht mehr verändert werden. XSLT-Elemente `<xsl:variable>` spielen somit die Rolle von Konstanten.

```
<xsl:variable name="a" select="3.1"/>
<xsl:variable name="c">
  13.45
</xsl:variable>
```

xsl:when

```
<xsl:when
  test = boolean-expression>
  <!-- Content: template -->
</xsl:when>
```

Anweisungselement.

Ermöglicht eine Auswahl innerhalb einer <xsl:choose>-Anweisung.

```
<xsl:choose>
  <xsl:when test='$frage=1'>
    <xsl:call-template name="sgt"/>
  </xsl:when>
  ...
</xsl:choose>
```

xsl:with-param

```
<xsl:with-param name = qname
  select = expression>
  <!-- Template -->
</xsl:with-param>
```

Anweisungselement.

Reicht Parameterwerte an Templates weiter. Diese Templates werden entweder mit <xsl:apply-templates> oder mit <xsl:call-template> aufgerufen.

```
<xsl:call-template name="rahmen">
  <xsl:with-param name="inhalt">Buch</xsl:with-param>
  <xsl:with-param name="bgc">red</xsl:with-param>
</xsl:call-template>
```

7 XPath

XPath ist die Abkürzung für „XML Path Language". Sie ermöglicht das gezielte Auffinden von Knoten in einem XML-Dokument. XPath wird vorwiegend von XSL eingesetzt, um einzelne Knoten oder Knotenmengen zu bestimmen (vgl. Kap. 6 XSLT). XPath wird somit zum wichtigsten Werkzeug, um Daten aus einem XML-Dokument auszuwählen.

XPath ist keine XML-Sprache.

XPath wurde vom W3C in der Empfehlung vom 16. November 1999 verabschiedet. Detaillierte Informationen darüber können unter *http://www.w3.org/TR/1999/REC-xpath-19991116* nachgelesen werden.

7.1 Grundlagen

Datenmodell

XPath verwendet ein Datenmodell, das alle Elemente eines XML-Dokumentes umfasst. Dabei wird jeder Eintrag im XML-Dokument (und damit seine Darstellung im XML-Baum) als **Knoten** bezeichnet. Alle Knoten lassen sich auf die folgenden sieben Grundtypen zurückführen:

- Wurzelknoten

Der Wurzelknoten bildet die Wurzel des Dokuments, aus der alle anderen Knoten abgeleitet werden. Als Kindelemente kommen Verarbeitungsanweisungen, Kommentare und das Wurzelelement des vorliegenden Dokuments in Frage. Der Wurzelknoten hat keinen Elternknoten.

Wert: Wert des Wurzelements des Dokuments.

- Elementknoten

Jedes Element im XML-Dokument besitzt einen Elementknoten. Ein Elementknoten kann einen eindeutigen Bezeichner (ID) besitzen („ID"-Attribut, setzt eine DTD voraus). Jeder Elementknoten hat genau einen Elternknoten und einen oder mehrere Kindknoten.

Wert: Der zwischen Anfangs- und End-Tag des Elements enthaltene Text.

```
<details>
  <seitenzahl>300</seitenzahl>
  <ladenpreis waehrung="euro">100</ladenpreis>
</details>
```

- Attributknoten

Jedes Element kann einen oder mehrere Attributknoten besitzen, in diesem Fall ist das Element der Elternknoten des Attributs.

> Attributknoten sind nicht Kinder des Elements.

Wert: Attributwert.

```
<ladenpreis waehrung="euro">
```

- Textknoten

Alle CDATA-Abschnitte ergeben Textknoten. Dabei besteht der Textknoten aus einem zusammenhängenden Bereich aus Zeichen. Jeder Textknoten hat einen Element-Elternknoten und besitzt keine Kindelemente.

Wert: Zeichenkette aus dem angegebenen Textabschnitt.

```
Meier
```

- Kommentarknoten

Alle Kommentare weisen einen Kommentarknoten auf. Diese haben einen Elternknoten, aber keine Kindelemente.

Wert: Zeichenkette des Kommentars ohne „<!--“ und „-->“.

```
<!-- lieferbar ab 2. Quartal -->
```

- Verarbeitungsanweisungsknoten

Jede Verarbeitungsanweisung (processing-instruction) weist einen Verarbeitungsanweisungsknoten auf. Dieser hat einen Elternknoten, ein so genanntes „Ziel“, aber keine Kindelemente.

Wert: Zeichenkette der Verarbeitungsanweisung, die nach dem Ziel angegeben ist (ohne das abschließende „?>“).

```
<?xml-stylesheet type="text/xsl" href="axes1.xsl" ?>
```

> Die XML-Deklaration ist keine Verarbeitungsanweisung. Daher weist sie keinen Verarbeitungsanweisungsknoten auf. Mit XPath ist ein Zugriff auf die XML-Deklaration nicht möglich.

- Namensraumknoten

Jede Namensraumdeklaration hat einen entsprechenden Namensraumknoten. Dieser hat zwar einen Elternknoten, wird aber nicht als Kind dieses Knotens bewertet (vgl. Attributknoten). Namensraumknoten besitzen keine Kinder.

Wert: Zeichenkette des Namensraum-URI.

```
xmlns:xsl = "http://www.w3.org/1999/XSL/Transform"
```

Am folgenden Beispiel sollen einige Eigenschaften von XPath verdeutlicht werden. Auf die XML-Datei „buch.xml" (vgl. Kapitel 6 „XSLT") sollen Transformationen so angewendet werden, dass alle Ladenpreise um einen bestimmten Faktor (im Beispiel faktor="1.2") verändert werden.

Beispiel:

```
<?xml version="1.0" ?>
<xsl:stylesheet version="1.0"
    xmlns:xsl="http://www.w3.org/1999/XSL/Transform">
  <xsl:output method="xml"/>

  <xsl:variable name="faktor" select="1.2"/>

  <xsl:template match="*|@*|text()">
    <xsl:copy>
      <xsl:apply-templates select="*|@*|text()"/>
    </xsl:copy>
  </xsl:template>

  <xsl:template match="ladenpreis">
    <xsl:element name="ladenpreis">
      <xsl:attribute name="waehrung">euro</xsl:attribute>
      <xsl:value-of select="number(../ladenpreis)*$faktor"/>
    </xsl:element>
  </xsl:template>
</xsl:stylesheet>
```

Das erste Muster lässt die Auswahl von Elementen, Attributen oder Texten zu; dies wird mit Hilfe des „ODER-Operators" „|" festgelegt. Die Muster „*" und „@*" sind so genannte „Jokerzeichen" (Wildcards), die alle Elemente bzw. alle Attribute auswählen. Mit „text()" werden alle Textelemente ausgewählt. Im zweiten Muster für das XSLT-Element <xsl:apply-templates> werden genau die gleichen Elemente in die Ausgabe kopiert.

Im letzten Template werden alle Elemente ausgewählt, die mit dem Muster „ladenpreis" übereinstimmen. Das XSLT-Element <xsl:element> fügt diese Elemente in den Ausgabebaum ein, legt das Attribut „waehrung" mit dem Wert „euro" fest und schreibt als neuen Text den alten Ladenpreis, multipliziert mit dem gewählten Faktor in die Ausgabe. Für die XPath-Funktion „number()" wird ein so genannter Lokalisierungspfad verwendet: Mit „.." wird der Elternknoten (im Beispiel „details") und davon das Kindelement „ladenpreis" ausgewählt, mit der Variablen „$faktor" multipliziert und in eine Zeichenkette umgewandelt. Diese Zeichenkette wird mit Hilfe des XSLT-Elements <xsl:value-of> in den Ausgabebaum eingefügt.

Lokalisierungspfad

Wie der Name „XPath" vermuten lässt, spielen so genannte Lokalisierungspfade die zentrale Rolle für Anwendungen, die XPath verwenden. Unter einem Lokalisierungspfad verstehen wir, wie man innerhalb des XML-Eingabebaums vom aktuellen Knoten (dem **Kontextknoten**) zu einem entfernten Knoten (dem **Zielknoten**) gelangt. Im einfachsten Fall gehen wir vom Wurzelknoten aus und geben der Reihe nach alle Knoten bis zum gewünschten Knoten an (siehe Datei „buch.xml", Kapitel 6 XSLT):

```
<xsl:template match="/buecher/buch/details/seitenzahl">
```

In diesem Fall wurde der Lokalisierungspfad **absolut** vom Wurzelknoten („/") aus angegeben.

Relative Angaben des Lokalisierungspfades können, ähnlich wie im Dateiverzeichnis eines Unixsystems, von einem beliebigen Knoten aus erfolgen:

```
<xsl:apply-templates select="details/seitenzahl" />
```

Voraussetzung dafür, dass ein relativ festgelegter Lokalisierungspfad zum Zielknoten führt, ist, dass der passende aktuelle Knoten, der Kontextknoten, erreicht wurde. Im obigen Beispiel ist das der Knoten „buch" (vgl. „buch.xml", Kapitel 6 „XSLT").

Operatoren und Funktionen beschreiben zahlreiche Möglichkeiten, die Position eines Knotens zu bestimmen. Sie werden im Abschnitt 7.4 ausführlich beschrieben.

XPath-Ausdrücke

XPath-Ausdrücke erlauben die gezielte Auswahl bestimmter Knoten. Sie können Zahlen, Zeichenketten, Variablen (vgl. Kapitel 6 „XSLT"), Funktionen, Lokalisierungspfade, Boolesche oder arithmetische Operatoren enthalten.

```
<xsl:apply-templates select="thema[last()]"/>
<xsl:value-of select="attribute::titel"/>
<xsl:for-each select="child::thema/teil/beschreibung">
<xsl:value-of select="self::node()"/>
<xsl:apply-templates select=
  "thema[count(teil/beschreibung)!='0']"/>
<xsl:apply-templates select="thema[position()=1]"/>
<xsl:value-of select="number(../ladenpreis)*$faktor"/>
```

Eine detaillierte Beschreibung von XPath-Ausdrücken folgt im Abschnitt 7.3.

Datentypen

- **Knotenmengen** - ein Lokalisierungspfad liefert innerhalb eines Ausdrucks die durch ihn ausgewählte Knotenmenge. Diese Knotenmenge kann beispielsweise mit Hilfe von Prädikaten weiter eingeschränkt werden.
- **Zeichenketten** - bestehen aus einer Folge von Zeichen.

- **Boolesche Werte** - grundsätzlich sind nur die beiden Werte „true" und „false" möglich. Boolesche Werte entstehen typischerweise beim Auswerten von Vergleichsoperationen: Innerhalb der Sprache XPath stehen dafür die Vergleichsoperatoren =, !=, <=, <, > und >= zur Verfügung. Beachten Sie, dass XPath-Ausdrücke innerhalb einer XSL-Datei die Regeln für XML-Dokumente erfüllen müssen. Aus diesem Grund müssen die internen Entity-Referenzen < für das Zeichen „<" und > für das Zeichen „>" verwendet werden. Für Boolesche Werte stehen die Booleschen Operatoren „or" und „and" zur Verfügung.
- **Zahlen** - sind innerhalb von XPath stets Gleitkommazahlen ohne Exponentendarstellung. Falls bei einer Rechnung ungültige Ergebnisse auftreten (z.B. positiv oder negativ unendlich bei einer Division durch null), wird der Wert „NaN" (Not-a-Number) ausgegeben. Als Operatoren stehen Addition +, Subtraktion -, Multiplikation * , Division div (beachte, dass das Symbol / im Rahmen der Lokalisierungspfade belegt ist) und mod für den Rest einer ganzzahligen Division zur Verfügung.
- Die genannten Datentypen werden im Abschnitt 7.3 genauer beschrieben.

7.2 Lokalisierungspfad

Der **Lokalisierungspfad** legt fest, wie bestimmte Elemente ausgehend vom Wurzelknoten oder ausgehend vom aktuellen Knoten aufgesucht werden sollen. Im Allgemeinen werden dazu die Achse, ein Knotentest und ein oder mehrere Prädikate verwendet.

- Der Wurzelknoten wird mit / gewählt.
- Einzelne **Lokalisierungsschritte** werden dabei mit dem „/"-Zeichen zusammengesetzt.

- Attribute werden mit einem vorangestellten „@"-Zeichen gewählt.

```
<xsl:value-of select=
  "/buecher/buch/details/ladenpreis/@waehrung"/>
```

Achsen

Achsen ermöglichen die gezielte Auswahl von Knoten innerhalb eines Dokumentbaums, und zwar relativ zum aktuellen Knoten. Dabei werden die Achsen mit einem doppelten Doppelpunkt mit Ausdrücken verbunden, die die Knotenmenge weiter einschränkt, auf die die Achsen jeweils weisen.

Die folgende Tabelle gibt einen Überblick über die Achsen.

Achsenbezeichnung	Enthält
child	Kindknoten des aktuellen Knotens.
descendant	Nachkommen des aktuellen Knotens (also die Kindknoten, deren Kindknoten, usw.).
parent	Elternknoten (Ausnahme: Wurzelknoten).
ancestor	Vorfahren des aktuellen Knotens (dazu gehört auch immer der Wurzelknoten selbst).
following-sibling	Alle nachfolgenden Geschwisterknoten des aktuellen Knotens. Als Geschwisterknoten gelten alle Knoten, die den gleichen Elternknoten wie der aktuelle Knoten besitzen.
preceding-sibling	Alle vorhergehenden Geschwisterknoten. Falls der aktuelle Knoten ein Attribut- oder Namensraumknoten ist, liefert diese Achse die leere Ergebnisknotenmenge.

Achsenbezeichnung	Enthält
following	Alle nachfolgenden Knoten des aktuellen Knotens.
preceding	Alle Knoten, die vor dem aktuellen Knoten stehen, außer den Vorfahren des aktuellen Knotens und ohne Attribut- und Namensraumknoten.
attribute	Alle Attribute des aktuellen Knotens (unter der Voraussetzung, dass der aktuelle Knoten ein Elementknoten ist).
namespace	Namensraumknoten des aktuellen Knotens. Die Achse ist leer, wenn der aktuelle Knoten kein Elementknoten ist.
self	Den aktuellen Knoten („Kontextknoten").
descendant-or-self	Nachkommen des aktuellen Knotens und den aktuellen Knoten selbst.
ancestor-or-self	Vorfahren des aktuellen Knotens und den aktuellen Knoten selbst

Tabelle 7.1: Die Achsen für Lokalisierungspfade unter XPath

Die Achsen ancestor, preceding, self, descendant und following bilden den gesamten Dokumentbaum ab, ohne dass sie sich gegenseitig überlappen!

Achsen sind entweder vorwärts gerichtet (und weisen in Richtung der nachfolgenden Knoten oder Nachkommen) oder rückwärts orientiert (sie weisen dann in Richtung der vorausgehenden Knoten oder Vorfahren). Die Position eines Knotens in der

Ergebnisknotenmenge weist somit die „Entfernung" vom aktuellen Knoten aus; die Positionen sind in vorwärts gerichteten Achsen vom Kontextknoten weg in Richtung der nachfolgenden Knoten gezählt. In rückwärts gerichteten Achsen sind diese Positionen vom Kontextknoten rückwärts, in Richtung der Vorfahren, gezählt.

Abgekürzte Schreibweise:

Folgende Abkürzungen können verwendet werden:

- . wählt das aktuelle Element
- .. wählt das Elternelement
- // wählt aus dem Kontextknoten und aus allen Nachfahren aus.

Knotentest

Der Knotentest wählt einen oder mehrere Knoten („Knotenmenge") anhand des angegebenen Musters aus.

```
<xsl:template match="buecher">
```

Knotentests können auch mehrere Alternativen enthalten. Diese werden mit dem Operator | getrennt:.

```
<xsl:template match="autor|titel|jahr">
  <xsl:value-of select="." />
</xsl:template>
```

Für Knotentests können so genannte „Wildcards" („Jokerzeichen", *wild cards*) eingesetzt werden:

- * steht für jeden Elementknoten
- @* steht für jeden Attributknoten

```
<xsl:value-of select="buch/*" />
```

- **node()** wählt Element-, Text-, Attribut-, Verarbeitungsanweisungs-, Namensraum- und Kommentarknoten aus.

Mit den folgenden Funktionen können spezielle Knotentypen ausgewählt werden:

- **processing-instruction()** - wählt alle Verarbeitungsanweisungs-Kindknoten des Kontextknotens aus.
- **text()** - wählt alle Textknoten aus, die Kinder des Kontextknotens sind.
- **comment()** - wählt alle Kommentarknoten aus, die Kinder des Kontextknotens sind.

Text- und Kommentarknoten werden von XSLT-Stylesheets anhand der integrierten Regeln (vgl. Abschnitt 6.2) nicht verarbeitet.

Prädikate

Prädikate erlauben eine weitere Selektion von Knoten innerhalb der mit Hilfe von Knotentests auf bestimmten Achsen erhaltenen Ergebnisknotenmenge. Prädikate liefern dabei nur Boolesche Werte: Ergibt sich für einen Knoten der Wert „true", so bleibt der Knoten in der Ergebnisknotenmenge enthalten; andernfalls wird er verworfen. Dies erlaubt es beispielsweise, einzelne Knoten auf verschiedene Weise zu adressieren, oder Knoten anhand ihrer Eigenschaften auszuwählen.

Um diese Selektion zu verstehen, ist es wichtig, die so genannte „Position" eines Knotens innerhalb der Knotenmenge zu kennen: Alle Knoten innerhalb einer Knotenmenge werden von 1 beginnend so durchgezählt, wie sie im XML-Dokument stehen. Darüber hinaus muss bekannt sein, ob die Knoten in Dokumentordnung („in Richtung der Nachkommen") oder in umgekehrter Dokumentordnung („in Richtung der Vorfahren") durchlaufen werden.

Beispiel: Prädikate verwenden

```
<xsl:apply-templates select="thema[1]"/>
```

Mit dieser Regel wird nur der erste Kindknoten von „thema" ausgewählt. Diese Regel hätte auch mit Hilfe der Knotenmengen-Funktion position() formuliert werden können:

```
<xsl:apply-templates select="thema[position()=1]"/>
```

Die nächste Regel wählt den fünften Knoten aus der Ergebnisknotenmenge von „thema":

```
<xsl:apply-templates select="thema[5]"/>
```

Mit dem folgenden Prädikat wird der letzte „thema"-Knoten ausgewählt:

```
<xsl:apply-templates select="thema[last()]"/>
```

Das nächste Prädikat stellt einen zusammengesetzten Ausdruck dar:

```
<xsl:apply-templates select=
  "thema[count(teil/beschreibung)!='0']"/>
```

Damit werden nur Knoten ausgewählt, für die die Nachkommen „teil/beschreibung" eine von null verschiedene Anzahl von Kindknoten haben: Die Ausgabe von Leerzeilen wird auf diese Weise vermieden.

Prädikate können in mehreren Lokalisierungsschritten auftreten:

```
<xsl:value-of select="../buch[2]/details/ladenpreis[1]"/>
```

Prädikate können auch nacheinander verwendet werden:

```
<xsl:value-of select="details/ladenpreis
  [position()='1'][attribute::waehrung='euro']"/>
```

Dadurch wird zunächst auf die Position „1" in der Knotenmenge und anschließend auf den Attributwert „euro" für das Attribut „waehrung" getestet. Da zur Auswahl beide Prädikate erfüllt werden müssen, ist die Abfrage auch in der folgenden Form möglich:

```
<xsl:value-of select="details/ladenpreis
  [position()='1' and attribute::waehrung='euro']"/>
```

7.3 XPath-Ausdrücke

Wie in den vorangegangenen Abschnitten ersichtlich ist, verwendet XPath neben Lokalisierungspfaden auch andere Ausdrücke. Tatsächlich unterstützt XPath neben Operationen auf Knotenmengen auch Operationen auf Zeichenketten, Boolesche Werte und Zahlen. Dabei kann XPath einfache arithmetische Ausdrücke verarbeiten. In diesem Abschnitt wird eine Übersicht über alle Arten von XPath-Ausdrücken gegeben.

Alle Ausdrücke dürfen mit Hilfe von runden Klammern gruppiert werden.

Knotenmengen (*node-set*)

Knotenmengen stellen die wichtigsten Operanden für XPath-Ausdrücke dar. Lokalisierungspfade liefern die durch den Pfad ausgewählten Knoten (Knotenmenge).

Operator	Beschreibung
|	Verwendet für alternative Lokalisierungsschritte. Liefert die Vereinigungsmenge der erhaltenen Knotenmengen.
/	Verbindet einen Ausdruck mit einem relativen Lokalisierungspfad.
//	Verbindet einen Ausdruck mit einem relativen Lokalisierungspfad; Abkürzung für /descendant-or-self::node()

Tabelle 7.2: Operatoren für Knotenmengen

> Im „match“-Attribut eines <xsl:template>-Elements können nur XPath-Ausdrücke verwendet werden, die Knotenmengen ergeben.

Vergleiche zwischen Knotenmengen

Die Vergleichsoperatoren =, !=, <, <=, >, >= können auch für Knotenmengen verwendet werden.

Beispiele:

```
$knotenmenge = 'XML'
```

ergibt „true“, wenn ein Knoten in der Knotenmenge den Zeichenkettenwert „XML“ hat.

```
not($knotenmenge != 'XML')
```

ergibt „true“, wenn alle Knoten in der Knotenmenge den Zeichenkettenwert „XML“ haben.

Die Funktionen für Knotenmengen count(), id(), last(), local-name(), name(), namespace-uri() und position() werden im Abschnitt 7.4 beschrieben.

Zeichenketten (*string*)

Zeichenketten werden aus einzelnen Zeichen gebildet, genau genommen aus einer Folge von Unicode-Zeichen. Zeichenketten werden in doppelte oder einfache Anführungszeichen gesetzt.

Operator	Beschreibung
=	Vergleichsoperator für die Gleichheit zweier Zeichenketten.
!=	Vergleichsoperator für die Ungleichheit zweier Zeichenketten

Tabelle 7.3: Operatoren für Zeichenketten

Grundsätzlich sind auch die Vergleichsperatoren <, >, <= und >= zulässig, wenn auch kaum einsetzbar (genau genommen haben diese Vergleiche nur dann einen Sinn, wenn die Zeichenketten Zahlen repräsentieren).

Beispiel:

```
<xsl:if test="website/bereich/thema/titel = 'XML'">
```

ergibt „true", wenn ein Knoten in der links vom Vergleich stehenden Knotenmenge den Zeichenkettenwert „XML" aufweist.

Die Funktionen für Zeichenketten concat(), contains(), normalize-space(), starts-with(), string(), string-length(), substring(), substring-after() und substring-before() werden im Abschnitt 7.4 beschrieben.

Boolesche Werte (*boolean*)

XPath stellt keine Bezeichner für Boolesche Werte zur Verfügung, allerdings liefern die XPath-Funktionen true() und false() erforderlichenfalls die Werte „true" und „false".

Am häufigsten treten Boolesche Werte in Form von Vergleichen bei Prädikaten und im „test"-Attribut des <xsl:if>-Elements und des <xsl:when>-Elements auf. Die Besonderheiten der Vergleiche bei verschiedenen Datentypen werden in den jeweiligen Abschnitten beschrieben.

Operator	Beschreibung
and	UND-Verknüpfung zweier Boolescher Werte.
or	ODER -Verknüpfung zweier Boolescher Werte.

Tabelle 7.4: Operatoren für Boolesche Werte

Bei der Verwendung der Vergleichsoperatoren und der Operatoren „and" und „or" gelten folgende Vorrangregeln:

<, <=, >, >=
=, !=
and
or

Alle Operatoren sind links-assoziativ; daher wird beispielsweise 3 > 2 > 1 als (3 > 2) > 1 interpretiert: (3 > 2) ergibt „true" und wird wegen des Vergleichsoperators in die Zahl 1 umgewandelt. Der anschließende Vergleich mit der Zahl 1 liefert somit das Ergebnis „false".

Es ist jedenfalls zu empfehlen, runde Klammern für das gewünschte Gruppieren von Ausdrücken zu verwenden.

Die Vergleichsoperatoren < und > sind immer mit Hilfe der Entitiy-Referenzen < und > zu schreiben, da andernfalls das XSLT-Stylesheet nicht mehr wohlgeformt ist!

```
<xsl:if test="website/titel = 'Moderner Unterricht'
  and (count(website/titel) &gt;= 1)">
<xsl:apply-templates select="thema[count(teil/
  beschreibung)!='0']"/>
```

Die Funktionen für Boolesche Werte boolean(), false(), lang(), not() und true() werden im Abschnitt 7.4 beschrieben.

Zahlen (*number*)

Zahlen werden in XPath grundsätzlich als 64-Bit-Fließkommazahl (gemäß IEEE 754) dargestellt. Zusätzlich sind die Ausdrücke „plus unendlich", „negativ unendlich" und „Not a Number" (NaN) möglich.

Operator	Beschreibung
+	Addition
-	Subtraktion
*	Multiplikation
div	Division
mod	Rest bei (ganzzahliger) Division

Tabelle 7.5: Operatoren für Zahlen

Zu beachten ist, dass das Symbol „/" für die Lokalisierung des Wurzelelements bzw. für das Zusammenfügen von Lokalisierungsschritten verwendet wird.

Zusätzlich zum zweistelligen Operator - für die Subtraktion zweier Zahlen legt der einstellige Operator - das negative Vorzeichen einer Zahl fest.

Die Vergleichsoperatoren <, <=, > und >= werden bei Zahlen in gewohnter Weise verwendet. Die Vergleiche = und != sind für Zahlen zulässig, allerdings nur in Zusammenhang mit Variablen sinnvoll.

```
<xsl:value-of select="number(../ladenpreis)*$faktor"/>
```

Die Funktionen für Zahlen ceiling(), floor(), number(), round() und sum() werden im Abschnitt 7.4 beschrieben. Jeder Operator für Zahlen konvertiert seine Operanden wie bei einem Aufruf der Funktion number() in Zahlen.

Variable

Als Variablenname ist jeder qualifizierte Name (also auch unter Verwendung eines Präfixes) möglich. Das führende Zeichen $ ermöglicht den Zugriff auf den Wert der Variablen.

Die Gültigkeit von Variablen ist wie in XSLT festgelegt: Werden Variablen als Top-Level-Elemente deklariert, so gelten sie im ganzen XSLT-Stylesheet; andernfalls nur innerhalb des Templates, in dem sie deklariert wurden.

```
<xsl:variable name="a" select="website/bereich/thema"/>
<xsl:variable name="b" select="4"/>
```

Funktionsaufrufe

Enthält ein XPath-Ausdruck einen Funktionsaufruf, so werden zunächst die Argumente in den von der Funktion erwarteten Typ konvertiert. Dies geschieht analog zu den Funktionen string() für Zeichenkettenargumente, number() für Zahlenargumente und boolean() bei Booleschen Argumenten. Nur Argumente, die keine Knotenmengen sind, werden nicht in eine Knotenmenge umgewandelt.

Die Funktion wird anschließend mit den umgewandelten Argumenten aufgerufen. Konnte ein Argument nicht in den erforderlichen Typ umgewandelt werden oder ist die Anzahl der Argumente falsch, so liegt ein Fehler vor. Kann die Funktion fehlerfrei aufgerufen werden, so ist das Ergebnis der von der Funktion zurückgegebene Wert.

```
<xsl:value-of select="count(website | website/bereich/
  thema/titel)" />
<xsl:value-of select="position()" />
<xsl:value-of select="normalize-space(child::url)" />
```

Eine Übersicht über alle XPath-Funktionen wird im nächsten Abschnitt 7.4 gegeben.

7.4 XPath-Funktionen

Für die folgende Beschreibung der von XPath zur Verfügung gestellten Funktionen verwenden wir folgende Datentypen (genaue Beschreibung in Abschnitt 7.1 „Datentypen"):

Datentyp	Beschreibung
boolean	Boolescher Wert.
node-set	Knotenmenge
number	Zahl
object	Nicht festgelegter Datentyp
string	Zeichenkette

Funktionen werden in XPath stets in Ausdrücken verwendet. Sie lassen sich in vier Gruppen zusammenfassen:

Funktionen für Knotenmengen

count(*node-set*)

Rückgabewert: *number*

Ermittelt die Anzahl der Knoten in der angegebenen Knotenmenge.

```
<xsl:apply-templates select="thema[count(teil/
  beschreibung)!='0']"/>
```

id(*object*)

Rückgabewert: *node-set*

Wählt Elemente mit Hilfe des eindeutigen Bezeichners (ID) aus. Ist das Argument keine Zeichenkette, so wird es zunächst in eine Zeichenkette umgewandelt; dieser Zeichenkettenwert ergibt dann den Bezeichner, nach dem gesucht wird.

last()

Rückgabewert: *number*

Ermittelt die Anzahl der Knoten in der Kontextknotenmenge. Damit wird die Größe der Knotenmenge („Kontextgröße") und die Position des letzten Knotens in der Kontextknotenmenge angegeben.

```
<xsl:value-of select="thema[last()]/titel"/>
```

wählt zunächst den letzten Knoten aus der Knotenmenge zu „thema" und gibt davon das Kindelement „titel" aus.

local-name(*node-set*)

Rückgabewert: *string*

Gibt den lokalen Teil des Namens der angegebenen Knotenmenge aus (Element- und Attributknoten). Bei Namensraumknoten liefert die Funktion local-name() das entsprechende Präfix. Textknoten, Kommentare und Wurzelknoten ergeben die leere Zeichenkette.

name(*node-set*)

Rückgabewert: *string*

Gibt Präfix und lokalen Teil (also den vollen Namen) des ersten Knotens der angegebenen Knotenmenge oder des Kontextknotens aus. Für Namensraumknoten wird das Namensraumpräfix ausgegeben. Wird kein Argument angegeben, so wird der volle Name des Kontextknotens ermittelt.

```
<xsl:value-of select="name(thema/*[2])"/>
```

gibt den Namen des zweiten Kindknotens der Knotenmenge von „thema" aus.

namespace-uri(*node-set*)

Rückgabewert: *string*

Gibt den Namensraum-URI der angegebenen Knotenmenge oder des Kontextknotens aus (Element- und Attributknoten).

position()

Rückgabewert: *number*

Ermittelt die Position des Knotens in der Kontextknotenmenge. Die Nummerierung der Knoten beginnt immer bei 1.

```
<xsl:apply-templates select="thema[position()=1]"/>
```

gibt den ersten Knoten in der Knotenmenge aus.

Funktionen für Zeichenketten

Für alle Zeichenkettenargumente gilt: Wird statt einer Zeichenkette ein Argument mit einem anderen Datentyp (*object*) angegeben, so wird dieses zuerst in eine Zeichenkette umgewandelt. Wird kein Argument angegeben, so wird der Zeichenkettenwert des Kontextknotens ermittelt.

concat(*string1, string2, ...*)

Rückgabewert: *string*

Verkettet die als Parameterwerte angegebenen Zeichenketten.

```
<xsl:variable name="s" select="'XML'" />
<xsl:value-of select="concat($s, ' - ',
  website/titel, ' !')" />
```

gibt die Zeichenkette „XML - Moderner Unterricht !" aus.

contains(*string1, string2*)

Rückgabewert: *boolean*

Ergibt „true", wenn die erste Zeichenkette die zweite enthält.

```
<xsl:if test="contains('Einführung in XML','XML')">
```

ergibt „true".

normalize-space(*string*)

Rückgabewert: *string*

Entfernt überflüssige Leerzeichen und Zeilenschaltungen aus der angegebenen Zeichenkette.

```
<xsl:value-of select="normalize-space(child::url)" />
```

liefert eine Zeichenkette für das Element „url", aus dem alle führenden, abschließenden oder aneinander grenzenden Leerzeichen entfernt bzw. durch ein Leerzeichen ersetzt wurden.

starts-with(*string1, string2*)

Rückgabewert: *boolean*

Ergibt „true", wenn die erste Zeichenkette mit der zweiten Zeichenkette beginnt.

```
<xsl:if test="contains('Einführung in XML','XML')">
```

ergibt „false".

string(*object*)

Rückgabewert: *string*

Wandelt das angegebene Objekt in eine Zeichenkette um.

Je nach dem angegebenen Argument liefert die Funktion folgende Ergebnisse:

Argument	Ergebnis
Wurzelknoten	Zeichenwert des Dokumentelements
Elementknoten	Verkettung aller Zeichenkettenwerte aller Element- und Textknoten
Attributknoten	Attributwert
Namensraumknoten	URI
Verarbeitungsanweisungsknoten	URI
Kommentarknoten	Kommentar
Textknoten	enthaltener Text

Tabelle 7.6: Ergebnisse der Funktion string() für Knotenmengen

Argument	Ergebnis
NaN	positiv unendlich
negativ unendlich	- Infinity

Tabelle 7.7: Ergebnisse der Funktion string() für Zahlen

Ganze Zahlen werden ohne Dezimalpunkt und ohne führende Nullen dargestellt. Dezimalzahlen werden mit Dezimalpunkt dargestellt. Negative Zahlen erhalten ein führendes Minuszeichen.

Argument	Ergebnis
wahr	true
falsch	false

Tabelle 7.8: Ergebnisse der Funktion string() für Boolesche Werte

string-length(*string*)

Rückgabewert: *number*

Bestimmt die Länge der angegebenen Zeichenkette; das ist die Anzahl der in der Zeichenkette enthaltenen Zeichen.

```
<xsl:value-of select=
  "string-length('Informatik ist schön')"/>
```

gibt den Wert 20 zurück.

substring(*string, number1, number2*)

Rückgabewert: *string*

Ermittelt die Teilzeichenkette aus der angegebenen Zeichenkette, die an der Position beginnt, die das erste Zahlenargument angibt. Die Länge der Teilzeichenkette entspricht der zweiten angegebenen Zahl. Fehlt diese Zahl, so wird die Teilzeichenkette ab der festgelegten Position bis zum Ende der Zeichenkette ausgegeben.

Die Position des ersten Zeichens in einer Zeichenkette ist 1.

```
<xsl:value-of select=
  "substring('Informatik ist schön',15)"/>
```

liefert die Ausgabe „schön".

substring-after(*string1, string2*)

Rückgabewert: *string*

Gibt die Zeichenkette zurück, die in der ersten Zeichenkette nach dem ersten Auftreten der zweiten Zeichenkette enthalten ist.

```
substring-before('Informatik ist schön', 'ist')
```

liefert

```
schön
```

substring-before(*string1, string2*)

Rückgabewert: *string*

Gibt die Zeichenkette zurück, die in der ersten Zeichenkette vor dem ersten Auftreten der zweiten Zeichenkette enthalten ist.

```
substring-before('Informatik ist schön', 'ist')
```

liefert

```
Informatik
```

translate(*string1, string2, string3*)

Rückgabewert: *string*

Liefert die erste Zeichenkette, in der alle Zeichen, die in der zweiten Zeichenkette genannt sind, durch die entsprechenden Zeichen der dritten Zeichenkette ersetzt werden.

```
<xsl:attribute name="href">http://10.0.1.2/~alfred/
<xsl:value-of select="translate(../../@titel,
  'ABCDEFGHIJKLMNOPQRSTUVWXYZ',
  'abcdefghijklmnopqrstuvwxyz')"/>
```

liefert einen Zeichenkettenwert für den Attributwert von „titel", der sicher aus Kleinbuchstaben besteht.

Boolesche Funktionen

boolean(*object*)

Rückgabewert: *boolean*

Ergibt „falsch", wenn eine Zahl null oder NaN, wenn eine Knotenmenge leer ist, oder wenn eine Zeichenkette die Länge null hat. Ergibt „wahr", wenn entweder eine Zahl nicht null oder NaN, eine Knotenmenge nicht ist, bzw. wenn eine Zeichenkette eine Länge größer als null hat.

```
<xsl:value-of select="boolean(0)" />
```

ergibt die Ausgabe „false".

false()

Rückgabewert: *boolean*

Liefert den Booleschen Wert „false".

lang(*string*)

Rückgabewert: *boolean*

Liefert „wahr", wenn der Kontextknoten in der Sprache (festgelegt durch das Attribut „"xml:lang") auftritt, die durch das Argument festgelegt ist.

not(*boolean*)

Rückgabewert: *boolean*

Kehrt den Wahrheitswert des Arguments in sein Gegenteil um.

```
not(1+1=2)
```

liefert „false"

```
not(false())
```

liefert „true".

true()

Rückgabewert: *boolean*

Liefert den Booleschen Wert „true".

Funktionen für Zahlen

ceiling(*number*)

Rückgabewert: *number*

Liefert die kleinste Zahl, die größer oder gleich dem angegebenen Argument ist.

```
ceiling(3.5)
```

ergibt 4.

floor(*number*)

Rückgabewert: *number*

Liefert die größte Zahl, die kleiner oder gleich dem angegebenen Argument ist.

```
floor(3.5)
```

ergibt 3.

number(*object*)

Rückgabewert: *number*

Ergibt den entsprechenden Zahlenwert einer Zeichenkette (indem zunächst überflüssige Leerzeichen entfernt werden), eines Booleschen Wertes (0 für „false" und 1 für „true") bzw. einer Knotenmenge (nach vorausgehender Umwandlung in eine Zeichenkette).

```
number('3.5E-2')
```

ergibt die Zahl 0.035.

round(*number*)

Rückgabewert: *number*

Rundet die angegebene Zahl auf eine ganze Zahl. Wird ein anderer Datentyp als Argument übergeben, so wird dieser zunächst in eine Zahl umgewandelt.

```
round(3.5)
```

ergibt 4.

sum(*node-set*)

Rückgabewert: *number*

Wandelt alle durch das Argument festgelegten Knotenwerte in Zahlen um und ermittelt die Summe davon.

8 XSL-FO

XSL-Formatierungsobjekte (*XSL - Formatting Objects*) ermöglichen die Ausgabe von Daten in ein vorgegebenes Format. Während die Formatierung mit Hilfe von CSS (*Cascading Style Sheets*) vorwiegend für die Ausgabe von XML-Daten für Webseiten verwendet wird, steht mit XSL-FO eine Formatierungssprache zur Verfügung, die in erster Linie gedruckte Informationen unterstützt.

XSL-FO wurde am 15. Oktober 2001 vom W3C-Konsortium als Empfehlung (*Recommandation*) vorgestellt. Der Originaltext dazu kann unter der Internetadresse http://www.w3.org/TR/2001/REC-xsl-20011015/ nachgelesen werden. Das Dokument steht auch als PDF-Dokument http://www.w3.org.TR/2001/REC-xsl-10022015/xslspecRC.pdf zur Verfügung.

Zurzeit unterstützen die gängigen Browser XSL-FO nicht. Die Beispiele und Informationen in diesem Abschnitt wurden deshalb mit der frei erhältlichen FOP-Distribution (FOP = *Formatting Objects Processor*) aus dem Apache-XML-Projekt unter Verwendung von Java 1.3 auf einer gängigen Linux-Distribution getestet (FOP steht als Java-Applikation für Windows und Linux unter der Adresse http://xml.apache.org/fop zur Verfügung).

Um eine formatierte Ausgabe zu erhalten, werden die XML-Daten zunächst aus der XML-Datei in einen Eingabebaum (*input tree*) geladen. Aus diesem wird mit geeigneten **Transformationen** (XSLT) ein Ergebnisbaum (*output tree*) erzeugt, der zusätzlich zu allen gewünschten Daten und Ergänzungen die Formatierungsanweisungen, die **Formatierungsobjekte**, enthält. Dieses Ergebnis bildet den so genannten **Formatierungsbaum** (*formatting tree*). Dieser wird als wohlgeformte XML-Datei mit der Dateinamensendung .fo gespeichert. Aus dem Formatierungsbaum erzeugt schließlich ein so genannter **Formatierer** (*formatter*) die gewünschte Ausgabe, z.B. für den Drucker oder für einen Bildschirm (**Formatierung**). Erzeugt man etwa mit FOP ein PDF-Dokument, so kann dieses anschließend am Bildschirm betrachtet oder am Drucker ausgegeben werden:

```
alfred@newbie:~/xsl/fop/beispiele > XT
  daten.xml transformation.xsl fobaum.fo
alfred@newbie:~/xsl/fop/beispiele > FOP
  fobaum.fo ausgabe.pdf
FOP 0.20.1
using SAX parser org.apache.xerces.parsers.SAXParser
building formatting object tree
setting up fonts
 [1] [2]
Parsing of document complete, stopping renderer
Initial heap size: 653Kb
Current heap size: 2053Kb
Total memory used: 1399Kb
  Memory use is indicative; no GC was performed
  These figures should not be used comparatively
Total time used: 3312ms
Pages rendererd: 2
Avg render time: 1656ms/page
alfred@newbie:~/xsl/fop/beispiele > acroread ausgabe.pdf
```

Grundsätzlich beginnen alle Namen der Formatierungsobjekte mit dem Präfix fo.

Der Namensraum für XSL-Formatierungsobjekte ist festgelegt durch: http://www.w3.org/1999/XSL/Format

8.1 Grundlagen

Beim Formatieren wird grundsätzlich ein geordneter Ergebnisbaum erzeugt, der alle Objekte enthält, die in einem bestimmten Bereich dargestellt werden sollen (*area tree*); dieser Ergebnisbaum hat die gleiche Struktur wie der Baum aller Formatierungsobjekte (Formatierungsbaum, *formatting tree*). Dabei wird jeder Bereich (mit Rahmen, Umrandung und Hintergrund) eindeutig auf dem Medium platziert, auf dem er ausgegeben werden soll – meistens ist dies eine so genannte „Seite" (Page). Ein Bereich kann weitere Bereiche enthalten, von denen jeder bestimmte Eigenschaften aufweist.

Das erweiterte Bereichsmodell

Für die Belange von XSL-FO musste das Boxmodell von CSS2 (vgl. Kapitel 5 „CSS", Abschnitt 3) erweitert werden. Im Gegensatz zu CSS2 bilden XSL-FO eine wohlgeformte XML-Datei. Dementsprechend wird beim Formatieren aus allen Formatierungsobjekten ein so genannter Bereichsbaum (area-tree) gebildet, dessen Struktur der Struktur des Formatierungsbaums (formatting tree) gleich ist. Dieser Bereichsbaum hat ein eindeutiges Wurzelelement, das einem rechteckigen Ausgabebereich entspricht. Jedes Formatierungsobjekt liefert einen Beitrag zur Ausgabe: Entweder, es erzeugt selbst einen eigenen Ausgabebereich oder es übergibt die Bereiche, die es von seinen Kindelementen erhalten hat.

Die eigentliche Ausgabe erfolgt im einem rechteckigen **Inhaltsbereich** (*content rectangle*), der optional in einem **Rahmenbereich** („Füllbereich", *padding rectangle*) liegt. Der Rahmenbereich selbst kann wieder in einem **Umrandungsbereich** (*border rectangle*) liegen. Um diesen äußeren Bereich herum werden **Abstände** (*spaces*) definiert, die die Entfernung zu den Nachbarbereichen festlegen.

Jedes fo-Dokument entsteht somit durch die Angabe verschiedener Bereiche, die ein gemeinsames Wurzelelement haben (*area contai-*

ner). Von diesem Wurzelelement stammen alle weiteren Bereiche ab. Grundsätzlich unterscheiden wir zwei verschiedene Bereichstypen:

- Blockbereiche (*block areas*) und Zeilenbereiche (*line areas*)
- Inlinebereiche(*inline areas*) und Symbolbereiche (*glyph areas*)

Ein rechteckiger Bereich (etwa für die Ausgabe im Browser oder die Ausgabe einer gedruckten Seite) wird in fünf Teile zergliedert: Die **body**-Region bildet den zentralen Darstellungsbereich. Diese wird von vier rechteckigen Bereichen umgeben: **before-**, **after-**, **start-** und **end**-Region. Je nach der gewählten Schreibrichtung (etwa von links nach rechts, bzw. von oben nach unten, „*lr-tb*") sind diese vier Bereiche um den zentralen body-Bereich angeordnet. Für westeuropäische Schriften (Schreibrichtung von links nach rechts, von oben nach unten, *lr-tb = from left to right, from top to bottom*) gilt die folgende Gegenüberstellung:

Region	Beschreibung	Beispiel
fo:region-body	Zentraler Bereich	Bedruckte Dokumentfläche
fo:region-before	Bereich oberhalb der body-Region	Kopfzeile eines Dokuments
fo:region-after	Bereich unterhalb der body-Region	Fußzeile eines Dokuments
fo:region-start	Bereich links von der body-Region	Linke Randspalte
fo:region-end	Bereich rechts von der body-Region	Rechte Randspalte

Tabelle 8.1: Die fünf Teile eines rechteckigen Ausgabebereiches

Die einzelnen Bereiche erhalten ihre Eigenschaften durch Angabe der Füllung (*padding*), der Linienstärke der Rahmen (*border*), des Hintergrunds (*background*) und des Zeichensatzes (*font*).

Die Ausgabe von Bereichen

Jede Seite besteht aus einer Reihe von Bereichen, die mit Hilfe des Formatierers anhand der angegebenen Formatierungsobjekte unter Berücksichtigung aller Formatierungseigenschaften mit Text und Bildern gefüllt werden. Die einzelnen Objekte werden der aktuellen Schreibrichtung entsprechend der Reihe nach in den Bereichen ausgegeben, in denen sie eingebettet sind (für westeuropäische Schriften gilt hier die Richtung „von links nach rechts" und „von oben nach unten" – *lr-tb*).

Die Richtungen für die Ausgabe der Objekte werden von der Ausgaberichtung (*writing-mode*) und von der Bezugsrichtung (*reference orientation*) des erzeugenden Elements abgeleitet.

reference-orientation

Falls die Bezugsrichtung den Wert „0" hat, liegen die oberen, unteren, linken und rechten Ränder eines Objekts parallel zu den Rändern des Bereiches, in dem das Objekt enthalten ist. Für andere Werte ergeben sich die Richtungen aus der folgenden Tabelle:

Wert der Bezugsrichtung	Bedeutung
0	Bereich und enthaltenes Objekt haben die gleiche Bezugsrichtung.
90	Die Bezugsrichtung des enthaltenen Objekts ist um 90° gegen den Uhrzeigersinn gegenüber der normalen Ausgaberichtung des Bereichs gedreht.
180	Die Bezugsrichtung des enthaltenen Objekts ist um 180° gegen den Uhrzeigersinn gegenüber der normalen Ausgaberichtung des Bereichs gedreht.

Wert der Bezugsrichtung	Bedeutung
270	Die Bezugsrichtung des enthaltenen Objekts ist um 270° gegen den Uhrzeigersinn gegenüber der normalen Ausgaberichtung des Bereichs gedreht.
-90	Die Bezugsrichtung des enthaltenen Objekts ist um 90° im Uhrzeigersinn gegenüber der normalen Ausgaberichtung des Bereichs gedreht.
-180	Die Bezugsrichtung des enthaltenen Objekts ist um 180° im Uhrzeigersinn gegenüber der normalen Ausgaberichtung des Bereichs gedreht.
-270	Die Bezugsrichtung des enthaltenen Objekts ist um 270° im Uhrzeigersinn gegenüber der normalen Ausgaberichtung des Bereichs gedreht.

writing-mode

Die Ausgaberichtung (writing-mode) wird durch die Deklaration der offiziellen Landessprache durch die Vereinten Nationen festgelegt. Die möglichen Werte sind in der folgenden Tabelle dargestellt:

Wert der Ausgaberichtung	Bedeutung	
lr-tb	Inlinebereiche werden von links nach rechts, Linien und Blockbereiche von oben nach unten ausgegeben.	z.B. westeuropäische Schriften
rl-tb	Inlinebereiche werden von rechts nach links, Linien und Blockbereiche von oben nach unten ausgegeben.	z.B. arabische, hebräische Schriften

Wert der Ausgaberichtung	Bedeutung	
tb-rl	Inlinebereiche werden von oben nach unten, Linien und Blockbereiche von rechts nach links ausgegeben.	z.B. chinesische, japanische Schrift
lr	Abkürzung für lr-tb	
rl	Abkürzung für rl-tb	
tb	Abkürzung für tb-rl	

Durch Ausgaberichtung (*writing mode*) und Bezugsrichtung (*reference orientation*) ergeben sich:

- Richtung für die Ausgabe der Blockelemente (*block progression direction*)
- Richtung für die Ausgabe der Inlinebereiche (*inline progression direction*)

Zusätzlich legt die Eigenschaft *shift-direction* fest, um wie viel die Grundlinie für die Ausgabe von Inlinebereichen verschoben wird. Die Ausrichtung von Symbolen wird durch die Eigenschaft *glyph-orientation* festgelegt.

Formatierungsobjekte

Die Formatierungsobjekte bestimmen, in welcher Form die ausgewählten Daten auf einer Seite ausgegeben werden.

Beispiel:

Das folgende Beispiel enthält Formatierungsobjekte und Textelemente für die Ausgabe. Alle Daten zusammen bilden ein wohlgeformtes XML-Dokument.

```
<?xml version="1.0" encoding="ISO-8859-1"?>

<fo:root xmlns:fo="http://www.w3.org/1999/XSL/Format">

  <fo:layout-master-set>
    <fo:simple-page-master>
      <fo:region-body />
    </fo:simple-page-master>
  </fo:layout-master-set>

  <fo:page-sequence>
    <fo:flow>
      <fo:block>
        {Text einfügen ;-)}
      </fo:block>
      <fo:block>
        {Weiteren Text einfügen ;-)}
      </fo:block>
      <fo:block>
        ...
      </fo:block>
    </fo:flow>
  </fo:page-sequence>

</fo:root>
```

Wir erkennen folgende elementare Formatierungsobjekte:

- Das Wurzelelement **fo:root** enthält die Deklaration des Namensraums für alle Formatierungsobjekte. Mögliche Kindelemente sind **fo:layout-master-set** (zwingend), fo:declarations (optional) und **fo:page-sequence** (zwingend, auch mehrfach).
- **fo:layout-master-set** stellt den Container für die so genannten Masterseiten dar. Mögliche Kindelemente sind **fo:simple-page-master** (zwingend) oder fo:page-sequence-master.
- **fo:simple-page-master** legt das Layout für die Seite fest. Kindelemente sind **fo:region-body** (zwingend), fo:region-before (optional), fo:region-after (optional), fo:region-start (optional) und fo:region-end (optional).

- Der Inhalt der Seite wird innerhalb von **fo:page-sequence**-Elementen platziert. Mögliche Kindelemente sind **fo:flow** (zwingend), fo:title (optional) und fo:static-content (optional).
- Der **fo:flow**-Container enthält alle Textelemente, die fortlaufend auf die Seiten ausgegeben werden sollen. Kindelemente sind alle Blockelemente: **fo:block**, fo:block-container, fo:table-and-caption, fo:table und fo:list-block. Alle diese Elemente kommen im Allgemeinen auch mehrfach vor.

fo:block legt zusammengehörende Zeilenbereiche für die Ausgabe fest (vergleichbar mit Textabsätzen). Im obigen Beispiel werden drei verschiedene Blöcke verwendet. Die Kindelemente sind entweder Texte (#PCDATA), weitere Blockelemente oder Inlineelemente.

Formatierungseigenschaften

Bis auf die Deklaration des fo-Namensraums wurden im obigen Beispiel keine Attribute verwendet. Das Beispiel besteht somit aus lauter **Formatierungsobjekten**, für die keine **Eigenschaften** festgelegt wurden. Die Ausgabe erfolgt daher ohne Einrückungen, ohne Absatzabstände etc.

Die Formatierungseigenschaften von XSL fußen weitgehend auf den Formatierungseigenschaften von CSS2 (vgl. Kapitel 5 „CSS"). Aus diesem Grund lassen sich XSL-FO in die folgenden vier Kategorien einteilen:

a) XSL-FO entsprechen genau den CSS2-Spezifikationen.

b) XSL-FO enthalten im Vergleich zu CSS2-Spezifikationen zusätzliche Werte.

c) XSL-FO enthalten nur Teile von CSS2-Spezifikationen.

d) XSL-FO wurden speziell (ohne entsprechende CSS2-Spezifikationen) entwickelt.

Geeignete Attribute der Formatierungsobjekte legen die Eigenschaften der einzelnen Objekte fest. Aus den angegebenen Werten berechnet der Formatierer die Darstellungsdetails für die Objekte.

In der Literatur werden die Eigenschaften der Formatierungsobjekte (*formatting objects*) mit *properties*, die Eigenschaften von Bereichen (*areas*) mit *traits* und die Eigenschaften von XML-Knoten (*xml-nodes*) mit *attributes* bezeichnet.

Die Formatierungseigenschaften leiten sich weitgehend aus den Begriffen von CSS2 ab (vgl. Kapitel 5 „CSS"), dies gilt auch für die verwendeten Maßeinheiten und Werte.

Beispiel:

```
<?xml version="1.0" encoding="ISO-8859-1"?>

<fo:root xmlns:fo="http://www.w3.org/1999/XSL/Format">

  <fo:layout-master-set>
    <fo:simple-page-master
      page-height="29.7cm"
      page-width="21cm"
      margin-top="2cm"
      margin-bottom="2cm"
      margin-left="3.5cm"
      margin-right="2cm">
      <fo:region-body margin-top="2cm"/>
    </fo:simple-page-master>
```

```
  </fo:layout-master-set>

  <fo:page-sequence>
    <fo:flow flow-name="xsl-region-body">
      <fo:block font-family="serif"
                font-size="18pt">
        {Text einfügen ;-)}
      </fo:block>
      <fo:block font-family="sans-serif"
                font-size="14pt">
        {Weiteren Text einfügen ;-)}
      </fo:block>
      <fo:block>
        ...
      </fo:block>
    </fo:flow>
  </fo:page-sequence>

</fo:root>
```

Die zu den jeweiligen Formatierungsobjekten hinzugefügten Attributwerte legen ihre Eigenschaften für den Formatierer fest.

- **fo:simple-page-master** erhält als Eigenschaften die Papiergröße und die Rahmenbereiche, die „oben" (margin-top), „unten" (margin-bottom), „links" (margin-left) und „rechts" (margin-right) frei gelassen werden sollen.
- **fo:region-body** erhält zusätzlich einen freien oberen Rand (margin-top). Dabei werden die Eigenschaften des Elternelements nicht verändert.
- **fo:flow** erhält eine Bezeichnung (flow-name).
- **fo:block** erhält die Eigenschaften, die der Formatierer auf die Blockinhalte anwenden muss, etwa die Schriftartenfamilie (font-family) und die Schriftgröße (font-size). Der Abstand zwischen den einzelnen Absätzen wird mit Hilfe des Attributs „space-before.optimum" bzw. „space-after.optimum" festgelegt.

Werte von Formatierungseigenschaften

Formatierungseigenschaften können beispielsweise vorgegebene Werte, Namensangaben, diverse Zahlenangaben, usw. oder bestimmte Komponenten sein.

Beispiel:

```
<fo:block text-align="center" color="black" ...>
<fo:<fo:page-sequence master-name="titelblatt">
<fo:block font-size="16pt" ...>
<fo:block space-after.optimum="2.3cm">
```

Folgende Typen sind für die Angabe von Werten möglich:

<absolute-size>

Angabe für Schriftgröße. Mögliche Werte sind „xx-small", „x-small", „small", „medium", „large", „x-large", „xx-large" – vgl. Kapitel 5 „CSS"

```
font-size = „small"
```

<angle>

Winkelangabe in Dezimalzahlen (<number>) und Vorzeichen im Bereich einer vollen Drehung. Mögliche Einheiten sind deg (Grad), grad (Neugrad) und rad (Radiant).

<border-style>

Stildefinition für die Randgestaltung. Mögliche Werte sind „none", „hidden", „dotted", „dashed", „solid", „double", „ridge", „groove", „inset", „outset"; vgl. Kapitel 5 „CSS".

<border-width>

Definition für die Breite einer Randlinie. Mögliche Werte sind „thin", „medium", „thick", <length>; vgl. Kapitel 5 „CSS".

<character>

Angabe des Unicodes eines einzelnen Zeichens.

<color>

Legt die Farbeigenschaft eines Formatierungsobjekts fest. Mögliche Werte sind eine Zeichenkette für die Farbe, der Rückgabewert einer Farbfunktion oder ein vordefiniertes Farb-Schlüsselwort („aqua", „black", „blue", „fuchsia", „gray", „green", „lime", „maroon", „navy", „olive", „purple", „red", „silver", „teal", „white", „yellow"); vgl. Kapitel 5 „CSS".

```
background-color="#eeeeee"
```

<country>

Zeichenfolge für einen Ländercode (laut ISO 3166). Wird für spezifische Ländereinstellungen verwendet (z.B. Silbentrennung); vgl. Anhang A.2.

<family-name>

Wird verwendet, um die Schriftfamilie für die Ausgabe von Text festzulegen. Die möglichen Werte hängen grundsätzlich von den Schriftartenfamilien ab, die am System vorhanden sind. Die Angabe mehrerer Schriftartenfamilien oder die Angabe generischer Schriftfamilien (z.B. „sans-serif") ist deshalb empfehlenswert.

```
font-family = Arial
font-family = Helvetica
```

<frequency>

Legt für Sprachausgabe-Formatierungsobjekte die Tonhöhe fest. Als Werte können Dezimalzahlen (<number>) und eine Frequenzeinheit (Hz, kHz) angegeben werden.

<generic-family>

Dient zur Angabe einer generischen Schriftfamilie. Mögliche Werte sind „serif", „sans-serif", „cursive", „fantasy", „monospace"; vgl. Kapitel 5 "CSS"

<id>

Als Formatierungseigenschaft wird eine eindeutige Zeichenkette zur eindeutigen Identifikation eines Formatierungsobjekts angegeben.

<idref>

Als Eigenschaft wird eine Zeichenkette angegeben, die einer bereits vergebenen ID-Eigenschaft im Dokument entspricht.

<integer>

Als Wert einer Eigenschaft wird eine ganze Zahl eingegeben.

<keep>

Werte, die für Formatierungsobjekte verwendet werden, die das Zusammenhalten von Inlinebereichen beschreiben (within-line, within-column, within-page). Mögliche Werte sind „auto", „always" oder <integer>.

<language>

Hier wird die Zeichenfolge einer Sprache angegeben (nach ISO 639-3).

<length>

Längenangabe durch Dezimalzahl und Einheit.

```
page-height="29.7cm"
margin-top="2.5cm"
space-after.minimum="3pt"
```

<length-bp-ip-direction>

Ausrichtung der Ausgabe für block-progression-direction und inline-progression-direction (zwei Komponenten).

<length-conditional>

Abhängigkeit von Längenangaben, ob sie am Beginn oder Ende einer Zeile berücksichtigt werden sollen. Mögliche Werte sind „discard" und „retain".

<length-range>

Wird zur Angabe eines Längenbereiches verwendet (minimum, optimum, maximum).

```
space-before.minium = „10pt"
```

<name>

Als Wert muss eine Namensbezeichnung eingegeben werden.

```
fo:simple-page-master master-name="bsp3"
```

<number>

Legt als Wert einer Formatierungseigenschaft eine Dezimalzahl mit „+" oder „-"-Vorzeichen fest.

<padding-width>

Legt die Breite für den Füllbereich fest, ein möglicher Wert ist <length>.

<percentage>

Prozentangabe in Form eines Vorzeichens mit ganzer Zahl und der Einheit „%".

```
column-width = „25%"
```

<relative-size>

Dient zur Angabe von Schriftgrößeneigenschaften. Mögliche Werte sind „larger" und „smaller"; vgl. Kapitel 5 „CSS".

```
font-size="larger"
```

<space>

Als Eigenschaften werden die Komponenten für Längenangaben (minimum, optimum, maximum), Priorität (<integer>, „force") und Abhängigkeit („discard", „retain") erwartet.

```
space.after-minium="4.0pt"
```

<script>

Angabe der Schrift.

<string>

Eingabe einer Zeichenkette.

<time>

Zeitangabe für Formatierungsobjekte zur Sprachausgabe. Als Wert ist eine Dezimalzahl (<number>) gefolgt von einer Zeiteinheit (ms, s) möglich; vgl. Kapitel 5 „CSS".

<uri-specification>

Als Wert ist ein URI vorgesehen; vgl. Kapitel „CSS".

Einige Formatierungseigenschaften enthalten mehrere Komponenten. Diese möglichen Komponenten werden in der folgenden Tabelle zusammengefasst:

Komponente	Beschreibung
.minimum	unterer Wert einer Längenangabe
.optimum	gebräuchlicher Wert einer Längenangabe
.maximum	oberer Wert einer Längenangabe

Komponente	Beschreibung
.conditionality	Abhängigkeit einer Längenangabe (discard, retain)
.precedence	Priorität in der Behandlung im Vergleich mit Werten von Formatierungseigenschaften benachbarter Objekte
.within-line	Komponente zur Angabe des Zusammenhaltens von Elementen innerhalb einer Zeile („auto", „always", <interger>)
.within-column	Komponente zur Angabe des Zusammenhaltens von Elementen innerhalb einer Spalte („auto", „always", <interger>)
.within-page	Komponente zur Angabe des Zusammenhaltens von Elementen innerhalb einer Seite („auto", „always", <interger>)

Tabelle 8.2: Komponenten von Formatierungseigenschaften

XSL-FO Ausdrücke

Für Wertzuweisungen können in XSL Ausdrücke (*expressions*) verwendet werden. Grundsätzlich gilt: Zuerst wird der Ausdruck berechnet und dann wird der berechnete Wert der entsprechenden Eigenschaft zugewiesen. Für Zahlenangaben sind dabei sowohl Prozentangaben („relative Zahlenangabe") als auch konkrete Zahlen („absolute Zahlenangabe") möglich.

Für Zahlenausdrücke stehen folgende Operatoren zur Verfügung:

Operator	Beschreibung	Beispiel
+	Addition	50% + 25%
-	Subtraktion	16pt - 4pt
*	Multiplikation	

Operator	Beschreibung	Beispiel
div	Fließkomma-Division	
mod	Modulo (ganzzahliger Rest)	7 mod 3

Tabelle 8.3: Mathematische Operatoren in XSL

Operatorenzeichen müssen von Leerzeichen umgeben sein, da sie sonst als Teil eines XML-Namens interpretiert werden (das Zeichen „-" ist als Zeichen innerhalb von XML-Namen erlaubt, vgl. „Formatierungseigenschaften").

Für die angegebenen Operatoren gelten die gängigen Rechenvorrangregeln. Alle Operatoren sind links-assoziativ.

Alle Längenangaben werden in Zahlenangaben, direkt gefolgt von einer Einheit, festgelegt (**absolute Zahlenangaben**). Klarerweise müssen die Längenangaben der Operanden für Addition, Subtraktion und Modulo jeweils übereinstimmen. **Relative Zahlenangaben** werden (wie in CSS2) in Prozent (%) oder in Vielfachen einer Grundeinheit (em) codiert (vgl. Kapitel „CSS").

XSL-Funktionen

Um XSL(T)-Ausdrücke auswerten zu können und um verschiedene Formatierungseigenschaften der Objekte im Formatierungsbaum abfragen zu können, wurden folgende **Funktionen** festgelegt:

- Numerische Funktionen (liefern numerische Werte)
- Farbfunktionen (liefern Farbcodes)
- Zeichensatz-Funktionen (liefern einen Zeichensatz)
- Formatierungseigenschafts-Funktionen (liefern Werte von Formatierungseigenschaften)

abs(zahl)

Rückgabewert: numerisch
Liefert den absoluten Betrag der angegebenen Zahl.

body-start()

Rückgabewert: numerisch
Liefert den berechneten „body-start"-Wert für Listen (vgl. die Eigenschaft „provisional-distance-between-starts").

ceiling(zahl)

Rückgabewert: ganze Zahl
Liefert die kleinste ganze Zahl, die nicht kleiner als die angegebene Zahl ist.

floor(zahl)

Rückgabewert: ganze Zahl
Liefert die größte ganze Zahl, die nicht größer als die angegebene Zahl ist.

from-nearest-specified-name(NCName)

Rückgabewert: Objekt
Liefert die Eigenschaft des nächsten Vorgängers des angegebenen Elements.

> Ein „NCName" ist ein XML-Name ohne Doppelpunkt, d.h. ohne Namensraumpräfix.

from-parent(NCName)

Rückgabewert: Objekt
Liefert die Eigenschaft des Elternelements des angegebenen Elements.

from-table-column(NCName)

Rückgabewert: Objekt
Liefert die Eigenschaft des fo:table-column-Objekts, dessen Eigenschaft „column-number" mit der Spaltenzahl des angegebenen Elements übereinstimmt.

inherited-property-value(NCName)

Rückgabewert: Objekt
Liefert den vererbten Wert für die angegebene Eigenschaft.

label-end()

Rückgabewert: numerisch
Liefert den berechneten „label-end"-Wert für Listen (vgl. die Eigenschaft „provisional-label-separation").

max(zahl1, zahl2)

Rückgabewert: numerisch
Liefert die größere (das Maximum) der beiden angegebenen Zahlen.

merge-property-values(NCName)

Rückgabewert: Objekt

min(zahl1, zahl2)

Rückgabewert: numerisch
Liefert die kleinere (das Minimum) der beiden angegebenen Zahlen.

proportional-column-width(zahl)

Rückgabewert: numerisch

rgb(zahl1, zahl2, zahl3)

Rückgabewert: Farbwert
Liefert den RGB-Code aus den angegebenen Zahlen.

rgb-icc(zahl1, zahl2, zahl3, NCName, zahl4, zahl5)

Rückgabewert: Farbwert
Liefert einen speziellen Farbnamen aus dem ICC-Farbenprofil. Dieses muss im Formatierungsobjekt fo:declarations mit Hilfe des Objekts fo:color-profile deklariert worden sein.

round(zahl)

Rückgabewert: ganze Zahl
Rundet die angegebene Zahl nach der üblichen 4/5-Regel.

system-color(NCName)

Rückgabewert: Farbwert
Liefert den Systemfarbwert, der zum angegebenen Namen gehört.

system-font(NCName1, NCName2)

Rückgabewert: Objekt
Liefert die Charakteristik einer Systemschriftfamilie. Der erste Parameter legt den Namen des Systemschriftsatzes fest, der zweite (optionale) Parameter gibt die Eigenschaft an, die den Schriftsatz charakterisiert.

8.2 Der Aufbau einer Seite

Grundsätzlich wird eine Seite aus dem Rumpf und den Rändern aufgebaut. Mit Kopf- und Fußzeilen erhält eine Seite ein bestimmtes Layout, das wesentlich durch die Seitenvorlage (*page-master*) bestimmt wird.

Umfangreichere Dokumente wie Bücher verwenden mehrere Seitenvorlagen. Aus der Praxis des Buchdrucks ergeben sich bestimmte erste Seiten eines Buches (Titel, Inhaltsverzeichnis, Vorwort, etc.) und die Abfolge der Seiten der einzelnen Kapitel. Gleichbleibende Texte (z.B. Kapitelüberschriften) und wechselnder Text („Fließtext") müssen auf die einzelnen Seiten verteilt werden. Dabei gilt beispielsweise die Regel, dass ein neues Kapitel auf einer rechten Seite („ungerade Seite") beginnen soll. Manche Teile (etwa Kopf- oder Fußzeilen) sollen alternierend auf rechten oder linken Seiten ausgegeben werden.

Aus diesem Grund werden verschiedene Seitenvorlagen erstellt: Diese kann entweder für genau eine Seite (z.B. Titelblatt) oder für mehrere Seiten (z.B. Inhaltsverzeichnis, Kapitelseiten) angewendet werden. Zusätzlich können manche Seitenvorlagen alternierend eingesetzt werden. XSL-FO stellt die dazu notwendigen Formatierungsobjekte zur Verfügung.

Das Wurzelelement fo:root

Das Wurzelelement enthält jedenfalls die Angabe für den XSL-FO-Namensraum. Alle Formatierungsobjekte sind Nachkommen dieses Wurzelelements.

Kindelemente: fo:layout-master(obligat)
fo:declarations (keinmal oder einmal)
fo:page-sequence (mindestens einmal)

```
<fo:root xmlns:fo="http://www.w3.org/1999/XSL/Format">
```

Eigenschaften:

Eigenschaft	Bedeutung
media-usage	Bestimmt anhand der Werte „auto", „paginate", „bounded-in-one-dimension" und „unbounded", wie das Ausgabemedium die Seiten darstellen soll.

fo:page-sequence

Legt fest, wie eine Seite (und die folgenden Seiten) für das Dokument gebildet werden sollen; damit wird die Abfolge der einzelnen Seiten des Dokuments bestimmt.

Kindelemente: fo:title (kein- oder einmal)
fo:static-content (keinmal, einmal oder öfter)
fo:flow (obligat)

```
<fo:page-sequence master-reference="seite1"
  initial-page-number="1">
```

Eigenschaften:

Eigenschaft	Bedeutung
country	Länderbezeichnung nach RFC3066, ISO 3166, siehe Anhang A.2
format	Umwandlung von Zahlen in Zeichenketten
language	Sprachbezeichnung nach RFC3066, ISO 639, siehe Anhang A.1
letter-value	Umwandlung von Zahlen in Zeichenketten
grouping-separator	Legt fest, mit welchen Zeichen die Zifferngruppen einer größeren Zahl gebildet werden.
grouping-size	Umwandlung von Zahlen in Zeichenketten
id	Ermöglicht die eindeutige Kennzeichnung eines Objekts im resultierenden Formatierungsbaum
initial-page-number	Setzt die Seitenzahl der ersten Seite
force-page-count	Erzwingt eine bestimmte Seitenzahl; mögliche Werte: „auto", „even", „odd", „end-on-even", „end-on-odd", „no-force", „inherit"
master-reference	Wählt die angegebene Seitenvorlage aus

fo:flow

Enthält alle Objekte, die fortlaufend auf den Seiten ausgegeben werden sollen.

Kindelemente: fo:block, fo:block-container, fo:table-and-caption, fo:table, fo:list-block

```
<fo:flow flow-name="xsl-region-body">
```

Eigenschaften:

Eigenschaft	Bedeutung
flow-name	Legt den Namen für den Ausgabebereich fest

fo:static-content

Wird verwendet, um auf aufeinander folgenden Seiten gleichbleibenden Kopf- oder Fußtext auszugeben.

Kindelemente: fo:block, fo:block-container, fo:table-and-caption, fo:table, fo:list-block

Eigenschaften:

Eigenschaft	Bedeutung
flow-name	Legt den Namen für den Ausgabebereich fest.

fo:title

Legt (optional) einen Titel für eine Seitensequenz fest.

Kindelemente: fo:bidi-override, fo:character, fo:external-graphic, fo:instream-foreign-object, fo:inline, fo:inline-container, fo:leader, fo:page-number, fo:page-number-citation, fo:basic-link, fo:multi-toggle, Textdaten

Eigenschaften: (vgl. Abschnitt 8.8)

- Allgemeine Zugriffseigenschaften
- Allgemeine Eigenschaften für die Sprachausgabe
- Allgemeine Rand-, Füllbereichs- und Hintergrundeigenschaften
- Allgemeine Schrifteigenschaften
- Allgemeine Randbereichseigenschaften

Eigenschaften:

Eigenschaft	Bedeutung
color	Bestimmt die Farbe für die Ausgabe.
line-height	Legt die Zeilenhöhe fest.
visibility	Bestimmt die Sichtbarkeit des Bereiches.

fo:declarations

Fasst globale Deklarationen für ein Stylesheet zusammen.

Kindelemente: fo:color-profile (einmal oder öfter)
Eigenschaften: keine.

fo:color-profile

Legt ein ICC-Farbprofil fest.

Kindelemente: keine
Eigenschaften:

Eigenschaft	Bedeutung
src	Legt anhand der angegebenen URI-Spezifikation die Quelle für das Farbprofil fest.
color-profile-name	Legt den Namen eines Farbprofils innerhalb eines Dokuments fest.
rendering-intent	Legt anhand der Werte „auto", „perceptual", „relative-colorimetric", „saturation" „absolute-colorimetric" und „inherit" die Farbwahl beim Rendern des Dokuments fest.

Seitenvorlagen

Seitenvorlagen legen fest, wie der Inhalt auf die verschiedenen Seiten ausgegeben werden soll. Alle Seitenvorlagen werden im Container fo:layout-master-set deklariert.

fo:layout-master-set

Enthält alle Vorlagen (masters) für das Dokument.

Kindelemente: fo:simple-page-master (einmal oder öfter)
fo:page-sequence-master (einmal oder öfter)

fo:simple-page-master

Legt die Aufteilung einer Seite fest: Dabei wird der Inhalt in die folgenden Bereiche ausgeben: **region-body** (Rumpfbereich), **region-before** (Kopfbereich für westeuropäische Schriften, deren Schrift *lr-tb* , also von links nach rechts und von oben nach unten gerichtet ist), **region-after** (Fußbereich für *lr-tb*), **region-start** (linker Randbereich für *lr-tb*) und **region-end** (rechter Randbereich für *lr-tb*).

Kind-Elemente: fo:region-body (obligat)
fo:region-before (kein- oder einmal)
fo:region-after (kein- oder einmal)
fo:region-start (kein- oder einmal)
fo:region-end (kein- oder einmal)

```
<fo:simple-page-master master-name="bsp3"
  page-height="29.7cm" page-width="21cm"
  margin-top="2cm" margin-bottom="2cm"
  margin-left="3.5cm" margin-right="2cm">
```

Eigenschaften:

Eigenschaft	Bedeutung
master-name	legt den Namen der Seitenvorlage fest
page-height	legt die Höhe der Seite fest

Eigenschaft	Bedeutung
page-width	legt die Breite der Seite fest
reference-orientation	legt die Bezugsrichtung für die Angabe „top" oder „left" etc. mit den Werten „0", „90", „180", „270", „-90", „-180", „-270" und „inherit" fest.
writing-mode	Legt die Ausgaberichtung für das Dokument fest.

fo:region-body

Legt den Rumpfbereich einer Seite fest.

Kindelemente: keine

```
<fo:region-body
  margin-top="2.4cm" margin-bottom="3.4cm"
  column-count="3" column-gap="0.5cm"/>
```

Eigenschaften: (vgl. Abschnitt 8.8)

- Allgemeine Rand-, Füllbereichs- und Hindergrundeigenschaften
- Allgemeine Randbereichseigenschaften

Eigenschaft	Bedeutung
clip	Legt fest, welcher Teil eines Bereiches sichtbar ist
column-count	Legt die Anzahl der Spalten im Bereich fest
column-gap	Legt den Abstand zwischen aneinander grenzenden Spalten fest
display-align	Legt die Ausrichtung in Richtung der Ausgabe von Blockelementen fest
overflow	Diese Eigenschaft beschreibt, ob ein Inhalt eines Blockbereichselements angezeigt werden soll, wenn er den Bereich des Elements überschreitet.
region-name	Benennt das fo:region-Objekt

Eigenschaft	Bedeutung
reference-orientation	Legt fest, um wie viel die Bezugsrichtung gegenüber der normalen Ausgaberichtung gedreht wird
writing-mode	Bestimmt die Ausgaberichtung

fo:region-before, fo:region-after

Legt abhängig von der Ausgaberichtung den oberen und unteren Randbereich fest.

Kindelemente: keine

```
<fo:region-before extent="2.5cm"/>
```

Eigenschaften: (vgl. Abschnitt 8.8)

Allgmeine Rand-, Füllbereichs- und Hintergrundeigenschaften

Eigenschaft	Bedeutung
clip	Legt fest, welcher Teil eines Bereiches sichtbar ist
display-align	Legt die Ausrichtung in Richtung der Ausgabe von Blockelementen fest
extent	Legt die Breite des Randbereiches fest.
overflow	Diese Eigenschaft beschreibt, ob ein Inhalt eines Blockbereichselementes angezeigt werden soll, wenn er den Bereich des Elements überschreitet.
precedence	Legt anhand des Vorranges fest, welcher Bereich die Ecken einer Seite bedeckt.
region-name	Benennt das fo:region-Objekt.
reference-orientation	Legt fest, um wie viel die Bezugsrichtung gegenüber der normalen Ausgaberichtung gedreht wird.
writing-mode	Bestimmt die Ausgaberichtung.

fo:region-start, fo:region-end

Legt abhängig von der Ausgaberichtung den linken und rechten Randbereich fest.

Kindelemente: keine

Eigenschaften: (vgl. Abschnitt 8.8)

Allgemeine Rand-, Füllbereichs- und Hintergrundeigenschaften

Eigenschaft	Bedeutung
clip	Legt fest, welcher Teil eines Bereiches sichtbar ist
display-align	Legt die Ausrichtung in Richtung der Ausgabe von Blockelementen fest
extent	Legt die Breite des Randbereiches fest.
overflow	Diese Eigenschaft beschreibt, ob ein Inhalt eines Blockbereichselements angezeigt werden soll, wenn er den Bereich des Elements überschreitet.
region-name	Benennt das fo:region-Objekt.
reference-orientation	Legt fest, um wie viel die Bezugsrichtung gegenüber der normalen Ausgaberichtung gedreht wird.
writing-mode	Bestimmt die Ausgaberichtung.

Seitensequenzen

Die Seitensequenzen werden im Objekt fo:page-sequence-master zusammengefasst. Die Seitenabfolge wird dabei durch folgende Objekte genauer spezifiziert:

fo:page-sequence-master

Bestimmt die Reihenfolge, in der verschiedene Seitenvorlagen auf den Inhalt des Dokument-s angewendet werden.

Kindelemente: fo:single-page-master-reference
fo:repeatable-page-master-reference
fo:repeatable-page-master-alternatives

```
<fo:page-sequence master-reference="bsp3"
  initial-page-number="491">
```

Eigenschaften:

Eigenschaft	Bedeutung
master-name	Legt den Namen der Seitenvorlage fest.

fo:single-page-master-reference

Ist die einfachste Form, eine Seitenabfolge in einem Dokument festzulegen. Dabei wird die Seitenvorlage angewendet, die mit dem entsprechenden master-Namen spezifiziert ist.

Kindelemente: keine

```
<fo:single-page-master-reference master-name="seite1"/>
```

Eigenschaften:

Eigenschaft	Bedeutung
master-reference	Wählt eine Seitenvorlage mit dem angegebenen Namen aus.

fo:repeatable-page-master-reference

Legt die wiederholte Verwendung einer einfachen Seitenvorlage fest. Die Anzahl der möglichen Wiederholungen kann festgelegt werden oder frei bleiben.

Kindelemente: keine

```
<fo:repeatable-page-master-reference master-name="liste"/>
```

Eigenschaften:

Eigenschaft	Bedeutung
master-reference	Wählt eine Seitenvorlage mit dem angegebenen Namen aus
maximum-repeats	Legt die Anzahl der Wiederholungen fest

fo:repeatable-page-master-alternatives

Steuert die (wiederholte) Anwendung verschiedener Seitenvorlagen. Mit Hilfe geeigneter Bedingungen (*conditions*) wird festgelegt, welche Seitenvorlage für welche Seiten des Dokuments verwendet werden sollen.

Kindelemente: fo:conditional-page-master-reference (muss mindestens einmal vorkommen). Es legt die genannten Bedingungen für die Auswahl der Seitenvorlagen fest.

```
<fo:repeatable-page-master-alternatives
  maximum repeats="15">
```

Eigenschaften:

Eigenschaft	Bedeutung
maximum-repeats	Bestimmt die Anzahl der Wiederholungen

fo:conditional-page-master-reference

Ordnet die Seitenvorlagen den jeweils erfüllten Bedingungen zu.

Kindelemente: keine

```
<fo:conditional-page-master-reference
  master-reference="right" odd-or-even="odd"/>
```

Eigenschaften:

Eigenschaft	Bedeutung
master-reference	Gibt den Namen der Seitenvorlage an
page-position	Legt mit den Werten „first", „last", „rest" (weder „first" noch „last"), „any" und „inherit" fest, auf welche Dokumentseiten die Seitenvorlage angewendet werden soll
odd-or-even	Legt anhand der Werte „odd", „even" „any" und „inherit" fest, ob die Seitenvorlage auf ungerade, gerade oder alle Dokumentseiten anzuwenden ist
blank-or-not-blank	Legt anhand der Werte „blank" , „not-blank" und „inherit" fest, ob die entsprechende Dokumentseite leer bleiben oder mit flow-Objekten gefüllt werden soll

Beispiel: Titelblatt, Liste, letztes Blatt

```
<?xml version="1.0" encoding="ISO-8859-1"?>
<xsl:stylesheet version = "1.0"
  xmlns:xsl = "http://www.w3.org/1999/XSL/Transform"
  xmlns:xt = "http://www.jclark.com/xt"
  xmlns:fo = "http://www.w3.org/1999/XSL/Format"
  result-ns="fo"
  indent-result="yes"
  extension-element-prefixes="xt">
  <xsl:output indent="yes"/>
  <xsl:template match="/schule">
    <fo:root xmlns:fo = "http://www.w3.org/1999/XSL/Format">
      <fo:layout-master-set>
        <fo:simple-page-master master-name="titelblatt"
          page-height="29.7cm"
          page-width="21cm"
          margin-top="5cm"
          margin-bottom="2cm"
          margin-left="3.5cm"
          margin-right="2cm">
```

```
    <fo:region-body margin-top="2cm"
      margin-bottom="3cm"/>
  </fo:simple-page-master>
  <fo:simple-page-master master-name="liste"
    page-height="29.7cm"
    page-width="21cm"
    margin-top="2cm"
    margin-bottom="2cm"
    margin-left="3.5cm"
    margin-right="2cm">
    <fo:region-body margin-top="2cm"
     margin-bottom="3cm"/>
    <fo:region-before extent="2cm"/>
    <fo:region-after extent="2cm"/>
  </fo:simple-page-master>
  <fo:simple-page-master master-name="letzteseite"
    page-height="29.7cm"
    page-width="21cm"
    margin-top="15cm"
    margin-bottom="2cm"
    margin-left="3.5cm"
    margin-right="2cm">
    <fo:region-body margin-top="2cm"
      margin-bottom="3cm"/>
  </fo:simple-page-master>
  <fo:page-sequence-master
    master-name="Schuelerliste">
    <fo:repeatable-page-master-reference
      master-name="liste"/>
  </fo:page-sequence-master>
</fo:layout-master-set>
<fo:page-sequence master-name="titelblatt">
  <fo:flow flow-name="xsl-region-body"
    font-size="48pt">
    <fo:block space-after.optimum="50pt">
      <xsl:value-of select="@name" />
    </fo:block>
    <fo:block font-size="16pt">
      Ausgabe einer Schuelerliste mit Hilfe von
      XSLT und XSL-FO
    </fo:block>
  </fo:flow>
```

```
  </fo:page-sequence>
  <fo:page-sequence master-name="Schuelerliste">
    <fo:static-content flow-name="xsl-region-before">
      <fo:block font-size="10pt"
        line-height="14pt"
        color="black"
        text-align="center">
        - <fo:page-number /> -
      </fo:block>
    </fo:static-content>
    <fo:static-content flow-name="xsl-region-after">
      <fo:block font-size="10pt"
        line-height="14pt"
        text-align="center"
        color="black">
        <xsl:value-of select="@name"/>
      </fo:block>
    </fo:static-content>
    <fo:flow flow-name="xsl-region-body"
      font-size="12pt"
      line-height="16pt">
      <fo:block font-size="48pt"
        line-height="56pt"
        background-color="red"
        color="white"
        space-after.optimum="20pt">
        <xsl:value-of select="@name"/>
      </fo:block>
      <xsl:for-each select="klasse">
        <xsl:sort select="@name"/>
        <fo:block font-size="32pt"
          line-height="36pt"
          background-color="springgreen"
          color="black"
          space-after.optimum="12pt">
          <xsl:value-of select="@name"/>
        </fo:block>
        <fo:list-block>
          <xsl:for-each select="schueler">
            <xsl:sort select="famnam"/>
            <xsl:sort select="vornam"/>
            <fo:list-item>
```

```
                <fo:list-item-label color="red">
                  <fo:block>
                    <xsl:number value="position()"
                      format="1. "/>
                  </fo:block>
                </fo:list-item-label>
                <fo:list-item-body start-indent="1cm"
                  color="darkblue">
                  <fo:block>
                    <xsl:value-of select="vornam"/>
                    <xsl:text> </xsl:text>
                    <xsl:value-of select="famnam"/>
                    <xsl:text>, </xsl:text>
                    <xsl:value-of select="alter" />
                    <xsl:text> Jahre</xsl:text>
                  </fo:block>
                </fo:list-item-body>
              </fo:list-item>
            </xsl:for-each>
          </fo:list-block>
          <fo:block line-height="40pt">
            -----
          </fo:block>
        </xsl:for-each>
      </fo:flow>
    </fo:page-sequence>
    <fo:page-sequence master-name="letzteseite">
      <fo:flow flow-name="xsl-region-body"
        font-size="20pt">
        <fo:block>
          Ausgegeben am 4. November 2001
          (zu Testzwecken ;-))
        </fo:block>
      </fo:flow>
    </fo:page-sequence>
  </fo:root>
 </xsl:template>
</xsl:stylesheet>
```

Beachten Sie, wie die Seitenvorlagen bei der Ausgabe des Dokuments jeweils durch das Formatierungsobjekt fo:page-sequence aufgerufen werden! Während das Element fo:layout-master-set nur ein einziges Mal auftritt, kommen drei Geschwisterelemente fo:page-sequence vor.

Beispiel: Alternierend linke und rechte Seiten verwenden

```
<?xml version="1.0" encoding="ISO-8859-1"?>
<xsl:stylesheet version = "1.0"
  xmlns:xsl = "http://www.w3.org/1999/XSL/Transform"
  xmlns:xt = "http://www.jclark.com/xt"
  xmlns:fo = "http://www.w3.org/1999/XSL/Format"
  result-ns="fo"
  indent-result="yes"
  extension-element-prefixes="xt">
  <xsl:output indent="yes" />
  <xsl:template match="/schule">
    <fo:root xmlns:fo = "http://www.w3.org/1999/XSL/Format">
      <fo:layout-master-set>
        <fo:simple-page-master master-name="titelblatt"
          page-height="29.7cm"
          page-width="21cm"
          margin-top="5cm"
          margin-bottom="2cm"
          margin-left="3.5cm"
          margin-right="2cm">
          <fo:region-body margin-top="2cm"
            margin-bottom="3cm"/>
        </fo:simple-page-master>
        <fo:simple-page-master master-name="links"
          page-height="29.7cm"
          page-width="21cm"
          margin-top="2cm"
          margin-bottom="2cm"
          margin-left="2cm"
          margin-right="3.5cm">
          <fo:region-body margin-top="2cm"
            margin-bottom="3cm"/>
          <fo:region-before extent="2cm"/>
        </fo:simple-page-master>
        <fo:simple-page-master master-name="rechts"
          page-height="29.7cm"
          page-width="21cm"
          margin-top="2cm"
```

```
        margin-bottom="2cm"
        margin-left="3.5cm"
        margin-right="2cm">
        <fo:region-body margin-top="2cm"
          margin-bottom="3cm"/>
        <fo:region-before extent="2cm"/>
      </fo:simple-page-master>
      <fo:simple-page-master master-name="letzteseite"
        page-height="29.7cm"
        page-width="21cm"
        margin-top="15cm"
        margin-bottom="2cm"
        margin-left="3.5cm"
        margin-right="2cm">
        <fo:region-body margin-top="2cm"
          margin-bottom="3cm"/>
      </fo:simple-page-master>
      <fo:page-sequence-master
        master-name="Schuelerliste">
        <fo:repeatable-page-master-alternatives
          maximum-repeats="15">
          <fo:conditional-page-master-reference
            master-name="rechts" odd-or-even="even"/>
          <fo:conditional-page-master-reference
            master-name="links" odd-or-even="odd"/>
        </fo:repeatable-page-master-alternatives>
      </fo:page-sequence-master>
    </fo:layout-master-set>
    <fo:page-sequence master-name="titelblatt">
      ...
    </fo:page-sequence>
    <fo:page-sequence master-name="Schuelerliste">
      ...
    </fo:page-sequence>
    <fo:page-sequence master-name="letzteseite">
      ...
    </fo:page-sequence>
  </fo:root>
 </xsl:template>
</xsl:stylesheet>
```

Blockbereiche

Blockbereiche können weitere Blöcke oder Zeilen enthalten. Die Ausgaberichtung verläuft in der durch die Eigenschaft „block-progression-direction" festgelegten Richtung. Für westeuropäische Schriften ist das die Ausgaberichtung von „oben nach unten" (*tp, from top to bottom*).

fo:block

Blockbereiche stellen die wichtigsten Container für die darzustellenden Daten dar. Innerhalb von Blockbereichen werden beispielsweise Überschriften, Texte, Symbole oder Grafiken angeordnet. Blockbereiche werden daher im Allgemeinen verwendet für:

- Absätze
- Kopf- und Fußzeilen
- Titel
- Grafiken

Kindelemente: Ein Blockbereich kann Textdaten, Inlinebereiche oder weitere Blockbereiche enthalten

- fo:block, fo:block-container, fo:table-and-caption, fo:table, fo:list-block
- fo:bidi-override, fo:character, fo:external-graphic, fo:instream-foreign-object, fo:inline, fo:inline-container, fo:leader, fo:page-number, fo:page-number-citation, fo:basic-link, fo:multi-toggle
- Textdaten

Formatierungseigenschaften: Zahlreiche Formatierungseigenschaften legen die Eigenschaften für die enthaltenen Daten fest. Aus Gründen der Kompatibilität zu CSS werden zahlreichen Eigenschaften mit den gleichen Bezeichnungen wie innerhalb von CSS verwendet. An die Stelle der Angaben „top", „bottom", „left" und „right" treten allerdings die allgemeinen Angaben „before“, „after“, „start“ und „end“, die von der jeweiligen Schreibrichtung abhängen. Für westeuropäische Schriften stimmen „top“ und „before“, „bottom“ und „after“, „left“ und „start“, bzw. „right“ und „end“ überein. Für Blockbereiche spielen nur die Angaben „before“ und „after“ eine Rolle.

```
<fo:block text-align="center"
  font-family="sans-serif"
  font-size="30pt"
  line-height="40pt"
  background-color="blue"
  color="red">
```

Für Blockbereiche werden folgende Formatierungseigenschaften verwendet: (vgl. Abschnitt 8.8)

- Allgemeine Zugriffseigenschaften
- Allgemeine Eigenschaften für Sprachausgabe
- Allgemeine Rand-, Füllbereichs- und Hintergrundeigenschaften
- Allgemeine Schrifteigenschaften
- Allgemeine Eigenschaften für Silbentrennung
- Allgemeine Randbereichseigenschaften
- Allgemeine relative Positionierungseigenschaften

Eigenschaft	**Bedeutung**
break-after	Legt den Seitenumbruch am Ende eines Bereiches fest („auto“, „column“, „page“, „even-page“, „odd-page“, „inherit“)
break-before	Legt den Umbruch zu Beginn eines Bereiches fest („auto“, „column“, „page“, „even-page“, „odd-page“, „inherit“)
color	Legt die Schriftfarbe fest (vgl. CSS). XSL erlaubt zusätzlich die Verwendung der Funktion „rgb-icc“, die entsprechende Werte eines ICC-Farbprofils liefert.

Eigenschaft	Bedeutung
hyphenation-keep	Bestimmt die Silbentrennung am Ende eines Bereiches („auto", „column", „page", „inherit")
hyphenation-ladder-count	Legt die maximale Zahl von Silbentrennungen innerhalb eines Blockbereiches fest („no-limit", <number>, „inherit")
id	Ermöglicht die eindeutige Kennzeichnung eines Objekts im resultierenden Formatierungsbaum
intrusion-displace	Legt fest, wie „float"-Elemente bei Überlappungen angeordnet werden sollen („auto", „none" „line", „indent", „block", „inherit")
keep-together	Legt fest, ob benachbarte Elemente getrennt werden dürfen oder nicht. Diese Eigenschaft enthält drei Komponenten: .within-line, .within-column und .within-page („auto", „always", <integer>).
keep-with-next	Beschreibt die Trennung zum nächsten Element. Diese Eigenschaft enthält drei Komponenten: .within-line, .within-column und .within-page („auto", „always", <integer>).
keep-with-previous	Beschreibt die Trennung vom vorherigen Element. Diese Eigenschaft enthält drei Komponenten: .within-line, .within-column und .within-page („auto", „always", <integer>).
last-line-end-indent	Legt fest, welcher Leerraum am Ende der letzten Zeile im Block frei gelassen werden soll (<length>, <percentage>, „inherit").
linefeed-treatment	Legt fest, wie der Umbruch in die nächste Zeile gehandhabt werden soll („ignore", „preserve", „treat-as-space" „treat-as-zero-width-space", „inherit").

Eigenschaft	Bedeutung
line-height	Vgl. Kapitel 5 „CSS". In XSL tritt noch die Eigenschaft „space" mit den Komponenten .minium., .optimum, .maximum., .conditionality und .precedence hinzu.
line-height-shift-adjustment	Legt die Zeilenhöhe fest, wenn die aktuelle Grundlinie verschoben wurde („consider-shifts", „disregard-shifts", „inherit")
line-stacking-strategy	Beschreibt die Art, wie aneinander grenzende Linien zusammengefügt werden sollen („line-height", „font-height", „max-height", „inherit").
orphans	Legt fest, wie viele Zeilen ein Absatz am Ende einer Seite mindestens aufweisen muss (<integer> – der Defaultwert legt 2 Zeilen fest, „inherit").
span	Legt fest, ob das betreffende Element in der aktuellen Spalte ausgegeben werden soll oder ob es alle Spalten eines mehrspaltigen Bereiches überdecken soll („none", „all", „inherit")
text-align	Legt die Ausrichtung von Text analog Kapitel 5 „CSS" fest („start", „center", „end", „justify", „inside", „outside", „left", „right", <string> (nur für Einträge in Tabellenzellen),„inherit")
text-align-last	Beschreibt die Textausrichtung für das letzte Element („relative", „start", „center", „end", „justify", „inside", „outside", „left", „right",„inherit")
text-altitude	Gibt die Schrifthöhe oberhalb der aktuellen Grundlinie an („use-font-metrics", „<length>", „<percentage>", „inherit")

Eigenschaft	Bedeutung
text-depth	Gibt an, wie weit der Text unter die aktuelle Grundlinie gesetzt wird („use-font-metrics" (vom Schriftsatz abgeleitet), „<length>", „<percentage>", „inherit")
text-indent	Legt den Texteinzug analog zu CSS fest (<length>, <percentage>, „inherit"). Negative Angaben führen dazu, dass der Text außerhalb des Randes beginnt.
visibility	Legt die Sichtbarkeit analog zu CSS fest („visible", (Defaultwert im Gegensatz zu CSS), „hidden", „collapse", „inherit")
white-space-collapse	Beschreibt, wie aufeinander folgende Leerräume behandelt werden sollen („false", „true" – mehrere Leerräume werden bis auf einen eliminiert, „inherit")
white-space-treatment	Beschreibt, wie Leerräume (außer Zeilenschaltungen) behandelt werden sollen („ingore", „preserve", „ignore-if-before-linefeed", „ignore-if-after-linefeed", „ignore-if-surrounding-linefeed", „inherit")
widows	Legt fest, wie viele Zeilen ein Absatz zu Beginn einer Seite mindestens aufweisen muss (<integer> – Defaultwert 2 Zeilen, „inherit")
wrap-option	Beschreibt den Zeilenumbruch („no-wrap", „wrap", „inherit")

fo:block-container

Wird für mehrere Blockbereiche verwendet, die sich in der Ausgaberichtung (writing-mode) und in der Orientierung (reference-orientation) unterscheiden können.

Kindelemente: fo:block, fo:block-container, fo:table-and-caption, fo:table, fo:list-block

Formatierungseigenschaften: (vgl. Abschnitt 8.8)

- Allgemeine absolute Postitionierungseigenschaften
- Allgemeine Rand-, Füllbereichs- und Hintergrundeigenschaften
- Allgemeine Randbereichseigenschaften

Eigenschaft	**Bedeutung**
block-progression-dimension	Legt die Dimension in der Richtung der Ausgabe für die Blockbereiche fest („auto", <length>, <percentage>, <length-range>, „inherit")
break-after	vgl. fo:block
break-before	vgl. fo:block
clip	Beschreibt, welcher Teil eines Blockbereiches sichtbar ist
display-align	Legt die Ausrichtung für die enthaltenen Blockbereiche fest („auto", „before", „center", „after", „inherit")
height	Legt die Höhe für die Ausgabe der enthaltenen Blockbereiche fest (vgl. Kapitel 5 „CSS")
id	vgl. fo:block
inline-progression-dimension	Legt die Dimension in Richtung der Ausgabe für die Inlinebereiche fest („auto", <length>, <percentage>, <length-range>, „inherit")
intrusion-displace	vgl. fo:block
keep-together	vgl. fo:block
keep-with-next	vgl. fo:block
keep-with-previous	vgl. fo:block

Eigenschaft	Bedeutung
overflow	Beschreibt, wie der Inhalt behandelt werden soll, der über den Bereich eines Blockbereiches hinausragt (vgl. Kapitel 5 „CSS", „visible", „hidden", „scroll", „error-if-overflow" – in XSL ergänzt, „auto", „inherit")
reference-orientation	vgl. Abschnitt 8.1
span	vgl. fo:block
width	vgl. Kapitel 5 „CSS"
writing-mode	vgl. Abschnitt 8.1
z-index	vgl. Kapitel 5 „CSS"

Zwischenräume

Der frei bleibende Platz zwischen Titelzeilen, Absätzen, Kopfzeilen, etc. wird mit Hilfe von *space*-Eigenschaften festgelegt. Der Bezeichner für den Zwischenraum ist ein Datenverbund mit den folgenden Komponenten:

- minimum – legt den kleinstmöglichen Abstand zum Nachbarbereich fest.
- optimum – legt den Abstand zum Nachbarbereich fest, der normalerweise eingenommen wird.
- maximum – legt den größtmöglichen Abstand zum Nachbarbereich fest.
- conditionality – legt fest, ob der Bezeichner für den Zwischenraum am Beginn oder am Ende eines Bereiches wirksam wird. Mögliche Werte sind *retain* und *discard.*
- precedence – legt die Wichtigkeit des Bezeichners für den Zwischenraum fest. Mögliche Werte sind der Wert force oder ganze Zahlen (die Wichtigkeit nimmt mit steigenden Zahlen zu).

Treten zugleich mehrere Bezeichner für einen Zwischenraum auf, so entscheiden bestimmte Regeln, welcher Zwischenraum vom Formatierer übernommen und welcher Zwischenraum verworfen (und auf den Wert 0 gesetzt) wird.

Beispiel:

```
<fo:block font-size="24pt" space-after.optimum="20pt"
  space-after.precedence="3">
  <xsl:value-of select="bericht/bericht_titel"/>
</fo:block>
```

Positionierung

Ähnlich wie bei CSS können Positionierungen relativ oder absolut erfolgen. Absolute Positionsangaben sind nur für so genannte Blockbereichscontainer möglich (fo:block-container). Die Positionsangaben von Blockbereichen erfolgt stets relativ. Mögliche Angaben sind:

top

Legt die Position eines Bereiches unterhalb des oberen Randes des Bereichscontainers fest (vgl. Kapitel 5 „CSS").

right

Legt die Position eines Bereiches vom rechten Rand des Bereichscontainers fest (vgl. Kapitel 5 „CSS").

bottom

Legt die Position eines Bereiches vom unteren Rand des Bereichscontainers fest (vgl. Kapitel 5 „CSS").

left

Legt die Position eines Bereiches vom linken Rand des Bereichscontainers fest (vgl. Kapitel 5 „CSS").

position

Angabe der Position.
Werte: „auto", „absolute", „fixed", „inherit" „static", „relative", „inherit" (vgl. Abschnitt 8.8).

Inlinebereiche

Inlinebereiche werden für Inhalte verwendet, die innerhalb einer Zeile angeordnet werden sollen. Die Ausgaberichtung wird durch die Eigenschaft „inline-progression-direction" festgelegt; für westeuropäische Schriften ist das „von links nach rechts" (*lr, from left to right*).

fo:bidi-override

Erzwingt die Ausgabe einer Textzeile in einer bestimmten Richtung. Das Objekt kann Textzeilen, Inlinebereiche und Blockbereiche enthalten.

Kindelemente: Ein fo:bidi-override-Objekt kann Textdaten, Inlinebereiche oder weitere Blockbereiche enthalten – fo:block, fo:block-container, fo:table-and-caption, fo:table, fo:list-block

- fo:bidi-override, fo:character, fo:external-graphic, fo:instream-foreign-object, fo:inline, fo:inline-container, fo:leader, fo:page-number, fo:page-number-citation, fo:basic-link, fo:multi-toggle

Formatierungeigenschaften: (vgl. Abschnitt 8.8)

- Allgemeine Eigenschaften für die Sprachausgabe
- Allgemeine Schrifteigenschaften
- Allgemeine relative Positionierungseigenschaften

Eigenschaft	Bedeutung
color	vgl. Kapitel 5 „CSS"
direction	vgl. Kapitel 5 „CSS"

Eigenschaft	Bedeutung
id	vgl. fo:block
letter-spacing	Legt den Abstand zwischen den einzelnen Zeichen fest (vgl. Kapitel 5 „CSS", „normal", <length>, <space> – Ergänzung in XSL, „inherit")
line-height	vgl. Abschnitt 8.2
score-spaces	Legt fest, ob die Eigenschaft „text-decoration" auf die Zwischenräume angewendet werden soll („true", „false", „inherit")
unicode-bidi	Legt die bidirektionale Ausgaberichtung fest (vgl. Kapitel 5 „CSS", „normal", „embed", „bidi-override", „inherit")
word-spacing	Legt den Abstand zwischen den einzelnen Wörtern fest (vgl. Kapitel 5 „CSS", „normal", <length>, <space> – Ergänzung in XSL, „inherit")

fo:character

Dieses Objekt dient zur Darstellung einzelner Zeichen innerhalb einer Zeile.

```
<fo:character color="red" character="Z" />
```

Formatierungseigenschaften: (vgl. Abschnitt 8.8)

- Allgemeine Eigenschaften zur Sprachausgabe
- Allgemeine Rand- Füllbereichs- und Hintergrundeigenschaften
- Allgemeine Schrifteigenschaften
- Allgemeine Eigenschaften zur Silbentrennung
- Allgemeine Randbereichseigenschaften
- Allgemeine relative Positionierungseigenschaften

Eigenschaft	Bedeutung
alignment-adjust	Bestimmt die Lage der Grundlinie für alle Inlinebereiche („auto", „after-edge", „alphabetic", „baseline", „before-edge", „central", „hanging", „ideographic", „mathematical", „middle", „text-after-edge", „text-before-edge", <percentage>, <length>, „inherit")
treat-as-word-space	Legt fest, ob ein Zeichen wie ein Buchstabe oder wie ein Zwischenraum verwendet werden soll („auto", „true", „false", „inherit")
alignment-baseline	Legt die Lage der Grundlinie eines Objektes in Bezug auf sein Elternobjekt fest („auto", „baseline", „after-edge", „alphabetic", „before-edge", „central", „hanging", „ideographic", „mathematical", „middle", „text-after-edge", „text-before-edge", „inherit")
baseline-shift	Ermöglicht die Positionierung der Grundlinie in Bezug auf die Grundlinie des Elternobjekts („baseline", „sub", „super", <percentage>, <length>, „inherit")
character	Dient zur Ausgabe eines Zeichens (<character>)
color	vgl. Kapitel 5 „CSS"
dominant-baseline	Bestimmt folgende drei Werte (*scaled-baseline-table*): einen Bezeichner für die Grundlinie, eine Tabelle für diese Grundlinie und eine korrespondierende Schriftgröße („auto", „alphabetic", „central", „hanging", „ideographic", „mathematical", „middle", „no-change", „reset-size", „text-after-edge", „text-before-edge",„use-script", „inherit")

Eigenschaft	Bedeutung
glyph-orientation-horizontal	Legt die Orientierung der Symbole relativ zur aktuellen horizontalen Ausgaberichtung (*writing-mode*) fest (<angle>, „inherit")
glyph-orientation-vertical	Legt die Orientierung der Symbole relativ zur aktuellen vertikalen Ausgaberichtung (*writing-mode*) fest („auto", <angle>, „inherit")
id	vgl. fo:block
keep-with-next	vgl. fo:block
keep-with-previous	vgl. fo:block
letter-spacing	vgl. fo:bidi-override
line-height	vgl. fo:block
score-spaces	vgl. fo:bidi-override
suppress-at-line-break	Legt fest, wie das betreffende Zeichen in Zusammenhang mit einer Zeilenschaltung (*line-break*) behandelt werden soll („auto", „suppress", „retain", „inherit")
text-altitude	vgl. fo:block
text-decoration	Beschreibt die Schrifteffekte, die zu Textelementen hinzugefügt werden können (vgl. Kapitel 5 „CSS"; „none", „underline", „overline", „line-through", „blink", „inherit"; XSL-Ergänzungen: „no-underline", „no-overline", „no-line-through", „no-blink")
text-depth	vgl. fo:block
text-shadow	Legt die Schatteneffekte fest, die zu Textelementen hinzugefügt werden können (vgl. Kapitel 5 „CSS", „none", „color", <length>, „inherit")

Eigenschaft	Bedeutung
text-transform	Beschreibt die Umsetzung des angegebenen Textes in Groß- und Kleinbuchstaben (vgl. Kapitel 5 „CSS"; „capitalize", „uppercase", „lowercase", „none", „inherit")
visibility	vgl. fo:block
word-spacing	vgl. fo:bidi-override

fo:external-graphic

Dieses Inline-Formatierungsobjekt ermöglicht das Einbinden einer (externen) Grafikdatei.

Beispiel:

```
<fo:external-graphic src="bild.gif" width="10cm" />
```

Formatierungseigenschaften: (vgl. Abschnitt 8.8)

- Allgemeine Zugriffseigenschaften
- Allgemeine Eigenschaften für Sprachausgabe
- Allgemeine Rand- Füllbereichs- und Hintergrundeigenschaften
- Allgemeine Randbereichseigenschaften
- Allgemeine relative Positionierungseigenschaften

Eigenschaft	Bedeutung
alignment-adjust	vgl. fo:character
alignment-baseline	vgl. fo:character
baseline-shift	vgl. fo:character
block-progression-dimension	vgl. fo:block-container
clip	vgl. fo:block-container

Eigenschaft	Bedeutung
content-height	Legt die Höhe für die Ausgabe einer Graphik fest („auto", „scale-to-fit", <length>, <percentage>, „inherit")
content-type	Legt den „content-type" eines Objekts für die Anzeige im Browser fest („auto", <string>) `content-type="content-type:xml/svg"`
content-width	Legt die Breite für die Ausgabe einer Graphik fest („auto", „scale-to-fit", <length>, <percentage>, „inherit")
display-align	vgl. fo:block-container
dominant-baseline	vgl. fo:character
height	vgl. Kapitel 5 „CSS"
id	vgl. fo:block
inline-progression-dimension	vgl. fo:block-container
keep-with-next	vgl. fo:block
keep-with-previous	vgl. fo:block
line-height	vgl. fo:block
overflow	vgl. fo:block-container
scaling	Legt fest, ob beim Skalieren der Abbildung das ursprüngliche Seitenverhältnis beibehalten werden soll („uniform", „non-uniform", „inherit")
scaling-method	Beschreibt die Skalierungsmethode („auto", „integer-pixels", „resample-any-method", „inherit")
src	Legt anhand der angegebenen URI-Spezifikation die Adresse der externen Grafik fest (<uri-specification>, „inherit")

Eigenschaft	Bedeutung
text-align	vgl. fo:block
width	vgl. Kapitel 5 „CSS"

fo:initial-property-set

Legt Formatierungseigenschaften für die erste Zeile eines Blockbereiches fest.

Kindelemente: keine

Formatierungseigenschaften: (vgl. Abschnitt 8.8)

- Allgmeine Zugriffseigenschaften
- Allgemeine Eigenschaften für die Sprachausgabe
- Allgemeine Rand-, Füllbereichs- und Hintergrundeigenschaften
- Allgemeine Schrifteigenschaften
- Allgemeine relative Positionierungseigenschaften

Eigenschaft	Bedeutung
color	vgl. Kapitel 5 „CSS"
id	vgl. fo:block
letter-spacing	vgl. fo:bidi-override
line-height	vgl. fo:block
score-spaces	vgl. fo:bidi-override
text-decoration	vgl. fo:character
text-shadow	vgl. fo:character
text-transform	vgl. fo:character
word-spacing	vgl. fo:character

fo:instream-foreign-object

Erlaubt das Einbetten von SVG-Grafiken (Scalable Vector Graphics, vgl, Abschnitt 8.6).

Kindelemente: SVG-Objektbaum

Formatierungseigenschaften: (vgl. Abschnitt 8.8)

- Allgemeine Zugriffseigenschaften
- Allgemeine Eigenschaften für Sprachausgabe
- Allgemeine Rand- Füllbereichs- und Hintergrundeigenschaften
- Allgemeine Randbereichseigenschaften
- Allgemeine relative Positionierungseigenschaften

Eigenschaft	**Bedeutung**
alignment-adjust	vgl. fo:character
alignment-baseline	vgl. fo:character
baseline-shift	vgl. fo:character
block-progression-dimension	vgl. fo:block-container
clip	vgl. fo:block-container
content-height	vgl. fo:external-graphic
content-type	vgl. fo:external-graphic
content-width	vgl. fo:external-graphic
display-align	vgl. fo:block-container
dominant-baseline	vgl. fo:character
height	vgl. Kapitel 5 „CSS"
id	vgl. fo:block
inline-progression-dimension	vgl. fo:block-container
keep-with-next	vgl. fo:block

Eigenschaft	Bedeutung
keep-with-previous	vgl. fo:block
line-height	vgl. fo:block
overflow	vgl. fo:block-container
scaling	vgl. fo:external-graphic
scaling-method	vgl. fo:external-graphic
text-align	vgl. fo:block
width	vgl. Kapitel 5 „CSS"

fo:inline

Stellt einen Teil einer Zeile anders dar, etwa hinsichtlich der Textgestaltung oder Umrahmung.

```
Es soll ein Wort <fo:inline color="#ff0000">
  hervorgehoben</fo:inline> werden.
```

Kindelemente: Ein Inlinebereich kann Textdaten, Inlinebereiche oder weitere Blockbereiche enthalten – fo:block, fo:block-container, fo:table-and-caption, fo:table, fo:list-block

- fo:bidi-override, fo:character, fo:external-graphic, fo:instream-foreign-object, fo:inline, fo:inline-container, fo:leader, fo:page-number, fo:page-number-citation, fo:basic-link, fo:multi-toggle
- Textdaten

Formatierungseigenschaften: (vgl. Abschnitt 8.8)

- Allgemeine Zugriffseigenschaften
- Allgemeine Eigenschaften für Sprachausgabe
- Allgemeine Rand- Füllbereichs- und Hintergrundeigenschaften
- Allgemeine Schrifteigenschaften

- Allgemeine Randbereichseigenschaften
- Allgemeine relative Positionierungseigenschaften

Eigenschaft	**Bedeutung**
alignment-adjust	vgl. fo:character
alignment-baseline	vgl. fo:character
baseline-shift	vgl. fo:character
block-progression-dimension	vgl. fo:block-container
color	vgl. Kapitel 5 „CSS"
dominant-baseline	vgl. fo:character
height	vgl. Kapitel 5 „CSS"
id	vgl. fo:block
inline-progression-dimension	vgl. fo:block-container
keep-together	vgl. fo:block
keep-with-next	vgl. fo:block
keep-with-previous	vgl. fo:block
line-height	vgl. fo:block
text-decoration	vgl. fo:character
visibility	vgl. fo:block
width	vgl. Kapitel 5 „CSS"
wrap-option	vgl. fo:block

fo:inline-container

Stellt ein Objekt dar, das Blockbereiche für die Textausgabe in verschiedenen Ausgaberichtungen enthält.

Kindelemente: fo:block, fo:block-container, fo:table-and-caption, fo:table, fo:list-block

Formatierungseigenschaften: (vgl. Abschnitt 8.8)

- Allgemeine Rand- Füllbereichs- und Hintergrundeigenschaften
- Allgemeine Randbereichseigenschaften
- Allgemeine relative Positionierungseigenschaften

Eigenschaft	Bedeutung
alignment-adjust	vgl. fo:character
alignment-baseline	vgl. fo:character
baseline-shift	vgl. fo:character
block-progression-dimension	vgl. fo:block-container
clip	vgl. fo:block-container
display-align	vgl. fo:block-container
dominant-baseline	vgl. fo:character
height	vgl. Kapitel 5 „CSS"
id	vgl. fo:block
inline-progression-dimension	vgl. fo:block-container
keep-together	vgl. fo:block
keep-with-next	vgl. fo:block
keep-with-previous	vgl. fo:block
line-height	vgl. fo:block
overflow	vgl. fo:block-container
reference-orientation	vgl. Abschnitt 8.1.2
width	vgl. Kapitel 5 „CSS"
writing-mode	vgl. Abschnitt 8.1

fo:leader

Wird im Allgemeinen für das Erzeugen von Linien in Inlinebereichen (etwa punktiert, gestrichelt, durchgezogen oder doppelte Linie) oder für das Erstellen von leeren Inlinebereichen („Wortzwischenräume") verwendet.

Kindelemente: Block- oder Inlinebereiche

- fo:block, fo:block-container, fo:table-and-caption, fo:table, fo:list-block
- fo:bidi-override, fo:character, fo:external-graphic, fo:instream-foreign-object, fo:inline, fo:inline-container, fo:leader, fo:page-number, fo:page-number-citation, fo:basic-link, fo:multi-toggle

```
<fo:static-content flow-name="xsl-region-before">
  <fo:block text-align="center"
    font-family="sans-serif"
    font-size="10pt"
    line-height="4pt">
    <fo:leader leader-length.maximum="10cm"
      leader-pattern="rule" rule-style="solid"/>
    <fo:leader leader-length.maximum="5pt"/>
      Beispiel Nr. 3 - <fo:page-number />. Seite
  </fo:block>
</fo:static-content>
```

Formatierungseigenschaften: (vgl. Abschnitt 8.8)

- Allgemeine Zugriffseigenschaften
- Allgemeine Eigenschaften für Sprachausgabe
- Allgemeine Rand- Füllbereichs- und Hintergrundeigenschaften
- Allgemeine Schrifteigenschaften
- Allgemeine Randbereichseigenschaften
- Allgemeine relative Positionierungseigenschaften

Eigenschaft	Bedeutung
alignment-adjust	vgl. fo:character
alignment-baseline	vgl. fo:character
baseline-shift	vgl. fo:character
color	vgl. Kapitel 5 „CSS"
dominant-baseline	vgl. fo:character
id	vgl. fo:block
keep-with-next	vgl. fo:block
keep-with-previous	vgl. fo:block
leader-alignment	Legt die Ausrichtung der Führungslinie fest („none", „reference-area", „page", „inherit")
leader-length	Bestimmt die Länge der Führungslinie (<length-range>, <percentage>, „inherit")
leader-pattern	Legt das Muster der Führungslinie fest („space", „rule", „dots", „use-content", „inherit")
leader-pattern-width	Legt Eigenschaften für die Führungslinie fest („use-font-metrics", <length>, <percentage>, „inherit")
letter-spacing	vgl. fo:bidi-override
line-height	vgl. fo:block
rule-style	Legt den Stil für eine (horizontale) Linie fest, wenn die Eigenschaft „leader-pattern" den Wert „rule" enthält („none", „dotted", „dashed", „solid", „double", „groove", „ridge", „inherit")
rule-thickness	Legt die Liniendicke fest (<length>)
text-altitude	vgl. fo:block
text-depth	vgl. fo:block
text-shadow	vgl. fo:character

Eigenschaft	Bedeutung
visibility	vgl. fo:block
word-spacing	vgl. fo:bidi-override

fo:page-number

Gibt die Seitenzahl jener Seite als Inlinebereich aus, auf der das Objekt zu liegen kommt (vgl. voriges Beispiel).

Formatierungseigenschaften: (vgl. Abschnitt 8.8)

- Allgemeine Zugriffseigenschaften
- Allgemeine Eigenschaften für Sprachausgabe
- Allgemeine Rand- Füllbereichs- und Hintergrundeigenschaften
- Allgemeine Schrifteigenschaften
- Allgemeine Randbereichseigenschaften
- Allgemeine relative Positionierungseigenschaften

Eigenschaft	Bedeutung
alignment-adjust	vgl. fo:character
alignment-baseline	vgl. fo:character
baseline-shift	vgl. fo:character
dominant-baseline	vgl. fo:character
id	vgl. fo:block
keep-with-next	vgl. fo:block
keep-with-previous	vgl. fo:block
letter-spacing	vgl. fo:bidi-override
line-height	vgl. fo:block
score-spaces	vgl. fo:bidi-override
text-altitude	vgl. fo:block

Eigenschaft	Bedeutung
text-decoration	vgl. fo:character
text-depth	vgl. fo:block
text-shadow	vgl. fo:character
text-transform	vgl. fo:character
visibility	vgl. fo:block
word-spacing	vgl. fo:bidi-override
wrap-option	vgl. fo:block

fo:page-number-citation

Fügt die Seitenzahl jener Seite ein, auf der das Objekt mit der angegebenen Identität steht.

```
<fo:page-number-citation ref-id="grafik1"/>
```

Die beabsichtigte Objektreferenz muss mit Hilfe des Attributs „id" festgelegt werden. Dabei muss der Bezeichner innerhalb des fo-Namensraums eindeutig sein. Der Bezug auf das benannte Objekt ist mit dem Attribut „ref-id" möglich.

Formatierungseigenschaften: (vgl. Abschnitt 8.8)

- Allgemeine Zugriffseigenschaften
- Allgemeine Eigenschaften für Sprachausgabe
- Allgemeine Rand- Füllbereichs- und Hintergrundeigenschaften
- Allgemeine Schrifteigenschaften
- Allgemeine Randbereichseigenschaften
- Allgemeine relative Positionierungseigenschaften

Eigenschaft	Bedeutung
alignment-adjust	vgl. fo:character
alignment-baseline	vgl. fo:character

Eigenschaft	Bedeutung
baseline-shift	vgl. fo:character
dominant-baseline	vgl. fo:character
id	vgl. fo:block
keep-with-next	vgl. fo:block
keep-with-previous	vgl. fo:block
letter-spacing	vgl. fo:bidi-override
line-height	vgl. fo:block
score-spaces	vgl. fo:bidi-override
text-altitude	vgl. fo:block
text-decoration	vgl. fo:character
text-depth	vgl. fo:block
text-shadow	vgl. fo:character
text-transform	vgl. fo:character
visibility	vgl. fo:block
word-spacing	vgl. fo:bidi-override
wrap-option	vgl. fo:block

8.3 Kopf-und Fußtext

Unter der Voraussetzung, dass das Blatt „von links nach rechts" und „von oben nach unten" (*lr-tb*) bedruckt werden soll, entspricht der Kopf einer Seite dem Bereich „fo:region-before" und der Fußteil dem Bereich „fo:region-after". Fügt man den statischen Inhalt einer Seite in diese Bereiche und den Fließtext in den Rumpfbereich „fo:region-body" ein, so erhält man beispielsweise eine gleichbleibende Kapitelüberschrift auf jeder Seite, einen gleichbleibenden Fußtext etc.

```
<?xml version="1.0" encoding="ISO-8859-1"?>

<fo:root xmlns:fo="http://www.w3.org/1999/XSL/Format">

  <fo:layout-master-set>
    <fo:simple-page-master master-name="bsp3"
      page-height="29.7cm"
      page-width="21cm"
      margin-top="2cm"
      margin-bottom="2cm"
      margin-left="3.5cm"
      margin-right="2cm">
      <fo:region-body  margin-top="2cm"
        margin-bottom="3cm"/>
      <fo:region-before extent="2cm"/>
      <fo:region-after extent="2cm"/>
    </fo:simple-page-master>
  </fo:layout-master-set>

  <fo:page-sequence master-name="bsp3"
    initial-page-number="491">
    <fo:static-content flow-name="xsl-region-before">
      <fo:block text-align="end"
        font-family="sans-serif"
        font-size="10pt"
        line-height="16pt">
        Beispiel Nr. 3 - <fo:page-number />. Seite
      </fo:block>
    </fo:static-content>
    <fo:static-content flow-name="xsl-region-after">
      <fo:block text-align="center"
        font-family="serif"
        font-size="10pt"
        line-height="16pt">
        XML-Gepackt, A. Mistlbacher - A. Nussbaumer
      </fo:block>
    </fo:static-content>
    <fo:flow flow-name="xsl-region-body">
      <fo:block font-family="serif"
        font-size="18pt">
        {Text einfügen ;-)}
      </fo:block>
```

```
    ...
  </fo:flow>
 </fo:page-sequence>
</fo:root>
```

Zusätzlich kann auf der Seite ein Bereich am linken Rand (fo:region-start) und ein Bereich am rechten Rand (fo:region-end) deklariert werden.

8.4 Tabellen

Einführung

Tabellen stellen wichtige Gestaltungselemente für Texte und Grafiken dar, wenn diese in Spalten und Reihen angeordnet werden können. Der Aufbau einer Tabelle mit Hilfe von Formatierungsobjekten ist der Deklaration einer Tabelle mit Hilfe von HTML-Tags ähnlich:

```
<fo:table>
  <fo:table-column ... />
  <fo:table-column ... />
  ...
  <fo:table-body>
    <fo:table-row>
      <fo:table-cell>
        <fo:block>
          ...
        </fo:block>
      </fo:table-cell>
      <fo:table-cell>
        ...
      </fo:table-cell>
      ...
    </fo:table-row>
    <fo:table-row>
      ...
    </fo:table-row>
    ...
  </fo:table-body>
</fo:table>
```

Da Tabellen im Allgemeinen zahlreiche Zeilen und Spalten besitzen können, ist es notwendig, XSL-Transformationen zu verwenden. Im folgenden Beispiel verwenden wir eine einfache Datenbank, die eine Tabelle mit den Vor- und Zunamen und den Altersangaben einer gedachten Schulklasse enthält:

Beispiel:

Wir verwenden die folgenden XML-Daten (Ausschnitt):

```
<?xml version="1.0" encoding="ISO-8859-1"?>

<schule>
  <klasse name="1a">
    <schueler>
      <vornam>Morty</vornam>
      <famnam>Maus</famnam>
      <alter>10</alter>
    </schueler>
    <schueler>
      <vornam>Paula</vornam>
      <famnam>Pudel</famnam>
      <alter>11</alter>
    </schueler>
    ...
  </klasse>
</schule>
```

Mit den folgenden Transformationen erzeugen wir die für die Ausgabe in eine Tabelle notwendigen Formatierungsobjekte:

```
<?xml version="1.0" encoding="ISO-8859-1"?>
<xsl:stylesheet version = "1.0"
  xmlns:xsl = "http://www.w3.org/1999/XSL/Transform"
  xmlns:xt = "http://www.jclark.com/xt"
  xmlns:fo = "http://www.w3.org/1999/XSL/Format"
  result-ns="fo"
  indent-result="yes"
  extension-element-prefixes="xt">
  <xsl:output indent="yes"/>
```

```
<xsl:template match="/schule">
  <fo:root xmlns:fo = "http://www.w3.org/1999/XSL/Format">
    <fo:layout-master-set>
      <fo:simple-page-master master-name="tabellen"
        page-height="29.7cm"
        page-width="21cm"
        margin-top="2cm"
        margin-bottom="2cm"
        margin-left="3.5cm"
        margin-right="2cm">
        <fo:region-body/>
      </fo:simple-page-master>
    </fo:layout-master-set>

    <fo:page-sequence master-name="tabellen">
      <fo:flow flow-name="xsl-region-body">
        <fo:block font-size="32pt" line-height="36pt"
          background-color="springgreen" color="black"
          space-after.optimum="12pt">
          <xsl:value-of select="klasse/@name"/>
        </fo:block>
        <fo:table width="15.5cm" background-
          color="“#eeeeee“">
          <fo:table-column column-width="7cm"
            column-number="1"/>
          <fo:table-column column-width="7cm"
            column-number="2"/>
          <fo:table-column column-width="1.5cm"
            column-number="3"/>
          <fo:table-body>
            <fo:table-row>
              <fo:table-cell>
                <fo:block font-weight="900"
                  backgroundcolor="#aaffaa">Vorname
                </fo:block>
              </fo:table-cell>
              <fo:table-cell>
                <fo:block font-weight="900"
                  background-color="#aaffaa">Famname
                </fo:block>
              </fo:table-cell>
              <fo:table-cell>
```

```
              <fo:block font-weight="900"
                background-color="#aaffaa">Alter<
              /fo:block>
            </fo:table-cell>
          </fo:table-row>
          <xsl:for-each select="klasse/schueler">
            <xsl:sort select="famnam"/>
            <xsl:sort select="vornam"/>
            <fo:table-row>
              <fo:table-cell>
                <fo:block>
                  <xsl:value-of select="vornam"/>
                </fo:block>
              </fo:table-cell>
              <fo:table-cell>
                <fo:block>
                  <xsl:value-of select="famnam"/>
                </fo:block>
              </fo:table-cell>
              <fo:table-cell>
                <fo:block>
                  <xsl:value-of select="alter"/>
                </fo:block>
              </fo:table-cell>
            </fo:table-row>
          </xsl:for-each>
        </fo:table-body>
      </fo:table>
    </fo:flow>
  </fo:page-sequence>
 </fo:root>
</xsl:template>

</xsl:stylesheet>
```

Listing 8.1: Die Ausgabe einer Tabelle mit Hilfe von XSLT und XSL-FO.

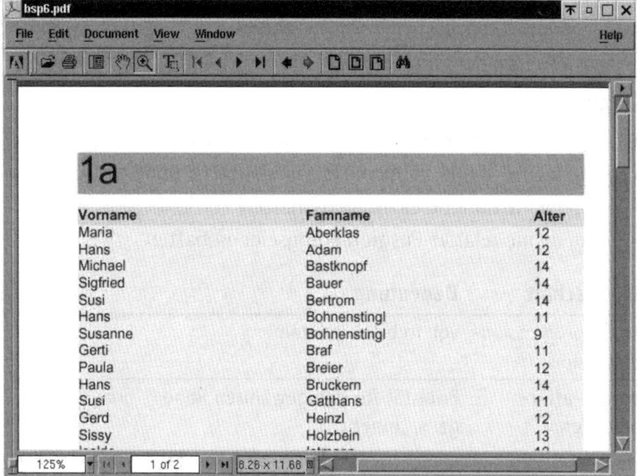

1a

Vorname	Famname	Alter
Maria	Aberklas	12
Hans	Adam	12
Michael	Bastknopf	14
Sigfried	Bauer	14
Susi	Bertrom	14
Hans	Bohnenstingl	11
Susanne	Bohnenstingl	9
Gerti	Braf	11
Paula	Breier	12
Hans	Bruckern	14
Susi	Gatthans	11
Gerd	Heinzl	12
Sissy	Holzbein	13

Abbildung 8.1: Ausgabe einer Tabelle von XML-Daten mit Hilfe von XSLT und XSL-FO.

Tabellencontainer (fo:table)

Das Formatierungsobjekt fo:table enthält die Deklaration der Tabellenspalten (fo:table-column), einen Tabellenkopf (fo:table-header, optional), einen Tabellenfuß (fo:table-footer, optional) und einen oder mehrere Tabellenrümpfe (fo:table-body). Diese Teile verwenden jeweils eine oder mehrere Tabellenzeilen.

Kindelemente: fo:table-column (keinmal, einmal oder öfters)
table-header (kein- oder einmal)
table-footer (kein- oder einmal)
table-body (mindestens einmal)

```
<fo: table width="15.5cm"
     background-color="#eeeeee">
```

Formatierungseigenschaften: (vgl. Abschnitt 8.8)

- Allgemeine Zugriffseigenschaften
- Allgemeine Eigenschaften für Sprachausgabe
- Allgemeine Rand-, Füllbereichs- und Hintergrundeigenschaften
- Allgemeine Randbereichseigenschaften
- Allgemeine relative Positionierungseigenschaften

Eigenschaft	Bedeutung
block-progression-dimension	vgl. fo:block-container
border-after-precedence border-before-precedence border-end-precedence border-start-precedence	Priorität für den gewählten Rand („force", <integer>, „inherit")
border-collapse	vgl. Kapitel 5 „CSS"; wählt das Modell aus, nach dem zusammenfallende Tabellenränder gesetzt werden („collapse", „collapse-with-precedence" (Ergänzung in XSL), „separate", „inherit").
border-separation	Legt den Abstand zwischen angrenzenden Tabellenrändern fest (<length-bp-ip-direction>, „inherit")
break-after break-before	vgl. fo:block
id	vgl. fo:block

Eigenschaft	Bedeutung
inline-progression-dimension	vgl. fo:block-container
intrusion-displace	vgl. fo:block
height	vgl. Kapitel 5 „CSS"
keep-together	vgl. fo:block
keep-with-next	vgl fo:block
keep-with-previous	vgl fo:block
table-layout	vgl. Kapitel 5 „CSS"; legt fest, wie die Zellen, Reihen und Spalten ausgegeben werden sollen („auto", „fixed", „inherit")
table-omit-footer-at-break table-omit-header-at-break	Legt fest, ob der Tabellenkopf bzw. der Tabellenfuß bei mehrseitiger Ausgabe angeführt werden sollen („true", „false")
width	vgl. Kapitel 5 „CSS"
writing-mode	vgl. Abschnitt 8.1

Deklaration der Tabellenspalten (fo:table-column)

Die Anzahl und die Breite der einzelnen Tabellenspalten müssen unmittelbar nach der Deklaration des Tabellencontainers erfolgen. Dabei werden die einzelnen Spalten im Allgemeinen durchnummeriert und ihre Breite angegeben.

```
<fo:table-column column-width="7cm" column-number="1" />
```

Formatierungseigenschaften:

- Allgemeine Rand, Füllbereichs- und Hinergrundeigenschaften

Eigenschaften	Bedeutung
border-after-precedence border-before-precedence border-end-precedence border-start-precedence	vgl. fo:table
column-number	Legt die Zahl als Bezeichnung für die Tabellenzellen fest, die Eigenschaften von diesem fo:table-column-Objekt verwenden sollen (<integer>).
column-width	Legt die Spaltenbreite fest (<length>, <percentage>)
number-columns-repeated	Bestimmt, wie oft die Tabellenspalten-Definition wiederholt werden soll (<integer>)
number-columns-spanned	Legt die Zahl der Spalten fest, die (mit ihren Eigenschaften) gemeinsam von einer Tabellenzelle überdeckt werden soll (<integer>)
visibility	vgl. fo:block

Beachte: Die Eigenschaften der Tabellenspalten „überdecken" die Eigenschaften des Tabellencontainers. Die Eigenschaften der Tabellenspalten werden durch die Eigenschaften der Tabellenzeilen überschrieben.

Tabellenkopf (fo:table-header)

Die Deklarationen für den Tabellenkopf stehen unmittelbar nach den Deklarationen für die Tabellenspalten. Das fo:table-header-Objekt enthält einen eigenen Tabellenkopf.

Kindelemente: fo:table-row (mindestens einmal) oder fo:table-cell (mindestens einmal, in diesem Fall werden die Tabellenreihen mit Hilfe starts-row und ends-row gebildet)

```
<fo:table-header>
  <fo:table-row>
    <fo:table-cell>
      ...
    </fo:table-cell>
    <fo:table-cell>
      ...
    </fo:table-cell>
    ...
  </fo:table-row>
</fo:table-header>
```

Formatierungseigenschaften: (vgl. Abschnitt 8.8)

- Allgemeine Zugriffseigenschaften
- Allgemeine Eigenschaften für Sprachausgabe
- Allgemeine Hintergrundeigenschaften – falls die Eigenschaft border-collapse entweder auf „collapse" oder „collapse-with-precedence" gesetzt wurde, können auch die Randeigenschaften gewählt werden
- Allgemeine relative Positionierungseigenschaften

Eigenschaften	**Bedeutung**
border-after-precedence border-before-precedence border-end-precedence border-start-precedence	vgl. fo:table
id	vgl. fo:block
visibility	vgl. fo:block

Tabellenfuß (fo:table-footer)

Der Tabellenfuß fo:table-footer stellt wie der Tabellenkopf einen eigenen, optionalen Teil einer Tabelle dar. Er wird ebenfalls unmittelbar nach den Tabellenspalten-Deklarationen, gegebenenfalls an eine Deklaration eines Tabellenkopfes anschließend, codiert.

Kindelemente: fo:table-row (mindestens einmal) oder fo:table-cell (mindestens einmal, in diesem Fall werden die Tabellenreihen mit Hilfe von starts-row und ends-row gebildet)

Formatierungseigenschaften: (vgl. Abschnitt 8.8)

- Allgemeine Zugriffseigenschaften
- Allgemeine Eigenschaften für Sprachausgabe
- Allgemeine Hintergrundeigenschaften – falls die Eigenschaft border-collapse entweder auf den Wert „collapse" oder „collapse-with-precedence" gesetzt wurde, können auch die Randeigenschaften gewählt werden
- Allgemeine relative Positionierungseigenschaften

Eigenschaften	**Bedeutung**
border-after-precedence border-before-precedence border-end-precedence border-start-precedence	vgl. fo:table
id	vgl. fo:block
visibility	vgl. fo:block

Tabellenrumpf (fo:table-body)

Der Tabellenrumpf enthält die eigentlichen Datenzeilen.

Kindelemente: fo:table-row (mindestens einmal) oder fo:table-cell (mindestens einmal, in diesem

Fall werden die Tabellenreihen mit „starts-row" und „ends-row" gebildet).

```
<fo:table-body>
  <fo:table-row>
    <fo:table-cell>
      <fo:block>
        ..
      </fo:block>
      ...
```

Formatierungseigenschaften: (vgl. Abschnitt 8.8)

- Allgemeine Zugriffseigenschaften
- Allgemeine Eigenschaften für die Sprachausgabe
- Allgemeine Hintergrundeigenschaften – falls die Eigenschaft border-collapse entweder auf den Wert „collapse" oder „collapse-with-precedence" gesetzt wurde, können auch die Randeigenschaften gewählt werden
- Allgemeine relative Positionierungseigenschaften

Eigenschaften	**Bedeutung**
border-after-precedence border-before-precedence border-end-precedence border-start-precedence	vgl. fo:table
id	vgl. fo:block
visibility	vgl. fo:block

Tabellenzeilen (fo:table-row)

Die Tabellenzeilen fassen die angegebenen Tabellenzellen in Zeilen zusammen. Die Zuordnung der einzelnen Zellen entspricht dem bereits vorgegebenen Tabellengitter (z.B. Spaltenzahl und Spaltenbreite).

Kindelemente: fo:table-cell (mindestens einmal)

Formatierungseigenschaften: (vgl. Abschnitt 8.8)

- Allgemeine Zugriffseigenschaften
- Allgemeine Eigenschaften für die Sprachausgabe
- Allgemeine Hintergrundeigenschaften – falls die Eigenschaft border-collapse entweder auf den Wert „collapse" oder „collapse-with-precedence" gesetzt wurde, können auch die Randeigenschaften gewählt werden
- Allgemeine relative Positionierungseigenschaften

Eigenschaften	Bedeutung
border-after-precedence border-before-precedence border-end-precedence border-start-precedence	vgl. fo:table
break-after break-before	vgl. fo:block
id	vgl. fo:block
height	vgl. Kapitel 5 „CSS"
keep-together	vgl. fo:block
keep-with-next	vgl. fo:block
keep-with-previous	vgl. fo:block
visibility	vgl. fo:block

Tabellenzellen (fo:table-cell)

Die Tabellenzellen sind die Grundbausteine der Tabelle. In ihnen werden die einzelnen Inhalte angeführt, die innerhalb der Tabelle dargestellt werden sollen. Die Kindelemente sind daher im Allgemeinen fo:block-Elemente. Die Eigenschaften der Tabellenzellen überschreiben im Allgemeinen alle bereits festgelegten Eigenschaften von fo:table-row-, fo:table-body- und fo:table-Objekten.

Mit Hilfe der Eigenschaften „starts-row" und „ends-row" können einzelne Tabellenzeilen geformt werden, wenn nicht in alle Zellen einer Reihe Daten eingetragen werden sollen.

Kindelemente: fo:block, fo:block-container, fo:table-and-caption, fo:table, fo:list-block,

FolgendeEigenschaften werden angewendet: (vgl. Abschnitt 8.8)

- Allgemeine Zugriffseigenschaften
- Allgemeine Eigenschaften für die Sprachausgabe
- Allgemeine Rand-, Füllbereichs- und Hintergrundeigenschaften
- Allgemeine relative Positionierungseigenschaften

Eigenschaften	**Bedeutung**
block-progression-dimension	vgl. fo:block-container
border-after-precedence border-before-precedence border-end-precedence border-start-precedence	vgl. fo:table
column-number	vgl. fo:table-column
display-align	vgl. fo:block-container
relative-align	Legt die Ausrichtung (in Blockausgaberichtung) zwischen zwei Bereichen fest („before", „baseline", „inherit")
empty-cells	vgl. Kapitel 5 „CSS"; legt fest, wie die Umrandung einer leeren Tabellenzelle erscheinen soll; mögliche Werte sind „show" (leere Tabellenzellen werden wie die anderen Zellen umrandet), „hide" (um eine leere Tabellenzelle wird kein Rahmen gezogen) und „inherit"

Eigenschaften	Bedeutung
ends-row	Legt das Ende einer Tabellenzeile fest; mögliche Werte sind „true" (die Zelle beendet die Zeile) und „false" (die Zelle schließt die Zeile nicht ab)
height	vgl. Kapitel 5 „CSS"
id	vgl. fo:block
inline-progression-dimension	vgl. fo:block-container
number-columns-spanned number-rows-spanned	Legt die Anzahl der Spalten bzw. Reihen fest, die (mit ihren Eigenschaften) gemeinsam von einer Tabellenzelle überdeckt werden sollen (<integer>)
starts-row	Erlaubt für Tabellenzellen, die nicht innerhalb einer Tabellenreihe stehen, den Beginn einer neuen Tabellenreihe festzulegen; mögliche Werte sind „true" (die Zelle beginnt eine neue Reihe) und „false" (die Zelle beginnt keine neue Reihe)
width	vgl. Kapitel 5 „CSS"

Tabellen mit Tabellentitel (fo:table-and-caption)

Ein Tabellenobjekt kann in das übergeordnete Formatierungsobjekt **fo:table-and-caption** eingebettet werden. Dieses enthält die beiden Kindelemente **fo:table-caption** und **fo:table**. Die zurzeit vorliegende Version FOP (Fop-0.20.1) unterstützt dieses Objekt allerdings noch nicht.

Wird verwendet, um die Tabelle und ihre Überschrift gemeinsam zu formatieren. Der gesamte Bereich setzt sich aus dem Bereich für die Überschrift und aus dem Bereich für die Tabelle selbst zusammen.

Kindelemente: fo:table-caption (optional)
fo:table (obligat)

Formatierungseigenschaften: (vgl. Abschnitt 8.8)

- Allgemeine Zugriffseigenschaften
- Allgemeine Eigenschaften für die Sprachausgabe
- Allgemeine Rand-, Füllbereichs- und Hintergrundeigenschaften
- Allgemeine Randbereichseigenschaften
- Allgemeine relative Positionierungseigenschaften

Eigenschaften	**Bedeutung**
break-after break-before	vgl. fo:block
caption-side	vgl, Kapitel 5 „CSS"; legt die Lage des Titels relativ zur Tabelle fest („top", „bottom", „left", „right", „before", „after", „start", „end")
id	vgl. fo:block
intrusion-displace	vgl. fo:block
keep-together	vgl. fo:block
keep-with-next	vgl. fo:block
keep-with-previous	vgl. fo:block
text-align	vgl. fo:block

Tabellentitel (fo:table-caption)

Dieses Formatierungsobjekt wird für einen allein stehenden Tabellentitel verwendet.

Kindelemente: fo:block, fo:block-container, fo:table-and-caption, fo:table, fo:list-block

Formatierungseigenschaften: (vgl. Abschnitt 8.8)

- Allgemeine Zugriffseigenschaften
- Allgemeine Eigenschaften für Sprachausgabe
- Allgemeine Rand-, Füllbereichs- und Hintergrundeigenschaften
- Allgemeine relative Positionierungseigenschaften

Eigenschaften	**Bedeutung**
block-progression-dimension	vgl. fo:block-container
height	vgl. Kapitel 5 „CSS"
id	vgl. fo:block
inline-progression-dimension	vgl. fo:block-container
intrusion-display	vgl. fo:block-container
keep-together	vgl. fo:block
width	vgl. Kapitel 5 „CSS"

8.5 Listen

Listen setzen sich aus vier Formatierungsobjekten zusammen: ein Objekt als Container für die Liste (fo:list-block) und ein Objekt für die Zeile jeder Liste (fo:list-item). Zwei Objekte enthalten die Einträge jeder Listenzeile: fo:list-item-label für die Nummerierungsart und fo:list-item-body für den eigentlichen Listeneintrag.

Damit ergibt sich folgende Baumstruktur für Listen:

```
<fo:list-block>
  <fo:list-item>
    <fo:list-item-label>
      <fo:block> ... </fo:block>
    </fo:list-item-label>
    <fo:list-item-body>
      <fo:block> ... </fo:block>
```

```
    </fo:list-item-body>
  </fo:list-item>
  <fo:list-item>
    ...
  </fo:list-item>
  ...
</fo:list-block>
```

Im folgenden Beispiel verwenden wir wieder die Schülerdatenbank und folgende Transformationen, um die Datei mit den entsprechenden Formatierungsobjekten zu erzeugen:

```
<fo:root ...>
  ...
  <fo:page-sequence master-name="listen">
    <fo:flow flow-name="xsl-region-body"
      font-size="12pt"
      line-height="16pt">
      ...
      <fo:list-block>
        <xsl:for-each select="klasse/schueler">
          <xsl:sort select="famnam"/>
          <xsl:sort select="vornam"/>
          <fo:list-item>
            <fo:list-item-label>
              <fo:block>
                <xsl:number value="position()"
                  format="1. "/>
              </fo:block>
            </fo:list-item-label>
            <fo:list-item-body start-indent="1cm">
              <fo:block>
                <xsl:value-of select="vornam"/>
                <xsl:text> </xsl:text>
                <xsl:value-of select="famnam"/>
                <xsl:text>, </xsl:text>
                <xsl:value-of select="alter"/>
                <xsl:text> Jahre</xsl:text>
              </fo:block>
            </fo:list-item-body>
          </fo:list-item>
        </xsl:for-each>
```

```
      </fo:list-block>
    </fo:flow>
  </fo:page-sequence>
</fo:root>
...
```

Tabelle 8.4: Ausgabe einer Personenliste

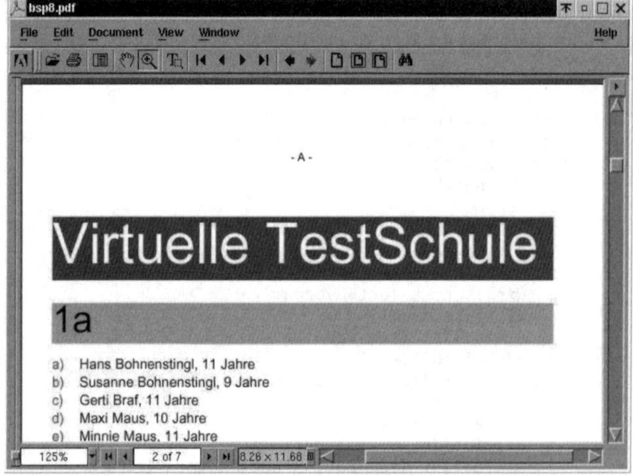

Abbildung 8.2: Ausgabe einer alphabetisch sortierten Liste von XML-Daten mit Hilfe von XSLT und XSL-FO; Seitennummerierung im Kopfbereich.

Listencontainer (fo:list-block)

Der Listencontainer enthält die gesamte Liste und legt Eigenschaften für alle Elemente fest. Als Kindelemente können ein oder mehrere fo:list-item-Elemente auftreten, die die einzelnen Zeilen der Liste enthalten.

Für die Positionierung von Nummerierung und Listeneintrag unterscheiden wir zwei Bereiche: den Randbereich (*label*) für die Nummerierung und den Rumpfbereich (*body*) für die Listeneinträge. Der Abstand zwischen Rand- und Rumpfbereich wird durch die Eigenschaft **„provisional-label-separation"** beschrieben, der Einzug für den Rumpfbereich wird durch die Eigenschaft **„provisional-distance-between-starts"** festgelegt.

Die folgenden Eigenschaften stehen zur Verfügung: (vgl. Abschnitt 8.8)

- Allgemeine Zugriffseigenschaften
- Allgemeine Eigenschaften für Sprachausgabe
- Allgemeine Rand-, Füllbereichs- und Hintergrundeigenschaften
- Allgemeine Randbereichseigenschaften
- Allgemeine relative Positionierungseigenschaften

Eigenschaft	**Bedeutung**
break-after	vgl. fo:block
break-before	vgl. fo:block
id	vgl. fo:block
intrusion-displace	vgl. fo:block
keep-together	vgl. fo:block
keep-with-next	vgl. fo:block
keep-with-previous	vgl. fo:block
provisional-distance-between-starts	Legt den Abstand zwischen dem linken Rand des Objekts „list-item-label" und dem linken Rand des Objekts „list-item-body" fest (<length> – Defaultwert 24.0pt, <percentage>, „inherit")
provisional-label-separation	Legt einen den Abstand zwischen dem rechten Rand des Objekts „list-item-label" und dem linken Rand des Objekts „list-item-body" fest (<length> – Defaultwert 6.0pt, <percentage>, „inherit")

Die Funktion „**label-end()**" gibt den rechten Rand für den Bereich des fo:list-item-label-Objekts an (*lr-tb*). Die Funktion „**body-start()**" gibt den linken Rand des Rumpfbereiches fo:list-item-body an (*lr-tb*). Auf diese Weise ist das korrekte Zusammenspiel mit den Eigenschaften der Kindelemente möglich.

Listeneintrag (fo:list-item)

Jeder Listeneintrag umfasst den Randbereich (*label*) für die Nummerierung und den Rumpfbereich (*body*) für den eigentlichen Listeneintrag. Daher muss jedes fo:list-item-Element genau zwei Kindelemente (fo:list-item-label und fo:list-item-body) besitzen.

Formatierungseigenschaften: (vgl. Abschnitt 8.8)

- Allgemeine Zugriffseigenschaften
- Allgemeine Eigenschaften für Sprachausgabe
- Allgemeine Rand-, Füllbereichs- und Hintergrundeigenschaften
- Allgemeine Randbereichseigenschaften
- Allgemeine relative Positionierungseigenschaften

Eigenschaft	**Bedeutung**
break-after	vgl. fo:block
break-before	vgl. fo:block
id	vgl. fo:block
intrusion-displace	vgl. fo:block
keep-together	vgl. fo:block
keep-with-next	vgl. fo:block
keep-with-previous	vgl. fo:block
relative-align	vgl. fo:table-cell

Randbereich für die Nummerierung (fo:list-item-label)

Im Randbereich können entweder gleichbleibende Symbole für jeden Listeneintrag verwendet werden („Bullets") oder es werden Nummerierungen eingetragen, die sich aus der Position des Elements innerhalb der ausgewählten Knotenmenge (eventuell im Anschluss an bestimmte Sortiervorgänge) ergeben. Als Kindelemente kommen gewöhnlich Blockbereiche in Frage.

Kindelemente: fo:block, fo:block-container, fo:table-and-caption, fo:table, fo:list-block

Formatierungseigenschaften:

- Allgemeine Zugriffseigenschaften (vgl. Abschnitt 8.8)

Eigenschaft	Bedeutung
id	vgl. fo:block
keep-together	vgl. fo:block

Rumpfbereich für die Listeneinträge (fo:list-item-body)

Im Rumpfbereich werden die eigentlichen Listeneinträge innerhalb von Blockbereichen dargestellt. Zur korrekten Positionierung des Rumpfbereiches muss ein bestimmter Einzug angegeben werden. Dieser kann entweder absolut festgelegt oder aus der Geometrie der Liste berechnet werden.

Kindelemente: fo:block, fo:block-container, fo:table-and-caption, fo:table, fo:list-block

Folgende Formatierungseigenschaften stehen zur Verfügung:

- Allgemeine Zugriffseigenschaften (vgl. Abschnitt 8.8)

Eigenschaft	Bedeutung
id	vgl. fo:block
keep-together	vgl. fo:block

8.6 Grafiken

Grafikelemente können auf verschiedene Weise in den XSL-FO-Baum eingebettet werden. Auf jeden Fall handelt es sich um ein Inline-Formatierungsobjekt (*inline-level formatting object*). Wir beschreiben das Einfügen einer bestehenden Grafik (etwa in den Grafikformaten GIF, JPG oder PNG) und das Einfügen von SVG-Objekten (*Scalable Vector Graphics*, vgl. Kapitel „Anwendungen – SVG").

Einfügen einer externen Grafikdatei

Bestehende Grafikdateien sollen in die Ausgabe eingebunden werden. Mit dem Inline-Formatierungsobjekt „fo:external-graphic" wird eine bestimmte Datei in den Zeilenbereich eingefügt. Mit Hilfe der Formatierungseigenschaft „src" wird der Ort festgelegt, an dem die Grafik gespeichert ist. Die übergebene Adresse kann entweder eine Zeichenkette, ein Element oder ein Attribut aus dem XML-Datenbaum sein.

Beispiel – direkte Angabe des Dateinamens:

```
<fo:external-graphic src="svg.png" />
```

Beispiel – der Dateiname ist in einem XML-Attribut gespeichert:

```
<fo:external-graphic src="{@bildadresse}"/>
```

Die Grafikdaten können in einem aktuellen Grafikformat vorliegen, z.Bsp. als JPG-, PNG- oder GIF-Daten. Beachten Sie, dass die Grafik in einen Blockbereich eingefügt werden muss:

```
<fo:block text-align="center">
  <fo:external-graphic src="svg.gif" width="300px"/>
</fo:block>
```

Einfügen von SVG-Objekten

SVG-Objekte (*Scalable Vector Graphics*) ermöglichen die Verwendung von zahlreichen Grafikelementen innerhalb einer Website in Form von Vektorgrafik-Elementen. Vektorgrafiken haben gegenüber von Pixelgrafiken den Vorteil, dass die Darstellungsqualität unabhängig von der gewählten Vergrößerung ist.

SVG wurde vom W3C als XML-Anwendung am 4. September 2001 als Empfehlung standardisiert. Da SVG-Objekte wohlgeformte XML-Dokumente darstellen, können sie relativ einfach in einen XSL-FO-Baum eingebettet werden. Für die Ausgabe muss allerdings der Formatierer in der Lage sein, die entsprechenden SVG-Elemente richtig zu parsen und zu interpretieren (die für die Beispiele in diesem Abschnitt verwendete Anwendung FOP, Version 0.20.1, vermag SVG-Grafikelemente zu rendern).

Wir verwenden das Inline-Formatierungsobjekt „fo:instream-foreign-object:

```
<fo:block>
  <fo:instream-foreign-object>
    <svg:svg xmlns:svg="http://www.w3.org/2000/svg"
      width="300px" height="300px">
      <svg:title>Ein Bild</svg:title>
      <svg:g transform="translate(190, 170)">
        <svg:rect stroke="black" fill="yellow" rx="10px"
          ry="10px" y="10px" x="10px" width="100px"
          height="100px"/>
      </svg:g>
    </svg:svg>
  </fo:instream-foreign-object>
</fo:block>
```

Beachten Sie die korrekte Angabe des Namensraums für SVG-Objekte und die Verwendung des Namensraumpräfixes „svg"!

Die Größe des Objekts wird im Wesentlichen durch die Grafikabmessungen gegeben. Zusätzlich kann die Größe mit Hilfe der Formatierungseigenschaften des „fo:instream-foreign-objects" skaliert werden (z.Bsp. „content-height").

8.7 Weitere Formatierungsobjekte

Die W3C-Empfehlung listet eine Reihe weiterer Formatierungsobjekte auf, die von FOP zurzeit zum Großteil nicht unterstützt werden. Dennoch sollen sie an dieser Stelle aufgezählt werden. Genauere Informationen und Anwendungsbeispiele können unter http://www.w3.org/TR/2001/REC-xsl-20011015/ nachgelesen werden.

Dynamische Formatierungsobjekte

Kann der Benutzer das Verhalten von Formatierungsobjekten beeinflussen, so sprechen wir von dynamischen Objekten. Konkret soll mit Hilfe dynamischer Formatierungsobjekte ein Wechsel zu einem entfernten Dokument, ein Wechsel zwischen verschiedenen Formatierungsbäumen oder das Verändern von Formatierungseigenschaften ermöglicht werden.

Folgende Grundstruktur ermöglicht die Auswahl verschiedener Formatierungsbäume:

```
<fo:multi-switch>
  <fo:multi-case ...>
    <fo:block>
      ...
```

```
    </fo:block>
  </fo:multi-case>
  <fo:multi-case ...>
    <fo:block>
      ...
    </fo:block>
  </fo:multi-case>
  ...
</fo:multi-switch>
```

fo:basic-link

Ermöglicht den Sprung zu einem entfernten Dokument.

Kindelemente: Textdaten, Inlinebereichsobjekte oder Blockbereichsobjekte,

- fo:block, fo:block-container, fo:table-and-caption, fo:table, fo:list-block
- fo:bidi-override, fo:character, fo:external-graphic, fo:instream-foreign-object, fo:inline, fo:inline-container, fo:leader, fo:page-number, fo:page-number-citation, fo:basic-link, fo:multi-toggle
- Textdaten

```
<fo:basic-link external-destination="inhalt.pdf">
  INHALTSVERZEICHNIS</fo:basic-link>
```

Formatierungseigenschaften: (vgl. Abschnitt 8.8)

- Allgemeine Zugriffseigenschaften
- Allgemeine Eigenschaften für Sprachausgabe
- Allgemeine Rand-, Füllbereichs- und Hintergrundeigenschaften
- Allgemeine Randbereichseigenschaften
- Allgemeine relative Positionierungseigenschaften

Eigenschaft	Bedeutung
alignment-adjust	vgl. fo:character
alignment-baseline	vgl. fo:character

Eigenschaft	Bedeutung
baseline-shift	vgl. fo:character
destination-placement-offset	Legt den Abstand zwischen Seitenanfang und dem Bereich fest, in dem das entfernte Dokument angezeigt werden soll (Defaultwert 0)
dominant-baseline	vgl. fo:character
external-destination	Legt den URI des entfernten Dokuments fest
id	vgl. fo:block
indicate-destination	Legt fest, ob eine Verknüpfung zu einem schon aufgerufenen, entfernten Dokument anders dargestellt werden soll („true", „false")
internal-destination	Gibt eine Verknüpfung zu einem Knoten des aktuellen Dokuments an
keep-together	vgl. fo:block
keep-with-next	vgl. fo:block
keep-with-previous	vgl. fo:block
line-height	vgl. fo:block
show-destination	Bestimmt, wie das entfernte Dokument beim Verknüpfen angezeigt werden soll („replace", „new")
target-presentation-context	Legt den Kontext für die Darstellung eines entfernten Dokuments fest („use-target-processing-context", <uri-specification>)
target-processing-context	Legt das root-Element für die Darstellung eines entfernten Dokuments fest („document-root", <uri-specification>)
target-stylesheet	Legt fest, welches Stylesheet bei der Darstellung des entfernten Dokuments verwendet werden soll

Dieses Formatierungselement wird von der aktuellen FOP-Distribution (Version 0.20.1) unterstützt.

fo:multi-switch

Dieses Objekt enthält alternative Teilbäume von Formatierungsobjekten.
Kindelemente: fo:multi-case (mindestens einmal)

fo:multi-case

Enthält einen alternativen Teilbaum.
Kindelemente: Textdaten, Inlinebereiche oder weitere Blockbereiche

- fo:block, fo:block-container, fo:table-and-caption, fo:table, fo:list-block
- fo:bidi-override, fo:character, fo:external-graphic, fo:instream-foreign-object, fo:inline, fo:inline-container, fo:leader, fo:page-number, fo:page-number-citation, fo:basic-link, fo:multi-toggle
- Textdaten

fo:multi-toggle

Erzeugt Bereiche, von denen aus zwischen verschiedenen Teilbäumen, die in einem fo:multi-switch-Objekt enthalten sind, gewechselt werden kann.
Kindelemente: Textdaten, Inlinebereiche oder weitere Blockbereiche

- fo:block, fo:block-container, fo:table-and-caption, fo:table, fo:list-block
- fo:bidi-override, fo:character, fo:external-graphic, fo:instream-foreign-object, fo:inline, fo:inline-container, fo:leader, fo:page-number, fo:page-number-citation, fo:basic-link, fo:multi-toggle
- Textdaten

fo:multi-properties

Ermöglicht die Auswahl alternativer Formatierungseigenschaftsmengen.

Kindelemente: fo:multi-property-set (mindestens einmal)
fo:wrapper
fo:multi-property-set

Stellt alternative Formatierungseigenschaftsmengen zur Verfügung.

Out-of-Line-Formatierungsobjekte

Diese Formatierungsobjekte ermöglichen einerseits die Ausgabe von Objekten, die von anderem Inhalt umflossen werden (beispielsweise eine Abbildung, die von Fließtext umgeben ist) und andererseits die Ausgabe von Fußnoten. FOP unterstützt zurzeit keine float-Objekte.

fo:float

Wird verwendet, um Abbildungen mit umfließendem Text zu versehen.

Kindelemente: – fo:block, fo:block-container, fo:table-and-caption, fo:table, fo:list-block

Formatierungseigenschaften:

Eigenschaft	Bedeutung
float	Legt fest, wie ein Bereich von von „float"-Elementen umgeben werden soll, vgl. Kapitel 5 „CSS"
clear	Umfluss wird abgebrochen; vgl. Kapitel 5 „CSS"

fo:footnote

Erzeugt im Rumpfbereich (*region*-body) einer Seite einen Eintrag einer Fußnote und zugleich einen Bereich, in dem der Text der Fußnote ausgegeben wird (*region-after*).
Kindelemente: fo:bidi-override, fo:character, fo:external-graphic, fo:instream-foreign-object, fo:inline, fo:inline-container, fo:leader, fo:page-number, fo:page-number-citation, fo:basic-link, fo:multi-toggle, fo:footnote-body

Formatierungseigenschaften:

- Allgemeine Zugriffseigenschaften

fo:footnote-body

Stellt den Bereich mit dem Inhalt einer Fußnote her.
Kindelemente: fo:block, fo:block-container, fo:table-and-caption, fo:table, fo:list-block

Formatierungseigenschaften:

- Allgemeine Zugriffseigenschaften

Dynamische Kopf- und Fußtexte

Unter solchen Kopf- und Fußtexten verstehen wir beispielsweise Kopfzeilen, die in Büchern Kapitel und Abschnittsüberschriften anzeigen, oder Kopfzeilen, die in Wörterbüchern üblicherweise das erste und das letzte Wort der Seite angeben. Dies wird durch das Objektpaar fo:marker und fo:retrieve-marker realisiert.

fo:marker

Erstellt gemeinsam mit fo:retrieve-marker fortlaufende Kopf- oder Fußtexte.
Kindelemente: Textdaten, Inlinebereiche oder weitere Blockbereiche

- fo:block, fo:block-container, fo:table-and-caption, fo:table, fo:list-block
- fo:bidi-override, fo:character, fo:external-graphic, fo:instream-foreign-object, fo:inline, fo:inline-container, fo:leader, fo:page-number, fo:page-number-citation, fo:basic-link, fo:multi-toggle
- Textdaten

Formatierungseigenschaft:

Eigenschaft	**Bedeutung**
marker-class-name	Legt den Namen für das fo:marker Objekt fest (<name>)

fo:retrieve-marker

Erstellt gemeinsam mit fo:marker fortlaufende Kopf- oder Fußtexte.

Formatierungseigenschaften:

Eigenschaft	**Bedeutung**
retrieve-class-name	Legt den Namen des zugehörigen fo:marker-Objekts fest (<name>)
retrieve-boundary	Legt den Bereich für die Auswahl und Ausgabe der fo:marker-Objekte fest („page", „page-sequence", „document")
retrieve-position	Bestimmt die Position, an der der Inhalt ausgegeben werden soll („first-starting-within-page", „first-including-carryover", „last-starting-within-page", „last-ending-within-page")

Beispiel:

Innerhalb der Definition für den statischen Inhalt der Seiten (fo:static-content) wird die Ausgabe der Kopfzeile mit Hilfe des Objekts fo:retrieve-marker festgelegt (beachten Sie die verwendeten Formatierungseigenschaften).

```
...
<fo:page-sequence master-name="liste">
  <fo:static-content flow-name="xsl-region-before">
    <fo:block font-size="10pt"
      line-height="14pt"
      color="black"
      text-align="center">
      <fo:retrieve-marker
        retrieve-class-name="schuelername"
        retrieve-boundary="page"
        retrieve-position="first-starting-within-page"/>
    </fo:block>
    ...
```

Bei der Ausgabe der Daten wird der Teil, der jeweils in der Kopfzeile erscheinen soll, als Inhalt des fo:marker-Objekts festgelegt:

```
    <fo:block>
      <fo:marker marker-class-name="schname">
        <xsl:value-of select="vornam"/>
      </fo:marker>
      ...
```

fo:wrapper

Dieses Formatierungsobjekt legt Formatierungseigenschaften fest, die an eine bestimmte Gruppe von Formatierungsobjekten vererbt werden sollen.

Kindelemente: Textdaten, Inlinebereiche oder weitere Blockbereiche

- fo:block, fo:block-container, fo:table-and-caption, fo:table, fo:list-block
- fo:bidi-override, fo:character, fo:external-graphic, fo:instream-foreign-object, fo:inline, fo:inline-container, fo:leader, fo:page-number, fo:page-number-citation, fo:basic-link, fo:multi-toggle
- Textdaten

8.8 Übersicht über die Formatierungseigenschaften

Die Formatierungseigenschaften werden durch die Attribute der Formatierungsobjekte angegeben. Den Regeln von XML gehorchend, müssen alle Attribute auch eine Wertzuweisung enthalten; die entsprechenden Werte sind zwischen Anführungszeichen zu setzen.

```
<fo:simple-page-master master-name="text"
  page-height="29.7cm"
  page-width="21cm"
  margin-top="2.5cm"
  margin-bottom="2cm"
  margin-left="2.5cm"
  margin-right="2.5cm">
```

Diese Werte werden entweder genau festgelegt (*specified values*, wie im obigen Beispiel), beim Erstellen des Formatierungsbaumes berechnet (*computed values*, etwa bei Prozentangaben oder bei relativen Wertangaben), an das Ausgabemedium angepasst (*actual values*, etwa eine auf eine ganze Anzahl von Bildschirmpixel umgerechnete Längenangabe) oder vom Elternobjekt vererbt.

Vererbung: Manche Eigenschaften werden automatisch von einem Objekt an ein anderes, in diesem Objekt enthaltenen Objekt vererbt. Bei vielen Elementen ist es möglich, durch die Wertzuweisung „inherit" den Wert des übergeordneten Objekts zu übernehmen.

Zahlreiche Eigenschaften wurden aus CSS übernommen. Diese werden in diesem Abschnitt nicht detailliert besprochen; sie können in Kapitel 5 „CSS" nachgeschlagen werden.

Nach der Verwendung von bestimmten Formatierungsobjekten lassen sich die Formatierungseigenschaften in bestimmte Gruppen zusammenfassen. Das W3C gibt in der Empfehlung zu XSLT Gruppen an, die in den folgenden Tabellen dargestellt werden sollen:

Allgemeine Zugriffseigenschaften (accessibility)
role
source-document

Tabelle 8.5: Die allgemeinen Zugriffseigenschaften enthalten Informationen über das ursprüngliche XML-Dokument, das dem erstellten Formatierungsbaum zugrunde lag. Ferner können sie Angaben für die Formatierer enthalten.

Allgemeine absolute Positionierungseigenschaften (*absolute position*)
absolute-position
bottom
left
right
top

Tabelle 8.6: Diese Eigenschaften legen fest, wie die Elemente auf dem Ausgabemedium absolut positioniert werden sollen.

Eigenschaften für die Sprachausgabe (*aural*)
azimuth
cue-after
cue-before
elevation
pause-after
pause-before
pitch
pitch-range

Eigenschaften für die Sprachausgabe (*aural*)
play-during
richness
speak
speak-header
speak-numeral
speak-punctuation
speech-rate
stress
voice-family
volume

Tabelle 8.7: Die Eigenschaften für die Sprachausgabe wurden aus CSS2 übernommen. Eine besondere Bedeutung erhalten sie für Software, die die Inhalte eines XML-Dokuments mithilfe eines so genannten „Screenreaders" ausgeben.

Allgemeine Rand-, Füllbereichs- und Hintergrundeigenschaften (*border, padding, background*)
background-attachment
background-color
background-image
background-repeat
background-position-horizontal
background-position-vertical
border-before-color
border-before-style

Allgemeine Rand-, Füllbereichs- und Hintergrundeigenschaften (*border, padding, background*)
border-before-width
border-after-color
border-after-style
border-after-width
border-start-color
border-start-style
border-start-width
border-end-color
border-end-style
border-end-width
border-top-color
border-top-style
border-top-width
border-bottom-color
border-bottom-style
border-bottom-width
border-left-color
border-left-style
border-left-width
border-right-color
border-right-style
border-right-width
padding-before
padding-after

Allgemeine Rand-, Füllbereichs- und Hintergrundeigenschaften (*border, padding, background*)
padding-start
padding-end
padding-top
padding-bottom
padding-left
padding-right

Tabelle 8.8: Die allgemeinen Rand-, Füllbereichs- und Hintergrundeigenschaften legen das Erscheinungsbild von Block- und Inlinebereichen fest. Aus Gründen der Kompatibilität zu CSS2 sind die dort verwendeten Eigenschaften für XSL erweitert worden.

Allgemeine Schrifteigenschaften (*font*)
font-family
font-selection-strategy
font-size
font-size-adjust
font-stretch
font-style
font-variant
font-weight

Tabelle 8.9: Die allgemeinen Schrifteigenschaften stellen eine Erweiterung der CSS2-Eigenschaften für Schriftartenfamilien, Schriftgrad, Schriftgröße u.Ä. dar. Sie legen weitgehend das Erscheinungsbild von Textinhalten fest.

Allgemeine Eigenschaften für die Silbentrennung (*hyphenation*)
country
hyphenate
hyphenation-character
hyphenation-push-character-count
hyphenation-remain-character-count
language
script

Tabelle 8.10: Die allgemeinen Eigenschaften für die Silbentrennung enthalten Informationen über die verwendete Sprache, Land und Schrift. Zusätzlich werden Einschränkungen festgelegt, die bei der Silbentrennung berücksichtigt werden müssen.

Allgemeine Randbereichseigenschaften (*margin*)	
end-indent	block
margin-bottom	block
margin-left	block
margin-right	block
margin-top	block
space-after	block
space-before	block
space-end	inline
space-start	inline
start-indent	block

Tabelle 8.11: Die allgemeinen Randbereichseigenschaften legen die Größe und das Erscheinungsbild der Bereiche fest, die rechteckige Blockbereichs-Elemente und Inlinebereichs-Elemente umgeben.

Allgemeine relative Positionierungseigenschaften (*relative position*)
bottom
left
relative-position
right
top

Tabelle 8.12: Die allgemeinen relativen Positionierungseigenschaften legen fest, wie Elemente relativ zu ihren Elternelementen positioniert werden sollen.

Bereichsausrichtung (*area alignment*)
alignment-adjust
alignment-baseline
baseline-shift
display-align
dominant-baseline
relative-align

Tabelle 8.13: Die Eigenschaften zur Bereichsausrichtung legen fest, wie Inlineelemente und Blockelemente relativ zueinander ausgerichtet werden sollen.

Bereichsdimensionierung (*area dimension*)
block-progression-dimension
content-height
content-width

Bereichsdimensionierung (*area dimension*)
height
inline-progression-dimension
max-height
max-width
min-height
min-width
scaling
scaling-method
width

Tabelle 8.14: Die Eigenschaften zur Bereichdimensionierung legen die Größe von Blockbereichs- und Inlinebereichselementen fest.

Block- und Zeileneigenschaften (*block and line-related properties*)
hyphenation-keep
hyphenation-ladder-count
last-line-end-indent
linefeed-treatment
line-height
line-height-shift-adjustment
line-stacking-strategy
text-align
text-align-last
text-indent
white-space-collapse

Block- und Zeileneigenschaften (*block and line-related properties*)
white-space-treatment
wrap-option

Tabelle 8.15: Die Block- und Zeileneigenschaften beschreiben das Erscheinungsbild der Block- und Zeilenelemente.

Zeichen (*characters*)
character
letter-spacing
suppress-at-line-break
text- decoration
text- shadow
text-transform
treat-as-word-space
word-spacing

Tabelle 8.16: Die Eigenschaften für einzelne Zeichen bestimmen die Ausgabe einzelner Zeichen und den Abstand zwischen diesen.

Farbeigenschaften (*colors*)
color
color-profile-name
rendering-intent

Tabelle 8.17: Die Farbeigenschaften regeln die Auswahl von Farben und die Art, wie sie bei der Ausgabe dargestellt werden sollen.

Eigenschaften für Umfluss (*float-related properties*)
clear
float
intrusion-displace

Tabelle 8.18: Die Eigenschaften für den Umfluss bestimmen, wie Objekte von Text und anderen Elementen umflossen werden sollen.

Eigenschaften für das Zusammenhalten von Text (*keeps and breaks properties*)
break-after
break-before
keep-together
keep-with-next
keep-with-previous
orphans
widows

Tabelle 8.19: Diese Eigenschaften beschreiben, wie Elemente beim Seiten-, Spalten und Zeilenumbruch behandelt werden sollen.

Layout (*layout-related properties*)
clip
overflow
reference-orientation
span

Tabelle 8.20: Diese Eigenschaften legen die Richtung fest, nach der Symbole und Wörter relativ zur aktuellen Ausgaberichtung ausgerichtet werden sollen. Sie beschreiben, was mit Text geschehen soll, der einen vorgegebenen Bereich übertrifft oder bestimmt, wie Elemente über mehrere Spalten hinweg ausgegeben werden sollen.

Horizontallinien (*leader and rule properties*)
leader-alignment
leader-length
leader-pattern
leader-pattern-width
rule-style
rule-thickness

Tabelle 8.21: Die Eigenschaften für Horizontallinien legen u.a. die Ausrichtung, die Länge und das Erscheinungsbild horizontaler Linien fest.

Dynamische Effekte (*properties for dynamic effects formatting objects*)
active-state
auto-restore
case-name
case-title
destination-placement-offset
external-destination
indicate-destination
internal-destination
show-destination
starting-state
switch-to
target-presentation-context
target-processsing-context
target-stylesheet

Tabelle 8.22: Die Eigenschaften dynamischer Effekte beziehen sich auf das Verhalten von Elementen, auf die der Benutzer interaktiv Einfluss hat.

Marker (*properties for markers*)
marker-class-name
retrieve-class-name
retrieve-position
retrieve-boundary

Tabelle 8.23: Die Eigenschaften für Marker erlauben die Spezifikation von korrespondierenden Teilen eines Formatierungsbaums, welche dynamisch Inhalte an die Ausgabe liefern sollen.

Zahlenumwandlung (*properties for number to string conversion*)
format
grouping-separator
grouping-size
letter-value

Tabelle 8.24: Diese Eigenschaften legen fest, wie Zahlen in Form von Zeichenketten dargestellt werden sollen.

Seitengestaltung (*pagination and layout*)
blank-or-not-blank
column-count
column-gap
extent
flow-name
force-page-count
initial-page-number
master-name
master-reference

Seitengestaltung (*pagination and layout*)
maximum-repeats
media-usage
odd-or-even
page-height
page-position
page-width
precedence
region-name

Tabelle 8.25: Die Eigenschaften zur Seitengestaltung bestimmen, aus wie vielen Objekten eine Seite bestehen soll. Außerdem legen sie die Eigenschaften dieser Objekte fest.

Tabellen (*table properties*)
border-after-precedence
border-before-precedence
border-collapse
border-end-precedence
border-separation
border-start-precedence
caption-side
column-number
column-width
empty-cells
ends-row
number-columns-repeated
number-columns-spanned

Tabellen (*table properties*)
number-rows-spanned
starts-row
table-layout
table-omit-footer-at-break
table-omit-header-at-break

Tabelle 8.26: Die Eigenschaften für Tabellen beschreiben die Struktur der Tabelle, sowie das Erscheinungsbild von Zeilen, Spalten und Zellen der Tabelle.

Ausgaberichtung (*writing-mode-related properties*)
direction
glyph-orientation-horizontal
glyph-orientation-vertical
text-altitude
text-depth
unicode-bidi
writing-mode

Tabelle 8.27: Diese Eigenschaften legen die Ausgaberichtung für ganze Zeilen und einzelne Symbole sowie deren Eigenschaften fest.

Verschiedene Eigenschaften (*miscellaneous properties*)
content-type
id
provisional-label-separation
provisional-distance-between-starts
ref-id

Verschiedene Eigenschaften (*miscellaneous properties*)
score-spaces
src
visibility
z-index

Tabelle 8.28: Hier werden Eigenschaften zusammengefasst, die zahlreiche Formatierungsobjekte verwenden, und die sich nicht in die bereits genannten Gruppen einordnen lassen.

Kurzschreibweisen (*shorthand properties*)
background
background-position
border
border-bottom
border-color
border-left
border-right
border-style
border-spacing
border-top
border-width
cue
font
margin
padding
page-break-after

Kurzschreibweisen (*shorthand properties*)
page-break-before
page-break-inside
pause
position
size
vertical-align
white-space
xml:lang

Tabelle 8.29: Die abgekürzten Schreibweisen der obigen Eigenschaften lassen eine kompakte Codierung der gewünschten Formatierungseigenschaften zu. Je nach der Anzahl der angegebenen Werte, enthalten sie detaillierte Angaben für ihre Komponenten.

Im Folgenden werden alle Eigenschaften in alphabetischer Reihenfolge beschrieben. Jeder Eigenschaft ist ihre Zugehörigkeit zu den oben genannten Gruppen in Klammern beigefügt. Zahlreiche Eigenschaften können den Wert der analogen Eigenschaft des Elternelements übernehmen. Für den Wert der Eigenschaft wird in diesem Fall das Schlüsselwort „inherit“ verwendet.

Beispiel:

```
<fo:block font-size="14pt" line-height="inherit">
```

absolute-position

(allgemeine absolute Positionierung)
Legt fest, ob ein fo:block-container absolut positioniert werden soll.
Verwendung: fo:block-container, nicht vererbt

```
<fo:block-container height="4.5cm" width="10cm" top="0cm"
  left="0cm" absolute-position="absolute">
```

Werte	Beschreibung
none	Keine absolute Positionierung – es werden alle Werte der relativen Positionierung übernommen (Defaultwert). Nur in diesem Fall finden Seiten- und Spaltenumbrüche statt.
absolute	Die Position des Bereiches wird durch die Eigenschaften „left", „right", „top" und „bottom" festgelegt.
fixed	Die Position und Größe des Bereiches wird durch die Angaben von „left", „right", „top" und „bottom" berechnet; die feste Angabe bezieht sich aber auf Medien, die gescrollt werden können (Ausgabe am Bildschirm).
inherit	

Diese Eigenschaft wird gemeinsam mit der Angabe der Position (etwa mittels „top", „left", „right" oder „bottom") verwendet.

Die Eigenschaft „position" wird analog zu CSS2 verwendet. Falls position="absolute" gesetzt wurde, wird die XSL-FO-Eigenschaft absolute-position="absolute" gesetzt.

active-state

(dynamische Effekte)
Zeigt an, auf welche Weise eine Benutzeraktivität stattgefunden hat.
Verwendung: fo:multi-property-set; nicht vererbt

Werte	Beschreibung
link	Ein Link, der noch nicht angesteuert wurde.
visited	Ein Link, der bereits ausgeführt wurde.
active	Der Link wurde mit der Maus geklickt; die Maustaste wurde aber noch nicht losgelassen.

Werte	Beschreibung
hover	Der Mauszeiger streicht über den Bereich.
focus	Eine Tastatureingabe oder ein Mausklick ist in diesen Bereich erfolgt.

alignment-adjust

(Bereichsausrichtung)
Bestimmt die Grundlinie für Inlinebereiche im Vergleich zu seinem Elternelement.
Verwendung: für alle Objekte eines Inlinebereiches; nicht vererbt

Werte	Beschreibung
auto	Legt den Bezugspunkt für die Grundlinie automatisch fest, Defaultwert.
baseline	Bezugspunkt entspricht der Grundlinie des Elternelements.
before-edge	Bezugspunkt entspricht der Position der „before-edge“ des Elternelements.
text-before-edge	Bezugspunkt entspricht der Grundlinie des Elternelements, die entlang der „before-edge“ der „em“-Box verläuft.
central	Bezugspunkt entspricht der berechneten Grundlinie, die in der Mitte der „em“-Box des Elternelements liegt.
middle	Bezugspunkt entspricht der berechneten Grundlinie des Elternelements, die um die halbe Höhe der Schrifteigenschaft „x-height“ von der Grundlinie für alphabetische Schriften in der vorgegebenen Richtung verschoben wurde.
after-edge	Bezugspunkt entspricht der Position der „after-edge“ des Elternelements.

Werte	Beschreibung
text-after-edge	Bezugspunkt entspricht der Grundlinie des Elternelements, die entlang der „after-edge" der „em"-Box verläuft.
ideographic	Bezugspunkt entspricht der Grundlinie für chinesische, japanische, koreanische und vietnamesische Schriften.
alphabetic	Bezugspunkt entspricht der Grundlinie für die alphabetischen und syllabischen Schriften.
hanging	Bezugspunkt entspricht der Grundlinie für indische Schriften, Bengali.
mathematical	Bezugspunkt entspricht der Grundlinie für mathematische Symbole.
top	entspricht „before-edge"
bottom	entspricht „after-edge"
text-top	entspricht „text-before-edge"
text-bottom	entspricht „text-after-edge"
<percentage>	Prozentangabe
<length>	Längenangabe
inherit	

alignment-baseline

(Bereichsausrichtung)
Legt die Ausrichtung der Grundlinie eines Inlinebereichsobjekts in Bezug auf sein Elternelement fest.
Anwendung: für alle Objekte eines Inlinebereiches; nicht vererbt
Werte: vgl. alignement-adjust

auto-restore

(dynamische Effekte)
Bestimmt, ob das ursprüngliche fo:multi-case-Objekt wiederhergestellt werden soll, wenn das fo:multi-switch-Objekt verdeckt wurde.
Verwendung: fo:multi-switch; wird vererbt

Werte	Beschreibung
true	Das ursprüngliche fo:multi-case-Objekt wird wiederhergestellt.
false	Das fo:multi-switch-Objekt behält das aktuelle fo:multi-case-Objekt (Defaultwert).

azimuth

(Sprachausgabe)
Bestimmt den räumlichen Effekt „vorne", „hinten", „links" und „rechts"; vgl. Kapitel 5 „CSS", Abschnitt 5.10; wird vererbt.
background (Kurzschreibweise)
Legt zahlreiche Hintergrundeigenschaften fest; vgl. Kapitel 5 „CSS"
Verwendung: für alle Elemente; nicht vererbt

Werte	Beschreibung
<background-color>	Farbe des Hintergrunds
<background-image>	Adresse des Hintergrundbilds
<background-repeat>	Wiederholte Darstellung des Hintergrundbilds
<background-attachment>	Wasserzeicheneffekt
<background-position>	Position des Hintergrundbilds
inherit	

background-attachment

(allgemeine Rand-, Füllbereichs- und Hintergrundeigenschaften)
Legt fest, ob das angegebene Hintergrundbild fixiert wird oder mit dem Text mitscrollt („Wasserzeicheneffekt"; vgl. Kapitel 5 „CSS"
Verwendung: für alle Elemente; nicht vererbt

Werte	Beschreibung
scroll	Das Hintergrundbild scrollt mit dem angezeigten Element mit (Defaultwert)
fixed	Das Hintergrundbild erscheint fixiert.
inherit	

background-color

(allgemeine Rand-, Füllbereichs- und Hintergrundeigenschaften)
Legt die Hintergrundfarbe eines Objektes fest (vgl. Kapitel 5 „CSS",).
Verwendung: für alle Elemente; nicht vererbt

```
<fo:block background-color="blue" ...>
<fo:table background-color="“#aaaaff“ ...>
<fo:table-cell background-color="rgb(120,150,180)">
```

Werte	Beschreibung
transparent	Die Farben darunter liegender Objekte scheinen durch (Defaultwert)
<color>	Angabe eines Farbwertes (XSL erlaubt auch die Verwendung der rgb-icc-Farbfunktion).
inherit	

background-image

(allgemeine Rand-, Füllbereichs- und Hintergrundeigenschaften)
Legt die Adresse eines Hintergrundbildes fest (vgl. Kapitel 5 „CSS"
Verwendung: für alle Elemente; nicht vererbt

Werte	Beschreibung
none	Keine Angabe eines Hintergrundbilds (Defaultwert)
<uri-specification>	Adresse des Hintergrundbilds
inherit	

background-position

(Kurzschreibweise)
Legt die Position eines Hintergrundbilds fest; vgl. Kapitel 5 „CSS"
Verwendung: Blockbereichselemente; nicht vererbt

Werte	Beschreibung
<percentage><percentage>	Prozentangabe für die Position des Hintergrundbilds in horizontaler und vertikaler Richtung
<length><length>	Längenangabe für die Position des Hintergrundbilds in horizontaler und vertikaler Richtung
top left / left top	oben linksbündig
top / top center / center top	oben bündig, horizontal zentriert
right top / top right	oben rechtsbündig
left / left center / center left	linksbündig, vertikal zentriert
center / center center	horizontal und vertikal zentriert
right / right center / center right	rechtsbündig, vertikal zentriert
bottom left / left bottom	unten linksbündig

Werte	Beschreibung
bottom / bottom center / center bottom	unten bündig, horizontal zentriert
bottom right / right bottom	unten rechtsbündig
inherit	

Wird eine Eigenschaft nicht gesetzt, so wird sie als „zentriert" angenommen. Die CSS-Eigenschaft „background-position" wird allgemein in die XSL-Eigenschaften background-position-horizontal und background-position-vertikal umgesetzt, indem der erste Parameter der horizontalen Angabe und der zweite Parameter der vertikalen Angabe zugeordnet wird.

background-position-horizontal

(allgemeine Rand-, Füllbereichs- und Hintergrundeigenschaften)
Legt die horizontale Position eines Hintergrundbilds fest.
Verwendung: für alle Elemente, die Hintergrundbilder enthalten; nicht vererbt

Werte	Beschreibung
<percentage>	Prozentangabe, Defaultwert: 0%
<length>	Längenangabe
left	entspricht 0% (bezogen auf die aktuelle Ausgaberichtung)
center	entspricht 50%

Werte	Beschreibung
right	entspricht 100% (bezogen auf die aktuelle Ausgaberichtung)
inherit	

background-position-vertical

(allgemeine Rand-, Füllbereichs- und Hintergrundeigenschaften)
Legt die vertikale Position eines Hintergrundbildes fest.
Verwendung: für alle Elemente, die Hintergrundbilder enthalten; nicht vererbt

Werte	Beschreibung
<percentage>	Prozentangabe, Defaultwert: 0%
<length>	Längenangabe
top	entspricht 0% (bezogen auf die aktuelle Ausgaberichtung)
center	entspricht 50%
bottom	entspricht 100% (bezogen auf die aktuelle Ausgaberichtung)
inherit	

background-repeat

(allgemeine Rand-, Füllbereichs- und Hintergrundeigenschaften)
Beschreibt, wie Hintergrundbilder wiederholt ausgegeben oder gekachelt dargestellt werden sollen (vgl. Kapitel 5 „CSS").

Verwendung: für alle Elemente; nicht vererbt

Werte	Beschreibung
repeat	Das Hintergrundbild wird horizontal und vertikal wiederholt ausgegeben (Defaultwert)
repeat-x	Hintergrundbild wird nur horizontal wiederholt.
repeat-y	Hintergrundbild wird nur vertikal wiederholt.
no-repeat	Hintergrundbild wird nur einmal ausgegeben.
inherit	

Die FOP-Distribution Version 0.20.1 unterstützt nur die Eigenschaft „background-color".

baseline-shift

(Bereichsausrichtung)
Legt die Neupositionierung der Grundlinie relativ zur Grundlinie des Elternelements fest.
Verwendung: für alle Objekte eines Inlinebereiches; nicht vererbt

Werte	Beschreibung
baseline	Grundlinie wird nicht verschoben, Defaultwert
sub	Grundlinie wird auf die Grundlinie von Indizes verschoben.
super	Grundlinie wird auf die Grundlinie von Hochzahlen verschoben.
<percentage>	Prozentangabe
<length>	Längenangabe
inherit	

blank-or-not-blank

(Seitengestaltung und Layout)

Legt fest, ob die ausgewählte Seitenvorlage angewendet werden darf.

Verwendung: fo:conditional-page-master-reference; nicht vererbt

```
<fo:conditional-page-master-reference master-name="test"
  blank-or-not-blank="not-blank" />
```

Werte	Beschreibung
blank	Die Seitenvorlage darf nur ausgewählt werden, wenn keine Ausgaben auf sie erfolgen.
not-blank	Die Seitenvorlage wird gewählt, wenn fo:flow-Objekte ausgegeben werden.
any	Die Seitenvorlage darf immer ausgewählt werden (Defaultwert).
inherit	

block-progression-dimension

(Bereichsdimensionierung)

Mit dieser Eigenschaft wird die Ausdehnung in Richtung der Blockausgabe festgelegt. Diese Eigenschaft besteht aus den Komponenten .minimum, .optimum, .maximum.

Verwendung: für alle Elemente; nicht vererbt

Werte	Beschreibung
auto	Der Wert wird vom Formatierer anhand anderer Eigenschaften berechnet, Defaultwert (alle Komponenten werden auf „auto" gesetzt).
<length>	Längenangabe, alle drei Komponenten erhalten den angegebenen Wert

Werte	Beschreibung
<percentage>	Prozentangabe, alle drei Komponenten erhalten den gleichen Wert
<length-range>	Erlaubt die Spezifikation von Werten für die einzelnen Komponenten (.minimum, .optimum, .maximum)
inherit	

Negative Werte für <length> oder <length-range> werden so behandelt, als wäre der Wert 0 eingegeben worden.

border

(Kurzschreibweise)
Legt für alle vier Ränder die gleichen Merkmale fest (vgl. Kapitel 5 „CSS").
Anwendung: für alle Elemente; nicht vererbt

Werte	Beschreibung
<border-width>	Stärke des Rands
<border-style>	Randstil
<color>	Randfarbe
inherit	

Die Eigenschaften **„border-bottom"**, **„border-left"**, **„border-right"**, **„border-top"** lassen die Spezifikation von Randstärke, -stil und -farbe für die einzelnen der vier Teile des Rands zu (vgl. Kapitel 5 „CSS").

border-after-color, border-before-color, border-start-color, border-end-color

(allgemeine Rand-, Füllbereichs- und Hintergrundeigenschaften)
Legt die Farbe des angegebenen Rands fest (analog zu CSS2).
Verwendung: für Blockbereiche und Inlinebereiche; nicht vererbt

```
<fo:block border-before-color="red"
  border-before-width="3mm"
  border-style="solid" ...>
```

Werte	Beschreibung
<color>	Farbwert
inherit	

border-after-precedence, border-before-precedence, border-end-precedence, border-start-precedence

(Tabellen)
Legt den Vorrang für die Randdefinitionen fest.
Verwendung: fo:table, fo:table-body, fo:table-header, fo:table-footer, fo:table-column, fo:table-row, fo:table-cell; nicht vererbt

Werte	Beschreibung
force	Höchster Vorrang
<integer>	Ganze Zahl; eine höhere Zahl bedeutet einen höheren Vorrang
inherit	

Als Defaultwert sind für die Tabellenobjekte folgende Vorrangregeln aufgestellt:

Formatierungsobjekt	Vorrang
fo:table	6
fo:table-cell	5
fo:table-column	4
fo:table-row	3
fo:table-body	2
fo:table-header	1
fo:table-footer	0

border-after-style, border-before-style, border-end-style, border-start-style

(allgemeine Rand-, Füllbereichs- und Hintergrundeigenschaften)
Gibt die Stildefinition für den angegebenen Rand an (vgl. Kapitel 5 „CSS").
Verwendung: für alle Elemente; nicht vererbt

Werte	Beschreibung
none	Kein Rand (Defaultwert)
hidden	Analog zu „none", verwendet für Ränder von Tabellenzellen
dotted	punktiert
dashed	gestrichelt
solid	durchgezogen
double	doppelte Linie
groove	„gefurcht" (scheinbar in die Ausgabefläche hinein)
ridge	„gerillt" (scheinbar aus der Ausgabefläche heraus)
inherit	

border-after-width, border-before-width, border-end-width, border-start-width

(allgemeine Rand-, Füllbereichs- und Hintergrundeigenschaften)
Beschreibt die Randbreite (analog zu Kapitel 5 „CSS"; nicht vererbt

Werte	Beschreibung
thin	dünner Rand
medium	mittlere Randbreite (Defaultwert)
thick	dicker Rand
<length>	Längenangabe (nur positive Angaben)
inherit	

border-bottom-color, border-left-color, border-right-color, border-top-color

Randfarbe; vgl. Kapitel 5 „CSS"; nicht vererbt

border-bottom-style, border-left-style, border-right-style, border-top-style

Randstil; vgl. Kapitel 5 „CSS"; nicht vererbt

border-bottom-width, border-left-width, border-right-width, border-top-width

Randbreite; vgl. Kapitel 5 „CSS"

border-collapse

(Tabellen)
Wählt ein Modell für die Tabellenrahmen aus (vgl. Kapitel 5 „CSS"). Verwendung: fo:table; wird vererbt

```
<fo:table border-collapse="separate"
  border-color="blue"
  border-style="solid"
  border-width=".6mm"
  height="20cm"
  width="15.5cm">
```

Werte	Beschreibung
collapse	wählt das „collapsing borders model" aus (Defaultwert)
collapse-with-precedence	Wählt das „collapsing border model" unter der Berücksichtigung der Vorrangregeln aus
separate	Wählt das „separated borders border model" aus
inherit	

border-color

(Kurzschreibweise)
Legt die Farbe für alle vier Ränder eines Bereiches fest; vgl. Kapitel 5 „CSS"
Anwendung: für alle Elemente, nicht vererbt

```
<fo:table border-style="solid" border-width="0.5pt"
  border-color="blue">
```

Werte	Beschreibung
<color>	Farbe; vgl. Kapitel 5 „CSS"
transparent	durchsichtiger Rahmen (für überlappende Bereiche)
inherit	

border-separation

(Tabellen)
Bestimmt den Abstand zwischen zwei aneinander grenzenden Gitterlinien.
Verwendung: fo:conditional-page-master-reference; nicht vererbt

Werte	Beschreibung
<length-bp-ip-direction>	Defaultwert: .block-progression-direction="0pt", .inline-progression-direction="0pt"
inherit	

Für die Eigenschaft „border-separation" werden zwei Werte erwartet, die die Entfernung zwischen den Tabellenzellen sowohl in Blockausgaberichtung als auch in Zeilenausgaberichtung beschreiben.

border-spacing

(Kurzschreibweise)
Legt den Abstand zwischen den Rändern aneinander grenzender Tabellenzellen fest (vgl. Kapitel 5 „CSS").
Verwendung: fo:table, wird vererbt

Werte	Beschreibung
<length>	Gleiche horizontale und vertikale Entfernung, Defaultwert: 0pt
<length><length>	Der erste Wert legt den horizontalen Zwischenraum, der zweite Wert den vertikalen Zwischenraum fest.
inherit	

Die XSL-Formatierungseigenschaften „border-separation.block-progression-direction" und „border-separation.inline-progression-direction" erhalten denselben Wert, wenn nur eine Längenangabe vorliegt; andernfalls erhält „border-separation.block-progression-direction" den zweiten Parameter und „border-separation.inline-progression-direction" den ersten Parameter.

border-style

(Kurzschreibweise)
Legt den Linienstil des Rahmens fest; vgl. Kapitel 5 „CSS"
Verwendung: für alle Elemente; nicht vererbt

```
<fo:table border-width="2mm" border-style="solid"
  background-color="blue">
```

Werte	Beschreibung
<border-style>	Linienstil
inherit	

Für die Eigenschaft „border-style" können bis zu vier Werte angegeben werden. Falls nur ein Wert angegeben wird, werden alle vier Ränder im gleichen Linienstil dargestellt. Bei zwei Werten werden der obere und der untere Rand auf den ersten Wert und der linke und der rechte Rand auf den zweiten Wert gesetzt. Sind drei Werte festgelegt, so erhält der obere Rand den Linienstil gemäß der ersten Angabe, linker und rechter Rand werden beide mit dem Linienstil gemäß der zweiten Angabe ausgegeben und der untere Rand wird durch die dritte Angabe festgelegt. Vier verschiedene Werte legen der Reihe nach die Eigenschaften für den oberen, rechten, unteren und linken Rand fest.

border-width

(Kurzschreibweise)
Legt die Stärke des Rands fest; vgl. Kapitel 5 „CSS"
Verwendung: für alle Elemente; nicht vererbt

```
<fo:table-row border-style="solid" border-width="0.5pt"
  space-after.optimum="3pt">
```

Werte	Beschreibung
<border-width>	Randstärke
inherit	

Für die Eigenschaft „border-width" können bis zu vier Parameter, analog zur Eigenschaft „border-style", angegeben werden.

bottom, left, right, top

(allgemeine absolute Positionierung)
Diese Eigenschaften legen die Position der Ränder eines Bereiches fest (vgl. Kapitel 5 „CSS").
Verwendung: für alle positionierten Elemente, werden nicht vererbt

Werte	Beschreibung
none	Keine Angabe einer absoluten Positionierung (Defaultwert)
<length>	Längenangabe
<percentage>	Prozentuale Angabe
inherit	

break-after, break-before

(Zusammenhalten von Text)
Legt den Umbruch am Ende bzw. zu Beginn eines Bereiches fest.
Verwendung: Blockbereichselemente, fo:list-item, fo:table-row; nicht vererbt

```
<fo:block font-size="16pt"
  font-family="sans-serif"
  space-after.optimum="15pt"
  text-align="center"
  break-before="page">
<fo:block ... break-after="column" ....>
```

bewirkt einen Seitenumbruch vor diesem Block.

Werte	Beschreibung
auto	Kein Umbruch ist vorgesehen (Defaultwert)
column	Sieht einen Spaltenumbruch vor
page	Sieht einen Seitenumbruch vor
even-page	Sieht einen Umbruch auf geraden Seiten vor (gegebenenfalls wird eine Leerseite erzeugt)
odd-page	Sieht einen Umbruch auf ungeraden Seiten vor (gegebenenfalls wird eine Leerseite erzeugt)
inherit	

caption-side

(Tabellen)
Legt die Lage des Tabellentitels („caption"-Box) in Bezug auf den Tabellenrumpf („table"-Box) fest (vgl. Kapitel 5 „CSS").
Verwendung: fo:table-and-caption; wird vererbt

Werte	Beschreibung
before / top	Der Titel liegt oberhalb des Tabellenrumpfes (= before in Blockausgaberichtung).
after / bottom	Der Titel liegt unterhalb des Tabellenrumpfes (= after in Blockausgaberichtung).
start / left	Der Titel liegt links vom Tabellenrumpf (= start in Zeilenausgaberichtung).
end / right	Der Titel liegt rechts vom Tabellenrumpf (= end in Zeilenausgaberichtung).
inherit	

case-name

(dynamische Effekte)
Legt den Namen von fo:multi-case-Objekten fest.
Verwendung: fo:multi-case; nicht vererbt

Wert	Beschreibung
<name>	Ein eindeutiger Name innerhalb des aktuellen fo:multi-switch-Objektes.

case-title

(dynamische Effekte)
Legt einen Titel für das fo:multi-case-Objekt fest.
Verwendung: fo:multi-case; nicht vererbt

Wert	Beschreibung
<string>	Bezeichnung

character

(Zeicheneigenschaften)
Gibt den Unicode für ein Zeichen an.
Verwendung: fo:character; nicht vererbt

Werte	Beschreibung
<character>	Unicode für das gewünschte Zeichen.

clear

(Umfluss)
Diese Eigenschaft bewirkt für eine Box, dass das Umfließen des Textes abgebrochen wird. Der Text wird anschließend unterhalb der Box ausgegeben (vgl. Kapitel 5 „CSS").
Verwendung: Blockbereichsobjekte; nicht vererbt

Werte	Beschreibung
start	Der Umfluss für den Text wird abgebrochen, der die „start"-Kante umfließen soll.
end	Der Umfluss für den Text wird abgebrochen, der die „end"- Kante umfließen soll.
left	Entspricht clear = „start"
right	Entspricht clear = „end"
both	Der Umfluss wird in jedem Fall abgebrochen.
none	Der Umfluss findet statt, wie er durch fo:float-Objekte ausgelöst wird (Defaultwert).
inherit	

clip

(Seitenlayout)
Legt fest, welcher Teil eines Blockbereichs sichtbar ist; vgl. Kapitel 5 „CSS"
Verwendung: für alle Blockbereichselemente; nicht vererbt

Werte	Beschreibung
auto	Der dargestellte Bereich hat die gleiche Größe und Position wie der Bereich des Elements (Defaultwert).
rect(<top>,<right>, <bottom>,<left>)	Ein rechteckiger Bereich, dessen Parameter das Offset der jeweiligen Ränder des Bereiches des Elements angeben (auto = 0)
inherit	

Ergeben die Summen <left>+<right> bzw. <bottom>+<top> die Breite bzw. Höhe des darzustellenden Elements, so wird kein Pixel mehr angezeigt.

color

(Farbe)
Bestimmt die Textfarbe; vgl. Kapitel 5 „CSS“; wird vererbt

XSL fügt die Funktion rgb-icc() hinzu, die einen Farbwert gemäß der ICC-Farbtabelle zurückgibt. Die Werte dieser Funktion sind zulässige Argumente für Farbangaben.

```
<fo:block color="black">
<fo:inline color="#0000ff">
<fo:block color=rgb(255,100,128)>
```

color-profile-name

(Farbe)
Legt den Namen eines Farbprofils fest (Voraussetzung für die Verwendung der Funktion rgb-icc()).
Verwendung: fo:color-profile; nicht vererbt

Werte	Beschreibung
<name>	Angabe des Namens für das Farbprofil
inherit	

column-count

(Seitengestaltung und Layout)
Legt die Anzahl der Spalten in einem Bereich fest.
Verwendung: fo:region-body; nicht vererbt

```
<fo:region-body margin-top="1in"
  margin-bottom="1in"
  column-count="2"
  column-gap="0.2in"/>
```

Werte	Beschreibung
<number>	Zahl, Defaultwert 1 (keine mehrspaltige Ausgabe)
inherit	

column-gap

(Seitengestaltung und Layout)
Legt bei mehrspaltiger Ausgabe den Abstand zwischen angrenzenden Spalten fest (siehe auch Eigenschaft „column-count").
Verwendung: fo:region-body; nicht vererbt

Werte	Beschreibung
<length>	Längenangabe, Defaultwert: 12.0pt (negative Werte werden gleich 0pt gesetzt)
<percentage>	Prozentangabe
inherit	

column-number

(Tabellen)
Legt eine Spaltenzahl fest, anhand der die Definitionen der Tabellenspalten (fo:table-column) und Tabellenzellen (fo:table-cell) eindeutig zugeordnet werden können.
Verwendung: fo:table-column, fo:table-cell; nicht vererbt

```
<fo:table-column column-width="7cm" column-number="1"/>
  ....
<fo:table-cell column-number="1">
```

Werte	Beschreibung
<integer>	Ganze Zahl

column-width

(Tabellen)
Legt die Spaltenbreite fest.
Verwendung: fo:table-column; nicht vererbt

```
<fo:table-column column-width="50mm"/>
```

Werte	Beschreibung
<length>	Längenangabe
<percentage>	Prozentangabe

Die Breite muss für jede Spalte angegeben werden, da sonst die Spaltenbreiten automatisch vergeben werden. Die Angaben von Spaltenbreiten werden nicht mehr verwendet, wenn Tabelleninhalt über Spalten hinweg ausgegeben wird (vgl. Eigenschaft „number-columns -spanned").

Die Funktion „proportional-column-width()" kann nur in Zusammenhang mit einem festen Tabellenlayout (*fixed table layout*) verwendet werden.

content-type

(Verschiedenes)
Legt den „content-type" fest, anhand dessen die verwendete Software (*user agent*) einen für das Objekt geeigneten Darstellungsalgorithmus auswählen kann.
Verwendung: fo:external-graphic, fo:instream-foreign-object; nicht vererbt

Werte	Beschreibung
auto	Kein content-type ist festgelegt (Defaultwert)
<string>	Als Zeichenkette kann entweder ein MIME-Type oder eine Namensraumspezifikation angegeben werden.

content-height, content-width

(Bereichsdimensionierung)
Diese Eigenschaften bestimmen Höhe und Breite eines Grafikobjekts.
Verwendung: fo:external-graphic, fo:instream-foreign-object; nicht vererbt

Werte	Beschreibung
auto	Die Abmessungen des Objekts werden übernommen (Defaultwert)
scale-to-fit	Die Skalierung wird dem Ausgabefenster angepasst
<length>	Absolute Längenangabe; dies bewirkt eine Skalierung der Grafik.
<percentage>	Prozentangabe; legt eine Skalierung für das Grafikobjekt fest.
inherit	

country

(allgemeine Silbentrennungseigenschaften)
Legt die Ländereinstellungen für Zeilenausrichtung, Zeilenumbruch und Silbentrennung fest.
Verwendung: fo:block, fo:character, fo:page-sequence; wird vererbt

```
<fo:block ... language="en" country="US" ...>
```

Werte	Beschreibung
none	Keine Länderangabe (z.B. weil das Land unbekannt ist oder für die Formatierung keine Rolle spielt, Defaultwert)
<country>	Angabe eines Ländernamens gemäß RFC3066
inherit	

Die Eigenschaft „country" ermöglicht eine Unterscheidung der Spracheigenschaften, wenn die gleiche Sprache in verschiedenen Ländern gesprochen wird.

cue, cue-after, cue-before

(Sprachausgabe)
Bestimmt das Erkennungssignal; vgl. Kapitel 5 „CSS", Abschnitt 5.10; nicht vererbt

destination-placement-offset

(dynamische Effekte)
Legt die Entfernung zwischen dem Beginn der Seite und dem Zielbereich des fo:basic-link-Objekts fest.
Verwendung: fo:basic-link; nicht vererbt

Wert	Beschreibung
<length>	Längenangabe, Defaultwert: 0pt

direction

(Ausgabemodus)
Bestimmt u.a. die Grundausgaberichtung für Blöcke und die Richtung für die Tabellenspalten (vgl. Kapitel 5 „CSS").
Verwendung: für alle Elemente; wird vererbt

Werte	Beschreibung
ltr	Ausgaberichtung von links nach rechts (Defaultwert)
rtl	Ausgaberichtung von rechts nach links
inherit	

display-align

(Bereichsausrichtung)
Legt die Ausrichtung in der Ausgaberichtung für Blockbereiche fest. Verwendung: fo:table-cell, fo:region-body, fo:region-before, fo:region-after, fo:region-start, fo:region-end, fo:block-container, fo:inline-container, fo:external-graphic, fo:instream-foreign-object; wird vererbt

Werte	Beschreibung
auto	automatische Ausrichtung, Defaultwert
before	Die „before-edge" des ersten Kindelements fällt mit der „before-edge" des Elternelements zusammen.
center	Die Kindelemente werden in der Mitte des Elternelements platziert.
after	Die „after-edge" des letzten Kindelements fällt mit der „after-edge" des Elternelements zusammen.
inherit	

dominant-baseline

(Bereichsausrichtung)
Legt die Werte in der „baseline"-Tabelle fest. Diese Tabelle enthält die drei Komponenten:

- Bezeichner für die Grundlinie (*baseline-identifier)* für den Wert von dominant-baseline
- eine abgeleitete Grundlinientabelle (*baseline-table*)

- Schriftgrößenangabe für die Positionen der Grundlinien in der Grundlinientabelle.

Verwendung: für alle Objekte eines Inlinebereiches; nicht vererbt

Werte	**Beschreibung**
auto	Die Werte werden automatisch vergeben, Defaultwert
use-script	Die Werte werden anhand der aktuellen Schrift gewählt
no-change	Die Werte werden unverändert vom Elternbereich übernommen
reset-size	Die Schriftgrößenangabe für die „baseline"-Tabelle wird auf die Schriftgröße des Elternelements gesetzt.
ideographic	Die Grundlinientabelle wird gemäß einer ideografischen Schrift definiert.
alphabetic	Die Grundlinientabelle wird gemäß einer alphabetischen Schrift definiert.
hanging	Die Grundlinientabelle wird gemäß einer „hängenden" Schrift definiert.
mathematical	Die Grundlinientabelle wird gemäß von mathematischen Symbolen definiert
central	Die Grundlinientabelle wird gemäß des Werts „central" definiert.
middle	Die Grundlinientabelle wird gemäß des Werts „middle" definiert.
text-after-edge	Die Grundlinientabelle wird gemäß der „after-edge" des Textelements definiert.
text-before-edge	Die Grundlinie wird gemäß der „before-edge" des Textelements definiert.
inherit	

elevation

(Sprachausgabe)
Bestimmt den räumlichen Effekt „oben" und „unten"; vgl. Kapitel 5 „CSS", Abschnitt 5.10; wird vererbt.

empty-cells

(Tabellen)
vgl. Kapitel 5 „CSS"; wird vererbt.

end-indent

(allgemeine Randbereichseigenschaften)
Legt den Einzug am Ende einer Zeile fest.
Verwendung: für alle Blockbereichselemente; wird vererbt

```
<fo:block: start-indent="3mm" end-indent="3mm" ...>
```

Werte	Beschreibung
<length>	Längenangabe, Defaultwert: 0pt
<percentage>	Prozentangabe
inherit	

Negative Werte bewirken, dass der Inhalt über den Rand hinaus ausgegeben wird.

ends-row

(Tabellen)
Bestimmt, ob die betreffende Tabellenzelle die Reihe abschließt.
Verwendung: fo:table-cell; nicht vererbt

Werte	Beschreibung
false	Die Zelle beendet nicht die Reihe (Defaultwert).
true	Die Zelle beendet die Reihe.

extent

(Seitengestaltung und Layout)
Legt die Breite der Bereiche region-start, region-end, region-before und region-after fest.
Verwendung: fo:region-start, fo:region-end, fo:region-before, fo:region-after; nicht vererbt

```
<fo:region-before extent="1.5cm"/>
```

Werte	Beschreibung
<length>	Längenangabe, Defaultwert 0.0pt.
<percentage>	Prozentangabe
inherit	

external-destination

(dynamische Effekte)
Legt das Zieldokument für ein fo:basic-link-Objekt fest.
Verwendung: fo:basic-link; nicht vererbt

Wert	Beschreibung
<uri-specification>	URI, Defaultwert: Leerstring

float

(Umfluss)
Legt fest, wie ein Bereich von „float"-Elementen umgeben werden soll (vgl. Kapitel 5 „CSS").
Verwendung: für alle Elemente außer für positionierte Elemente

Werte	Beschreibung
before	Das Element wird in Richtung der „before"-Kante positioniert und in Richtung der „after"-Kante umflossen.
start	Das Element wird in Richtung der „start"-Kante positioniert und in Richtung der „end"-Kante umflossen.

Werte	Beschreibung
end	Das Element wird in Richtung der „end"-Kante positioniert und in Richtung der „start"-Kante umflossen.
left	Entspricht float="start"
right	Entspricht float="end"
none	Kein Umfluss wird festgelegt (Defaultwert).
inherit	

flow-name

(Seitengestaltung und Layout)
Legt die Bezeichnung fest, mit der die Seitenbereiche mit fo:flow- und fo:static-content-Objekten verknüpft werden.
Verwendung: fo:flow, fo:static-content, nicht vererbt

```
<fo:static-content flow-name="xsl-region-after">
```

Wert	Beschreibung
<name>	Gibt die Bezeichnung an, Defaultwert ist ein leerer Name

font

(Schrift)
Allgemeine Angabe der Schrifteigenschaften „<font-family>", „<font-size>", „<font-style>", „<font-variant>", „<font-weight>", „<line-height>", „caption", „icon", „menu", „message-box", „small-caption", „status-bar" und „inherit". Vgl. Kapitel 5 „CSS"; wird vererbt.

font-family

(allgemeine Schrifteigenschaften)
Angabe der Schriftfamilie; vgl. Kapitel 5 „CSS"; wird vererbt.

font-selection-strategy

(allgemeine Schrifteigenschaften)
Bestimmt, auf welche Weise ähnliche Schriften ausgewählt werden sollen, wenn eine bestimmte Schriftart nicht zur Verfügung steht; wird vererbt.

font-size

(allgemeine Schrifteigenschaften)
Angabe der Schriftgröße; vgl. Kapitel 5 „CSS"; der berechnete Wert wird vererbt.

font-size-adjust

(allgemeine Schrifteigenschaften)
Vgl. Kapitel 5 „CSS"; wird vererbt.

font-stretch

(allgemeine Schrifteigenschaften)
Legt die Laufweite der Schrift fest; vgl. Kapitel 5 „CSS"; wird vererbt.

font-style

(allgemeine Schrifteigenschaften)
Bestimmt den Schriftstil; vgl. Kapitel 5 „CSS"; wird vererbt.

font-variant

(allgemeine Schrifteigenschaften)
Legt eine Schriftvariante fest; vgl. Kapitel 5 „CSS"; wird vererbt.

font-weight

(allgemeine Schrifteigenschaften)
Bestimmt das Schriftgewicht; vgl. Kapitel 5 „CSS"; wird vererbt.

```
<fo:block font-size="12pt"
  font-family="sans-serif"
```

```
font-style="italic"
font-weight="900"
font-stretch="wider"
line-height="16pt"
color="red"
space-after.optimum="3pt"
text-align="justify">
```

force-page-count

(Seitengestaltung und Layout)

Diese Eigenschaft erzwingt bei der Ausgabe der Inhalte je nach dem festgelegten Wert eine bestimmte Anzahl von Seiten. Sollte die Bedingung nicht erfüllt werden können, wird eine zusätzliche Seite am Ende der Seitenfolge angehängt.

Verwendung: fo:page-sequence, nicht vererbt

Werte	Beschreibung
auto	Erzwingt eine ungerade Seite, wenn die nächste Seite eine gerade Seite ist; erzwingt eine gerade Seite, wenn die nächste Seite eine ungerade Seite ist. Sollten keine weiteren Seiten vorliegen, hat der Wert „auto" keine Bedeutung.
even	Erzwingt eine gerade Anzahl von Seiten für die angegebene Seitenabfolge.
odd	Erzwingt eine ungerade Anzahl von Seiten für die angegebene Seitenabfolge.
end-on-even	Die letzte Seite muss eine gerade Seite sein.
end-on-odd	Die letzte Seite muss eine ungerade Seite sein.
no-force	Legt keine Bedingung für die Seitenzahl fest.
inherit	

Die Eigenschaft „page-number" legt fest, ob eine Seite als gerade oder als ungerade Seite gilt.

format

(Zeichenkettenkonvertierung)
Bestimmt anhand bestimmter Symbole, in welche Zeichenketten die Zahlen umgewandelt werden sollen (siehe auch Eigenschaft „initial-page-number").
Verwendung: fo:page-sequence, nicht vererbt

Werte	Beschreibung
„1"	1 2 3 ... 10 11 12 ... 99 100 101 ...
„01"	01 02 03 ... 10 11 12 ... 99 100 101 ...
„A"	A B C ... AA BB CC ...
„a"	a b c ... aa bb cc ...
„i"	i ii iii iv v vi vii viii ix x xi...
„I"	I II III IV V VI VII VIII IX X XI ...

Wird ein anderes Symbol verwendet, so beginnt die Liste der Nummerierungen mit diesem Symbol. Der Nummerierung liegt grundsätzlich die deklarierte Sprache (Eigenschaft lang) zugrunde.

```
<fo:page-sequence master-name="Schuelerliste"
                  format="I"
                  initial-page-number="1">
```

ergibt eine Seitennummerierung in römischen Zahlzeichen, beginnend mit dem Wert „I".

Das XSL-Attribut „format" wird in Zusammenhang mit dem Objekt xsl:number analog verwendet. Es kann beispielsweise eingesetzt werden, um nummerierte Listen auszugeben (vgl. Abschnitt 8.5).

glyph-orientation-horizontal

(Ausgabemodus)

Legt die Richtung von Symbolen relativ zur Ausgaberichtung (*writing-mode*) fest; dabei wird auch die Ausrichtung und die Breite der Symbolausgabebereiche angepasst.

Verwendung: fo:character; wird vererbt

Werte	Beschreibung
0	Das Zeichen wird unverändert ausgegeben (Defaultwert).
90	Das Zeichen wird um 90° im Uhrzeigersinn gedreht ausgegeben.
180	Das Zeichen wird um 180° im Uhrzeigersinn gedreht ausgegeben.
270	Das Zeichen wird um 270° im Uhrzeigersinn gedreht ausgegeben.
inherit	

glyph-orientation-vertical

(Ausgabemodus)

Legt die Richtung von Symbolen relativ zur Ausgaberichtung (*writing-mode*) fest, wenn die Textausgaberichtung entweder „tb" (*top to bottom*) oder „bt" (*bottom to top*) gegeben ist; dabei wird auch die Ausrichtung und die Breite der Symbolausgabebereiche angepasst.

Verwendung: fo:character; wird vererbt

Werte	Beschreibung
auto	Legt die Richtung für die Symbole automatisch fest (Defaultwert)
0	Das Zeichen wird unverändert ausgegeben (Defaultwert).

Werte	Beschreibung
90	Das Zeichen wird um 90° im Uhrzeigersinn gedreht ausgegeben.
180	Das Zeichen wird um 180° im Uhrzeigersinn gedreht ausgegeben.
270	Das Zeichen wird um 270° im Uhrzeigersinn gedreht ausgegeben.
inherit	

grouping-separator

(Zeichenkettenkonvertierung)
Legt das Trennzeichen fest, mit dem Zifferngruppen voneinander getrennt werden sollen.
Verwendung: fo:page-sequence, nicht vererbt

Werte	Beschreibung
<character>	Zeichen („." , „,", ...)

grouping-size

(Zeichenkettenkonvertierung)
Bestimmt die Anzahl der Ziffern innerhalb einer Zifferngruppe.
Verwendung: fo:page-sequence, nicht vererbt

```
grouping-letter = "."
grouping-size = "3"
```

ergibt die Ausgabe von Zahlen in der Form 1.000.000

Werte	Beschreibung
<integer>	Ganze Zahl, legt die Gruppengröße fest

height

(Bereichsdimensionierung)
Legt die Höhe von Bereichen fest; vgl. Kapitel 5 „CSS"; nicht vererbt.

hyphenate

(allgemeine Silbentrennungseigenschaften)
Legt fest, ob die Silbentrennung bei der Ausgabe der Objekte durchgeführt werden soll.
Verwendung: fo:block, fo:character; wird vererbt

```
<fo:block hyphenate="true"
  hyphenation-character="~"
  hyphenation-push-character-count="2"
  hyphenation-remain-character-count="2" ...>
```

Werte	Beschreibung
false	Silbentrennung wird nicht durchgeführt (Defaultwert).
true	Silbentrennung wird bei Zeilenumbruch auf den ausgegebenen Text angewendet.
inherit	

hyphenation-character

(allgemeine Silbentrennungseigenschaften)
Beschreibt das Unicode-Zeichen, das für die Silbentrennung verwendet werden soll (siehe auch Eigenschaft „hyphenate").
Verwendung: für fo:block, fo:character; wird vererbt

Werte	Beschreibung
<character>	Legt das Unicode-Zeichen fest, Defaultwert: U+2010
inherit	

hyphenation-keep

(Block- und Zeileneigenschaften)
Diese Eigenschaft legt fest, ob die Silbentrennung in der letzten Zeile einer Spalte oder einer Seite durchgeführt werden darf.
Verwendung: fo:block; wird vererbt

Werte	Beschreibung
auto	Silbentrennung darf auch in der letzten Zeile angewendet werden (Defaultwert).
column	Beide Wortteile müssen nach der Silbentrennung innerhalb einer Spalte liegen.
page	Beide Wortteile müssen nach der Silbentrennung auf einer Seite liegen.
inherit	

hyphenation-ladder-count

(Block- und Zeileneigenschaften)
Diese Eigenschaft legt fest, auf wie viele Zeilen hintereinander die Silbentrennung angewendet werden darf.
Verwendung: fo:block; wird vererbt

Werte	Beschreibung
no-limit	Keine Einschränkungen (Defaultwert)
<integer>	Ganze Zahl; legt die maximale Zahl von Zeilen fest, die hintereinander Silbentrennung aufweisen dürfen.
inherit	

hyphenation-push-character-count

(allgemeine Silbentrennungseigenschaften)
Legt die minimale Zeichenzahl fest, die nach der Silbentrennung in

einem Wort bleibt (siehe auch Eigenschaft „hyphenate").
Verwendung: für fo:block, fo:character; wird vererbt

Werte	Beschreibung
<number>	ganze Zahl, Defaultwert: 2
inherit	

hyphenation-remain-character-count

(allgemeine Silbentrennungseigenschaften)
Legt die minimale Zeichenzahl fest, die vor der Silbentrennung in einem Wort bleibt (vgl. auch Eigenschaft „hyphenate").
Verwendung: für fo:block, fo:character; wird vererbt

Werte	Beschreibung
<number>	ganze Zahl, Defaultwert: 2
inherit	

id

(Verschiedenes)
Erlaubt die Vergabe eines innerhalb des gesamten Objektbaums eindeutigen Namens; wird nicht vererbt (die Wertzuweisung „inherit" ist ebenfalls nicht möglich).

Wert	Beschreibung
<id>	Bezeichner; als Defaultwert wird ein vom jeweiligen System abhängiger Wert frei vergeben.

Mit der Eigenschaft id werden Beziehungen zwischen verschiedenen Formatierungsobjekten hergestellt.

Die XSL-Funktion generate-id() erzeugt einen eindeutigen Namenswert für die Eigenschaft id.

indicate-destination

(dynamische Effekte)
Bestimmt, ob die Bereiche anders dargestellt werden sollen, sobald eine Verknüpfung zu einem entfernten Dokument realisiert wurde.
Verwendung: fo:basic-link; nicht vererbt

Werte	Beschreibung
true	Bereiche werden markiert.
false	Bereiche werden nicht markiert (Defaultwert).

initial-page-number

(Seitengestaltung und Layout)
Bestimmt die Seitenzahl der ersten Seite in der angegebenen Seitenabfolge.
Verwendung: fo:page-sequence, nicht vererbt

```
<fo:page-sequence master-name="Schuelerliste"
  format="1"
  initial-page-number="1">
```

Werte	Beschreibung
auto	Falls kein vorausgehendes fo:page-sequence-Objekt in diesem Dokument vorliegt, wird die Seitenzahl auf 1 gesetzt. Andernfalls erhält die Seitenzahl einen um 1 größeren Wert als die Zahl der letzten Seite des vorangegangenen fo:page-sequence-Objekts (Defaultwert).
auto-odd	Erzwingt unter den gleichen Voraussetzungen wie „auto" eine ungerade Seitenzahl
auto-even	Erzwingt unter den gleichen Voraussetzungen wie „auto" eine gerade Seitenzahl
<integer>	Legt die Zahl der ersten Seite fest
inherit	

inline-progression-dimension

(Bereichsdimensionierung)
Mit dieser Eigenschaft wird die Ausdehnung in Richtung der Ausgabe der Inlinebereiche festgelegt. Diese Eigenschaft besteht aus den Komponenten .minimum, .optimum, .maximum.
Verwendung: für alle Elemente; nicht vererbt

Werte	Beschreibung
auto	Der Wert wird vom Formatierer anhand anderer Eigenschaften berechnet, Defaultwert (alle Komponenten werden auf „auto" gesetzt)
<length>	Längenangabe, alle drei Komponenten erhalten den angegebenen Wert
<percentage>	Prozentangabe, alle drei Komponenten erhalten den gleichen Wert
<length-range>	Erlaubt die Spezifikation von Werten für die einzelnen Komponenten
inherit	

Negative Werte für <length> oder <length-range> werden so behandelt, als wäre der Wert 0 eingegeben worden.

internal-destination

(dynamische Effekte)
Verweis auf einen Knoten im gleichen Dokument.
Verwendung: fo:basic-link; nicht vererbt

```
<fo:basic-link color="blue"
  internal-destination="grafik">Staffelbild</fo:basic-link>
```

Werte	Beschreibung
Leerstring	Defaultwert
<idref>	Eine Referenz auf einen eindeutigen „id"-Wert

intrusion-displace

(Umfluss)

Bestimmt den Algorithmus für das Positionieren der Elemente, wenn Überlappungen von Bereichen entstehen könnten.

Verwendung: fo:block, fo:block-container, fo:table-and-caption, fo:table, fo:table-caption, fo:list-block, fo:list-item; wird vererbt

Werte	Beschreibung
auto	Defaultwert
none	Weder Inlinebereiche noch Blockbereiche werden verschoben
line	Die „start"-Kante und die „end"-Kante eines Zeilenbereiches werden so verschoben, dass keine Überlappung mehr stattfindet.
indent	Alle „start"-Kanten (bzw. „end"-Kanten) der Zeilenbereiche eines Blockbereiches werden so weit verschoben, dass in keiner Zeile eine Überlappung stattfindet.
block	Die „start"-Kante (bzw. „end"-Kante) eines Blockbereiches wird so verschoben, dass keine Überlappung stattfindet.
inherit	

keep-together

(Zusammenhalten von Text)

Beschreibt, wie Elemente bei Umbrüchen zusammengehalten werden sollen.

Verwendung: Blockbereichselemente, Inlinebereichselemente, fo:table-caption, fo:table-row, fo:list-item, fo:list-item-label, fo:list-item-body; wird vererbt

Die Eigenschaft keep-together erhält ihre Angaben in drei Komponenten: .within-line, .within-column und .within-page, die das Zusammenhalten der Objekte in Bezug auf Zeilen-, Spalten- und Seitenumbruch beschreiben.

Werte	Beschreibung
auto	Für das Zusammenhalten von Objekten sind keine Regeln festgelegt. Defaultwert: keep-together.within-line="auto" keep-together.within-column="auto" kepp-together.within-page="auto"
always	Bestimmt, dass die Objekte immer zusammengehalten werden sollen
<integer>	Ganze Zahl, die festlegt, wie streng die Regel zum Zusammenhalten der Objekte eingehalten werden soll
inherit	

keep-with-next

(Zusammenhalten von Text)

Beschreibt, wie ein Objekt mit dem folgenden zusammengehalten werden soll.

Verwendung: für Blockbereichselemente, Inlinebereichselemente, fo:list-item, fo:table-row; nicht vererbt

Die Eigenschaft keep-with-next erhält ihre Angaben in drei Komponenten: .within-line, .within-column und .within-page, die das Zusammenhalten der Objekte in Bezug auf Zeilen-, Spalten- und Seitenumbruch beschreiben.

Werte	Beschreibung
auto	Für das Zusammenhalten von Objekten sind keine Regeln festgelegt. Defaultwert: keep-with-next.within-line="auto" keep-with-next.within-column="auto" kepp-with-next.within-page="auto"
always	Bestimmt, dass die Objekte immer zusammengehalten werden sollen
<integer>	Ganze Zahl, die festlegt, wie streng die Regel zum Zusammenhalten der Objekte eingehalten werden soll
inherit	

keep-with-previous

(Zusammenhalten von Text)
Beschreibt, wir ein Objekt mit dem vorhergehenden zusammengehalten werden soll.
Verwendung: Blockbereichselemente, Inlinebereichselemente, fo:list-item, fo:table-row; nicht vererbt

Die Eigenschaft keep-with-previous erhält ihre Angaben in drei Komponenten: .within-line, .within-column und .within-page, die das Zusammenhalten der Objekte in Bezug auf Zeilen-, Spalten- und Seitenumbruch beschreiben.

Werte	Beschreibung
auto	Für das Zusammenhalten von Objekten sind keine Regeln festgelegt. Defaultwert: keep-with-previous.within-line="auto" keep-with-previous.within-column="auto" kepp-with-previous.within-page="auto"
always	Bestimmt, dass die Objekte immer zusammengehalten werden sollen

Werte	Beschreibung
<integer>	Ganze Zahl, die festlegt, wie streng die Regel zum Zusammenhalten der Objekte eingehalten werden soll
inherit	

language

(allgemeine Silbentrennungseigenschaften)
Legt die Spracheinstellungen für Zeilenausrichtung, Zeilenumbruch und Silbentrennung fest.
Verwendung: fo:block, fo:character, fo:page-sequence; wird vererbt

```
<fo:block ... language="de" ...>
```

Werte	Beschreibung
none	Keine Sprachangabe (z.B. weil die Sprache unbekannt ist, oder für die Formatierung keine Rolle spielt, Defaultwert)
<language>	Angabe einer Sprache gemäß RFC3066 (vgl. Anhang A.1)
inherit	

last-line-end-indent

(Block- und Zeileneigenschaften)
Legt einen Einzug, gerechnet von der „end-edge", für die letzte Zeile des letzten Blockbereiches fest. Positive Werte legen einen Einzug fest, negative Werte erlauben ein Schreiben über den Rand hinaus.
Verwendung: fo:block; wird vererbt

Werte	Beschreibung
<lenght>	Längenangabe, Defaultwert: 0pt
<percentage>	Prozentangabe.
inherit	

leader-alignment

(Linien)
Bestimmt die Ausrichtung für eine Führungslinie.
Verwendung: fo:leader; wird vererbt

Werte	Beschreibung
none	Keine spezielle Ausrichtung (Defaultwert)
reference-area	Führungslinie beginnt an der „start"-Kante des so genannten „Referenzbereiches" des Elements.
page	Die Führungslinie wird nach der „start"-Kante der aktuellen Seite ausgerichtet.
inherit	

leader-length

(Linien)
Legt die Länge der Führungslinie fest.
Verwendung: fo:leader; wird vererbt

```
<fo:leader leader-length.maximum="10cm"
  leader-pattern="rule"/>
```

Werte	Beschreibung
<length-range>	Legt die Komponenten .minimum, .optimum und .maximum fest. Defaultwert siehe unten.
<percentage>	Prozentangabe
inherit	

Der Defaultwert für die Komponenten leader-length.minimum="0pt" leader-length.optimum="12pt" und leader-maximum="100%" legt fest, dass die Führungslinie den gesamten zur Verfügung stehenden Platz ausfüllt.

leader-pattern

(Linien)

Legt das „Füllmuster" für die Linien fest (siehe auch Eigenschaft „leader-length").

Verwendung: fo:leader; wird vererbt

Werte	Beschreibung
space	Leerraum (Defaultwert)
rule	Die Linie wird gemäß der gesetzten Eigenschaften „rule-thickness" und „rule-style" gezogen.
dots	Punktierte Linie
use-content	Wiederholtes Muster, das durch die Kindelemente des fo:leader-Objekts festgelegt wird
inherit	

leader-pattern-width

(Linien)

Legt die Länge einer wiederholten Periode einer Führungslinie fest; wird vererbt.

Werte	Beschreibung
use-font-metrics	Leitet den Wert aus der gewählten Schriftart ab (Defaultwert)
<length>	Längenangabe
<percentage>	Prozentangabe
inherit	

left, bottom, right, top

(allgemeine absolute und relative Positionierung); siehe Eigenschaft „bottom"

letter-spacing

(Zeicheneigenschaften)
Bestimmt den Abstand zwischen Textzeichen.
Verwendung: für alle Elemente; wird vererbt

```
<fo:block letter-spacing="2.5px" ...>
```

Werte	Beschreibung
normal	Der Zeichenabstand wird aus der gewählten Schriftart übernommen (Defaultwert)
<length>	vgl. Kapitel 5 „CSS"
<space>	Legt die Komponenten .minimum, .optimum und .maximum fest
inherit	

Falls die Eigenschaft „letter-spacing" analog zum CSS-Wert <length> festgelegt wird, erhalten die Komponenten line-height.minimum, .optimum, .maximum entsprechende Werte; die Komponente letter-spacing.conditionality wird auf „retain" gesetzt und letter-spacing.precedence auf „force".

letter-value

(Zeichenkettenkonvertierung)
Legt die Zeichen fest, die zur Nummerierung verwendet werden sollen.
Verwendung: fo:page-sequence, nicht vererbt

Werte	Beschreibung
alphabetic	Zeichen werden wie „a" gesetzt (a b c d ... aa bb cc ...)
traditional	Zeichen werden wie „i" gesetzt (i ii iii iv v vi ...)

linefeed-treatment

(Block- und Zeileneigenschaften)

Diese Eigenschaft bestimmt, wie Zeilenschaltungen (Unicode U+000A, *linefeed*) bei der Formatierung behandelt werden sollen.

Verwendung: Blockbereichselemente; wird vererbt

Werte	Beschreibung
ignore	Zeilenschaltungen werden verworfen.
preserve	Keine Änderungen während des Formatierens.
treat-as-space	Jede Zeilenschaltung wird beim Formatiervorgang in ein Leerzeichen (U+0020, *space*) umgewandelt.
treat-as-zero-width-space	Jede Zeilenschaltung wird beim Formatiervorgang in U+200B (*zero width space*) umgewandelt.
inherit	

line-height

(Block- und Zeileneigenschaften)

Für ein Blockbereichsobjekt legt diese Eigenschaft die minimale Zeilenhöhe für alle Inlinebereiche fest. Für Inlinebereichsobjekte wird die Zeilenhöhe durch die Eigenschaft „line-height" exakt festgelegt. Die Schriftgröße wird der Zeilenhöhe möglichst nahe angepasst.

Verwendung: fo:block, fo:block-container, fo:table-and-caption, fo:table, fo:list-block; wird vererbt

```
<fo:table-row line-height="12pt" ...>
<fo:block line-height="1em + 3pt" ...>
```

Werte	Beschreibung
normal	vgl. Kapitel 5 „CSS", Defaultwert.
<length>	vgl. Kapitel 5 „CSS"
<number>	vgl. Kapitel 5 „CSS" (nur positive Werte)

Werte	Beschreibung
<percentage>	vgl. Kapitel 5 „CSS" (nur positive Werte)
<space>	Legt die Komponenten .minimum, .optimum, .maximum, .conditionality und .precedence fest
inherit	

Falls die Eigenschaft „line-height" analog zu den CSS-Werten <length>, <number> oder <percentage> festgelegt wird, erhalten die Komponenten line-height.minimum, .optimum, .maximum entsprechende Werte; die Komponente line-height.conditionality wird auf „retain" gesetzt und line-height.precedence auf „force".

line-height-shift-adjustment

(Block- und Zeileneigenschaften)
Legt die Zeilenhöhe für Elemente fest, für die die Grundlinie verschoben wurde.
Verwendung: fo:block; wird vererbt

Werte	Beschreibung
consider-shifts	Für die Zeilenhöhe wird die verschobene „top-edge" und „bottom-edge" berücksichtigt (Ausgabe von hoch- und tiefgestelltem Text).
disregard-shifts	Für die Zeilenhöhe wird die ursprüngliche „top-edge" und „bottom-edge" verwendet.
inherit	

line-stacking-strategy

(Block- und Zeileneigenschaften)
Legt die Methode fest, nach der aneinander grenzende Linien positioniert werden.
Verwendung: fo:block; wird vererbt

Werte	Beschreibung
line-height	vgl. Kapitel 5 „CSS"
font-height	Ausrichtung nach der Schriftgröße (text-altitude)
max-height	Ausrichtung nach dem maximalen Abstand zwischen der tiefsten Unterlänge und der größten Oberlänge
inherit	

margin

(Kurzschreibweise)
Bestimmt die Randeigenschaften „margin-top", „margin-right", „margin-bottom" und „margin-left" für Blockbereiche und Inlinebereiche; vgl. Kapitel 5 „CSS"
Verwendung: für alle Elemente; nicht vererbt

Werte	Beschreibung
<margin-width>	Breite des Randbereiches; zwischen einer und vier Angaben.
inherit	

> Für die Eigenschaft „margin" können bis zu vier Parameter, analog zur Eigenschaft „border-style", angegeben werden.

margin-bottom, margin-left, margin-right, margin-top

(allgemeine Randbereichseigenschaften)
vgl. Kapitel 5 „CSS"; nicht vererbt.

```
<fo:region-body
  margin-right="1.5cm" margin-left="3.5cm"
  margin-bottom="2cm" margin-top="2cm" ...>
```

marker-class-name

(Marker)
Bestimmt für fo:marker-Objekte die Gruppenzugehörigkeit zu Objekten mit dem gleichen Namen; wird von einem fo:retrieve-marker-Objekt zurückgeliefert, das den gleichen Klassennamen hat (siehe auch Eigenschaft „retrieve-class-name").
Verwendung: fo:marker, nicht vererbt

```
<fo:marker marker-class-name="name">
  <xsl:value-of select="vornam"/>
</fo:marker>
```

Die Eigenschaft „marker-class-name" des fo:marker-Objekts muss den gleichen Wert haben wie die Eigenschaft „retrieve-class-name" des fo:retrieve-marker-Objekts.

Werte	Beschreibung
<name>	Legt den Klassennamen fest; dieser Name muss innerhalb des Bereiches eindeutig sein.

master-name

(Seitengestaltung und Layout)
Bestimmt für die Seitenvorlage den Namen, mit dem sie anschließend von den verschiedenen Seitenabfolgen verwendet wird.
Verwendung: fo:simple-page-master, fo:page-sequence-master; nicht vererbt

```
<fo:simple-page-master page-width="21cm"
  page-height="29.7cm" margin-right="1.5cm"
  margin-left="1.5cm" margin-bottom="1.5cm"
  margin-top="2cm"
  master-name="seitel">
  ...
<fo:page-sequence-master master-name="Ausgabe">
  <fo:repeatable-page-master-alternatives>
    <fo:conditional-page-master-reference
      master-name="seitel"
      ...
```

Wert	Beschreibung
<name>	Eindeutiger, nicht leerer Name

master-reference

(Seitengestaltung und Layout)
Gibt den Namen der Seitenvorlage an, die für die Seitenabfolge einmal oder wiederholt verwendet werden soll.
Verwendung: fo:page-sequence, fo:single-page-master-reference, fo:repeatable-page-master-reference, fo:conditional-page-master-reference; wird nicht vererbt

Wert	Beschreibung
<name>	Nicht leerer Name

max-height, max-width, min-height, min-width

(Bereichsdimensionierung)
vgl. Kapitel 5 „CSS"; nicht vererbt.

maximum-repeats

(Seitengestaltung und Layout)
Legt die maximale Zahl von Seiten fest, die durch die gewählten Seitenabfolgen wiederholt ausgegeben werden.
Verwendung: fo:repeatable-page-master-reference, fo:repeatable-master-alternatives; wird vererbt

Werte	Beschreibung
no-limit	Keine Beschränkung der Seitenzahl (Defaultwert)
<integer>	Ganze Zahl; der Wert 0 legt fest, dass die betreffende Seitenabfolge nicht verwendet werden soll.
inherit	

media-usage

(Seitengestaltung und Layout)
Bestimmt, wie das Ausgabemedium für die Darstellung der Seiten verwendet werden soll.
Verwendung: fo:root; nicht vererbt

Werte	Beschreibung
auto	Keine Ausgabemethode festgelegt
paginate	Die Ausgabe erfolgt mithilfe von Seitenabfolgen.
bounded-in-one-dimension	Es wird nur eine Seite (mit entsprechend gewählter Seitenhöhe „page-height" oder Seitenbreite „page-width") ausgegeben.
unbounded	Nur eine Seite wird ausgegeben; die Höhe der Seite und die Breite der Seite sind nicht festgelegt.

min-height, min-width, max-height, max-width

(Bereichsdimensionierung)
vgl. Kapitel 5 „CSS"; nicht vererbt.

number-columns-repeated

(Tabellen)
Legt fest, wie oft eine Tabellenspaltendefinition wiederholt angewendet werden soll.
Verwendung: fo:table-column; nicht vererbt

Werte	Beschreibung
<integer>	Ganze Zahl, Defaultwert: 1

number-columns-spanned

(Tabellen)
Bestimmt, über wie viele Tabellenspalten hinweg Inhalt ausgegeben wird.
Verwendung: fo:table-column, fo:table-cell; nicht vererbt

Werte	Beschreibung
<integer>	Ganze Zahl, Defaultwert 1

number-rows-spanned

(Tabellen)
Bestimmt, über wie viele Tabellenzeilen hinweg Inhalt ausgegeben wird.
Verwendung: fo:table-cell; nicht vererbt

Werte	Beschreibung
<integer>	Ganze Zahl, Defaultwert 1

odd-or-even

(Seitengestaltung und Layout)
Legt fest, ob eine Seitenvorlage für eine bestimmte Seitenabfolge verwendet werden kann.
Verwendung: fo:conditional-page-master-reference; nicht vererbt

```
<fo:conditional-page-master-reference master-name="links"
  odd-or-even="even"/>
```

Werte	Beschreibung
odd	Die Seitenvorlage wird für ungerade Seiten verwendet.
even	Die Seitenvorlage wird für gerade Seiten verwendet.

Werte	Beschreibung
any	Die Seitenvorlage wird für gerade und ungerade Seiten verwendet.
inherit	

orphans

(Zusammenhalten von Text)
Legt fest, wie viele Zeilen ein Absatz am Ende einer Seite (eines Bereiches) mindestens aufweisen muss („Schusterjungen"); vgl. Kapitel 5 „CSS"
Verwendung: für alle Blockbereichselemente; wird vererbt

```
<fo:block orphans="1">
```

Werte	Beschreibung
<integer>	Ganze Zahl, beschreibt die Anzahl der Zeilen am Ende einer Seite, Defaultwert: 2
inherit	

overflow

(Seitenlayout)
Diese Eigenschaft beschreibt, ob ein Inhalt eines Blockbereichselements angezeigt werden soll, wenn er den Bereich des Elements überschreitet; vgl. Kapitel 5 „CSS", Abschnitt 7.1.
Verwendung: für alle Blockbereichselemente; nicht vererbt

Werte	Beschreibung
auto	Die Anzeige hängt von der verwendeten Software (*user agent*) ab, eine entsprechende „Scrolling"-Methode wird erwartet (Defaultwert)
visible	Der Inhalt wird nicht verworfen sondern außerhalb des Bereiches angezeigt.

Werte	Beschreibung
hidden	Der Inhalt außerhalb des Bereiches wird verworfen und durch keine „Scrolling"-Methode angezeigt.
scroll	Der Inhalt außerhalb des Bereiches wird mithilfe einer „Scrolling"-Methode verfügbar.
error-if-overflow	Entspricht „hidden", gibt aber eine Fehlermeldung aus
inherit	

padding

(Kurzschreibweise)
Legt die Breite der Füllbereiche „padding-after", „padding-before", „padding- end" und „padding-start" fest; vgl. Kapitel 5 „CSS"
Verwendung: für alle Blockbereichselemente; nicht vererbt

```
<fo:table-cell padding="3pt">
```

Werte	Beschreibung
<padding-width>	Breitenangabe
inherit	

Für die Eigenschaft „padding" können bis zu vier Parameter, analog zur Eigenschaft „border-style", angegeben werden.

padding-after, padding-before, padding-end, padding-start

(allgemeine Rand-, Füllbereichs- und Hintergrundeigenschaften)
Legt die Breite des angegebenen Füllbereiches fest (analog Kapitel 5 „CSS"). Für XSL-Objekte wird der Wert für die Längenangabe mit den Komponenten .minimum, .optimum, .maximum, .conditionality ergänzt.

Verwendung: für alle Blockbereiche und Inlinebereiche; nicht vererbt

```
<fo:block font-size="18pt" ...
  padding-before="3pt"
  padding-start="-1cm"
  border-after-style="solid"
  border-start-width="1cm"
  border-start-color="red"
  border-start-style="solid">
```

Werte	Beschreibung
<length>	Längenangabe, Defaultwert: 0pt
<percentage>	Prozentsatz
<length-conditional>	Enthält die Werte „discard“ (Defaultwert) oder „retain“
inherit	

padding-bottom, padding-left, padding-right, padding-top

(allgemeine Rand-, Füllbereichs- und Hintergrundeigenschaften)
Legt die Breite des angegebenen Füllbereiches fest; vgl. Kapitel 5 „CSS“; wird nicht vererbt.

page-break-after

(Kurzschreibweise)
Legt fest, wie ein Seitenumbruch durchzuführen ist; vgl. Kapitel 5 „CSS“
Verwendung: Blockbereichselemente, fo:list-item, fo:table-row; nicht vererbt

Werte	Beschreibung
auto	Seitenumbruch wird weder erzwungen noch verboten (Defaultwert). XSL: break-after = „auto“ keep-with-next="auto"
always	XSL: break-after = „page“ keep-with-next="auto"

Werte	Beschreibung
avoid	XSL: break-after = „auto“ keep-with-next="always"
left	XSK: break-after="even-page" keep-with-next="auto"
right	XSL: break-after="odd-page" keep-with-next="auto"
inherit	

page-break-before

(Kurzschreibweise)

Legt fest, wie ein Seitenumbruch durchzuführen ist; vgl. Kapitel 5 „CSS“

Verwendung: Blockbereichselemente, fo:list-item, fo:table-row; nicht vererbt

Werte	Beschreibung
auto	Seitenumbruch wird weder erzwungen noch verboten (Defaultwert). XSL: break-after = „auto“ keep-with-previous="auto"
always	XSL: break-before = „page“ keep-with-previous="auto"
avoid	XSL: break-before = „auto“ keep-with-previous="always"
left	XSK: break-before="even-page" keep-with-previous="auto"
right	XSL: break-before="odd-page" keep-with-previous="auto"
inherit	

page-break-inside

(Kurzschreibweise)
Legt fest, wie ein Seitenumbruch durchzuführen ist; vgl. Kapitel 5 „CSS"
Verwendung: Blockbereichselemente, fo:list-item, fo:table-row; wird vererbt

Werte	Beschreibung
auto	Seitenumbruch wird weder erzwungen noch verboten (Defaultwert). XSL: keep-together = „auto"
avoid	XSL: keep-together="always"
inherit	

page-height, page-width

(Seitengestaltung und Layout)
Bestimmt die Höhe bzw. Breite einer Seite.
Verwendung: fo:simple-page-master, nicht vererbt

```
<fo:simple-page-master master-name="seiten"
  page-height="29.7cm" page-width="21cm ...>
```

Werte	Beschreibung
auto	Die Seitenhöhe bzw. Seitenbreite wird vom Ausgabemedium bestimmt.
indefinite	Die Seitenhöhe bzw. Seitenbreite wird durch die ausgegebenen Inhalte bestimmt.
<length>	Legt eine bestimmte Seitenhöhe bzw. Seitenbreite fest
inherit	

page-position

(Seitengestaltung und Layout)
Legt Bedingungen fest, mit denen entsprechende Seitenvorlagen ausgewählt werden sollen.
Verwendung: fo:conditional-page-master-reference; wird vererbt

```
<fo:page-sequence-master master-name="Ausgabe">
  <fo:repeatable-page-master-alternatives>
    <fo:conditional-page-master-reference
      master-name="seite1" page-position="first"/>
...
```

Werte	Beschreibung
first	Die Seitenvorlage wird für die erste Seite ausgewählt.
last	Die Seitenvorlage wird für die letzte Seite ausgewählt.
rest	Die Seitenvorlage wird für alle Seiten außer der ersten und der letzten Seite ausgewählt.
any	Die Seitenvorlage wird ohne Rücksicht auf die Position innerhalb der Seitenabfolge verwendet.

pause

(Kurzschreibweise),

pause-after , pause-before

(Sprachausgabe)
Legt eine Pause in der Sprachausgabe fest; vgl. Kapitel 5 „CSS", Abschnitt 5.10; nicht vererbt.

pitch

(Sprachausgabe)
Bestimmt die Sprechhöhe; vgl. Kapitel 5 „CSS", Abschnitt 5.10; wird vererbt.

pitch-range

(Sprachausgabe)
Bestimmt die Aussprache; vgl. Kapitel 5 „CSS", Abschnitt 5.10; wird vererbt.

play-during

(Sprachausgabe)
Legt die Tonausgabe als Hintergrund fest; vgl. Kapitel 5 „CSS", Abschnitt 5.10; nicht vererbt.

position

(Kurzschreibweise)
Legt die Positionierung von Boxen fest; vgl. Kapitel 5 „CSS"
Verwendung: für alle Elemente; nicht vererbt

```
<fo:block-container border-color="red"
  border-style="solid"
  border-width="0.5mm"
  height="5cm"
  width="6cm"
  top="8cm"
  left="3.5cm"
  padding="1mm"
  position="absolute">
```

Werte	Beschreibung
static	Defaultwert. XSL: relative-position="static" absolute-position="auto"
relative	XSL: relative-position="relative" absolute-position="auto"
absolute	XSL: relative-position="static" absolute-position="absolute"

Werte	Beschreibung
fixed	XSL: relative-position="static" absolute-position="fixed"
inherit	

precedence

(Seitengestaltung und Layout)
Legt fest, welche der Bereiche fo:region-before, fo:region-after, fo:region-start und fo:region-end die Ecken eines fo:simple-page-master-Objekts belegen.
Verwendung: fo:region-before, region-after; wird vererbt

Werte	Beschreibung
false	Legt fest, dass dieser Bereich in Richtung der Zeilenausgabe (*inline-progression*-dimension) um die Breite des fo:region-start-Objekts bzw. fo:region-end-Objekts verkleinert wird (Defaultwert)
true	Bestimmt, dass dieser Bereich in Richtung der Zeilenausgabe bis an den Rand des Ausgabebereiches vergrößert wird
inherit	

provisional-distance-between-starts

(Verschiedenes)
Legt den Abstand zwischen der „start"-Kante des fo:list-item-label-Objekts und der „start"-Kante des fo:list-item-body-Objekts fest.
Verwendung: fo:list-block; wird vererbt

```
<fo:list-block provisional-distance-between-starts="50mm">
```

Werte	Beschreibung
<length>	Längenangabe, Defaultwert: 24.0pt
<percentage>	Prozentangabe, die sich auf den Container bezieht, in dem die fo:list-item-label- und fo:list-item-body-Objekte ausgegeben werden.
inherit	

provisional-label-separation

(Verschiedenes)

Legt den Abstand zwischen dem „end"-Rand der fo:list-item-label-Objekte und dem „start"-Rand der fo:list-item-body-Objekte fest.
Verwendung: fo:list-block; wird vererbt

```
<fo:list-block provisional-label-separation="3mm">
```

Werte	Beschreibung
<length>	Der Abstand wird als Länge angegeben (Defaultwert: 6.0pt).
<percentage>	Prozentangabe, die sich auf den Container bezieht, in dem die fo:list-item-label- und fo:list-item-body-Objekte ausgegeben werden.
inherit	

Die Funktion „**label-end()**" gibt den rechten Rand für den Bereich des fo:list-item-label-Objekts an (*lr-tb*). Die Funktion „**body-start()**" gibt den linken Rand des Rumpfbereiches fo:list-item-body an (*lr-tb*). Auf diese Weise ist das korrekte Zusammenspiel mit den Eigenschaften der Kindelemente möglich.

```
<fo:list-item>
  <fo:list-item-label end-indent="label-end()">
```

```
    <fo:block>&#x2022;</fo:block>
  </fo:list-item-label>
  <fo:list-item-body start-indent="body-start()">
    <fo:block>
      Eintrag
    </fo:block>
  </fo:list-item-body>
</fo:list-item>
```

reference-orientation

(Seitenlayout)
Legt fest, um wie viel die Bezugsrichtung gegenüber der normalen Ausgaberichtung gedreht wird.
Verwendung: für block-progression-direction, inline-progression-direction (unter Berücksichtigung der Ausgaberichtung (*writing mode*).
Verwendung: für alle Blockbereichselemente; wird vererbt

Werte	Beschreibung
0	Die Eigenschaft „reference-orientation" hat den gleichen Wert wie für das Elternelement (Defaultwert).
90, 180, 270	Die Eigenschaft „reference-orientation" wird um 90°, 180°, 270° gegen den Uhrzeigersinn im Vergleich zum Elternelement gedreht.
-90, -180, -270	Die Eigenschaft „reference-orientation" wird um 90°, 180°, 270° im Uhrzeigersinn im Vergleich zum Elternelement gedreht.
inherit	

ref-id

(Verschiedenes)
Referenziert ein Objekt mit dem angegebenen Namen.
Verwendung: fo:page-number-citation; nicht vererbt

Werte	Beschreibung
<idref>	Der Name eines Objekts im fo-Objektbaum
inherit	

region-name

(Seitengestaltung und Layout)
Legt den Namen eines Bereichs innerhalb der Seitenvorlage fo:simple-page-master fest (siehe auch Eigenschaft „flow-name").
Verwendung: fo:region-body, fo:region-start, fo:region-end, fo:region-before, nicht vererbt

```
<fo:region-body region-name="testseite" ...>
```

Werte	Beschreibung
xsl-region-body	Vordefinierter Name für fo:region-body
xsl-region-start	Vordefinierter Name für fo:region-start
xsl-region-end	Vordefinierter Name für fo:region-end
xsl-region-before	Vordefinierter Name für fo:region-before
xsl-region-after	Vordefinierter Name für fo:region-after
xsl-before-float-separator	Vordefinierter Name für einen Bereich am Ende eines Kopfbereiches
xsl-footnote-separator	Vordefinierter Name für einen Bereich am Beginn einer Fußzeile
<name>	Eindeutiger Bezeichner innerhalb einer Seitenvorlage

Der Wert der Eigenschaft „region-name" des fo:region-Objekts muss mit dem Wert „flow-name" des zugehörigen fo:flow-Objekts übereinstimmen.

relative-align

(Bereichsausrichtung)
Legt die Ausrichtung zwischen zwei Bereichen fest.
Verwendung: fo:list-item, fo:table-cell; wird vererbt

Werte	Beschreibung
before	Legt die Positionierung des Elements in Blockausgaberichtung fest, Defaultwert
baseline	Legt die Positionierung auf die Grundlinie des Elternelementes fest.
inherit	

relative-position

(allgemeine relative Positionierung)
Bestimmt, wie Bereiche relativ positioniert werden sollen.
Verwendung: für alle Blockbereiche (außer fo:block-container) und für alle Inlinebereiche; nicht vererbt

Werte	Beschreibung
static	Defaultwert
relativ	Der Bereich wird während des Formatierungsvorgangs relativ gewählt. Bei Seitenumbrüchen wird nur der Teil angezeigt, der auf der ersten Seite zu liegen kommt.
inherit	

Die Verwendung der Eigenschaft „relative-position" macht nur in Verbindung mit Positionsangaben, etwa mittels „top", „left", „right" oder „bottom" einen Sinn.

rendering-intent

(Farbe)

Legt den Algorithmus fest, nach dem die Farben beim Formatierungsvorgang dargestellt werden sollen.

Verwendung: fo:color-profile; nicht vererbt

Werte	Beschreibung
auto	Die Konvertierungsart wird von der verwendeten Software gewählt (Defaultwert).
perceptual	Bei der Konvertierung bleiben Farbbeziehungen erhalten.
relative-colorimetric	Lässt Farben unverändert, die innerhalb der Skala liegen. Alle anderen Farben werden so konvertiert, dass ihre Lichtstärke gleich ist zu Lichtstärken von Farben innerhalb der Farbtonskala.
saturation	Die originale Sättigung bleibt erhalten. Farbwerte, die außerhalb der Farbskala liegen, werden in Farben mit der gleichen Sättigung konvertiert.
absolute-colorimetric	Nicht empfohlen.
inherit	

retrieve-boundary

(Marker)

Bestimmt den Bereich, von dem aus Elemente durch fo:marker-Objekte festgelegt werden.

Verwendung: fo:retrieve-marker, nicht vererbt

```
<fo:retrieve-marker retrieve-class-name="name"
  retrieve-boundary="page"
  retrieve-position="first-starting-within-page"/>
```

Werte	Beschreibung
page	Die Elemente werden von der Seite ausgewählt.
page-sequence	Die Elemente, die das Objekt fo:page-sequence enthält werden durch fo:marker festgelegt.
document	Die Elemente werden aus dem ganzen Dokument ausgewählt.

retrieve-class-name

(Marker)

Diese Eigenschaft legt den Klassennamen für das fo:retrieve-marker fest (siehe auch Eigenschaft „retrieve-boundary").

Verwendung: fo:marker, nicht vererbt

Werte	Beschreibung
<name>	Legt den Klassennamen fest; dieser Name muss innerhalb des Bereiches eindeutig sein

retrieve-position

(Marker)

Legt fest, welche Elemente des fo:marker-Objekts vom fo:retrieve-marker-Objekt zurückgegeben werden (siehe auch Eigenschaft „retrieve-boundary").

Verwendung: fo:retrieve-marker, nicht vererbt

Werte	Beschreibung
first-starting-within-page	Übergibt das erste Element auf einer Seite, dessen „is-first"-Eigenschaft „true" ist.
first-including-carryover	Übergibt das Element auf einer Seite, das unmittelbar vor einem Bereich steht, von dem Elemente an das gleiche fo:marker-Objekt gebunden sind.

Werte	Beschreibung
last-starting-within-page	Übergibt das letzte Element auf einer Seite, dessen „is-first"-Eigenschaft „true" ist.
last-ending-within-page	Übergibt das letzte Element auf einer Seite, dessen „is-last"-Eigenschaft „true" ist.

richness

(Sprachausgabe)
Legt das Gewicht der Stimme („Stimmgewalt") fest; vgl. Kapitel 5 „CSS", Abschnitt 5.10; wird vererbt.

right, top, bottom, left

(allgemeine absolute Positionierung); siehe Eigenschaft „bottom"

role

(allgemeiner Zugriff)
Beschreibung der Bedeutung eines Elements für einen Formatierer. Verwendung: für Objekte innerhalb des fo:flow- oder fo:static-content-Objekts; nicht vererbt

Werte	Beschreibung
none	Keine Angabe für den Formatierer (Defaultwert)
<string>	Befehlsfolge, anhand der der Formatierer dieses Objekt verarbeiten soll
<uri-specification>	Adresse des Quelldokuments
inherit	

rule-style

(Linien)
Legt den Linienstil fest.

Verwendung: fo:leader; wird vererbt

Werte	Beschreibung
none	Keine Linie (Eigenschaft „rule-thickness" auf „0" gesetzt)
dotted	Gepunktete Linie
dashed	Gestrichelte Linie
solid	Durchgezogene Linie (Defaultwert)
double	Doppelte Linie
groove	Gerillte Linie, scheint reliefartig zu sein
ridge	Gerillte Linie, scheint in der Ebenen eingebettet zu sein
inherit	

rule-thickness

(Linien)
Beschreibt die Dicke der Führungslinie.
Verwendung: fo:leader; wird vererbt

Werte	Beschreibung
<length>	Längenangabe, Defaultwert 1.0pt

scaling

(Bereichsdimensionierung)
Legt fest, ob die ursprünglichen Seitenverhältnisse einer Grafik beibehalten werden sollen.
Verwendung: fo:external-graphic, fo:in; stream-foreign-object; nicht vererbt

Werte	Beschreibung
uniform	Ursprüngliche Seitenverhältnisse bleiben beim Skalieren erhalten (Defaultwert)
non-uniform	Beim Skalieren werden die ursprünglichen Seitenverhältnisse verändert
inherit	

scaling-method

(Bereichsdimensionierung)
Mit dieser Eigenschaft werden die Skalierungsmethoden für Bitmap-Grafiken ausgewählt.
Verwendung: fo:external-graphic, fo:instream-foreign-object; nicht vererbt

Werte	Beschreibung
auto	Methode wird von der verwendeten Software (*user agent*) gewählt (Defaultwert)
integer-pixels	Jedes Pixel der ursprünglichen Grafik wird auf das nächstmögliche Pixel der anzuzeigenden Grafik umgeformt.
resample-any-method	Die anzuzeigende Grafik soll anhand der Bilddaten der ursprünglichen Grafik neu erstellt werden.
inherit	

score-spaces

(Verschiedenes)
Bestimmt, ob die Eigenschaft „text-decoration" auf die Leerzeichen angewendet werden soll.
Verwendung: fo:bibi-override, fo:character, fo:initial-property-set, fo:page-number, fo:page-number-citation; wird vererbt

Werte	Beschreibung
true	Die Eigenschaft „text-decoration" wird auf die Leerzeichen angewendet (Defaultwert).
false	Die Eigenschaft „text-decoration" wird auf die Leerzeichen nicht angewendet.
inherit	

script

(allgemeine Silbentrennungseigenschaften)
Legt die Schrifteinstellungen für Zeilenausrichtung, Zeilenumbruch und Silbentrennung fest.
Verwendung: fo:block, fo:character; wird vererbt

Werte	Beschreibung
auto	Die Schrift wird abhängig von den enthaltenen Zeichen gewählt (Defaultwert).
none	Keine Angabe (z.B. weil die Schrift unbekannt ist, oder für die Formatierung keine Rolle spielt)
<script>	Angabe einer Schrift gemäß ISO15924
inherit	

show-destination

(dynamische Effekte)
Bestimmt, wo das Zieldokument angezeigt werden soll.
Verwendung: fo:basic-link; nicht vererbt

Werte	Beschreibung
replace	Das aktuelle Dokument wird durch die Anzeige des Zieldokuments ersetzt (Defaultwert).
new	Eine neue Dokumentenansicht wird erzeugt.

size

(Kurzschreibweise)
Legt die Größe der Seite auf dem Ausgabemedium fest; vgl. Kapitel 5 „CSS". Die CSS-Angaben werden in die XSL-Eigenschaften „page-height" und „page-width" übertragen; nicht vererbt.

source-document

(allgemeiner Zugriff)
Verwendung: für Objekte innerhalb eines fo:flow- oder fo:static-content-Objekts; nicht vererbt

Werte	Beschreibung
none	Quelldokument steht entweder nur vorübergehend zur Verfügung oder ist nicht bekannt (Defaultwert)
<uri-specification>	Adresse des Quelldokuments
inherit	

space-after, space-before

(allgemeine Randbereichseigenschaften)
Bestimmt den Abstand zwischen Blockbereichselementen.
Verwendung: für alle Blockbereichselemente; nicht vererbt

```
<fo:block space-before="14pt" space-after="5pt" ...>
<fo:block space-after.optimum="3pt" ...>
<fo:block space-after.optimum="1pc div 4" ...>
<fo:block space-before.optimum="3pt"
  space-after.optimum="15pt" ...>
```

Werte	Beschreibung
<space>	Legt die Komponenten space.minimum, space.optimum, space.maximum, space.conditionality und space.precedence fest. Defaultwerte: space.minimum=0pt space.optimum=0pt space.maximum=0pt space.conditionality=discard space.precedence=0
inherit	

space-end, space-start

(allgemeine Randbereichseigenschaften)
Legt den Randbereich innerhalb einer Zeile fest.
Verwendung: für Inlinebereichselemente; nicht vererbt

Werte	Beschreibung
<space>	legt die Komponenten space.minimum, space.optimum, space.maximum, space.conditionality und space.precedence fest. Defaultwerte: space.minimum=0pt space.optimum=0pt space.maximum=0pt space.conditionality=discard space.precedence=0
<percentage>	Prozentangabe
inherit	

span

(Seitenlayout)
Legt fest, ob ein Element in einer Spalte oder über alle Spalten eines Bereichs hinweg ausgegeben werden soll.
Verwendung: Blockbereichselemente; nicht vererbt

```
<fo:block ... span="none" ...>
<fo:block ... span="all" ...>
```

Werte	Beschreibung
none	Das Objekt wird nur in der aktuellen Spalte dargestellt (Defaultwert).
all	Das Objekt wird über alle Spalten des Bereiches hinweg ausgegeben.
inherit	

speak

(Sprachausgabe)
Legt die Aussprache fest; vgl. Kapitel 5 „CSS", Abschnitt 5.10; wird vererbt.

speak-header

(Sprachausgabe)
Vgl. Kapitel 5 „CSS", Abschnitt 5.10; wird vererbt.

speak-numeral

(Sprachausgabe)
Bestimmt, in welcher Weise (größere) Zahlen ausgegeben werden; vgl. Kapitel 5 „CSS", Abschnitt 5.10; wird vererbt.

speak-punctuation

(Sprachausgabe)
Legt fest, ob Satzzeichen mit ausgegeben werden sollen; vgl. Kapitel 5 „CSS", Abschnitt 5.10; wird vererbt.

speech-rate

(Sprachausgabe)
Legt die Schnelligkeit bei der Sprachausgabe fest; vgl. Kapitel 5 „CSS", Abschnitt 5.10; wird vererbt.

src

(Verschiedenes)
Legt die URI-Referenz für eine externe Bildquelle oder für ein externes Farbprofil fest.
Verwendung: fo:external-graphic, fo:color-profile; nicht vererbt

```
<fo:external-graphic src="svg.gif" width="300px"/>
```

Werte	Beschreibung
<uri-specification>	URI
inherit	

start-indent

(allgemeine Randbereichseigenschaften)
Bestimmt, wie weit die Zeilen gegenüber der Kante des enthaltenden Blockes eingezogen werden.
Verwendung: für alle Blockbereichselemente; wird vererbt

```
<fo:block start-indent="3mm" end-indent="3mm" ...>
```

Werte	Beschreibung
<length>	Längenangabe, Defaultwert: 0pt
<percentage>	Prozentangabe
inherit	

Negative Werte bewirken, dass der Inhalt über den Rand hinaus ausgegeben wird.

starting-state

(dynamische Effekte)
Bestimmt, ob das fo:multi-case-Objekt ursprünglich angezeigt werden soll.
Verwendung: fo:multi-case; nicht vererbt

Werte	Beschreibung
show	Der Inhalt des fo:multi-case-Objekts wird angezeigt (Defaultwert).
hide	Der Inhalt des Objekts wird nicht angezeigt.

starts-row

(Tabellen)
Bestimmt, ob diese Tabellenzelle eine Reihe beginnt.
Verwendung: fo:table-cell; nicht vererbt

Werte	Beschreibung
<integer>	Ganze Zahl, Defaultwert 1

stress

(Sprachausgabe)
Legt fest, ob die Stimme ruhig und ausgeglichen, oder hastig und aufgeregt wirkt; vgl. Kapitel 5 „CSS", Abschnitt 5.10; wird vererbt.

suppress-at-line-break

(Zeicheneigenschaften)
Legt fest, ob das betreffende Zeichen bei einem durch den Forma-

tiervorgang verursachten Zeilenumbruch ausgegeben werden soll.
Verwendung: fo:character; nicht vererbt

Werte	Beschreibung
auto	U+0020 wird verworfen, alle anderen Zeichen werden ausgegeben.
suppress	Das Zeichen wird verworfen, wenn es als erstes oder letztes Zeichen einer Zeile auftritt.
retain	Das Zeichen wird immer ausgegeben.
inherit	

switch-to

(dynamische Effekte)
Bestimmt, zu welchem fo:multi-case-Objekt ein fo:multi-toggle-Objekt verzweigen soll.
Verwendung: fo:multi-toggle; nicht vererbt

Werte	Beschreibung
xsl-preceding	Das aktuelle fo:multi-case-Objekt wird durch den Vorgänger ersetzt. Ist das aktuelle Objekt das erste in der Liste, soll ein Sprung zum letzten fo:multi-case-Objekt erfolgen.
xsl-following	Das aktuelle fo:multi-case-Objekt wird durch den Nachfolger ersetzt.
xsl-any	Ein beliebiges fo:multi-case-Objekt wird durch den Benutzer ausgewählt.
<name>	Das fo:multi-case-Objekt wird über seinen Namen ausgewählt.

table-layout

(Tabellen)
vgl. Kapitel 5 „CSS"; nicht vererbt.

table-omit-footer-at-break, table-omit-header-at-break

(Tabellen)
Legt fest, ob der Tabellenfuß bzw. der Tabellenkopf bei der Ausgabe einer Tabelle nach einem Seitenumbruch wieder ausgegeben werden sollen.
Verwendung: fo:table; nicht vererbt

```
<fo:table table-omit-header-at-break="true">
```

Werte	Beschreibung
false	Tabellenfuß bzw. Tabellenkopf werden wiederholt ausgegeben.
true	Tabellenfuß bzw. Tabellenkopf werden nur einmal ausgegeben.

target-presentation-context

(dynamische Effekte)
Bestimmt den Kontext, in dem die Elemente des Sprungziels angezeigt werden.
Verwendung: fo:basic-link; nicht vererbt

Werte	Beschreibung
use-target-processing-context	Der Kontext soll verwendet werden, der durch die Eigenschaft „target-processing-context" festgelegt wird (Defaultwert).
<uri-specification>	URI

target-processing-context

(dynamische Effekte)
Legt das Wurzelelement für die Darstellung des Sprungziels fest.
Verwendung: fo:basic-link; nicht vererbt

Werte	Beschreibung
document-root	Die Wurzel des Sprungziels wird verwendet (Defaultwert).
<uri-specification>	URI

target-stylesheet

(dynamische Effekte)
Bestimmt das Stylesheet, das für die Darstellung des Sprungziels verwendet werden soll.
Verwendung: fo:basic-link; nicht vererbt

Werte	Beschreibung
use-normal-stylesheet	Die verwendete Software bestimmt das Stylesheet (Defaultwert).
<uri-specification>	URI

text-align

(Block- und Zeileneigenschaften)
Legt fest, wie Inlinebereiche in einem Blockbereich ausgerichtet werden sollen.
Verwendung: fo:block; wird vererbt

```
<fo:block text-align="start" space-after.optimum="3pt" ...>
<fo:block text-align="center">
```

Werte	Beschreibung
start	Ausrichtung an der „start-edge“, Defaultwert
end	Ausrichtung an der „end-edge“.

Werte	Beschreibung
left	vgl. Kapitel 5 „CSS"; linksbündig
center	vgl. Kapitel 5 „CSS"; zentriert
right	vgl. Kapitel 5 „CSS"; rechtsbündig
justify	vgl. Kapitel 5 „CSS"; Blocksatz
<string>	vgl. Kapitel 5 „CSS"; Zellen einer Tabellenspalte werden anhand der angegebenen Zeichenkette ausgerichtet.
inherit	

text-align-last

(Block- und Zeileneigenschaften)
Bestimmt die Ausrichtung des letzten Inlinebereiches im letzten Blockbereich bzw. die Ausrichtung des letzten Inlinebereiches, dessen Inhalt mit einem Zeilenvorschub (U+000A) endet.
Verwendung: fo:block; wird vererbt

Werte	Beschreibung
relative	Falls die Ausrichtung „justify" (Blocksatz) gewählt ist, wird die letzte Zeile an der „start-edge" ausgerichtet (Defaultwert).
start	Ausrichtung an der „start-edge"
center	Inhalt wird zentriert ausgegeben.
end	Ausrichtung an der „end-edge"
justify	Blocksatz (der verfügbare Bereich wird aufgefüllt)
inside	Falls die Seite an die „start-edge" gebunden ist, wird die Zeile ebenfalls an der „start-edge" ausgerichtet, analog für die „end-edge". Liegen für die Seite keine Angaben vor, wird die Zeile an der „start-edge" ausgerichtet.

Werte	Beschreibung
outside	Falls die Seite an die „start-edge" gebunden ist, wird die Zeile an der „end-edge" ausgerichtet; ist die Seite an die „end-edge" gebunden, wird die Zeile an der „start-edge" ausgerichtet. Liegen für die Seite keine Eigenschaften vor, wird die Zeile an der „end-edge" ausgerichtet.
left	entspricht „start" (Kompatibilität mit CSS2)
right	entspricht „end" (Kompatibilität mit CSS2)
inherit	

text-altitude

(Ausgabemodus)

Legt den Platz oberhalb der Grundlinie fest.

Verwendung: fo:block, fo:character, fo:leader, fo:page-number, fo:page-number-citation; nicht vererbt

Werte	Beschreibung
use-font-metrics	Verwendet die Werte der gewählten Schriftart (Defaultwert)
<lenght>	Ersetzt den Wert der Schriftart durch eine eigene Angabe
<percentage>	Prozentangabe in Bezug auf die „em"-Angabe der Schriftart
inherit	

text-decoration

(Zeicheneigenschaften)

Beschreibt, welche Gestaltungselemente zu den angegebenen Zeichen hinzugefügt werden. Zu den CSS-Werten wurden XSL-Werte hinzugefügt.

Verwendung: für alle Elemente; nicht vererbt

```
<fo:inline text-decoration="underline">unterstrichen
</fo:inline>
<fo:inline text-decoration="line-through">durchstrichen
</fo:inline>
```

Werte	Beschreibung
none	Keine zusätzliche Gestaltung (Defaultwert)
underline	vgl. Kapitel 5 „CSS"
no-underline	Schaltet „underline" aus
overline	vgl. Kapitel 5 „CSS"
no-overline	Schaltet „overline" aus
line-through	vgl. Kapitel 5 „CSS"
no-line-through	Schaltet „line-through" aus
blink	vgl. Kapitel 5 „CSS"
no-blink	Schaltet „blink" aus
inherit	

text-depth

(Ausgabemodus)
Legt den Platz unterhalb der Grundlinie fest.
Verwendung: fo:block, fo:character, fo:leader, fo:page-number, fo:page-number-citation; nicht vererbt

Werte	Beschreibung
use-font-metrics	Verwendet die Werte der gewählten Schriftart (Defaultwert)
<length>	Ersetzt den Wert der Schriftart durch eine eigene Angabe

Werte	Beschreibung
<percentage>	Prozentangabe in Bezug auf die „em"-Angabe der Schriftart
inherit	

text-indent

(Block- und Zeileneigenschaften)

Bestimmt die Einrückung des ersten Inlinebereiches innerhalb des ersten Blockbereiches (nur die erste Zeile eines Blockbereiches wird eingerückt).

Verwendung: für Blockbereichs-Objekte; wird vererbt

```
<fo:block text-indent="20mm" ...>
```

Werte	Beschreibung
<length>	vgl. Kapitel 5 „CSS" (Defaultwert: 0pt).
<percentage>	vgl. Kapitel 5 „CSS"
inherit	

text-shadow

(Zeicheneigenschaften)

vgl. Kapitel 5 „CSS"; nicht vererbt

text-transform

(Zeicheneigenschaften)

vgl. Kapitel 5 „CSS"; wird vererbt.

top, right, bottom, left

(allgemeine absolute Positionierung); siehe Eigenschaft „bottom"

treat-as-word-space

(Zeicheneigenschaften)
Legt fest, ob das angegebene Zeichen als Zwischenraum zwischen Wörtern oder als normales Zeichen verwendet werden soll.
Verwendung: fo:character; nicht vererbt

Werte	Beschreibung
auto	U+0020, U+00A0 werden als Zwischenraum verwendet (Defaultwert)
true	Das Zeichen wird als Zwischenraum verwendet.
false	Das Zeichen ergibt keinen Zwischenraum.
inherit	

unicode-bidi

(Ausgabemodus)
Legt die Ausgaberichtung für bidirektional ausgegebene Zeilen fest.
Verwendung: für alle Elemente; nicht vererbt

Werte	Beschreibung
normal	vgl. Kapitel 5 „CSS“; Defaultwert
embed	vgl. Kapitel 5 „CSS“
bidi-override	vgl. Kapitel 5 „CSS“
inherit	

vertical-align

(Kurzschreibweise)
Bestimmt die vertikale Ausrichtung, vgl. Kapitel 5 „CSS“
Verwendung: für alle Elemente; nicht vererbt

```
<fo:block font-weight="bold" text-align="center"
  vertical-align="middle"...>
```

Werte	Beschreibung
baseline	Defaultwert. XSL: alignment-baseline="baseline" alignment-adjust="auto" baseline-shift="baseline" dominant-baseline="auto"
middle	XSL: alignment-baseline="middle" alignment-adjust="auto" baseline-shift="baseline" dominant-baseline="auto"
sub	XSL: alignment-baseline="baseline" alignment-adjust="auto" baseline-shift="sub" dominant-baseline="auto"
super	XSL: alignment-baseline="baseline" alignment-adjust="auto" baseline-shift="super" dominant-baseline="auto"
text-top	XSL: alignment-baseline="text-before-edge" alignment-adjust="auto" baseline-shift="baseline" dominant-baseline="auto"
text-bottom	XSL: alignment-baseline="text-after-edge" alignment-adjust="auto" baseline-shift="baseline" dominant-baseline="auto"
<percentage>	XSL: alignment-baseline="baseline" alignment-adjust="<percentage>" baseline-shift="baseline" dominant-baseline="auto"

Werte	Beschreibung
<length>	XSL: alignment-baseline="baseline" alignment-adjust="<length>" baseline-shift="baseline" dominant-baseline="auto"
top	XSL: alignment-baseline="before-edge" alignment-adjust="auto" baseline-shift="baseline" dominant-baseline="auto"
bottom	XSL: alignment-baseline="after-edge" alignment-adjust="auto" baseline-shift="baseline" dominant-baseline="auto"
inherit	

visibility

(Verschiedenes)
Bestimmt, ob der Inhalt einer Box dargestellt wird („unsichtbare" Bereiche bedingen lediglich Layout-Eigenschaften).
Verwendung: für alle Elemente; wird vererbt

Werte	Beschreibung
visible	Die erzeugte Box ist sichtbar (Defaultwert).
hidden	Die erzeugte Box ist unsichtbar, aber layoutwirksam.
collapse	Entspricht dem Wert „hidden" (Ausnahme: fo:table-Objekte)
inherit	

Mithilfe der Eigenschaft „visibility" kann ein Bereich beispielsweise frei gehalten werden.

voice-family

(Sprachausgabe)
Bestimmt die Art der Sprechstimme (z.B. Frauenstimme, Männerstimme, Kinderstimme); vgl. Kapitel 5 „CSS", Abschnitt 5.10; wird vererbt.

volume

(Sprachausgabe)
Legt die Lautstärke fest; vgl. Kapitel 5 „CSS", Abschnitt 5.10; wird vererbt.

white-space

(Kurzschreibweise)
Diese Eigenschaft beschreibt den Zeilenumbruch und bestimmt, wie so genannter „White Space" (Leerraum; aufeinander folgende Leerzeichen, Tabulatoren, Zeilenschaltungen, Wagerücklauf) innerhalb der einzelnen Bereiche behandelt werden soll; vgl. Kapitel 5 „CSS"
Verwendung: Blockbereichselemente; wird vererbt

Werte	Beschreibung
normal	Leerraum wird bis auf ein Leerzeichen und einen Zeilenumbruch entfernt (normaler Zeilenumbruch) Defaultwert XSL: linefeed-treatment="treat-as-space" white-space-collapse="true" white-space-treatment="ignore-if-surrounding-linefeed" wrap-option="wrap"
pre	Leerraum bleibt erhalten (Zeilenumbruch vom Inhalt vorgegeben = *preformatted*) XSL: linefeed-treatment="preserve" white-space-collapse="false" white-space-treatment="preserve" wrap-option="no-wrap"
nowrap	Leerraum wird bis auf ein Leerzeichen entfernt, keine Zeilenumbrüche XSL: linefeed-treatment="treat-as-space" white-space-collapse="true" white-space-treatment="ignore-if-surrounding-linefeed" wrap-option="no-wrap"
inherit	

white-space-collapse

(Block- und Zeileneigenschaften)
Legt fest, wie Leerraum (*white space;* aufeinander folgende Leerzeichen, Tabulatoren, Zeilenschaltungen, Wagenrücklauf) beim Formatiervorgang behandelt werden soll (Zeilenumbruch).
Verwendung: fo:block; wird vererbt

Werte	Beschreibung
false	Keine Änderung (Leerraum bleibt erhalten)
true	Keine Ausgabe in einen eigenen Bereich (Leerraum fällt zusammen und wird durch ein Leerzeichen ersetzt)
inherit	

white-space-treatment

(Block- und Zeileneigenschaften)
Legt fest, wie Leerraum (*white space;* aufeinander folgende Leerzeichen, Tabulatoren, Zeilenschaltungen, Wagenrücklauf) bei der Formatierung behandelt werden soll.
Verwendung: für Blockbereichsobjekte; wird vererbt

Werte	Beschreibung
ignore	Leerraum wird bei der Formatierung verworfen.
preserve	Leerraum wird in Leerzeichen (U+0020) umgewandelt.
ignore-if-before-linefeed	Leerraum unmittelbar vor einer Zeilenschaltung wird verworfen.
ignore-if-after-linefeed	Leerraum unmittelbar nach einer Zeilenschaltung wird verworfen.
ignore-if-surrounding-linefeed	Leerraum unmittelbar vor und unmittelbar nach einer Zeilenschaltung wird verworfen.
inherit	

Wie Zeilenschaltungen bei der Formatierung behandelt werden sollen, wird durch die Eigenschaft „linefeed-treatment" beschrieben.

widows

(Zusammenhalten von Text)
Legt fest, wie viele Zeilen ein Absatz am Beginn einer Seite (eines Bereiches) mindestens aufweisen muss; vgl. Kapitel 5 „CSS"
Verwendung: für alle Blockbereichselemente; wird vererbt

```
<fo:block widows="1">
```

Werte	Beschreibung
<integer>	Ganze Zahl, beschreibt die Anzahl der Zeilen am Beginn einer Seite, Defaultwert: 2
inherit	

width

(Bereichsdimensionierung)
Legt die Breite von Bereichen fest; vgl. Kapitel 5 „CSS"; nicht vererbt.

```
<fo:external-graphic src="svg.gif" width="300px"/>
```

word-spacing

(Zeicheneigenschaften)
Beschreibt den Abstand zwischen aufeinander folgenden Wörtern.
Verwendung: für alle Elemente; wird vererbt

```
<fo:block word-spacing="0.2cm" ...>
```

Werte	Beschreibung
normal	Der Wortabstand wird der aktuellen Schriftart entsprechend gewählt (Defaultwert).
<length>	vgl. Kapitel 5 „CSS"
<space>	Erlaubt das Setzen der Komponenten .minimum, .optimum und .maximum
inherit	

wrap-option

(Block- und Zeileneigenschaften)
Legt fest, wie der Zeilenumbruch durchgeführt werden soll.
Verwendung: fo:block, fo:inline, fo:page-number, fo:page-number-citation; wird vererbt

Werte	Beschreibung
no-wrap	Zeile wird nicht umgebrochen.
wrap	Sobald die Ausgabe den zur Verfügung stehenden Zeilenbereich überschreitet, wird die Zeile umgebrochen (Defaultwert)
inherit	

writing-mode

(Ausgaberichtung)
Bestimmt die Ausgaberichtung der fünf fo:regionObjekte innerhalb eines fo:simple-page-master-Objekts, die Ausgaberichtung der Spalten innerhalb eines fo:region-Objekts, die Ausgaberichtung von fo:flow- und fo:static-Objekten innerhalb eines fo:block-container- oder fo:inline-container-Objekts und die Ausgaberichtungen von Reihen und Spalten innerhalb eines fo:table-Objekts.
Verwendung: fo:simple-page-master, fo:region, fo:table, fo:block-container, fo:inline-container; wird vererbt

Werte	Beschreibung
lr-tb	Legt die Ausgaberichtung für Zeilenelemente von links nach rechts und die Blockausgaberichtung von oben nach unten fest (die Richtung für das Verschieben der Grundlinie ist damit von unten nach oben festgelegt); Defaultwert.
rl-tb	Zeilenelemente werden von links nach rechts, Blockelemente von oben nach unten ausgegeben.
tb-rl	Zeilenelemente werden von oben nach unten, Zeilen und andere Blockelemente von rechts nach links ausgegeben.
lr	Abkürzung für lr-tb.
rl	Abkürzung für rl-tb.
tb	Abkürzung für tb-rl.
inherit	

Die Formatierungseigenschaft writing-mode schließt zusätzliche Werte ein, die sich aus der jeweils verwendeten Sprache und Schrift ergeben (tb-lr, bt-lr, bt-rl, lr-bt, rl-bt, lr-alternating-rl-bt, lr-alternating-rl-tb, lr-inverting-rl-bt, lr-inverting-rl-tb, tb-lr-in-lr-pairs). Details dazu können in der W3C-Empfehlung unter der Adresse http://www3.w3.org/TR/2001/REC-xsl-20011015/ im Anhang A.1 „Additional writing-mode values" nachgelesen werden).

xml:lang

(Kurzschreibweise)

Legt Sprache und Ländereinstellungen für das Formatierungsprogramm im Sinne der RFC3066 fest. Im Allgemeinen hängen Zeilen-

ausrichtung, Zeilenumbruch und Silbentrennung von diesen Eigenschaften ab.
Verwendung: fo:simple-page-master, fo:region, fo:table, fo:block-container, fo:inline-container; wird vererbt

Werte	Beschreibung
<string>	Sprach- oder Landbezeichnung.
inherit	

Die Sprach- und Landbezeichnungen können im Anhang zu diesem Buch unter A.1 und A.2 nachgelesen werden.

z-index

(Verschiedenes)
Legt den Vorrang bei überlappenden Bereichen fest (Schichtenzahl); vgl. Kapitel 5 „CSS"

9 XLINK

Die XML-Spezifikation enthält keine Sprachelemente, die es wie in HTML ermöglichen, Hyperlinks zu setzen. In HTML gibt es für diesen Zweck das spezielle Anker-Tag <a>. Das W3-Konsortium hat am 27. Juni 2001 für das Linking in XML eine Empfehlung namens XLINK herausgegeben (http://www.w3.org/TR/2000/REC-xlink-20010627). Die jeweils aktuellen Informationen kann man unter http://www.w3.org/TR/xlink/ nachlesen.

XLINK bietet im Vergleich zum HTML-Link mehr Möglichkeiten. Neben den einfachen von HTML bekannten unidirektionalen Links ermöglicht XLINK beispielsweise

- Links, die mehr als zwei Ressourcen verbinden
- Links, deren Vereinbarungen in einer separaten Linkdatei gespeichert sind
- Links, die sofort beim Laden des Dokuments ausgeführt werden
- Links, die auf eine bestimmte Stelle in einem Dokument verweisen

9.1 Wichtige Begriffe und Vereinbarungen

Ressourcen

Eine Ressource bezeichnet eine adressierbare Informationseinheit. Dies kann eine ganze Datei mit beliebigem Inhalt oder auch nur ein Teil eines Files sein. Beispielsweise wäre eine Datenbank oder auch ein Ausschnitt aus einer Datenbank eine Ressource. Aber auch Bilder, Grafiken, Software oder Sounddateien sind Beispiele für Ressourcen.

Ressourcen sind also nicht unbedingt XML-Dateien. Die durch XLINK definierten Links müssen jedoch in einem XML-Dokument vereinbart werden.

Unter einer so genannten **lokalen Ressource** versteht man ein XML-Element, welches ein Kindelement von jenem Element ist, in dem der Link vereinbart ist. Lokale Ressourcen bestehen also aus einem Element und dem gesamten Inhalt des Elements (samt Kindelementen). Andere Ressourcen werden durch ihre URI-Adresse festgelegt (*Uniform Resource Identifier*). Sie heißen **Remoteressourcen** und können auch Dateien bezeichnen, die keine XML-Dateien sind.

Links

Wenn auch ein XLINK-Link tatsächlich eine größere Anzahl von Ressourcen bi- oder unidirektional verbindet, führt die konkrete Benutzung eines derartigen Links von einer so genannten **Startressource** (*starting resource*) zu einer **Zielressource** (*ending resource*). Ein **Bogen** (*arc*) beschreibt den Link von einer Ressource zu einer anderen Ressource. Möchte man einen bidirektionalen Link, benötigt man zwei Bögen, die dieselben Ressourcen verbinden, in denen jedoch eine Ressource einmal als Zielressource und einmal als Startressource erscheint.

Ein Bogen, dessen Startressource eine lokale Ressource ist, wird **„nach außen gehend"** (*outbound*) genannt. Solche Bögen führen vom XML-Element weg, in dem der Link beschrieben ist. Umgekehrt bezeichnet man Bögen, deren Zielressource lokal ist, als **„nach innen**

gehend" (*inbound*). Ein „**Third-Party-Bogen**" ist ein Bogen, bei dem weder die Startressource noch die Zielressource lokal ist.

Wenn in einem XLINK-Link durchwegs nach außen gehende Bögen verwendet werden, nennt man den Link insgesamt „nach außen gehend" (*outbound*). Entsprechend werden **„nach innen gehende Links"** und **„Third Party-Links"** vereinbart.

Es gibt Ressourcen, die die Vereinbarung eines Links nicht erlauben, weil sie beispielsweise schreibgeschützt sind oder nur binäre Daten enthalten. Wenn sich ein Link auf eine derartige Ressource bezieht, muss er notwendigerweise einen nach innen gehenden Bogen oder einen Third-Party-Bogen enthalten. Ein Dokument, das eine Liste von nach innen gehenden Links oder von Third-Party-Links enthält, nennt man **Linkdatenbank** (*link databases* oder *linkbases*).

XLINK-Markup

XLINK benutzt einen Namensraum, in dem XLINK-Elemente und Attribute erkannt werden. Es gibt zwei Möglichkeiten, einen Link zu vereinbaren. Entweder benutzt man ein XLINK-Linkelement oder man verwendet XLINK-Attribute innerhalb eines normalen XML-Elements.

XLINK unterscheidet so genannte **einfache Links** (*simple links*) und **erweiterte Links** (*extended Links*). Daher gibt es die XLINK-Linkelemente <xlink:simple></xlink:simple> und <xlink:extended></xlink:extended>. Vereinbart man einen Link innerhalb eines normalen XML-Elements, muss man das Attribut „type" verwenden. Der Wert dieses Attributs wird gleich „simple" beziehungsweise „extended" gesetzt.

Ein Knoten, in dem ein erweiterter Link definiert wird, besitzt im Allgemeinen die vier Kindknoten <xlink:resource>, <xlink:locator>, <xlink:arc> und <xlink:title>, die verschiedene Aspekte des Links beschreiben. Einige Beispiele sollen das bisher Gesagte illustrieren. Anschließend werden die semantischen und syntaktischen Details besprochen.

Ein einfacher Link, mit dem XLINK-Linkelement xlink:simple vereinbart:

```
<xlink:simple
  xmlns:xlink="http://www.w3.org/1999/xlink"
  xlink:href="artikel.xml"
  xlink:title="Artikelliste"
  xlink:show="new"
  xlink:actuate="onRequest">
</xlink:simple>
```

Derselbe einfache Link, mit einem normalen XML-Element vereinbart:

```
<artikel
  xmlns:xlink="http://www.w3.org/1999/xlink"
  xlink:type="simple"
  xlink:href="artikel.xml"
  xlink:title="Artikelliste"
  xlink:show="new"
  xlink:actuate="onRequest">
</artikel>
```

Das nächste Beispiel zeigt einen erweiterten Link, welcher drei Ressourcen miteinander verknüpft. Ein Bogen führt von der internen Ressource, in der die allgemeinen Informationen einer Firma abgelegt sind, zu einem Foto der Belegschaft. Dieses Foto wird sofort, wenn das Dokument geöffnet wird, geladen und im Dokument dargestellt. Ein zweiter Bogen verbindet bidirektional die allgemeinen Informationen der Firma mit den Informationen über den Betriebszweig Konditorei.

Zuerst mit dem XLINK-Linkelement xlink:extended vereinbart:

```
<xlink:extended xmlns:xlink="http://www.w3.org/1999/xlink">
  <xlink:resource
    xlink:href="firma/allginfo.xml"
    xlink:label="allg"
    xlink:title="Allgemeine Informationen über die Firma">
  </xlink:resource>
  <xlink:locator
    xlink:href="firma/fotos/foto7.jpg"
    xlink:label="foto_bel_kond"
    xlink:title="Die Mitarbeiter der Konditorei auf einem
      Bild">
  </xlink:locator>
  <xlink:locator
    xlink:href="firma/konditorei.xml"
    xlink:label="kond"
    xlink:title="Informationen über die Konditorei">
  </xlink:locator>
  <xlink:arc
    xlink:from="allg"
    xlink:to="foto_bel_kond"
    xlink:show="embed"
    xlink:actuate="onLoad"
    xlink:title="Ein Link zum Foto der Belegschaft der
      Konditorei">
  </xlink:arc>
  <xlink:arc
    xlink:from="allg"
    xlink:to="kond"
    xlink:show="replace"
    xlink:actuate="onRequest"
    xlink:title="Ein Link zum Betriebsteil Konditorei">
  </xlink:arc>
  <xlink:arc
    xlink:from="kond"
    xlink:to="allg"
    xlink:show="replace"
    xlink:actuate="onRequest"
    xlink:title="Ein Link zu den allgemeinen Informationen
      der Firma">
  </xlink:arc>
  <xlink:title>
    Links zum Betriebsteil Konditorei
```

```
  </xlink:title>
</xlink:extended>
```

Nun derselbe erweiterte Link, mit normalen XML-Elementen vereinbart:

```
<Firma xmlns:xlink="http://www.w3.org/1999/xlink"
  xlink:type="extended">
  <Information xlink:type="resource"
    xlink:href="firma/allginfo.xml"
    xlink:label="allg"
    xlink:title="Allgemeine Informationen über die Firma">
  </Information>
  <Mitarbeiterfoto xlink:type="locator"
    xlink:href="firma/fotos/foto7.jpg"
    xlink:label="foto_bel_kond"
    xlink:title="Die Mitarbeiter der Konditorei auf einem
      Bild">
  </Mitarbeiterfoto>
  <Konditorei xlink:type="locator"
    xlink:href="firma/konditorei.xml"
    xlink:label="kond"
    xlink:title="Informationen über die Konditorei">
  </Konditorei>
  <FotoLink xlink:type="arc"
    xlink:from="allg"
    xlink:to="foto_bel_kond"
    xlink:show="embed"
    xlink:actuate="onLoad"
    xlink:title="Ein Link zum Foto der Belegschaft der
      Konditorei">
  </Fotolink>
  <LinkKonditorei xlink:type="arc"
    xlink:from="allg"
    xlink:to="kond"
    xlink:show="replace"
    xlink:actuate="onRequest"
    xlink:title="Ein Link zum Betriebsteil Konditorei">
  </LinkKonditorei>
  <LinkFirma xlink:type="arc"
    xlink:from="kond"
    xlink:to="allg"
```

```
    xlink:show="replace"
    xlink:actuate="onRequest"
    xlink:title="Ein Link zu den allgemeinen Informationen
      der Firma">
  </LinkFirma>
  <Titel xlink:type="title">
    Links zum Betriebsteil Konditorei
  </Titel>
</Firma>
```

9.2 Erweiterte Links

Ein so genannter einfacher Link führt unidirektional von einer lokalen Ressource zu einer Remote-Ressource und ist daher ein nach außen gehender Link. Erweiterte Links verbinden eine beliebige Zahl von Ressourcen, die lokal oder auch remote sein können. Sie können nach innen gehende, nach außen gehende und auch Third-party-Bögen enthalten. Der einfache Link ist daher nur ein Spezialfall des erweiterten Links, für den es wegen seiner Einfachheit und seiner Verwandtschaft zum HTML-Hyperlink eine vereinfachte Schreibweise gibt.

Echte erweiterte Links enthalten entweder nach innen gehende Bögen oder Third-party-Bögen. Vielfach werden sie in eigenen Dateien gespeichert, getrennt von den Ressourcen, die sie verbinden. Mit solchen Links kann man auch Ressourcen verbinden, die schreibgeschützt sind oder aus binären Daten bestehen und daher keine Möglichkeit bieten, direkt im Dokument Links zu definieren (zum Beispiel Grafik- und Bilddateien).

Bei der Vereinbarung eines erweiterten Links wird entweder ein normales Element, das als Attribut xlink:type="extended" besitzt, oder ein XLINK-Linkelement xlink:extended verwendet. Dieses „extended-Type"-Element kann folgende Kindelemente besitzen, die in beliebiger Reihenfolge auftreten können (gemäß der vereinbarten DTD):

- ein oder mehrere **„Locator"-Elemente**, die die beteiligten Remote-Ressourcen über ihren URL identifizieren
- ein oder mehrere **„Resource"-Elemente**, die die beteiligten lokalen Ressourcen identifizieren
- ein oder mehrere **„Bogen"-Elemente**, die die Art der vorhandenen Bögen beschreiben
- ein **„Titel"-Element**, welches Informationen über den Link in lesbarer Form bereitstellt

Extended-Type-Elemente können neben diesen XLINK spezifischen Kindelementen auch andere Kindelemente besitzen, die jedoch für den XLINK keine Bedeutung haben.

Dasselbe gilt auch für die Attribute. Es können möglicherweise folgende Attribute im Zusammenhang mit XLINK auftreten:

- Das Attribut **„role"** beschreibt die Bedeutung des Links
- Das Attribut **„title"** beschreibt den Zweck des Links in einer für Menschen lesbaren Form

Die Document-Type-Definition eines extended-Type-Elementes <Vermietung> könnte beispielsweise folgendermaßen aussehen:

```
<!ELEMENT Vermietung((Inhalt|Mieter|Wohnung|Miete|Bogen)*)>
  <!ATTLIST Vermietung
    xmlns:xlink CDATA #FIXED "http://www.w3.org/1999/xlink"
    xlink:type (extended) #FIXED "extended"
    xlink:role CDATA #IMPLIED
    xlink:title CDATA #IMPLIED>

<!ELEMENT Inhalt ANY>
  <!ATTLIST Inhalt
    xlink:type (title) #FIXED "title"
    xml:lang CDATA #IMPLIED>
```

```
<!ELEMENT Person EMPTY>
  <!ATTLIST Person
    xlink:type (locator) #FIXED "locator"
    xlink:href CDATA #REQUIRED
    xlink:role CDATA #IMPLIED
    xlink:title CDATA #IMPLIED
    xlink:label NMTOKEN #IMPLIED
    art (vermieter|mieter) #REQUIRED>

<!ELEMENT Wohnung EMPTY>
  <!ATTLIST Wohnung
    xlink:type (locator) #FIXED "locator"
    xlink:href CDATA #REQUIRED
    xlink:role CDATA #FIXED "http://www.makler.com/haeuser"
    xlink:title CDATA #IMPLIED
    xlink:label NMTOKEN #IMPLIED>

<!ELEMENT Miete ANY>
  <!ATTLIST Miete
    xlink:type (resource) #FIXED "resource"
    xlink:role CDATA #FIXED
      "http://www.makler.com/mieten/miete17_38"
    xlink:title CDATA #IMPLIED
    xlink:label NMTOKEN #IMPLIED>

<!ELEMENT Bogen EMPTY>
  <!ATTLIST Bogen
    xlink:type (arc) #FIXED "arc"
    xlink:arcrole CDATA #IMPLIED
    xlink:title CDATA #IMPLIED
    xlink:show (new|replace|embed|other|none) #IMPLIED
    xlink:actuate (onLoad|onRequest|other|none) #IMPLIED
    xlink:from NMTOKEN #IMPLIED
    xlink:to NMTOKEN #IMPLIED>
```

In Elementen vom Typ <Vermietung> werden die Daten des Hausbesitzers, des Mieters für eine bestimmte Wohnung, sowie die Spezifikationen der Wohnung als Remote-Ressourcen definiert. Die Miete für die Wohnung stellt eine lokale Ressource dar. Schließlich werden einige Bögen definiert: vom Mieter zur Miete, von der Wohnung zum Mieter und vom Mieter zum Vermieter. Daher könnte ein derartiges Element folgendermaßen aussehen:

```
<Vermietung>

  <Inhalt>Mieter--Miete,Wohnung--Miete,Wohnung--Mieter,
    Mieter--Vermieter
  </Inhalt>

  <Person
    xlink:href="mieterdaten/herbert_ramsauer12.xml"
    xlink:label="mieter12"
    xlink:role="http://www.makler.com/mieter"
    xlink:title="Herbert Ramsauer"
    art="mieter"/>
  <Person
    xlink:href="vermieterdaten/helga_fedrizzi7.xml"
    xlink:label="vermieter7"
    xlink:role="http://www.makler.com/vermieter"
    xlink:title="Helga Fedrizzi"
    art="vermieter"/>

  <Wohnung
    xlink:href="haus17/w38.xml"
    xlink:label="W17-38"
    xlink:title="Dachausbau von Haus17"/>

  <Miete xlink:label="Miete_Ramsauer">
    1200
  </Miete>

  <Bogen
    xlink:from="mieter12"
    xlink:to="Miete-Ramsauer"
    xlink:show="new"
    xlink:actuate="onRequest"
    xlink:title="Miete von Herbert Ramsauer"/>
  <Bogen
    xlink:from="W17-38"
    xlink:to="Miete-Ramsauer"
    xlink:show="new"
    xlink:actuate="onRequest"
```

```
    xlink:title="Miete der Wohnung"/>
  <Bogen
    xlink:from="W17-38"
    xlink:arcrole="http://www.makler.com/linkprops/mieter"
    xlink:to="mieter12"
    xlink:show="replace"
    xlink:actuate="onRequest"
    xlink:title="Mieter der Wohnung"/>
  <Bogen
    xlink:from="mieter12"
    xlink:arcrole=
      "http://www.makler.com/linkprops/vermieter"
    xlink:to="vermieter7"
    xlink:show="replace"
    xlink:actuate="onRequest"
    xlink:title="Vermieter"/>

</Vermietung>
```

Nun sollen die einzelnen Elemente, die zu einem extended-Typ-Element gehören können, im Detail beschrieben werden:

Resource-Element

Resource-Elemente sind Tochterelemente eines extended-Typ-Elements. Sie bilden samt ihren Tochterelementen (falls vorhanden) eine lokale Ressource und werden durch ein Attribut „type“ mit dem Wert „resource“ definiert. Neben beliebigen anderen Attributen können folgende XLINK-spezifische Attribute verwendet werden:

- **role** (optional): bezeichnet eine Eigenschaft der lokalen Ressource, beispielsweise das Verzeichnis, in dem diese Datei abgelegt ist.
- **title** (optional): beschreibt die lokale Ressource in einer für Menschen lesbaren Form
- **label** (optional): bezeichnet die lokale Ressource mit einer Kennung, mit der ein Bogenelement auf sie Bezug nehmen kann

Locator-Element

Ein Locator-Element ist ein beliebiges Kindelement eines extended-Typ-Elements und identifiziert eine Remote-Ressource. Es muss ein Attribut mit dem Namen „type" besitzen, welches den Wert „locator" hat. Es kann folgende XLINK- Attribute verwenden, um die Remote-Ressource zu beschreiben:

- **href** (obligatorisch): gibt die Bezeichnung der Datei (eventuell mit Pfad) an, genauer eine so genannte URI-Referenz der Remote-Ressource
- **role** (optional): wie oben
- **title** (optional): wie oben
- **label** (optional): wie oben

Bogenelement

Ein Bogenelement beschreibt die Verbindung (Bogen) zwischen zwei durch die Ressource- und Locator-Elemente festgelegten Ressourcen. Dabei werden die dort genannten Werte des Attributs „label" verwendet. Es ist irgendein Kindelement eines extended-Typ-Elements und durch ein Attribut „type" mit dem Wert „arc" charakterisiert (siehe unten angeführtes Beispiel). Zur Beschreibung der Parameter des Bogens können folgende Attribute Verwendung finden:

- **from** (optional): gibt mit Hilfe des Werts von Label die Startressource des Bogens an.
- **to** (optional): gibt mit Hilfe des Werts von Label die Zielressource des Bogens an.
- **show** (optional): gibt an, wie die Zielressource dargestellt wird.
- **actuate** (optional): gibt an, wie der Link ausgeführt wird.
- **arcrole** (optional): wie das Attribut „role" oben
- **title** (optional): wie oben

Es darf keine zwei Bögen mit denselben Start- und Zielressourcen geben. Wenn mehrere Ressourcen denselben Wert im Attribut „Label" haben und dieser Wert im Bogenelement verwendet wird, erzeugt dieses Bogenelement mehrere Bögen gleichzeitig. Gibt man kein Attribut „from" an, werden alle vereinbarten Ressourcen als Startressource eines Bogens verwendet, entsprechendes gilt für das Attribut „to". Gibt man keines der beiden Attribute an, werden alle möglichen Bögen zwischen jeweils zwei Ressourcen vereinbart.

In diesem Beispiel sind drei Remote-Ressourcen vereinbart, von denen zwei denselben Wert für das Attribut „label" haben:

```
<kundenlink xlink:type="extended">
  <kunde xlink:type="locator" xlink:href="maier.xml"
    xlink:label="A" xlink:title="K1">
  <kunde xlink:type="locator"  xlink:href="huber.xml"
    xlink:label="A" xlink:title="K2">
  <kunde xlink:type="locator"  xlink:href="chris.xml"
    xlink:label="E" xlink:title="K3">
</kundenlink>
```

Folgendes Bogenelement erzeugt Bögen von allen As zu E, also K1–>K3 und K2–>K3:

```
<Bogen xlink:type="arc" xlink:from="A" xlink:to="E" />
```

Folgendes Bogenelement erzeugt Bögen von allen Kunden zu E, also K1–>K3, K2–>K3 und K3–>K3:

```
<Bogen xlink:type="arc" xlink:to="E" />
```

Folgendes Bogenelement erzeugt Bögen von allen As zu allen Kunden, also K1–>K1, K1–>K2, K1–>K3,

K2–>K1, K2–>K2, K2–>K3:

```
<Bogen xlink:type="arc" xlink:from="A" />
```

Folgendes Bogenelement erzeugt Bögen von allen Kunden zu allen Kunden, also K1–>K1, K1–>K2, K1–>K3, K2–>K2, K2–>K2, K2–>K3, K3–>K1, K3–>K2, K3–>K3

```
<Bogen xlink:type="arc" />
```

Titelelement

Ein extended-Type-Element, aber auch Locator-Elemente und Bogenelemente, können ein oder mehrere Kindelemente besitzen, die ein Attribut vom Type „type" mit dem Wert „title" besitzen. Diese Elemente stellen beliebige Informationen über den Link, die Ressource beziehungsweise den Bogen zur Verfügung. Ergänzend dazu kann natürlich auch das Attribut vom Type „title" für diesen Zweck verwendet werden.

9.3 Linkdatenbanken (Linkbases)

Für die Verwaltung und die Betreuung von Links ist es vorteilhaft, miteinander verwandte Links in derselben Datei zu speichern. In Zusammenhang mit XLINK müssen derartige Linkdatenbanken XML-Dokumente sein, wenn sie die Zielressource in einem Bogen darstellen.

XLINK-Anwendungen erhalten über folgende Weise Zugang zu einer Linkdatenbank. Man definiert in einem Bogenelement den Wert des Attributs "arcrole" mit "http://www.w3.org/1999/xlink/properties/linkbase" und erzeugt damit ein spezielles Bogenelement, in dem Linkdatenbanken als Zielressource verwendet werden dürfen. Wird ein derartiges **„Linkdatenbanken-Bogenelement"** von einer XML-Anwendung aktiviert, dann durchsucht die XML-Anwendung die

Linkdatenbank nach Links, in denen die Startressource vorkommt. Diese Links werden von der Anwendung in Evidenz gehalten und die in ihnen gespeicherten Informationen stehen der Anwendung daher zur Verfügung, so als ob sie im XML-Dokument selbst stehen würden.

Steht im Link einer Linkdatenbank wiederum eine Linkdatenbank als Zielressource, so werden auch deren Links von der XML-Anwendung ausgewertet. Die so möglicherweise entstehende Kette von Linkdatenbanken wird im Allgemeinen nur eine bestimmte Länge haben dürfen. Die erlaubte Länge kann von der jeweiligen XML-Anwendung festgelegt werden.

Ein konkretes Beispiel soll den Einsatz und den Nutzen von Linkdatenbanken demonstrieren:

```
<ELEMENT autoren ((Autoren|LinksAutoren|Bogen)*)>
  <!ATTLIST autoren
    xlink:type  (extended) #FIXED "extended">

<!ELEMENT Autoren EMPTY>
  <!ATTLIST Autoren
    xlink:type  (locator)  #FIXED "locator"
    xlink:href  CDATA      #REQUIRED
    xlink:label NMTOKEN    #IMPLIED>

<!ELEMENT LinksAutoren EMPTY>
  <!ATTLIST LinksAutoren
    xlink:type  (locator)  #FIXED "locator"
    xlink:href  CDATA      #REQUIRED
    xlink:label NMTOKEN    #IMPLIED>

<!ELEMENT Bogen EMPTY>
  <!ATTLIST Bogen
    xlink:type    (arc)    #FIXED "arc"
    xlink:arcrole CDATA    #FIXED
      "http://www.w3.org/1999/xlink/properties/linkbase"
```

```
    xlink:actuate (onLoad|onRequest|other|none) #IMPLIED
    xlink:from  NMTOKEN    #IMPLIED
    xlink:to    NMTOKEN    #IMPLIED>
```

Ein XML-Element vom Typ „autoren" könnte nun folgendermaßen aussehen:

```
<autoren>
  <Autoren xlink:label="au" xlink:href="autoren.xml"/>
  <LinksAutoren xlink:label="au-li"
    xlink:href="au_links.xml"/>
  <load xlink:from="au" xlink:to="au-li"
    actuate="onLoad"/>
</autoren>
```

Wenn das XML-File „autoren.xml" geladen wird, sollte die Anwendung alle Links, die in der Linkdatenbank „au_links" enthalten sind und sich auf „autoren.xml" beziehen, automatisch ebenfalls laden.

9.4 Einfache Links

Wie bereits weiter oben erwähnt wurde, führt ein einfacher Link unidirektional von einer lokalen Ressource zu einer Remote-Ressource. Einfache Links sind daher nach außen gehende Links und stellen in diesem Sinne einen Spezialfall eines erweiterten Links dar.

Das folgende Listing zeigt, wie ein einfacher Link in der Syntax eines erweiterten Links aussehen würde.

```
<xlink:extended xmlns:xlink="http://www.w3.org/1999/xlink">
  <xlink:resource xlink:label="lokal">
    XLINK
  </xlink:resource>
  <xlink:locator
    xlink:href="xlink.xml"
    xlink:label="extern"
    xlink:role="c:\xml\xlink"
    xlink:title="Das Konzept von XLINK">
  </xlink:locator>
```

```
  <xlink:arc
    xlink:from="lokal"
    xlink:to="extern"
    xlink:arcrole="c:\xml\xmltext"
    xlink:show="embed"
    xlink:actuate="onRequest">
  </xlink:arc>
</xlink:extended>
```

Ein einfacher Link kann nur die oben angeführten Elemente besitzen. Es kann beispielsweise kein „role"- oder „title"- Attribut für die lokale Ressource oder für den Link als Ganzes angegeben werden. Dies ermöglicht eine viel einfachere Schreibweise. Alle Angaben sind Attribute eines einzigen Elements. Dieses Element ist entweder ein XLINK-Linkelement xlink:simple oder ein normales XML-Element mit dem Attribut „type", welches den Wert „simple" besitzen muss.

Der obige Link, als XLINK-Linkelement geschrieben:

```
<xlink:simple
  xmlns:xlink="http://www.w3.org/1999/xlink"
  xlink:href="xlink.xml"
  xlink:role="c:\xml\xlink"
  xlink:arcrole="c:\xml\xmltext"
  xlink:title="Das Konzept von XLINK"
  xlink:show="embedded"
  xlink:actuate="onRequest">
  XLINK
</xlink:simple>
```

Derselbe einfache Link soll nun mit einem normalen XML-Element „Hyperlink" vereinbart werden. Der Typ von <Hyperlink> sei folgendermaßen definiert:

```
<!ELEMENT Hyperlink  ANY>
  <!ATTLIST  Absatz
    xlink:type     (simple) #FIXED "simple"
    xlink:href     CDATA    #IMPLIED
    xlink:role     NMTOKEN  #FIXED "c:\xml\xlink"
    xlink:arcrole CDATA    #IMPLIED
```

```
    xlink:title    CDATA    #IMPLIED
    xlink:show     (new|replace|embed|other|none) #IMPLIED
    xlink:actuate (onLoad|onRequest|other|none)  #IMPLIED>
```

Der einfache Link würde so aussehen:

```
<Hyperlink xmlns:xlink="http://www.w3.org/1999/xlink"
  xlink:href="artikel.xml"
  xlink:title="Artikelliste"
  xlink:show="new"
  xlink:actuate="onRequest">
  XLINK
</Hyperlink>
```

Wenn sich das Element <Hyperlink> bereits im XLINK-Namensraum befindet und die Attribute „title", „show" und „actuate" in der DTD vereinbart oder einfach weggelassen werden, sieht der Link so aus:

```
<Hyperlink xlink:href="artikel.xml">
  XLINK
</Hyperlink>
```

Diese Schreibweise besitzt eine große Ähnlichkeit mit den Hyperlinks von HTML.

Ein einfacher XLINK-Link unterscheidet sich grundlegend von einem HTML-Hyperlink. Beim einfachen Link ist nur die Angabe des „type"-Attributs verpflichtend. Insbesondere kann auch das „href"-Attribut weggelassen werden. Dies führt zu einem „Link", der nirgendwohin führt und daher auch nicht ausgeführt werden kann. Man kann aber über die anderen Attribute bestimmte Eigenschaften der lokalen Ressource festlegen. Die XLINK-Spezifikation legt auch nicht fest, wie die Attribute „role", „arcrole" und „title" von der XML-Anwendung verwendet werden. Ferner beschreibt sie auch nicht, wie eine Anwendung den Link realisiert, wenn man die Attribute „show" oder „actuate" weglässt.

9.5 Zusammenfassung

Alle XLINK-Attribute werden kurz beschrieben.

Das Type-Attribut (*type*)

muss immer angegeben werden und hat einen der folgenden Werte: „*simple*", „*extended*", „*locator*", „*arc*" , „*resource*", „*title*" oder „*none*".

Falls der Wert „none" ist, hat das entsprechende Element beziehungsweise haben seine Attribute keine XLINK-Relevanz. Damit ist es möglich, Elementtypen zu definieren, die gegebenenfalls einen Link enthalten oder eben nicht. Die entsprechende Vereinbarung in der DTD könnte für ein Element „Graz" so aussehen:

```
<!ATTLIST Graz
  xlink:type  (simple|none)  #REQUIRED
  xlink:href  CDATA          #IMPLIED>
```

Das Locator-Attribut (*href*)

ist verpflichtend beim Locator-Element und optional beim einfachem Link. Sein Wert definiert eine Remote-Ressource und muss daher eine gültige URI-Referenz darstellen. Dabei sind auch relative Pfadangaben und XPointer-Spezifikationen erlaubt.

Semantische Attribute (role, arcrole, title)

sind durchweg optional.

Der Wert von „**role**" und „**arcrole**" muss eine URI-Referenz sein, mit der eine Ressource definiert wird, deren Inhalt die Bedeutung und Eigenschaft eines Links, einer Ressource oder eines Bogens beschreibt.

Der Wert von „**title**" beschreibt die Bedeutung und Eigenschaft eines Links, einer Ressource oder eines Bogens in einer für Menschen lesbaren Form. Alternativ oder ergänzend kann dies auch in den Titel-Elementen geschehen. Die genaue Bedeutung des title-Attributs für eine Anwendung wird nicht definiert.

Verhaltensattribute (show, actuate)

Verhaltensattribute (*Behavior Attributes*) können bei einfachen Links oder bei Bogenelementen verwendet werden.

Die möglichen Werte für „**show**" sind „*new*", „*replace*", „*embed*", „*other*" oder „*none*". Die Bezeichnungen sind selbsterklärend. Bei „*new*" wird das geladene Dokument in einem neuen Fenster angezeigt, „*replace*" ersetzt das aktuelle durch das neu geladene Dokument und „*embed*" fügt das neue Dokument in das aktuelle ein. Damit erfüllt dieses Attribut eine analoge Funktion wie das Attribut „target" des <A>-Tags von HTML.

Die möglichen Werte für „**actuate**" sind „*onRequest*", „*onLoad*", „*other*" oder „*none*". Die Bezeichnungen sind wiederum selbsterklärend. Bei „*onLoad*" wird der Link nach dem Laden des Dokuments ausgeführt, bei „*onRequest*" erst dann, wenn der Anwender den Link zum Beispiel durch einen Mausklick aktiviert. Was eine Anwendung im Falle „*other*" macht, ist ungewiss. Bei „*none*" wird der Link vermutlich nicht angezeigt, beziehungsweise nicht ausgeführt. Aber auch in diesem Fall macht die XLINK-Spezifikation keine genauen Angaben, wie sich eine Anwendung verhalten soll.

Bei einem Bogenelement einer Linkdatenbank müssen sich Anwendungen immer so verhalten, als ob das Attribut „show" auf den Wert „none" und das Attribut „actuate" auf den Wert „onLoad" gesetzt wäre, unabhängig davon, welchen Wert ein Anwender den Attributen tatsächlich zugewiesen hat. Die Links einer Linkdatenbank werden daher weder dargestellt noch nach dem Laden automatisch ausgeführt.

Traversenattribute (label, from, to)

Die Traversenattribute (*Traversal Attributes*) „**from**" und „**to**" können bei Bogenelementen verwendet werden; das Attribut „**label**" kann bei Ressource- oder Locator-Elementen auftreten. Ihre Werte müssen vom Typ NMTOKEN sein. Die Werte des Attributs „label" können von den Attributen „from" und „to" verwendet werden, um die Start- und Zielressource eines Bogens anzugeben.

Die folgende Tabelle zeigt, bei welchen XLINK-Elementen die Angabe eines Attributs möglich beziehungsweise obligatorisch ist:

	simple	**extended**	**locator**	**arc**	**resource**	**title**
type	obligat	obligat	obligat	obligat	obligat	obligat
href	optional	----	obligat	----	----	----
role	optional	optional	optional	----	optional	----
arcrole	optional	----	----	optional	----	----
title	optional	optional	optional	optional	optional	----
show	optional	----	----	optional	----	----
actuate	optional	----	----	optional	----	----
label	----	----	optional	----	optional	----
from	----	----	----	optional	----	----
to	----	----	----	optional	----	----

10 XPointer

Mit XPointer können Teile eines XML-Dokuments lokalisiert werden. XPointer ist die Abkürzung für „XML Pointing Language"; XPointer selbst ist wie XPath keine XML-Sprache.

XPointer liegt zurzeit als so genannte „W3C Candidate Recommendation" vom 11. September 2001 vor.

Dieses Kapitel setzt die Kenntnis der Kapitel 7 „XPath" und 9 „XLink" voraus. XPath wird verwendet, um einen oder mehrere Knoten in einem XML-Baum aufzufinden. XLink beschreibt, wie XML-Dokumente miteinander verbunden werden können. Die Beschreibungen von XLink und XPointer ergeben zusammen die so genannte Extended Linking Language (XLL). Die konsequente Strukturierung einer XML-Datei erlaubt es, mit einem so genannten XPointer einzelne oder mehrere Knoten in einem XML-Dokument aufzufinden und mit Hilfe von XLink einem anderen Dokument zuzuordnen. Dabei erweitert XPointer die Möglichkeiten von XPath: Zusätzlich zu Zeichenketten, Zahlen, Booleschen Werten und Knotenmengen können mit XPointern so genannte Punkte und Bereiche angesprochen werden.

XPointer verwendet zum Auffinden von Knoten XPath-Ausdrücke. Da dies nur in wohlgeformten XML-Dokumenten möglich ist, können XPointer nur auf wohlgeformte Dateien zeigen.

10.1 Knoten, Punkte und Bereiche

Als *location* wird ein Xpath-Knoten (*node*), ein Punkt (*point*) oder ein Abschnitt eines XML-Dokuments (Bereich, *range*) bezeichnet. Mehrere *locations* ergeben zusammen eine so genannte **Lokalisierungsmenge** (*location-set*).

Die Begriffe *location* und *location-set* stellen eine Verallgemeinerung von Knoten und Knotenmengen dar.

Für die folgenden Überlegungen verwenden wir den Ausschnitt der folgenden XML-Datei „buch.xml":

```
<?xml version="1.0" encoding="iso-8859-1" ?>
<!DOCTYPE buecher SYSTEM "buch.dtd">

<buecher titel="IT-Buchladen">
  <buch>
    <autor id="Me">Meier</autor>
    <titel>XML</titel>
    <jahr>2002</jahr>
    <!-- lieferbar ab 2. Quartal -->
    <details>
      <seitenzahl>300</seitenzahl>
      <ladenpreis waehrung="euro">100</ladenpreis>
    </details>
  </buch>
  ...
</buecher>
```

Knoten

Mit XPath können einzelne Knoten oder Knotenmengen lokalisiert werden. XPointer können in analoger Weise auf Wurzelknoten, Elementknoten, Attributknoten, Textknoten, Kommentarknoten, Verarbeitungsanweisungsknoten und Namensraumknoten weisen. Als Ergebnis eines Xpath-Ausdrucks liegt dann eine Knotenmenge vor, wenn mehrere Knoten durch den Ausdruck ausgewählt werden (vgl. Beispiele in Kapitel 7).

Punkte

Knoten werden mit Hilfe von XPath-Ausdrücken ausgewählt. Positionen innerhalb von Elementen, Attributen oder Texten werden mit Hilfe von Punkten (*points*) beschrieben. So kann beispielsweise der Buchstabe „i" im Inhalt des <autor>-Elements („Meier") ausgewählt werden. Werden durch einen Ausdruck gleichzeitig mehrere Punkte ausgewählt, so liegt eine Ergebnismenge vor. Die Lage eines Punktes wird durch einen Knoten („**Container-Knoten**", *container node*) und durch einen Index (größer oder gleich 0) beschrieben.

Element-Tags werden wie ein Zeichen behandelt. Es ist daher unmöglich, eine Position innerhalb der Tag-Klammern auszuwählen.

Ist der Container-Knoten eines Punktes der Wurzelknoten oder ein Elementknoten, so sprechen wir von einem **Knotenpunkt** (*node-point*). In diesem Fall verweist der Index auf die Kindknoten. Der Index muss in diesem Fall in einem Bereich zwischen 0 (Punkt vor dem ersten Kindknoten) und einer Zahl *n* (Punkt hinter dem *n*-ten Kindknoten) liegen.

Weist der Containerknoten eines Punktes keine Kindknoten auf (Namensraumknoten, Kommentarknoten, Verarbeitungsanweisungsknoten, Attributknoten und Textknoten), so liegt ein **Zeichenpunkt** (*character-point*) vor. Der Index weist dann in den Knoteninhalt; sein Wert liegt zwischen 0 (Punkt vor der ersten Zeichen) und einer

Zahl *n* (wobei *n* die Anzahl aller Zeichen der Zeichenkette ist und somit den Punkt nach dem *n*-ten Zeichen angibt).

Punkte haben ebenfalls Achsen:

Achse	Inhalt
child, descendant, preceding-sibling, following-sibling, preceding, following, attribute, namespace	Sind leer.
self, descendant-or-self	Beinhalten den Punkt selbst.
parent	Beinhaltet den Containerknoten des Punktes.
ancestor	Beinhaltet den Containerknoten des Punktes und die Vorfahren des Containterknotens.
ancestor-or-self	Beinhaltet den Punkt selbst, seinen Containerknoten und dessen Vorfahren.

Achsen für Lokalisierungspfade innerhalb von Xpath-Ausdrücken sind von den in der obigen Tabelle genannten Eigenschaften nicht betroffen (vgl. Abschnitt 7.2 „Achsen").

Im obigen Beispiel können wir beispielsweise alle Punkte innerhalb des <buch>-Elements angeben:

- Der Punkt nach dem <buch>-Element
- Der Punkt zwischen dem Leerraum vor dem <autor>-Element und dem <autor>-Element
- Der Punkt nach dem <autor>-Element
- Der Punkt zwischen dem Leerraum vor dem <titel>-Element und dem <titel>-Element

- Der Punkt nach dem <titel>-Element
- Der Punkt zwischen dem Leerraum vor dem <jahr>-Element und dem <jahr>-Element
- Der Punkt nach dem <jahr>-Element

... usw.

Innerhalb des <titel>-Elements treten folgende Punkte im Textknoten „XML" auf:

- Der Punkt zwischen <titel> und „X"
- Der Punkt zwischen „X" und „M"
- Der Punkt zwischen „M" und „L"
- Der Punkt zwischen „L" und </titel>

Die Punkte werden jeweils von null beginnend gezählt.

Bereiche

Ein Bereich oder Abschnitt (*range*) ist durch zwei Punkte (Startpunkt und Endpunkt) gegeben. Fallen Startpunkt und Endpunkt zusammen, so wird nur ein einzelner Punkt beschrieben (*collapsed range*). Der Endpunkt darf nicht vor dem Startpunkt liegen. Start- und Endpunkt können auch so gewählt werden, dass öffnende oder schließende Element-Tags fehlen; ein gewählter Bereich muss also nicht unbedingt eine wohlgeformte XML-Datenmenge sein. Ein Start- oder Endpunkt kann aber nur vor oder nach einem Element-Tag oder im Inhalt eines Elements, nie aber im Element-Tag selbst liegen.

Aus dem oben angeführten XML-Dokument können also beispielsweise folgende Bereiche gewählt werden:

- Vom Startpunkt vor dem <autor>-Element bis zum Endpunkt nach dem <titel>-Element (das ist der Punkt nach </titel>).

- Vom Startpunkt vor dem Textknoten „Meier" bis zum Endpunkt nach dem <titel>-Element. Dieser Abschnitt ist nicht wohlgeformt.

... usw.

10.2 Schreibweisen von XPointern

XPointer können vollständig ausgeschrieben oder in Kurzfassungen angegeben werden.

Vollständige Schreibweise von XPointern

Ein vollständiger XPointer (*full xpointer*) besteht aus der Angabe des Schemas „xpointer", das in Klammern einen vollständigen Ausdruck zum Lokalisieren der Knoten, Punkte oder Bereiche enthält.

```
xpointer(/buecher/buch/details/ladenpreis/@waehrung)
```

Namensschreibweise von XPointern

Lässt die DTD des XML-Dokuments die Verwendung von ID-Attributen zu, so kann ein XPointer mit Hilfe des eindeutigen Bezeichners auf einen gewünschten Punkt verweisen.

```
xlink:href="buch.xml#Me"
```

Diese Schreibweise von Xpointern mit Hilfe von Namen (*bare names*) ist gleich zur folgenden vollständigen Schreibweise:

```
xlink:href="buch.xml#xpointer(id('Me'))"
```

Schreibweise von XPointern mit Hilfe von Kindsequenzen

In Lokalisierungspfaden werden Kindsequenzen (*child sequences*) mit Hilfe des Schrägstrichs / angegeben:

```
xpointer(/buecher/buch/titel)
```

Dies kann kürzer durch eine Folge von ganzzahligen Indizes angegeben werden, wobei jede Zahl *n* das *n*-te Kind-Element bezeichnet.

```
xpointer(/1/3/2)
```

wählt das 2. Kindelement (titel) des 3. Kindelements (drittes eingetragenes <buch>-Element) des Wurzelelements aus.

> Die Zählung der Elemente beginnt wie in XPath bei 1. Dies unterscheidet sich von der nullbasierten Zählung im DOM.

10.3 XPointer-Funktionen

Die folgenden XPointer-Funktionen liefern jeweils eine Lokalisierungsmenge (*location-set*). Als Argumente sind Lokalisierungsmengen (auch als Ergebnisse anderer Xpointer-Funktionen), Zeichenketten und Zahlenangaben möglich. Zusätzlich können für XPointer auch alle XPath-Funktionen verwendet werden, die Knotenmengen zurückgeben.

end-point(Lokalisierungsmenge)

Fügt der angegebenen Lokalisierungsmenge einen Punkt hinzu, der den Endpunkt der Lokalisierungsmenge nach den folgenden Regeln festlegt:

Element der Lokalisierungsmenge	Erhaltener Endpunkt
Punkt	Der Punkt selbst wird zum Endpunkt.
Bereich	Der Endpunkt des Bereichs wird zum Endpunkt.
Wurzelknoten, Elementknoten	Der Wurzelknoten bzw. Elementknoten wird Container-Knoten zum Endpunkt. Der Index des Endpunkts entspricht der Anzahl der Kindknoten (damit ist der Endpunkt der letzte Kindknoten).
Textknoten, Kommentarknoten, Verarbeitungsanweisungsknoten	Der Endpunkt hat den Textknoten bzw. Kommentarknoten bzw. Verarbeitungsanweisungsknoten zum Containerknoten. Die Länge des Zeichenkettenwerts des Textes, Kommentares oder der Verarbeitungsanweisung ergibt den Index des Endpunkts (damit ist der Endpunkt der letzte Punkt im jeweiligen Kindknoten).
Attributknoten, Namensraumknoten	XPointer liefert einen Fehler zurück.

```
xpointer(end-point(/buecher/autor))
```

legt den Endpunkt hinter dem <autor>-Element (also exakt nach </autor>) fest. Werden durch den Lokalisierungspfad mehrere Knoten ausgewählt, so liefert die Funktion entsprechend mehrere Endpunkte.

here()

Liefert als Lokalisierungsmenge ein einzelnes Element, nämlich das aktuelle Element. Die Funktion kann verwendet werden, wenn der

XPointer auf eine Stelle des aktuellen Dokuments verweist. Als Argumente müssen Textknoten und alle anderen Knoten unterschieden werden:

Ziel des XPointers	**Ergebnislokalisierungsmenge**
Innerhalb eines Textknotens	Elementknoten, der den Textknoten enthält.
Alle anderen Knoten	Knoten, der direkt das Ziel des XPointers enthält.

```
xpointer(here()/range-to(child::buch[3])
```

liefert den Bereich von der aktuellen Position bis zum dritten Buch-Kindelement.

origin()

Liefert wie die Funktion here() ein einzelnes, nämlich das aktuelle Element. Im Gegensatz zur Funktion here() wird origin() verwendet, wenn der XPointer auf ein fremdes Dokument verweist.

range(Lokalisierungsmenge)

Liefert die Lokalisierungsmenge zurück, die durch den XPath-Ausdruck im Argument festgelegt wird: Wird ein Knoten ausgewählt, so wird genau der Bereich ermittelt, der vor dem Knoten beginnt und genau hinter dem Knoten endet. Für eine Knotenmenge gibt die Funktion die durch die jeweiligen Knoten bestimmten Bereiche zurück.

```
xpointer(range(/buecher/buch/*)
```

liefert die Bereiche zurück, die aus den Kindelementen von <buch> gebildet werden.

range-inside(Lokalisierungsmenge)

Für jeden Knoten der angegebenen Lokalisierungsmenge wird der Bereich ermittelt, der dem Inhalt des Knotens entspricht (für Elementknoten sind also das öffnende und schließende Tag im Gegensatz zur Funktion range() nicht enthalten).

```
xpointer(range-inside(/buecher/buch/jahr))
```

ergibt den Textinhalt des Elements <jahr> ohne seine umschließenden Tags zurück.

range-to(Lokalisierungsmenge)

Diese Funktion liefert einen Abschnitt zurück, der beim aktuellen Kontextknoten beginnt und bei dem Knoten endet, der als Argument der Funktion angegeben ist.

```
xpointer(/buecher/buch/comment()/range-to(details))
```

liefert einen Bereich, der direkt vor dem Kommentar beginnt und nach dem Element <details> endet.

start-point(Lokalisierungsmenge)

Fügt der angegebenen Lokalisierungsmenge einen Punkt hinzu, der den Startpunkt der Lokalisierungsmenge nach den folgenden Regeln festlegt:

Element der Lokalisierungsmenge	**Erhaltener Endpunkt**
Punkt	Der Punkt selbst wird zum Startpunkt.
Bereich	Der Startpunkt des Bereichs wird zum Startpunkt.

Element der Lokalisierungsmenge	Erhaltener Endpunkt
Wurzelknoten, Elementknoten, Textknoten, Kommentarknoten, Verarbeitungsanweisungsknoten	Der Containerknoten wird zum Startpunkt mit Index 0.
Attributknoten, Namensraumknoten	XPointer liefert einen Fehler zurück.

```
xpointer(start-point(/buecher/autor/titel))
```

bestimmt den Startpunkt unmittelbar vor dem <titel>-Element.

string-range (Lokalisierungsmenge, Zeichenkette, Zahl1, Zahl2)

Die Funktion string-range ignoriert alle in der Lokalisierungsmenge enthaltenen Tags. Für jede in der Lokalisierungsmenge enthaltene *location* testet die Funktion das Vorkommen der angegebenen Zeichenkette und liefert bei Übereinstimmung einen entsprechenden Betrag zurück. Die erste Zahl im Argument legt bei Übereinstimmung das Offset fest, von dem an dieser Bereich ausgegeben werden soll (Defaultwert: 1). Die zweite Zahl legt fest, wie viele Zeichen vom Offset an in den Ergebnisbereich übernommen werden sollen.

```
xpointer(string-range(/buecher/buch/autor, „Meier", 2, 2))
```

liefert den Bereich „ei".

11 Das Document Object Model Core (DOM)

Das Dokumenten-Modell DOM ist eine Schnittstellensammlung, die Anwendern den Zugriff und die Manipulation von XML-Dokumenten ermöglicht. Implementiert wird DOM durch so genannte **DOM-APIs** (*Application Programming Interfaces*). Eine andere Möglichkeit, auf XML-Dateien zuzugreifen, ist **SAX** (*Simple API for XML*). Im Gegensatz zu SAX, welches speziell für XML entwickelt wurde, können mit DOM auch HTML-Dateien bearbeitet werden.

Die Grundlage zu DOM sind zwei Empfehlungen des W3C-Konsortiums. Die erste Empfehlung vom 1. Oktober 1998 kann unter http://www.w3.org/TR/REC-DOM-Level-1/ nachgelesen werden. Am 13. November 2000 wurde DOM Level 2 spezifiziert. Diese Spezifikation erweitert die Empfehlung vom Oktober 1998 und berücksichtigt insbesondere das Konzept der Namensräume. Den vollständigen Text finden Sie unter http://www.w3.org/TR/REC-DOM-Level-2/. Jener Teil dieser Empfehlung, der für XML relevant ist, wird in diesem Kapitel behandelt und durch einige Beispiele illustriert.

DOM arbeitet baumorientiert, stellt also das XML-Dokument durch verbindende Knoten dar. Mittels einer DOM-API kann so auf alle Teile des Baums und daher auch auf alle Teile der XML-Datei zugegriffen werden. DOM-fähige Parser haben für die Darstellung der Baumstruktur umfangreicher XML-Dokumente einen großen Speicherbedarf und sind daher eher schwerfällig. Andererseits bieten DOM-APIs den Anwendungsentwicklern einen einfachen und schnellen Zugriff auf die XML-Daten. Bei zu großen XML-Dateien wird man statt eines DOM-Parsers einen SAX-Parser verwenden, welcher ereignisgesteuert arbeitet und daher nicht das gesamte Dokument im Speicher abbilden muss.

11.1 DOM Level 2

Das DOM-Dokumentmodell

DOM stellt ein XML-Dokument als Baum dar, der aus unterschiedlichen Arten von Knoten besteht. Die Wurzel des Baums (root) zeigt auf das Dokument selbst und hat beispielsweise die XML-Deklaration und das Dokumentelement als Kindknoten. Dieses Konzept hat eine große Ähnlichkeit mit dem Dokumentmodell von XPath, welches bereits in Kapitel 7 behandelt wurde.

Die unterschiedlichen Knotentypen werden in folgender Tabelle vorgestellt. Jedem Typ ist ein Zahlencode zugeordnet.

Knotentyp	**Originalbezeichnung**	**Code**
Dokument	Document	9
Dokumentfragment	DocumentFragment	11
DokumentTyp	Documentype	10
Entityreferenz	EntityReference	5
Element	Element	1
Attribut	Attr	2
Verarbeitungsanweisung	ProcessingInstruction	7
Kommentar	Comment	8
Text	Text	3
CDATASection	CDATASection	4
Entity	Entity	6

Knotentyp	Originalbezeichnung	Code
Notation	Notation	12
Knotenliste	NodeList	-

Der Knotentyp „Knotenliste" stellt eine geordnete Liste von Knoten dar, die beginnend mit einer Null indiziert ist. Ein Knoten dieses Typs kann beispielsweise alle Kindknoten eines Knotens enthalten.

XPath (siehe Kapitel 7) indiziert Listen beginnend mit 1.

Änderungen in Elementen des XML-Dokuments, die in einer Knotenliste enthalten sind, bewirken gleichzeitig auch entsprechende Änderungen in der Knotenliste. Die Werte einer Knotenliste sind sozusagen „Echtzeit".

Nicht alle Knoten können Kindknoten besitzen und auch wenn Kindknoten erlaubt sind, können diese nicht Knoten beliebigen Typs sein. Die nächste Tabelle enthält die genaue Information.

Knotentyp	Mögliche Kindknoten
Dokument	Element (max. einmal), Verarbeitungsanweisung, Kommentar, DokumentTyp (max. einmal)
Dokumentfragment	Element, Verarbeitungsanweisung, Kommentar, Text, CDATASection, EntityReferenz
Dokumenttyp	-
EntityReferenz	Element, Verarbeitungsanweisung, Kommentar, Text, CDATASection, EntityReferenz

Knotentyp	Mögliche Kindknoten
Element	Element, Text, Kommentar, Verarbeitungsanweisung, CDATASection, EntityReferenz
Attribut	Text, EntityReferenz
Verarbeitungsanweisung	-
Kommentar	-
Text	-
CDATASection	-
Entity	Element, Verarbeitungsanweisung, Kommentar, Text, CDATASection, EntityReferenz
Notation	-

DOM-Attribute und Methoden können aus verschiedenen Gründen nicht ausführbar sein und liefern daher einen Fehlercode. Folgende Fehler sind in der Spezifikation angeführt:

Fehlercode	Bezeichnung
1	INDEX_SIZE_ERR
2	DOMSTRING_SIZE_ERR
3	HIERARCHY_REQUEST_ERR
4	WRONG_DOCUMENT_ERR
5	INVALID_CHARACTER_ERR
6	NO_DATA_ALLOWED_ERR
7	NO_MODIFICATION_ALLOWED_ERR
8	NOT_FOUND_ERR
9	NOT_SUPPORTED_ERR
10	INUSE_ATTRIBUTE_ERR

Fehlercode	Bezeichnung
11	INVALID_STATE_ERR
12	SYNTAX_ERR
13	INVALID_MODIFICATION_ERR
14	NAMESPACE_ERR
15	INVALID_ACCESS_ERR

Grundlegende Schnittstellen

DOMImplementation

Diese Schnittstelle stellt eine Reihe von Methoden zur Verfügung, die nicht von einem bestimmten Knoten des Dokumentmodells abhängen.

Methode	Beschreibung
createDocument(namespaceURI, qualifiedName, doctype)	Erzeugt ein XML-Dokument mit dem Namen „qualifiedName" und der DTD „doctype" zum Namensraum mit der URI „namespaceURI".
createDocumentType(qualifiedName, publicId, systemId)	Erzeugt einen leeren Dokumenttypknoten.
hasFeature(feature,version)	Liefert true, wenn ein Feature unterstützt wird. „version" kann entweder „1.0" oder „2.0" sein. „feature" kann den Wert „Core" besitzen. Andere mögliche Werte sind von der Implementation abhängig.

DocumentFragment

Ein DocumentFragment stellt einen Teil eines XML-Dokuments dar. Wenn es an einen Knoten angehängt wird, werden auch seine Kindknoten in den Gesamtbaum eingefügt. Für DocumentFragment sind alle Methoden und Attribute eines Knotens anwendbar (siehe weiter unten bei „Node").

Document

Die Document-Schnittstelle stellt das gesamte XML-Dokument dar und ist die Wurzel des Dokumentbaums. Über diese Schnittstelle hat man daher Zugriff auf alle Knoten und sie besitzt demgemäß neben den allgemeinen Attributen und Methoden (siehe weiter unten bei „Node") noch folgende:

Attribut	Beschreibung
doctype	Liefert die DTD des Dokuments
documentElement	Liefert das Dokumentelement
implementation	Liefert die Implementation, die das Dokument bearbeitet

Methode	Beschreibung
createAttribute(name)	Erzeugt einen Attributknoten mit der Bezeichnung „name". Gesetzt wird das Attribut für ein Element mit der Methode „setAttributeNode".
createAttributeNS(namespaceURI, qualifiedName)	Erzeugt einen Attributknoten mit dem qualifizierten Namen „qualifiedName" für den Namensraum mit der URI „namespaceURI".

Methode	Beschreibung
createCDATASection(data)	Erzeugt einen Knoten für einen CDATA-Abschnitt mit dem Inhalt „data".
createComment(data)	Erzeugt einen Kommentarknoten mit dem Inhalt „data".
createDocumentFragment()	Erzeugt einen leeren Dokumentfragmentknoten.
createElement(tagName)	Erzeugt einen Elementknoten mit Typ „tagName". Wenn dieser Elementtyp ein Attribut mit einem Defaultwert hat, wird ein Attributknoten automatisch erzeugt.
createElementNS(namespaceURI, qualifiedName)	Erzeugt einen Elementknoten mit qualifiziertem Typ „qualifiedName" zum Namensraum mit der URI „namespaceURI"
createEntityReference(name)	Erzeugt einen Entityreferenzknoten
createProcessingInstruction(target, data)	Erzeugt einen Verarbeitungsanweisungsknoten mit dem Zielnamen „target" und den Angaben „data"
createTextNode(data)	Erzeugt einen Textknoten mit dem Inhalt „data"
getElementById(elementId)	Liefert den Elementknoten mit Typ ID="elementId". Wenn es kein derartiges Element gibt, wird der Wert „null" zurückgegeben.
getElementsByTagName(tagname)	Liefert eine Knotenliste, in der alle Elemente vom Typ „tagname" enthalten sind. Statt eines Tagtyps kann auch „*" angegeben werden, um alle Elemente zu erhalten.

Methode	Beschreibung
getElementsByTagNameNS(namespaceURI, localName)	Liefert eine Knotenliste, in der alle Elemente mit Typ „localName“ und Namensraum „namespaceURI“ enthalten sind. Auch hier kann „*“ verwendet werden.
importNode(importedNode, deep)	Erzeugt eine Kopie eines Knotens aus einem anderen Dokument, der durch „importedNode“ angegeben wird. Wenn „deep“ „true“ gesetzt wird, wird auch der am Knoten hängende Teilbaum mitkopiert.

Node

Die Knotenschnittstelle stellt den Grundtyp aller Schnittstellen dar und steht daher genauso für einen Elementknoten wie auch für einen Textknoten. Daher können die hier vorgestellten Attribute und Methoden grundsätzlich auch für alle anderen Knotentypen angewendet werden. Man muss jedoch bei der Anwendung der bereitgestellten Attribute und Methoden darauf achten, ob sie für den konkreten Knoten Sinn machen. Beispielsweise kann ein Textknoten keinen Kindknoten besitzen und der Versuch, entsprechende Methoden anzuwenden, wird daher zu einer Fehlermeldung führen.

Attribut	Beschreibung
attributes	Liefert eine nicht geordnete Liste der Attribute, wenn der Knoten ein Element ist. Ansonsten erhält man den Wert „null“
childNodes	Liefert eine Knotenliste, die alle Kindknoten enthält
firstChild	Liefert den ersten Kindknoten. Wenn es keine Kindknoten gibt, erhält man den Wert „null“.

Attribut	Beschreibung
lastChild	Liefert den letzten Kind-Knoten. Wenn es keine Kind-Knoten gibt, erhält man den Wert „null".
localName	Liefert den lokalen Teil eines qualifizierten Namens beziehungsweise „null"
namespaceURI	Liefert den URI des Namensraums beziehungsweise „null"
nextSibling	Liefert den nächsten „Geschwisterknoten" in einer Ebene des Dokumentmodells (oder „null")
nodeName	Liefert den Namen des Knotens.
nodeType	Liefert den Zahlencode, der dem Knotentyp zugeordnet ist (siehe Tabelle in Abschnitt 1.1)
nodeValue	Liefert bei Attribut-, CDATASection-, Kommentar-, Verarbeitungsanweisungs- und Textknoten den Inhalt des Knotens, ansonsten den Wert „null"
ownerDocument	Liefert den Dokumentknoten des Dokuments, zu dem der Knoten gehört
parentNode	Liefert, falls vorhanden, den Elternknoten, ansonsten den Wert „null"
prefix	Liefert das Präfix eines Knotens, wenn eines definiert ist, ansonsten den Wert „null"
previousSibling	Liefert den vorigen „Geschwisterknoten" in einer Ebene des Dokumentmodells (oder „null")

Methode	Beschreibung
appendChild(newChild)	Der Knoten oder das Dokumentfragment „newChild" wird als Kindknoten angehängt.
cloneNode(deep)	Liefert eine Kopie des Knotens. Ist der Wert von „deep" gleich „true", so wird auch der am Knoten hängende Teilbaum mitkopiert.
hasAttributes()	Liefert „true", wenn für den Knoten Attribute definiert sind
hasChildNodes()	Liefert „true", wenn der Knoten Kindknoten besitzt
insertBefore(newChild, refChild)	Fügt den Knoten oder das Dokumentfragment „newChild" vor dem Knoten „refChild" in derselben Ebene des Dokumentbaums ein. Wenn „refChild" den Wert „null" besitzt, wird „newChild" am Ende der Kindknoten angehängt.
isSupported(feature, version)	Analog zu „hasFeature" in Bezug auf den aktuellen Knoten
normalize()	Bringt den Inhalt aller Textknoten, die sich im am Knoten hängenden Teilbaum befinden, in eine „normale" Form, bei der die Struktur die Inhalte der Textknoten trennt
removeChild(oldChild)	Entfernt den Knoten des Typs „oldChild" aus dem Teilbaum.
replaceChild(newChild, oldChild)	Ersetzt den Kindknoten „oldChild" durch den Knoten oder das Dokumentfragment „newChild".

NodeList

Die Knotenlistenschnittstelle bildet eine bestimmte Anzahl von Knoten ab, die mit null beginnend indiziert sind. Änderungen an Knoten im XML-File (auch Löschen oder Einfügen) bewirken gleichzeitig eine entsprechende Aktualisierung in der Knotenliste.

Attribut	Beschreibung
length	Liefert die Anzahl der Knoten, die in der Knotenliste enthalten sind.

Methode	Beschreibung
item(index)	Liefert den Knoten aus der Knotenliste mit Index „index", wobei item(0) der erste Knoten ist. Ist der Wert von „index" zu groß, erhält man „null".

NamedNodeMap

Die NamedNodeMap-Schnittstelle stellt eine Kollektion von Knoten dar, auf die über einen Namen zugegriffen werden kann. Die Knoten sind nicht sortiert. Änderungen an Knoten im XML-File (auch Löschen oder Einfügen) bewirken gleichzeitig eine entsprechende Aktualisierung in der NamedNodeMap.

Attribut	Beschreibung
length	Liefert die Anzahl der Knoten in der NamedNodeMap-Schnittstelle.

Methode	Beschreibung
getNamedItem(name)	Liefert den Knoten mit Knotennamen „name" (bzw. „null").
getNamedItemNS(namespaceURI, localName)	Liefert den Knoten mit Namen „localName" von dem Namensraum mit der URI „namespaceURI".

Methode	Beschreibung
item(index)	Liefert den Knoten mit Nummer „index" aus der NamedNodeMap. Der Wert für „index" muss zwischen 0 und length-1 liegen.
removeNamedItem(name)	Entfernt den Knoten mit Knotennamen „name" aus der NamedNodeMap-Schnittstelle.
removeNamedItemNS(namespaceURI, localName)	Entfernt den Knoten mit Namen „localName" von dem Namensraum mit der URI „namespaceURI" aus der NamedNodeMap-Schnittstelle.
setNamedItem(arg)	Fügt den Knoten „arg" unter seinem Knotennamen in die NamedNodeMap-Schnittstelle ein. Wenn es einen Knoten mit diesem Namen bereits gibt, wird er durch „arg" ersetzt.
setNamedItemNS(arg)	Fügt den Knoten „arg" unter seinem Knotennamen und seinem Namensraum in die NamedNodeMap-Schnittstelle ein

CharacterData

Die CharacterData-Schnittstelle erweitert die Schnittstelle „Knoten" um Attribute und Methoden, mit denen man auf Zeichendaten des DOM zugreifen kann. Neben den allgemeinen Knotenattributen und -methoden können auch die hier angeführten verwendet werden.

Attribut	Beschreibung
data	Liefert die Zeichendaten in einem String
length	Liefert die Anzahl der Zeichendaten, also die Länge des Strings

Methode	Beschreibung
appendData(arg)	Der String „arg" wird am Ende der Zeichendaten angehängt.
deleteData(offset, count)	Entfernt „count"-Zeichen aus den Zeichendaten, beginnend mit dem Zeichen mit Index „offset"
insertData(offset, arg)	Der String „arg" wird bei „offset" in die Zeichendaten eingefügt.
replaceData(offset, count, arg)	Ersetzt „count"-Zeichen der Zeichendaten, beginnend mit dem Zeichen mit Index „offset", durch die Zeichen des Strings „arg"
substringData(offset, count)	Liefert einen String, bestehend aus (maximal) „count"-Zeichen, beginnend mit dem Zeichen mit Index „offset"

Attr

Die Attr-Schnittstelle beschreibt ein Attribut eines Elements. Die erlaubten Werte für ein Attribut sind in der DTD festgelegt. DOM betrachtet Attributknoten nicht als eigenständige Objekte des Dokumentmodells, sondern immer mit einem bestimmten Element assoziiert. Daher liefern die Knotenattribute „parentNode", „previousSibling" und „nextSibling" für Attributknoten den Wert „null". Alle Offsets sind grundsätzlich gleich null. Für Attributknoten sind auch alle Methoden und Attribute, die für allgemeine Knoten (Node) definiert sind, erlaubt.

Attribut	Beschreibung
name	Liefert den Namen des Attributs
ownerElement	Liefert den Elementknoten, von dem das Attribut verwendet wird

Attribut	Beschreibung
specified	Wenn dem Attribut im XML-Dokument ein Wert explizit zugewiesen wurde, liefert dieses Attribut den Wert „true", ansonsten „false"
value	Liefert den Wert des Attributs in Form eines Strings

Element

Die Elementschnittstelle stellt ein XML-Element dar. Der Zugriff auf die Attribute eines Elements erfolgt über entsprechende Methoden der Elementschnittstelle. Alle Knotenattribute und -methoden (siehe bei „node") sind für Elementknoten anwendbar. Im Besonderen liefert das Knotenattribut „attributes" bei einem Elementknoten alle Attribute des Elements in einer nicht geordneten Liste.

Attribut	Beschreibung
tagName	Liefert den Namen des XML-Elements

Methode	Beschreibung
getAttribute(name)	Liefert den Wert des Attributs „name" als String
getAttributeNS(namespaceURI, localName)	Liefert den Wert des Attributs „localName" aus dem Namensraum mit der URI „namespaceURI" als String
getAttributeNode(name)	Liefert den Attributknoten des Attributs „name"
getAttributeNodeNS(namespaceURI, localName)	Liefert den Attributknoten des Attributs „localName" aus dem Namensraum mit der URI „namespaceURI"

Methode	Beschreibung
getElementsByTag-Name(name)	Liefert eine Knotenliste aller Knotenelemente mit Namen „name" aus dem aktuellen Teilbaum
getElementsByTagNameNS(namespaceURI, localName)	Liefert eine Knotenliste aller Knotenelemente mit Namen „localName" aus dem aktuellen Teilbaum aus dem Namensraum mit der URI „namespaceURI"
hasAttribute(name)	Liefert den Wert „true", wenn das Element ein Attribut mit dem Namen „name" besitzt
hasAttributeNS(namespaceURI, localName)	Liefert den Wert „true", wenn das Element ein Attribut mit Namen „localName" aus dem Namensraum mit der URI „namespaceURI" besitzt
removeAttribute(name)	Entfernt den durch „name" spezifizierten Attributknoten
removeAttributeNS(namespaceURI, localName)	Entfernt den durch „localName" und „namespaceURI" spezifizierten Attributknoten
removeAttribute-Node(oldAttr)	Entfernt den Attributknoten „oldAttr"
setAttribute(name, value)	Der Attributknoten mit Namen „name" wird auf den Wert „value" gesetzt. Gibt es noch keinen Attributknoten „name", wird einer erzeugt
setAttributeNS(namespaceURI, qualified-Name, value)	Der durch „qualifiedName" und „namespaceURI" ausgewählte Attributknoten wird auf den Wert „value" gesetzt
setAttribute-Node(newAttr)	Der Attributknoten „newAttr" wird dem Elementknoten hinzugefügt
setAttributeNodeNS(newAttr)	Der Attributknoten „newAttr" wird dem Elementknoten hinzugefügt

Text

Die Textschnittstelle beschreibt den Textinhalt von Element- oder Attributknoten. Wenn ein Element kein Markup enthält, dann besitzt es einen Textknoten als einzigen Kindknoten. Ein Textknoten ist gleichzeitig auch ein CharacterData-Knoten. Deshalb können die dort angeführten Attribute und Methoden auch von Textknoten genutzt werden.

Methode	Beschreibung
splitText(offset)	Der Textknoten wird an der Stelle „offset" in zwei Teile zerlegt. Der neue Textknoten ist ein Geschwisterknoten des aktuellen Knotens und enthält den Text ab der Stelle „offset".

Comment

Die Comment-Schnittstelle stellt den Inhalt eines Kommentars dar. Sie enthält daher die Zeichen zwischen '<!--" und '-->'. Auch diese Schnittstelle wird von der CharacterData-Schnittstelle abgeleitet und somit können deren Attribute und Methoden auch für Kommentarknoten Verwendung finden.

Erweiterte Schnittstellen

Die W3C-Spezifikation bezeichnet die Schnittstellen in diesem Abschnitt als „Extended Interfaces". Diese Schnittstellen müssen von DOM-Parsern nicht realisiert werden. Mit Hilfe von „hasFeature(XML,2.0)" muss man jedoch feststellen können, ob diese Schnittstellen unterstützt werden.

CDATASection

Diese Schnittstelle stellt einen CData-Block eines XML-Dokuments als Textknoten dar. Der Inhalt wird nicht als Markup interpretiert, nur die Zeichenfolge ']]>' wird als Ende-Markierung erkannt. Vergleichen Sie mit Abschnitt 2.1 „CDATA-Blöcke“. Alle Attribute und Methoden, die für Textknoten definiert sind, können verwendet werden.

DocumentType

Die DocumentType-Schnittstelle ermöglicht den Zugriff auf verschiedene Elemente der Document Type Definition (DTD). Neben den Attributen und Methoden, die für Knoten definiert sind, können auch folgende Attribute Verwendung finden:

Attribut	Beschreibung
entities	Liefert eine „NamedNodeMap“ mit allen Entityknoten, die in der DTD definiert sind (siehe Abschnitt 3.4 „Entity, Entities“)
internalSubset	Liefert die interne DTD in Form eines Strings (siehe Abschnitt 3.1 „Definition einer DTD“)
name	Liefert den Namen der DTD. Das ist der Name, der unmittelbar nach dem DOCTYPE-Schlüsselwort steht, also der Name des Dokumentelements.
notations	Liefert eine „NamedNodeMap“ mit allen Notationsknoten, die in der DTD definiert sind (siehe Abschnitt 3.4 „Externe Entities“)

Attribut	Beschreibung
publicId	Liefert den „public identifier" einer externen DTD, das ist die Bezeichnung neben dem Schlüsselwort „PUBLIC", bzw. null (siehe Abschnitt 3.1 „Definition einer DTD")
systemId	Liefert den „system identifier" einer externen DTD, das ist die Bezeichnung neben dem Schlüsselwort „SYSTEM", bzw. null (siehe Abschnitt 3.1 „Definition einer DTD")

Notation

Diese Schnittstelle stellt eine Notationsvereinbarung in der DTD dar (siehe Abschnitt 3.4 „Externe Entities"). Ein Notationsknoten besitzt keinen Elternknoten. Sein Knotenname (nodeName) entspricht dem Namen der Notation. Neben den Knotenattributen und Knotenmethoden sind folgende Attribute vorgesehen:

Attribut	Beschreibung
publicId	Liefert den „public identifier" der Notation (das ist die Bezeichnung neben dem Schlüsselwort „PUBLIC), falls definiert (ansonsten „null")
systemId	Liefert den „system identifier" der Notation (das ist die Bezeichnung neben dem Schlüsselwort „SYSTEM"), falls definiert (ansonsten „null")

Entity

Diese Schnittstelle stellt ein Entity des XML-Dokuments in Form eines einfachen Knotens dar. Ein Entityknoten besitzt keinen Elternknoten. Sein Knotenname (nodeName) entspricht dem Namen der Entity. Neben den Knotenattributen und Knotenmethoden sind folgende Attribute vorgesehen:

Attribut	Beschreibung
notationName	Liefert für nicht analysierte Entities den Namen der Notation (ansonsten „null")
publicId	Liefert den „public identifier" der Entity, falls definiert (ansonsten „null")
systemId	Liefert den „system identifier" der Entity, falls definiert (ansonsten „null")

EntityReference

Diese Schnittstelle stellt eine Entityreferenz des XML-Dokuments als einfachen Knoten dar. Entityreferenzknoten werden im DOM-Dokumentmodell aufgenommen, wenn es im Quelltext eine entsprechende Referenz gibt (siehe Abschnitt 2.1 „Zeichen- und Entityreferenzen") oder wenn der Benutzer einen derartigen Knoten einfügt. Es sind nur die allgemeinen Knotenattribute und Knotenmethoden verwendbar.

ProcessingInstruction

Diese Schnittstelle stellt eine Verarbeitungsanweisung des XML-Dokuments als einfachen Knoten dar (siehe Abschnitt 2.2 „Prolog"). Für diese Verarbeitungsanweisungsknoten sind neben den allgemeinen Knotenattributen und Knotenmethoden zwei spezielle Attribute definiert:

Attribut	Beschreibung
data	Liefert den Inhalt der Verarbeitungsanweisung in Form eines Strings
target	Liefert das Ziel der Verarbeitungsanweisung in Form eines Strings

11.2 Beispiele

Nachdem im ersten Abschnitt die Spezifikation von „DOM Level 2" vorgestellt wurde, soll nun gezeigt werden, wie man mit den definierten Schnittstellen beziehungsweise ihren Attributen und Methoden konkret umgeht. Die Beispiele dieses Abschnittes wurden mit dem Internet Explorer 6.0 getestet.

Es gibt mehrere Möglichkeiten, über eine DOM-Schnittstelle auf XML-Daten zuzugreifen. Hier kann aus Platzgründen nur eine gezeigt werden. Wir verwenden eine HTML-Datei, in der wir eine so genannte XML-Dateninsel definieren, über die man sehr einfach eine DOM-Schnittstelle aufbauen kann. Die Aufrufe der DOM-Methoden stehen in einer JavaScript-Funktion.

Eine XML-Dateninsel ermöglicht das Einbetten von XML-Code in einem HTML-Text.

Der HTML-Code für eine XML-Dateninsel sieht folgendermaßen aus:

```
<html>
  <head>
    <title>XML-Dateninsel</title>
    <script language="JavaScript">
      <!--
      function Start() { }
      //-->
    </script>
  </head>
  <body bgcolor="#FFFFFF" onLoad="Start()">
    <xml id="KATALOG" SRC="dom.xml">  <!-- Dateninsel -->
    </xml>
  </body>
</html
```

Alle Beispiele dieses Abschnittes verwenden die XML-Datei „dom.xml", in der fiktive Buchautoren, Titel und Preise eingetragen sind.

dom.xml:

```
<?xml version="1.0" standalone="no"?>
<Liste>
  <Buch>
    <Autor><Vorname>Fred</Vorname>
           <Nachname>Maier</Nachname>
    </Autor>
    <Titel>Jemen</Titel>
    <Preis >73.50</Preis>
  </Buch>
  <Buch>
    <Autor><Vorname>Michaela</Vorname>
           <Nachname>Huber</Nachname>
    </Autor>
    <Titel >Jemen</Titel>
    <Preis >131.20</Preis>
  </Buch>
  <Buch>
    <Autor><Vorname>Andrea</Vorname>
           <Nachname>Nenning</Nachname>
    </Autor>
    <Titel >Gesundheitsfibel</Titel>
    <Preis >31.50</Preis>
  </Buch>
  <Buch>
    <Autor><Vorname>Fred</Vorname>
           <Nachname>Maier</Nachname>
    </Autor>
    <Titel>Nashorn</Titel>
    <Preis >73.50</Preis>
  </Buch>
  <Buch>
    <Autor><Vorname>Michaela</Vorname>
           <Nachname>Huber</Nachname>
    </Autor>
    <Titel >Jemen</Titel>
    <Preis >131.20</Preis>
```

```
  </Buch>
</Liste>
```

Bestimmte Informationen aus einer XML-Datei auslesen

Das erste Beispiel zeigt, wie man auf die Daten des ersten Buches der XML-Datei zugreifen kann.

dom1.html:

```
<html>
  <head>
    <title>XML-Dateninsel</title>
    <script language="JavaScript">
      <!--
      function Start()
        { if (navigator.userAgent.indexOf ("MSIE ")>-1)
            {Dom1()}
          else {alert("falscher Browser")}
        }
      function Dom1()
        { var root=document.getElementsByTagName("xml")
          [0].documentElement;
          if (root==null) {alert("Root ist Null");
            document.write("Daten nicht zugänglich");}
          else {document.write("<h2>"+root.nodeName+"</h2>
            <br>");document.write("<b>"+
            root.childNodes.item(0).nodeName+":</b>");
            document.write(root.childNodes.item(0).text);}
        }
      //-->
    </script>
  </head>
  <body onLoad="Start()">
    <xml id="KATALOG" SRC="dom.xml">
    </xml>
  </body>
</html>
```

Die Java-Funktion „Start()", die beim Laden des HTML-Files durch das onLoad-Attribut des <body>-Tags aktiviert wird, überprüft den Browser und ruft, wenn der Internet Explorer festgestellt wird, die Funktion „Dom1()" auf. In dieser Funktion werden die DOM-Methoden und Attribute verwendet. „document.getElementsByTagName("xml") liefert eine Knotenliste, in der das einzige <xml>-Tag des HTML-Files enthalten ist. Diese DOM-Methode wird also auf das HTML-File angewandt, führt aber zum Dokumentelement „root" des XML-Dokuments „dom.xml". „root.nodeName" liefert die Bezeichnung des Dokumentelements, während mit „root.childNodes.item(0)" auf die Daten des ersten Elements vom Typ „Buch" zugegriffen werden kann.

Alle Informationen aus einer bekannten XML-Datei auslesen

Wenn man die Struktur der XML-Datei kennt, ist es sehr einfach, mit DOM-Befehlen jede gewünschte Information auszulesen und darzustellen. Nun sollen alle Daten aus der Datei „dom.xml" in Form einer nummerierten Liste ausgegeben werden. Eine „while-Schleife" durchläuft die Elemente vom Typ „Buch". Die einzelnen Kindelemente werden jeweils durch eine „for-Schleife" angezeigt. Wie beim ersten Beispiel wird auch hier die Java-Funktion „Start()" aktiviert und ruft ihrerseits gegebenenfalls die Funktion „Dom2()" auf. Diese Funktion steht jedoch nicht innerhalb der HTML-Datei, sondern in der externen Datei „dom2.js". Dies erhöht die Lesbarkeit der HTML-Datei.

dom2.html:

```
<html>
  <head>
    <script language="JavaScript" src="dom2.js">
    </script>
    <script language="JavaScript">
```

```
      <!--
      function Start()
        { if (navigator.userAgent.indexOf("MSIE ")>-1)
            {Dom2()}
          else {alert("falscher Browser")}
        }
      //-->
    </script>
  </head>
  <body onLoad="Start()">
    <xml id="KATALOG" SRC="dom.xml">
    </xml>
  </body>
</html>
```

dom2.js:

```
function Dom2()
 {var root=document.getElementsByTagName("xml")
     [0].documentElement;
  if (root==null) {alert("Root ist Null");
    document.write("Daten nicht zugänglich");}
  else
   {var knoten=root.firstChild;
    document.write("<h2>"+root.nodeName+"</h2><br>
      <ol start='1' type='1'> ");
    while (knoten!=null)
      {var nodecount=knoten.childNodes.length;
       var sub=knoten.childNodes;
       document.write("<li>");
       for (var i=0;i<nodecount;i++)
       {document.write("<b>"+sub.item(i).nodeName+": </b>");
        document.write(sub.item(i).text+"<br>");}
       document.write("</li><br>");
       knoten=knoten.nextSibling;
      }
    document.write("</ol>");
   }
 }
```

Informationen einer bekannten XML-Datei verändern

Zunächst wird ein neuer Knoten mit dem Namen „Titel" und dem Textinhalt „XML-Buch" erzeugt und als letztes Kindelement des Dokumentelements „Liste" angehängt. Danach wird das erste Buchelement gelöscht, nachdem in einem „alert"-Hinweisfenster darauf aufmerksam gemacht wurde. Zuletzt werden die aktuellen Daten des DOM-Dokumentenmodells durch eine for-Schleife ausgegeben.

Natürlich können auch bestehende Informationen der XML-Datei abgeändert werden. Dieses Beispiel lädt ein, entsprechende DOM-Methoden auszuprobieren.

Man beachte, dass hier ein alternativer Zugang zum Dokumentelement gewählt wird. Mit „document.getElementById("KATALOG") erhält man mithilfe des id-Attributs der XML-Dateninsel den grundlegenden Verweis auf das XML-Dokument.

dom3.html:

```
<html>
  <head>
    <script language="JavaScript" src="dom3.js">
    </script>
    <script language="JavaScript">
      <!--
      function Start()
        { if (navigator.userAgent.indexOf ("MSIE ")>-1)
            {Dom3()}
          else {alert("falscher Browser")}
        }
      //-->
    </script>
  </head>
  <body onLoad="Start()">
    <xml id="KATALOG" SRC="dom.xml">
```

```
    </xml>
  </body>
</html>
```

dom3.js:

```
function Dom3()
 {var doc=document.getElementById("KATALOG");
  var root=doc.documentElement;
  if (root==null) {alert("Root ist Null");
                   document.write("Daten nicht zugänglich");}
  else
   {var titelknoten=doc.createElement("Titel");
    var titelinhalt=doc.createTextNode("XML-Buch");
        titelknoten.appendChild(titelinhalt);
        doc.lastChild.appendChild(titelknoten);
    var knoten=doc.childNodes.item(1).childNodes;
    alert("Buch '"+knoten.item(0).text+"' wird gelöscht");
    root.removeChild(knoten.item(0));
    var nodecount=root.childNodes.length;
    document.write("<h1>Katalog:</h1>");
    for (var i=0;i<nodecount;i++)
     {document.write("<b>"+root.childNodes.item(i).nodeName+
        ": </b>");
      document.write(root.childNodes.item(i).text+"<br>");
     }
   }
 }
```

Alle Informationen aus einer unbekannten XML-Datei auslesen

Die HTML-Datei „dom4.html" kann grundsätzlich mit jeder XML-Datei arbeiten. Die Java-Funktion „Start()" überprüft diesmal nicht den Browser, sondern legt das Dokumentelement „Liste" in der Variablen „root" ab. Nun erfolgt der Aufruf der Funktion „Ausgabe()". Diese arbeitet nach folgendem Schema: Wenn ein Elementknoten vorliegt, wird der Name ausgegeben, bei einem Textknoten der entsprechende Text. Wenn der Knoten Kindknoten besitzt, ruft sich die

Funktion rekursiv auf, um diese auszugeben. Dieser rekursive Algorithmus passt bestens zur Baumstruktur des XML-Dokuments und leistet daher das Gewünschte, ohne „a-priori-Wissen" von der Dateistruktur zu besitzen.

dom4.html:

```
<html>
  <head>
    <script language="JavaScript" src="dom4.js">
    </script>
    <script language="JavaScript">
      <!--
      function Start()
       {var doc=document.getElementById("KATALOG");
        var root=doc.documentElement;
        Ausgabe(root);
       }
      //-->
    </script>
  </head>
  <body onLoad="Start()">
    <xml id="KATALOG" SRC="dom.xml">
    </xml>
  </body>
</html
```

dom4.js:

```
function Ausgabe(baum)
 {while (baum!=null) {
    if (baum.nodeType==1) document.write("<b>"+
      baum.nodeName+": </b>");
    if ((baum.nodeType==1)&&
      (baum.childNodes.item(0).nodeType==1))
      document.write("<br>");
    if (baum.nodeType==3) document.write(baum.xml+"<br>");
    if (baum.childNodes.length>0)
     {Ausgabe(baum.childNodes.item(0));};
       baum=baum.nextSibling;
     }
 }
```

Nach einer Information suchen

Das XML-File „dom.xml" entspricht im Wesentlichem einer einfachen Datenbank. In dieser Datenbank soll es möglich sein, nach dem Titel eines Buches zu suchen. Hier tritt der Unterschied zwischen XML und HTML besonders deutlich in Erscheinung. XML sorgt für eine durchdachte, strukturierte Speicherung von Daten, während die Aufgabe von HTML darin besteht, gewünschte Daten in einer entsprechenden Form auszugeben. Diese Aufgabe kann durch XML und DOM wesentlich effizienter durchgeführt werden. So genügt es in unserem Beispiel, alle Titelelemente mit dem eingegebenen Suchbegriff zu vergleichen. Der restliche Teil des XML-Dokuments ist von der Suche nicht betroffen. Um wie viel aufwändiger wäre eine analoge Suche nach einem Titel bei einer HTML-Datei!

dom5.html

```
<html>
  <head>
    <title>Buchtitel suchen</title>
    <script language="JavaScript" src="dom5.js">
    </script>
    <script language="JavaScript">
      <!--
      function suche()
       {var doc=document.getElementById("KATALOG");
        var root=doc.documentElement; suchen(root);
       }
      //-->
    </script>
  </head>
  <body>
    <h4>Geben Sie den Titel des Buches ein,
      das Sie suchen:</h4>
    <input id=buchtitel onblur="suche()"></input>
    <input id=buchsuche type=button value="Suche starten"
      onclick="suche()"></input>
    <xml id="KATALOG" SRC="dom.xml">
```

```
    </xml>
  </body>
</html>
```

dom5.js

```
function suchen(baum)
 {var suchtitel=buchtitel.value;
  var gefunden=false;
  var ersttreffer=true;
  suchtitel=suchtitel.toLowerCase();
  var TitelListe=baum.getElementsByTagName("Titel");
  var anzahl=TitelListe.length;
  document.write("<h3 align='center'>
    Suchergebnisse:</h3>");
  for (i=0;i<anzahl;i++)
   {if (suchtitel==TitelListe.item(i).text.toLowerCase())
     {gefunden=true;
        if (ersttreffer==true)
         {document.write("<table border='1'
            align='center'>");
          document.write("<tr><td>Titel</td>");
          document.write("<td>Autor</td>");
          document.write("<td>Preis</td></tr>");
         };
        ersttreffer=false;
        document.write("<tr><td>");
        document.write(TitelListe.item(i).text);
        document.write("</td><td>");
        document.write(TitelListe.item(i).parentNode.
          childNodes.item(0).text);
        document.write("</td><td>");
        document.write(TitelListe.item(i).parentNode.
          childNodes.item(2).text);
        document.write("</td></tr>");
     }
   }
  if (gefunden==false) document.write("Kein Buch mit
    Titel '"+suchtitel+"' vorhanden!");
  else document.write("</table>");
 }
```

Die Suche wird durch eine for-Schleife durchgeführt, weil auch mehrfache Suchergebnisse möglich sein sollen. Die Knotenliste Titelliste enthält aufgrund des Befehls „TitelListe=baum.getElementsByTagName("Titel")" alle Titelelemente. Daher werden die Einträge dieser Liste mit dem eingegebenen Suchbegriff verglichen. Beim ersten Treffer wird der Kopf einer Tabelle erzeugt, in der auch alle anderen Treffer eingetragen werden. Man beachte, dass Autorenname und Buchpreis nur ausgegeben werden können, indem man zuerst zum Elternknoten geht („TitelListe.item(i).parentNode") und dann von diesem über die Knotenliste der Kinderknoten zur gesuchten Information gelangt (z.B. „TitelListe.item(i).parentNode.childNodes.item(2).text" für den Preis).

Neue Elemente erzeugen

Schließlich soll es auch möglich sein, neue Bücher in das XML-Dokument einzutragen. Dazu werden im HTML-File Textfelder für die Eingabe von Vorname, Nachname, Titel und Preis definiert. Nach einem Klick auf den Button „Knoten einfügen" wird die Java-Funktion „Start()" aufgerufen. In dieser Funktion wird auf die gewohnte Art die Verbindung zum XML-File „dom.xml" hergestellt und anschließend die Funktion „Einfuegen()" gestartet.

dom6.html:

```
<html>
  <head>
    <script language="JavaScript" src="dom6.js">
    </script>
    <script language="JavaScript" >
      <!--
      function Start()
       {var doc=document.getElementById("KATALOG");
        Einfuegen(doc);
       }
      //-->
```

```
    </script>
  </head>
  <body>
    <h3>Eingabeformular für ein neues Buch:</h3>
    <table border='1'>
      <tr>
        <td>Autor:    </td>
      </tr>
      <tr>
        <td>Vorname:</td>
        <td><input id=vornautor></input></td>
      </tr>
      <tr>
        <td>Nachname:</td>
        <td><input id=nachnautor></input> </td>
      </tr>
      <tr>
        <td>Titel: </td>
        <td><input id=buchtitel></input> </td>
      </tr>
      <tr>
        <td>Preis: </td>
        <td><input id=buchpreis></input> </td>
      </tr>
    </table>
    <input id=buchsuche type=button value="Buch einfügen"
       onclick="Start()">
    </input>
    <xml id="KATALOG" SRC="dom.xml">
    </xml>
  </body>
</html>
```

dom6.js:

```
function Ausgabe(baum)
 {while (baum!=null)
   {if (baum.nodeType==1)
      document.write("<b>"+baum.nodeName+": </b>");
      if ((baum.nodeType==1)&&
        (baum.childNodes.item(0).nodeType==1))
        document.write("<br>");
```

```
      if (baum.nodeType==3)
        document.write(baum.xml+"<br>");
      if (baum.childNodes.length>0)
        Ausgabe(baum.childNodes.item(0));
      baum=baum.nextSibling;
   }
 }
function Einfuegen(doc)
 {var root=doc.documentElement;
  var buchknoten=doc.createElement("Buch");
  var autorknoten=doc.createElement("Autor");
  var vornameknoten=doc.createElement("Vorname");
  var nachnameknoten=doc.createElement("Nachname");
  var titelknoten=doc.createElement("Titel");
  var preisknoten=doc.createElement("Preis");

  var vornameinhalt=doc.createTextNode(vornautor.value);
  vornameknoten.appendChild(vornameinhalt);
  var nachnameinhalt=doc.createTextNode(nachnautor.value);
  nachnameknoten.appendChild(nachnameinhalt);
  autorknoten.appendChild(vornameknoten);
  autorknoten.appendChild(nachnameknoten);
  var titelinhalt=doc.createTextNode(buchtitel.value);
  titelknoten.appendChild(titelinhalt);
  var preisinhalt=doc.createTextNode(buchpreis.value);
  preisknoten.appendChild(preisinhalt);
  buchknoten.appendChild(autorknoten);
  buchknoten.appendChild(titelknoten);
  buchknoten.appendChild(preisknoten);
  doc.lastChild.appendChild(buchknoten);
  Ausgabe(root);
 }
```

Zuerst werden Elementknoten für Vorname, Nachname, Name, Preis, Titel und Buch definiert. Dann werden die vier notwendigen Textknoten erzeugt und mit den jeweiligen Werten belegt. Letztlich müssen alle Knoten richtig zusammengehängt werden. Mit einer Skizze lassen sich die dazu notwendigen Schritte gut nachvollziehen. Zu Kontrollzwecken werden die Knoten des DOM-Dokumentmodells ausgegeben. Dazu wird die Java-Funktion Ausgabe() vom Abschnitt 11.2 verwendet.

12 XML-Schema

XML-Schemata werden an Stelle einer DTD (vgl. Kapitel 3, „Die Syntax einer DTD") eingesetzt, um den Aufbau eines XML-Dokuments zu definieren. Anders als bei der DTD legen XML-Schemata auch genaue Regeln für die Struktur der XML-Daten und die Datentypen fest.

XML-Schema wurde am 2. Mai 2001 vom W3C als Empfehlung fertiggestellt und veröffentlicht. Die Inhalte in diesem Kapitel beziehen sich auf das entsprechende Dokument, das in drei Teilen unter der Adresse http://www.w3.org/TR/2001/REC-xmlschema-0-20010502/, http://www.w3.org/TR/2001/REC-xmlschema-1-20010502/ und http://www.w3.org/TR/2001/REC-xmlschema-2-20010502/ nachgelesen bzw. heruntergeladen werden kann. Die Schema-Spezifikation ist unter der Adresse http://www.w3.org/XML/Schema zugänglich.

Aktuelle XML-Editoren unterstützen das Erstellen und die Verwendung von XML-Schemata.

Jedes XML-Schema bildet eine wohlgeformte XML-Datei. Als Namensraum wurde „http://www.w3.org/2001/XMLSchema" festgelegt. Das Präfix ist grundsätzlich frei wählbar; üblich ist das Präfix xsd.

12.1 Einführung

Beispiel für eine Schema-Datei

Wir erstellen eine Schema-Datei für die XML-Datei „buch.xml“ (vgl. Kapitel 6 „XSLT“):

```
<?xml version = "1.0" encoding = "UTF-8"?>
<?xml-stylesheet href = 'buch.xsl' type = 'text/xsl'?>
<buecher titel = "IT-Buchladen">
  <buch>
    <autor>Meier</autor>
    <titel>XML</titel>
    <jahr>2001</jahr>
    <details>
      <seitenzahl>400</seitenzahl>
      <ladenpreis waehrung = "euro">12</ladenpreis>
    </details>
    <!--Nachdruck 2002-->
  </buch>
  <buch>
    <autor>Bauer</autor>
    <titel>XSL</titel>
    <jahr>2002</jahr>
    <details>
      <seitenzahl>550</seitenzahl>
      <ladenpreis waehrung = "schilling">180</ladenpreis>
    </details>
    <!--lieferbar ab 3. Quartal-->
  </buch>
</buecher>
```

Das XML-Dokument enthält keine DTD und bindet auch keine externe DTD ein (vgl. Kapitel 1, „Einführung in XML“ und Kapitel 3, „Die Syntax einer DTD“). Somit kann diese XML-Datei nur auf Wohlgeformtheit, nicht aber auf Gültigkeit überprüft werden.

Anstelle einer DTD soll für dieses Dokument eine Schema-Datei verwendet werden. Da Schema-Dateien XML-Dateien sind, müssen sie jedenfalls wohlgeformt sein. Jede Schema-Datei beginnt daher mit der XML-Deklaration. Anschließend muss das Wurzelelement <xsd:schema> mit dem korrekten Namensraumattribut angegeben werden:

```
<?xml version = "1.0" encoding = "UTF-8"?>
<xsd:schema xmlns:xsd = "http://www.w3.org/2001/XMLSchema">
...
</xsd:schema>
```

Jedes Element für die XML-Datei wird nun eigens definiert. Dabei wird der Typ des Elements festgelegt. XML-Schema stellt hier so genannte einfache Datentypen (*simple type*) zur Verfügung. Darüber hinaus kann der Benutzer eigene zusammengesetzte Datentypen (*complex type*) definieren, die aus anderen zusammengesetzten Datentypen oder einfachen Datentypen zusammengefügt werden. Für die Datei „buch.xml" ergibt sich auf diese Weise folgende Schema-Datei, die im Wesentlichen aus den Elementen <xsd:element>, <xsd:complexType>, <xsd:sequence> und <xsd:attribute> besteht:

```
<?xml version = "1.0" encoding = "UTF-8"?>
<xsd:schema xmlns:xsd = "http://www.w3.org/2001/XMLSchema">
 <xsd:element name = "buecher" type = "buecherTyp"/>

 <xsd:complexType name = "buecherTyp">
  <xsd:sequence>
   <xsd:element ref = "buch" maxOccurs = "unbounded"/>
  </xsd:sequence>
  <xsd:attribute name = "titel" use = "required" type =
"xsd:string"/>
 </xsd:complexType>

 <xsd:element name = "buch">
  <xsd:complexType>
   <xsd:sequence>
    <xsd:element ref = "autor"/>
    <xsd:element ref = "titel"/>
    <xsd:element ref = "jahr"/>
    <xsd:element ref = "details"/>
```

```
      </xsd:sequence>
    </xsd:complexType>
  </xsd:element>

  <xsd:element name = "autor" type = "xsd:string"/>
  <xsd:element name = "titel" type = "xsd:string"/>
  <xsd:element name = "jahr" type = "xsd:gYear"/>
  <xsd:element name = "seitenzahl">
   <xsd:simpleType>
    <xsd:restriction base = "xsd:unsignedShort">
     <xsd:maxInclusive value = "1500"/>
    </xsd:restriction>
   </xsd:simpleType>
  </xsd:element>

  <xsd:element name = "ladenpreis">
   <xsd:complexType>
    <xsd:simpleContent>
     <xsd:extension base = "xsd:decimal">
      <xsd:attribute name = "waehrung" use =
                           "optional" type = "xsd:string"/>
     </xsd:extension>
    </xsd:simpleContent>
   </xsd:complexType>
  </xsd:element>

  <xsd:element name = "details">
   <xsd:complexType>
    <xsd:sequence>
     <xsd:element ref = "seitenzahl"/>
     <xsd:element ref = "ladenpreis"/>
    </xsd:sequence>
   </xsd:complexType>
  </xsd:element>
</xsd:schema>
```

Elemente (vgl. Abschnitt 12.3) und Attribute (vgl. Abschnitt 12.3) bilden die wichtigsten „Bausteine" einer Schema-Datei. Die komplexe Struktur einer XML-Datei wird dadurch möglich, dass Elemente, im Gegensatz zu Attributen, weitere Elemente enthalten können.

Eine Schema-Datei verwenden

Die Schema-Datei wird mit der Dateinamenserweiterung .xsd gespeichert (im Beispiel wird die Datei „buch.xsd" im gleichen Verzeichnis wie die XML-Datei „buch.xml" gespeichert).

Um die Schema-Datei für die XML-Datei verwenden zu können, ist eine entsprechende Referenz als Attribut für das Wurzelelement einzutragen. Dies ist im einfachsten Fall auf die folgende Weise möglich:

```
<buecher
  xmlns:xsi = "http://www.w3.org/2001/XMLSchema-instance"
  xsi:noNamespaceSchemaLocation = "buch.xsd"
  titel = "IT-Buchladen">
...
</buecher>
```

Zuerst wird der Namensraum für „XMLSchema-instance" festgelegt: Der XML-Parser verwendet eine aus der XSD-Datei erzeugte so genannte „Instanz". In der zweiten Zeile wird dafür der Pfad zur XSD-Datei angegeben. Das Attribut „xsi:noNamespaceSchemaLocation" gibt an, dass kein eigener Namensraum für die XML-Datei verwendet wird.

12.2 Einfache Datentypen

XML-Schema legt nicht nur die Elemente, die Attribute und somit die Struktur der XML-Datei („XML-Instanz") fest, sondern bestimmt dabei, welche Datentypen für die jeweiligen Elemente und Attribute zulässig sind. XML-Daten können damit sehr genau auf ihre Gültigkeit überprüft werden.

XML-Schema stellt so genannte **primitive Datentypen** (*primitive datatypes*) und davon **abgeleitete Datentypen** (*derived datatypes*) zur Verfügung. Zusätzlich können benutzerdefinierte, abgeleitete Datentypen verwendet werden. Aus diesem Grund wird allgemein zwischen integrierten Datentypen (*built-in datatypes*), die in den verschiedenen XML-Anwendungen verwendet werden können, und benutzerdefinierten Datentypen (*user-defined datatypes*) unterschieden, die für spezielle XML-Dateien notwendig sind. Diese benutzerdefinierten Datentypen werden entweder von integrierten Datentypen abgeleitet (einfache Datentypen, *simple types*) oder sie enthalten Element- und Attributdeklarationen, wie sie für die XML-Instanz verwendet werden (komplexe Datentypen, *complex types*).

Primitive Datentypen

XML-Schema stellt die folgenden integrierten Datentypen zur Verfügung, aus denen alle anderen Typen abgeleitet werden:

Primitive Datentypen	**Beschreibung**
string	Zeichenketten
boolean	Boolesche Werte (true, false)
decimal	Dezimalzahlen mit beliebiger Genauigkeit
float	32-Bit-Fließkommazahlen mit einfacher Genauigkeit
double	64-Bit-Fließkommazahlen mit doppelter Genauigkeit
duration	Zeitdauer (wird in den sechs Komponenten für Jahre, Monate, Tage, Stunden, Minuten und Sekunden angegeben, z.B. P0Y4M3DT15H20M15.4S)
dateTime	Datum und Tageszeit (z.B. 2002-01-05T21:46:52.000)

Primitive Datentypen	Beschreibung
time	Tageszeit (wird in den drei Komponenten für Stunde, Minute und Sekunde angegeben: hh:mm:ss.sss, optional gefolgt von der Angabe der Zeitverschiebung zu UTC, z.B. 21:48:19.000 - 03:00)
date	Datum (wird in den drei Komponenten für Jahr, Monat und Tag angegeben: CCYY-MM-DD)
gYearMonth	Gregorianische Jahres- und Monatsangabe (in der Form CCYY-MM).
gYear	Gregorianische Jahresangabe (in der Form CCYY).
gMonthDay	Gregorianische Monats- und Tagesangabe (in der Form --MM-DD)
gDay	Gregorianische Tagesangabe (in der Form ----DD).
gMonth	Gregorianische Monatsangabe (in der Form --MM--).
hexBinary	Binärdaten zur Basis 16
base64Binary	Binärdaten zur Basis 64
anyURI	URI
QName	qualifizierter Name aus einem bestimmten Namensraum, bestehend aus Namensraumbezeichnung:NCName (Präfix:Zeichenkette)
NOTATION	Entities, die keine XML-Daten sind (z.B. Bilddaten)

Tabelle 12.1: Die integrierten primitiven Datentypen von XML-Schema

Abgeleitete Datentypen

Die integrierten, abgeleiteten Datentypen werden von den oben angeführten primitiven Datentypen abgeleitet. So wird beispielsweise der Datentyp „integer" von „decimal" und der Datentyp „normalizedString" von „string" abgeleitet. Von den abgeleiteten Datentypen können weitere abgeleitet werden, etwa „token" von „normalizedString", „long" von „integer", „int" von „long", „short" von „int", usw. Damit ist auch der so genannte „Basistyp" eines Datentyps festgelegt: „int" ist der Basistyp von „short", „long" ist der Basistyp von „int", „integer" ist der Basistyp von „long", „decimal" der Basistyp" von „integer".

Abgeleitete Datentypen	Beschreibung
normalizedString	Zeichenkette (Zeilenvorschub, Wagenrücklauf und Tabulatoren in Leerzeichen umgewandelt)
token	Zeichenkette ohne führende oder endende Leerzeichen, Zeilenvorschübe, Wagenrücklaufzeichen, Tabulatoren und aufeinander folgende Leerzeichen.
language	Sprachcode (z.B. de, en-US, en-GB)
NMTOKEN	Namenszeichenketten („name token"; vgl. token)
NMTOKENS	Liste von NMTOKEN
Name	XML-konformer Name
NCName	Name aus einem bestimmten Namensraum, aber ohne Präfix und Doppelpunk („non-colonized-name")
ID	Zeichenkette als Bezeichner
IDREF	Referenz zu einem Bezeichner
IDREFS	Liste von Bezeichnerreferenzen

Abgeleitete Datentypen	Beschreibung
ENTITY	Entity
ENTITIES	Liste von Entities
integer	Ganze Zahlen (beliebig groß)
nonPositiveInteger	Nicht positive ganze Zahl
negativeInteger	Negative ganze Zahl
long	Ganze Zahl zwischen -9223372036854775808 und 9223372036854775807
int	Ganze Zahl zwischen -2147483648 und 2147483647
short	Ganze Zahl zwischen -32768 und 32767
byte	Byte (ganze Zahl zwischen -128 und 127)
nonNegativeInteger	Nicht negative ganze Zahl
unsignedLong	Vorzeichenlose ganze Zahl zwischen 0 und 18446744073709551615
unsignedInt	Vorzeichenlose ganze Zahl zwischen 0 und 4294967295
unsignedShort	Vorzeichenlose ganze Zahl zwischen 0 und 65535
unsignedByte	Vorzeichenloses Byte (ganze Zahl zwischen 0 und 255)
positiveInteger	Positive ganze Zahl

Tabelle 12.2: Die integrierten, abgeleiteten Datentypen in XML-Schema

Die oben genannten primitiven Datentypen und die von ihnen abgeleiteten Datentypen bilden gemeinsam so genannte **einfache Datentypen** (*simple types*). Soll ein bestimmter Datentyp für die Deklaration eines Attributs oder Elements verwendet werden, muss der Gültigkeitsbereich eines Datentyps häufig eingeschränkt werden. Dies ist mithilfe so genannter Facetten (*facets*) möglich.

Facetten

Facetten legen Eigenschaften des gewählten Datentyps fest. Es gibt zwei Grundtypen von Facetten: 5 fundamentale Facetten, deren Werte vorgegeben sind, und 12 einschränkende Facetten, deren Werte vom Benutzer festgelegt werden können.

Fundamentale Facetten	Beschreibung
equal	Gleichheitsrelation
ordered	Ordungsrelation; mögliche Werte: *false, partial, total*
bounded	Festlegen von Schranken; mögliche Werte: *true, false*
cardinality	Abzählbarkeit; mögliche Werte: *finite, countably infinite*
numeric	Numerisch; mögliche Werte: *true, false*

Die Werte für die fundamentalen Facetten hängen jeweils vom gewählten Basisdatentyp ab. Für die in XML-Schema integrierten Datentypen sind sie in den folgenden Tabellen zusammengefasst (vgl. Anhang C zur W3C-Empfehlung REC-xmlschema-2-20010502):

Datentyp	ordered	bounded	cardinality	numeric
string	false	false	countably infinite	false
boolean	false	false	finite	false
float, double	total	true	finite	true

Datentyp	ordered	bounded	cardinality	numeric
decimal	total	false	countably infinite	true
duration, dateTime, time, date, gYearMonth, gYear, gMonthDay, gDay, gMonth	partial	false	countably infinite	false
hexBinary, base64Binary, anyURI, QName, NOTATION	false	false	countably infinite	false

Tabelle 12.3: Die Werte der fundamentalen Facetten für die primitiven Datentypen

Datentyp	ordered	bounded	cardinality	numeric
normalizedString, token, language, IDREFS, ENTITIES, NMTOKEN, NMTOKENS, Name, NCName, ID, IDREF, ENTITIY	false	false	countably infinite	false
integer, nonPositiveInteger, negativeInteger	total	false	countably infinite	true
long, int, short, byte	total	true	finite	true
nonNegativeInteger	total	false	countably infinite	true
unsignedLong, unsignedInt, unsignedShort, unsignedByte	total	true	finite	true
positiveInteger	total	false	countably infinite	true

Tabelle 12.4: Die Werte der fundamentalen Facetten für die integrierten abgeleiteten Datentypen

Die folgende Tabelle gibt eine Übersicht über die einschränkenden Facetten:

Einschränkende Facetten	Beschreibung
length	Anzahl der Zeichen (für Zeichenketten), Einträge (für Listentypen), für Binärdaten die Anzahl der Oktette. Mögliche Werte: 0 oder eine positive ganze Zahl
minLength	Mindestanzahl von Dateneinheiten (vgl. length)
maxLength	Maximale Anzahl von Dateneinheiten (vgl. length)
pattern	Muster; als Wert muss ein regulärer Ausdruck angegeben werden.
enumeration	Aufzählung; als Wert wird die Liste der zulässigen Daten angegeben.
whiteSpace	Legt fest, was beim Normalisieren der Zeichenkettendaten mit Leerzeichen, Tabulatoren, Wagenrücklauf und Zeilenschaltungen geschehen soll. Werte: preserve - Whitespace bleibt erhalten, replace - jeder Whitespace wird durch ein Leerzeichen ersetzt, collapse - nach dem Ersetzen von Whitespace durch Leerzeichen werden führende und endende Leerzeichen entfernt; mehrere aufeinander folgende Leerzeichen werden durch ein Leerzeichen ersetzt.
maxInclusive	Obere Schranke. Werte müssen kleiner als der angegebene Wert oder gleich dem angegebenen Wert sein.
maxExclusive	Obere Schranke. Werte müssen kleiner als der angegebene Wert sein
minExclusive	Untere Schranke. Werte müssen größer als der angegebene Wert sein

Einschränkende Facetten	Beschreibung
minInclusive	Untere Schranke. Werte müssen größer als der angegebene Wert oder gleich dem angegebenen Wert sein
totalDigits	Anzahl der Ziffern. Wert: positive ganze Zahl.
fractionDigits	Anzahl der Dezimalstellen. Wert: 0 oder eine positive ganze Zahl.

Tabelle 12.5: Einschränkende Facetten

Welche einschränkenden Facetten angewendet werden können, hängt vom verwendeten Basisdatentyp und vom abgeleiteten Basistyp ab. In den folgenden Tabellen werden die zu bestimmten Basisdatentypen anwendbaren Facetten beschrieben. Dabei werden die Datentypen in **atomare Datentypen**, **Listentypen** und **kombinierte Datentypen** eingeteilt. Unter atomaren Datentypen verstehen wir Datentypen, die nicht weiter in einfachere Datentypen zerlegt werden können. Listentypen sind immer abgeleitete Datentypen. Kombinierte Datentypen werden im Allgemeinen vom Benutzer definiert (vgl. Abschnitt 12.2).

Basisdatentyp	Anwendbare Facetten für atomare Datentypen
string	length, minLength, maxLenght, pattern, enumeration, whiteSpace
boolean	pattern, whiteSpace
float, double	pattern, enumeration, whiteSpace, maxInclusive, maxExclusive, minInclusive, minExclusive

Basisdatentyp	Anwendbare Facetten für atomare Datentypen
decimal	totalDigits, fractionDigits, pattern, whiteSpace, enumeration, maxInclusive, maxExclusive, minInclusive, minExclusive
duration,dateTime, time, date, gYearMonth, gYear, gMonthDay,gDay, gMonth,	pattern, enumeration, whiteSpace, maxInclusive, maxExclusive, minInclusive, minExclusive
hexBinary, base64Binary, anyURI, QName, NOTATION	length, minLength, maxLength, pattern, enumaration, whiteSpace

Basisdatentyp	Anwendbare Facetten für Listentypen
alle Datentypen	length, minLength, maxLength, pattern, enumeration, whiteSpace

Basisdatentyp	Anwendbare Facetten für kombinierte Datentypen
alle Datentypen	pattern, enumeration

Einfache Datentypen ableiten

Für das Ableiten von einfachen Datentypen sind folgende Grundtypen möglich:

Grundtypen	Beschreibung
Atomare Datentypen (*atomic datatypes*)	Nicht weiter teilbare Daten

Grundtypen	Beschreibung
Listentypen *(list datatypes)*	Listen von endlich vielen Werten eines atomaren Datentyps
Kombinierte Datentypen *(union datatypes)*	Zusammenfassung von atomaren Datentypen und Listentypen

Tabelle 12.6: Einteilung von XML-Schema-Datentypen

Aus den integrierten primitiven und abgeleiteten Datentypen können neue Datentypen auf verschiedene Weise abgeleitet werden. Im einfachsten Fall werden neue Datentypen durch Einschränkung abgeleitet:

Beispiel: Datentyp einschränken

```
    <xsd:simpleType name="szahl">
      <xsd:restriction base = "xsd:unsignedShort">
        <xsd:maxInclusive value = "1500"/>
      </xsd:restriction>
    </xsd:simpleType>
...
<xsd:element name = "seitenzahl" type = "szahl"/>
```

Elemente dieses Datentyps können nur positive ganze Zahlen (wegen des gewählten Basistyps „unsignedShort") kleiner oder gleich 1500 (wegen der gewählten Facette) annehmen.

Beispiel: Listentyp ableiten

```
<xsd:simpleType name="preise">
   <xsd:list itemType="decimal" />
</xsd:simpleType>
...
<xsd:element name = "einkauf" type = "preise"/>
```

Dann kann das Element „einkauf" in der XML-Instanz eine oder mehrere Dezimalzahlen beinhalten:

```
<einkauf>10.2 9.80 11</einkauf>
```

Beispiel: Kombinierte Typen ableiten

Definiert man einen kombinierten Datentyp, so können wahlweise Werte verschiedener Datentypen verwendet werden:

```
<xsd:simpleType name = "preise">
  <xsd:list itemType = "xsd:decimal"/>
</xsd:simpleType>

<xsd:simpleType name = "diversePreise">
   <xsd:union memberTypes = "">
      <xsd:simpleType>
        <xsd:restriction base = "preise"/>
      </xsd:simpleType>
      <xsd:simpleType>
         <xsd:restriction base = "xsd:string"/>
      </xsd:simpleType>
   </xsd:union>
</xsd:simpleType>
      ....
<xsd:element name = "einkauf" type = "diversePreise"/>
```

In diesem Fall kann das Element „einkauf" in der XML-Instanz auch Zeichenkettenwerte erhalten:

```
<einkauf>unbekannt</einkauf>
```

Das Attribut „memberTypes" legt fest, welche Datentypen zu einem kombinierten Datentyp zusammengefasst werden sollen. Damit kann die Typdefinition „diversePreise" kürzer erfolgen:

```
<xsd:simpleType name = "preise">
  <xsd:list itemType = "xsd:decimal"/>
</xsd:simpleType>

<xsd:simpleType name = "diversePreise">
  <xsd:union memberTypes = "preise xsd:string"/>
</xsd:simpleType>
```

Eine detaillierte Beschreibung der Schema-Elemente <xsd:restriction>, <xsd:list> und <xsd:union> kann im Abschnitt 12.5 nachgelesen werden.

Übersicht über <xsd:simpleType>

Das Schema-Element <xsl:simpleType> dient zur Definition von einfachen Datentypen, wie sie in den vorangegangenen Abschnitten dargestellt wurden. Als Inhalt kommen <xsd:annotation>, <xsd:restriction>, <xsd:list> und <xsd:union> in Frage:

```
<xsd:simpleType
   final = (#all | (list | union | restriction))
   id = ID
   name = NCName >
      Inhalt: (annotation?, (restriction | list | union))
</simpleType>
```

Attribute	Beschreibung
final	Legt fest, ob weitere Datentypen abgeleitet werden dürfen. Mögliche Werte: #all, list, union, restriction
id	ID, eindeutiger Bezeichner
name	NCName, Name für die Typdefinition

Hat das Attribut „final" den Wert „#all", dann sind keine weiteren Ableitungen dieses Typs möglich. Fehlt dieses Attribut, so wird das Verhalten der Ableitungen durch das Attribut „finalDefault" des Schema-Elements <xsd:schema> gesteuert.

12.3 Komplexe Datentypen

Komplexe Datentypen (*complex types*) liegen vor, wenn in der Typdefinition auch Elemente enthalten sind. Einfache Datentypen können hingegen nur Attribute und Textdaten enthalten.

Beispiel:

```
<xsd:element name = "buecher" type = "buecherTyp"/>

<xsd:complexType name = "buecherTyp">
 <xsd:sequence>
  <xsd:element ref = "buch" maxOccurs = "unbounded"/>
 </xsd:sequence>
 <xsd:attribute name = "titel" use = "required"
                        type = "xsd:string"/>
</xsd:complexType>
```

Im Beispiel liegt ein benutzerdefinierter, komplexer Datentyp „buecherTyp" vor. Er enthält ein Element „buch" und ein Attribut „titel". Dieser Typ „buecherTyp" wird für die Deklaration des Elements „buecher" verwendet. Es ist auch möglich, Typen innerhalb von Elementdeklarationen zu definieren. In diesem Fall erhalten diese Typen keinen Namen; es liegt eine **anonyme Typdefinition** vor:

```
<xsd:element name="buch">
 <xsd:complexType>
  <xsd:sequence>
   <xsd:element ref = "autor"/>
   <xsd:element ref = "titel"/>
   <xsd:element ref = "jahr"/>
   <xsd:element ref = "details"/>
  </xsd:sequence>
 </xsd:complexType>
</xsd:element>
```

Anonyme Typdefinitionen können nur für das enthaltende Element verwendet werden.

Deklaration von Elementen - <xsd:element>

Elemente werden mit dem Schema-Element <xsd:element> deklariert. Grundsätzlich sind dazu die unten angeführten Attribute und Inhalte möglich. Die Attribute „name" und „type" sind obligat, alle anderen sind optional. Die Defaultwerte der Attribute sind nach dem Doppelpunkt angegeben.

```
<xsd:element
   abstract = boolean : false
   block = (#all | (extension | restriction |
            substitution))
   default = string
   final = (#all | (extension | restriction))
   fixed = string
   form = (qualified | unqualified)
   id = ID
   maxOccurs = (nonNegativeInteger | unbounded)  : 1
   minOccurs = nonNegativeInteger : 1
   name = NCName
   nillable = boolean : false
   ref = QName
   substitutionGroup = QName
   type = QName >
     Inhalt: (annotation?, ((simpleType | complexType)?,
             (unique | key | keyref)*))
</xsd:element>
```

Eine übersichtliche Beschreibung aller Attribute kann in Abschnitt 12.5 nachgelesen werden.

Beispiele:

```
<xsd:element name = "buecher" type = "xsd:string"/>
```

Das Element „buecher" wird mithilfe des integrierten, einfachen Typs „string" deklariert.

Im nächsten Beispiel soll ein einfacher Datentyp verwendet werden, dessen Gültigkeitsbereich eingeschränkt wurde:

```
<xsd:element name = "seitenzahl">
  <xsd:simpleType>
    <xsd:restriction base = "xsd:unsignedShort">
      <xsd:maxInclusive value = "1500"/>
    </xsd:restriction>
  </xsd:simpleType>
</xsd:element>
```

Das Element <xsd:simpleType> legt fest, dass der Wertebereich eines einfachen Datentyps vorliegt. Das Element <xsd:restriction> legt fest, dass der Wertebereich eingeschränkt werden soll; sein Attribut „base" bestimmt dabei den vordefinierten, einfachen Datentyp. Das Element <xsd:maxInclusive> gehört zu den Facetten, mit denen Wertebereiche eingeschränkt werden können (vgl. Abschnitt 12.2).

Globale Elemente werden als Kindelemente von <xsd:schema> deklariert. Auf sie kann mithilfe des Attributs „ref" zugegriffen werden. Als Attributwert wird dabei der Name des globalen Elements verwendet (vgl. Beispiel Abschnitt 12.1).

Deklaration von Attributen - <xsd:attribute>

Jedes Attribut der abgeleiteten XML-Datei muss in der Schema-Datei deklariert werden. Dabei wird das Element festgelegt, das dieses Attribut enthalten soll. Der wichtigste Unterschied zur Definition von Attributen in DTDs ist, dass mit XML-Schema der Typ eines Attributwerts detailliert festgelegt werden kann.

Im Folgenden werden alle Attribute für das XML-Element <xsd:attribute> angeführt:

```
<xsd:attribute
  default = string
  fixed = string
  form = (qualified | unqualified)
  id = ID
  name = NCName
```

```
  ref = QName
  type = QName
  use = (optional | prohibited | required) : optional >
    Inhalt: (annotation?, (simpleType?))
</xsd:attribute>
```

Die Attribute „name" und „type" sind obligat. Eine übersichtliche Beschreibung aller Attribute kann in Abschnitt 12.5 nachgelesen werden.

Zusammengesetzte Datentypen - <xsd:complexType>

Einmal deklarierte Elemente können zu benutzerdefinierten Datentypen zusammengefasst werden. Dies ist mit dem Schema-Element <xsd:complexType> möglich: Das Element <xsd:complexType> erlaubt die Definition komplexer Datenstrukturen. Da in der Deklaration eines zusammengesetzten Datentyps wieder Elemente mit einem zusammengesetzten Datentyp enthalten sein können, kann auf diese Weise die Baumstruktur eines XML-Dokuments gebildet werden:

```
<xsd:element name = "buch">
  <xsd:complexType>
    <xsd:sequence>
      <xsd:element ref = "autor"/>
      <xsd:element ref = "titel"/>
      <xsd:element ref = "jahr"/>
      <xsd:element ref = "details"/>
    </xsd:sequence>
  </xsd:complexType>
</xsd:element>
<xsd:element name = "autor" type = "xsd:string"/>
<xsd:element name = "titel" type = "xsd:string"/>
<xsd:element name = "jahr" type = "xsd:string"/>
<xsd:element name = "details">
  <xsd:complexType>
    <xsd:sequence>
      <xsd:element ref = "seitenzahl"/>
      <xsd:element ref = "ladenpreis"/>
```

```
      </xsd:sequence>
    </xsd:complexType>
  </xsd:element>
  <xsd:element name = "seitenzahl" type = "xsd:short"/>
  <xsd:element name = "ladenpreis" type = "xsd:decimal"/>
```

Im letzten Beispiel werden die Zuordnungen zwischen den einzelnen Elementen mithilfe des Attributs „ref" hergestellt: Alle Elemente, die als Kindelemente von <xsd:schema> definiert werden (und somit global zur Verfügung stehen), können mithilfe ihres Namens referenziert werden.

Allgemein kann ein zusammengesetzter Datentyp folgende Attribute und Inhalte aufweisen:

```
<xsd:complexType
  abstract = boolean : false
  block = (#all | (extension | restriction))
  final = (#all | (extension | restriction))
  id = ID
  mixed = boolean : false
  name = NCName >
    Inhalt: (annotation?, (simpleContent | complexContent |
      ((group | all | choice | sequence)?, ((attribute |
      attributeGroup)*,anyAttribute?))))
</complexType>
```

Eine genaue Beschreibung der Attribute kann im Abschnitt 12.5 „Referenz" nachgelesen werden.

Die Baumstruktur des XML-Dokuments wird mit einem geeigneten **Inhaltsmodell** aufgebaut. Da Elemente enthalten sein sollen, werden dazu komplexe Datentypen verwendet. Im Folgenden sollen die Sequenz, die alternative Auswahl und die beliebige Auswahl von Strukturen besprochen werden.

Sequenz - <xsd:sequence>

Die Elemente mit dem folgenden zusammengesetzten Typ müssen in der entsprechenden XML-Datei der Reihe nach die Kindelemente „autor", „titel" und „jahr" aufweisen:

```
<xsd:complexType>
   <xsd:sequence>
     <xsd:element name="autor" type = "xsd:string" />
     <xsd:element name="titel" type = "xsd:string" />
     <xsd:element name="jahr" type = "xsd:gYear" />
   </xsd:sequence>
</xsd:complexType>
```

Eine Sequenz kann ihrerseits wieder eine Sequenz beinhalten.

Alternative Auswahl - <xsd:choice>

Soll aus einer Liste verschiedener Elemente **genau ein** Element für die Verwendung in der XML-Datei ausgewählt werden, wird <xsd:choice> verwendet:

```
<xsd:element name = "typ">
  <xsd:complexType>
    <xsd:choice>
      <xsd:element ref = "IT"/>
      <xsd:element ref = "NAWI"/>
      <xsd:element ref = "BWL"/>
    </xsd:choice>
  </xsd:complexType>
</xsd:element
```

In der angeführten Deklaration für das Element „typ" kann genau ein Kindelement aus der angeführten Liste („IT", „NAWI", „BWL") ausgewählt werden.

Innerhalb der Auswahlliste können andere Auswahllisten oder Gruppen enthalten sein.

Die Sequenz und die alternative Auswahl von Elementen können auch kombiniert werden. Im folgenden Beispiel ist ein Kindelement aus der Liste „IT", „NAWI" bzw. „BWL" und ein Kindelement „Glossar" gewählt:

```
<xsd:element name = "typ">
  <xsd:complexType>
    <xsd:sequence>
      <xsd:choice>
        <xsd:element ref = "IT"/>
        <xsd:element ref = "NAWI"/>
        <xsd:element ref = "BWL"/>
      </xsd:choice>
      <xsd:element ref = "Glossar"/>
    </xsd:sequence>
  </xsd:complexType>
</xsd:element>
```

Beliebige Auswahl - <xsd:all>

Manchmal soll eine beliebe Auswahl aus verschiedenen Kindelementen erfolgen können:

```
<xsd:element name = "typ">
  <xsd:complexType>
    <xsd:all>
      <xsd:element ref = "IT"/>
      <xsd:element ref = "NAWI"/>
      <xsd:element ref = "BWL"/>
      <xsd:element ref = "Glossar"/>
    </xsd:all>
  </xsd:complexType>
</xsd:element>
```

Im obigen Beispiel können die Elemente „IT", „NAWI", „BWL" und „Glossar" einmal oder nicht und in jeder beliebigen Reihenfolge innerhalb der Instanzdatei auftreten. Dabei darf allerdings kein Element öfter als einmal auftreten.

Elementgruppen - <xsd:group>

Mehrere Elemente können zu einer Elementgruppe zusammengefasst werden. Diese Gruppe kann dann an Stelle eines einzelnen Elements in das Inhaltsmodell eingefügt werden. Wir verwenden dazu das Schema-Element <xsd:group>:

```
<xsd:group name = NCName>
   Inhalt: (annotation?, (all | choice | sequence))
</xsd:group>
```

Im folgenden Beispiel soll eine Gruppe aus zwei Elementen deklariert werden, die schließlich in eine Auswahlliste anderer Elemente eingefügt wird:

```
  <xsd:group name = "Buch">
    <xsd:sequence>
      <xsd:element name = "Titel" type = "xsd:string"/>
      <xsd:element name = "Preis" type = "xsd:decimal"/>
    </xsd:sequence>
  </xsd:group>
..
  <xsd:element name = "Auswahl">
    <xsd:complexType>
      <xsd:choice>
        <xsd:element ref = "IT"/>
        <xsd:element ref = "Math"/>
        <xsd:element ref = "NAWI"/>
        <xsd:element ref = "Science"/>
        <xsd:element ref = "COM"/>
        <xsd:group ref = "Buch"/>
      </xsd:choice>
    </xsd:complexType>
  </xsd:element>
```

Damit kann in der XML-Instanz genau ein Element von „IT", „Math", „NAWI" „Science", „COM" oder „Buch" gewählt werden. Wird die Gruppe „Buch" gewählt, so müssen beide Elemente „Titel" und „Ladenpreis" einen Wert erhalten.

12.4 Beispiele

Anzahl der Elemente festlegen

Mithilfe der Attribute „minOccurs" und „maxOccurs" kann festgelegt werden, wie oft ein Element in der XML-Instanz der Schema-Datei auftreten darf:

```
<xsd:element ref = "buch" minOccurs = "0"
                          maxOccurs = "100"/>
```

In diesem Fall müssen in einer gültigen XML-Instanz entweder kein, ein oder mehrere, jedoch höchstens 100 „buch"- Elemente eingetragen sein. In der folgenden Tabelle werden einige Fälle beschrieben:

minOccurs	maxOccurs	Mögliche Anzahl der Elemente
0	0	Das Element darf nicht auftreten.
0	1	Das Element kann entweder ausbleiben oder einmal auftreten.
1	1	Das Element muss genau einmal auftreten.
0	unbounded	Das Element kann gar nicht, einmal oder beliebig oft auftreten.

Die möglichen Werte der Elemente sind eng an die Attribute „fixed" und „default" gekoppelt: Der Wert des Attributs „fixed" wird dem Element zugeordnet. Der Wert des Attributs „default" legt fest, welcher Wert dem Element zugeordnet wird, wenn es in der XML-Datei leer ist. Die Attribute „fixed" und „default" können niemals gleichzeitig angewendet werden.

Die Attribute „minOccurs" und „maxOccurs" können nicht für global deklarierte Elemente verwendet werden.

Anzahl der Attribute festlegen

Attribute sind für die Elemente in der XML-Instanz entweder verpflichtend, optional oder nicht zugelassen. Dies wird durch die folgenden Werte des Attributs „use" des Elements <xsd:attribute> bestimmt:

Attributwerte für use	Beschreibung
required	Attribut muss zwingend verwendet werden.
optional	Attribut kann auch wegbleiben.
prohibited	Attribut darf nicht verwendet werden.

Das Attribut „fixed" legt den Wert eines Attributs zwingend fest. Der Defaultwert des Attributs wird verwendet, wenn das Attribut in der XML-Instanz nicht angegeben wird. Die Attribute „fixed" und „default" können nicht gleichzeitig verwendet werden.

Einfache Datentypen und Attribute

Sobald wir einem Element, das aus einem einfachen Datentyp besteht, Attribute hinzufügen wollen, entsteht ein zusammengesetzter Datentyp:

```
<xsd:element name = "buecher">
   <xsd:complexType>
     <xsd:simpleContent>
       <xsd:extension base = "xsd:string">
          <xsd:attribute name = "titel" use = "optional"
                         type = "xsd:string"/>
       </xsd:extension>
     </xsd:simpleContent>
   </xsd:complexType>
</xsd:element>
```

Das Element <xsd:simpleContent> legt fest, dass als Inhalt des XML-Elements „buecher" nur Zeichenketten (und keine weiteren Elemente) vorkommen können. Das Attribut „titel" wird mithilfe des Elements <xsd:extension> als Erweiterung des so genannten „Basistyps string" deklariert.

Attributgruppen verwenden (<xsd:attributeGroup>)

Bestehende Attribute können zu einer Gruppe zusammengefasst werden. Elemente übernehmen diese Attribute gemeinsam mithilfe des Namens der Attributgruppe.

Beispiel:

```
<xsd:schema xmlns:xsd = "http://www.w3.org/2001/XMLSchema">
  <xsd:attributeGroup name = "seitenzahlAttr">
    <xsd:attribute name = "seitenformat" use = "required"
                   type = "xsd:string"/>
    <xsd:attribute name = "schrift" use = "optional"
                   type = "xsd:string"/>
  </xsd:attributeGroup>
 ...
```

Alle Attribute zum Element <xsd:attributeGroup> können im Abschnitt 12.5 „Referenz" nachgelesen werden. <xsl:attributeGroup> muss ein Kindelement von <xsd:schema>, also global definiert sein.

Diese Attributgruppe wird für die Deklaration des Elements „seitenzahl" verwendet:

```
  <xsd:element name = "seitenzahl">
    <xsd:complexType>
      <xsd:simpleContent>
        <xsd:extension base = "xsd:unsignedShort">
          <xsd:attributeGroup ref = "seitenzahlAttr"/>
        </xsd:extension>
      </xsd:simpleContent>
    </xsd:complexType>
  </xsd:element>
```

12.5 Referenz

Für die Beschreibung der XML-Schema-Elemente werden u.a. die im Abschnitt 12.2 angegebenen einfachen Datentypen verwendet.

Übersicht über XML-Schema-Elemente

xsd:all (siehe 12.3)

Verwendung: Inhaltsmodell (*content model*)

Legt fest, dass die enthaltenen Elemente im XML-Dokument beliebig verwendet werden dürfen.

```
<xsd:all id = ID
  maxOccurs = 1 : 1
  minOccurs = (0 | 1) : 1 >
    Inhalt: (annotation?, element*)
</xsd:all>
```

xsd:annotation

Verwendung: In allen XML-Elementen.

Erlaubt so genannte Anmerkungen für den Benutzer (*documentation*) oder für Prozessoren (*appinfo*).

```
<xsd:annotation id = ID >
   Inhalt: (appinfo | documentation)*
</xsd;annotation>
```

Beispiel:

```
<xsd:annotation>
  <xsd:documentation xml:lang="de">
    Beispiel-Schema. Kurs "Schemata - Instanzen".
    Melk, 2002.
  </xsd:documentation>
</xsd:annotation>
```

xsd:any

Verwendung: Inhaltsmodell (content model).

Lässt die Verwendung von beliebigem, wohlgeformtem XML-Code des angegebenen Namensraums zu.

```
<xsd;any  id = ID
  maxOccurs = (nonNegativeInteger | unbounded)  : 1
  minOccurs = nonNegativeInteger : 1
  namespace = ((##any | ##other) | List of (anyURI |
              (##tar  getNamespace | ##local)) )  : ##any
  processContents = (lax | skip | strict) : strict >
  Inhalt: (annotation?)
</xsd;any>
```

Attribute	Beschreibung
id	ID, eindeutiger Bezeichner
maxOccurs	Legt fest, wie oft das Element im XML-Dokument maximal vorkommen darf. Werte: nicht negative ganze Zahl, unbounded (Defaultwert: 1)
minOccurs	Legt fest, wie oft das Element im XML-Dokument mindestens vorkommen muss. Werte: nicht negative ganze Zahl (Defaultwert: 1)
namespace	Legt den Namensraum fest. Werte: ##any (Defaultwert) - jeder wohlgeformte XML-Code von irgendeinem Namensraum, ##other - jeder wohlgeformte XML-Code, der nicht zum aktuellen Namensraum gehört, anyURI, ##targetNamespace - XML-Code, der zum aktuellen Zielnamensraum gehört, ##local - jeder wohlgeformte XML-Code, der zu keinem Namensraum gehört.

Attribute	Beschreibung
processContents	Legt fest, was beim Validieren des XML-Dokuments mit dem entsprechenden Element geschehen soll. Werte: lax - falls ein XML-Schema vorhanden ist, muss es bei der Validierung verwendet werden. Es wird keine Fehlermeldung ausgegeben, falls kein XML-Schema vorliegt, skip - das Element muss nur wohlgeformt sein., strict (Defaultwert) - bei der Validierung muss ein XML-Schema verwendet werden.

xsd:anyAttribute

Verwendung:

Lässt die Verwendung beliebiger Attribute des angegebenen Namensraums zu.

```
<xsd:anyAttribute id = ID
  namespace = ((##any | ##other) | List of (anyURI |
               (##targetNamespace | ##local)) )  : ##any
  processContents = (lax | skip | strict) : strict>
  Inhalt: (annotation?)
</anyAttribute>
```

(vgl. <xsd:any>)

xsd:appInfo

Verwendung: Kindelement von <xsd:annotation>

Legt Informationen für Anwendungen (XML-Parser, Stylesheets u.a.) fest.

```
<xsd:appinfo source = anyURI>
   Inhalt: ({any})*
</xsd:appinfo>
```

xsd:attribute (siehe 12.3)

Verwendung:

Legt ein Attribut für die XML-Datei fest.

```
<xsd:attribute
   default = string
   fixed = string
   form = (qualified | unqualified)
   id = ID
   name = NCName
   ref = QName
   type = QName
   use = (optional | prohibited | required) : optional >
     Inhalt: (annotation?, (simpleType?))
</xsd:attribute>
```

Attribute	Beschreibung
default	Legt den Defaultwert fest. Der Defaultwert eines Elements wird verwendet, wenn das entsprechende Element im XML-Dokument leer ist. Der Defaultwert eines Attributs wird verwendet, wenn das Attribut im XML-Dokument nicht verwendet wird.
fixed	Bestimmt für Attribute einen festen, vorgegebenen Wert. Ist im XML-Dokument kein Attribut vorhanden, so wählt der Prozessor dennoch das Attribut mit dem vorgegebenen Wert. Das Attribut „fixed" und das Attribut „default" schließen einander aus.
form	Bestimmt, ob das entsprechende Attribut im XML-Dokument qualifiziert werden muss. Zu beachten ist, dass das Attribut „form" die globalen Einstellungen von „attributeFormDefault" bzw. elementFormDefault" überschreibt. Werte: qualified, unqualified (Defaultwert)
id	ID, eindeutiger Bezeichner

Attribute	Beschreibung
name	NCName, legt den Namen fest
ref	QName, referenziert ein schon bestehendes Attribut
type	QName, wählt den Datentyp aus
use	Legt fest, ob das entsprechende Attribut optional, nicht zugelassen oder zwingend erforderlich ist. Werte: optional (Defaultwert), prohibited, required

xsd:attributeGroup (siehe 12.4)

Verwendung: Kindelement von <xsl:schema>

Fasst Attributdeklarationen zusammen.

```
<xsd:attributeGroup id = ID
  name = NCName
  ref = QName >
  Inhalt: (annotation?, ((attribute | attributeGroup)*,
           anyAttribute?))
</xsd:attributeGroup>
```

xsd:choice (siehe 12.3)

Verwendung: Inhaltsmodell (*content model*)

Erlaubt die alternative Verwendung von Elementen .

```
<xsd;choice id = ID
   maxOccurs = (nonNegativeInteger | unbounded)  : 1
   minOccurs = nonNegativeInteger : 1 >
     Inhalt: (annotation?, (element | group | choice |
              sequence | any)*)
</xsd:choice>
```

xsd:complexContent

Verwendung: Definition von komplexen Datentypen

Legt fest, dass das Inhaltsmodell eines zusammengesetzten Typs (*complex type*, besteht aus Daten oder weiteren Elementen) erweitert oder eingeschränkt werden soll.

```
<xsd:complexContent id = ID
   mixed = boolean >
     Inhalt: (annotation?, (restriction | extension))
</xsd:complexContent>
```

xsd:complexType (siehe 12.3)

Verwendung: Inhaltsmodell

Ermöglicht die Deklaration zusammengesetzter Datentypen (*complex type*). Diese Datentypen werden aus Elementen und Attributen gebildet:

```
<xsd:complexType
   abstract = boolean : false
   block = (#all | Liste von (extension | restriction))
   final = (#all | Liste von (extension | restriction))
   id = ID
   mixed = boolean : false
   name = NCName >
     Inhalt: (annotation?, (simpleContent | complexContent
          | ((group | all | choice | sequence)?,
          ((attribute | attributeGroup)*, anyAttribute?))))
</xsd:complexType>
```

Attribute	Beschreibung
abstract	Legt fest, ob die Typdefinition im XML-Dokument erscheint. Werte: true, false (Defaultwert)
block	Legt fest, wie bestimmte Elementtypen oder Attribute von der Verwendung im aktuellen Element ausgeschlossen werden sollen. Werte: #all, extension, restriction
final	Legt fest, ob weitere Typen abgeleitet werden dürfen. Werte: #all, extension, restriction

Attribute	Beschreibung
id	ID, eindeutiger Bezeichner
mixed	Legt fest, ob ein Element sowohl Text als auch weitere Elemente enthalten darf. Werte: true, false (Defaultwert)
name	NCName

Komplexe Datentypen enthalten innerhalb der Typdefinitionen Elemente und Attribute. Mithilfe des Inhaltsmodells wird so die komplizierte Struktur einer XML-Datei nachgebildet.

xsd:documentation

Verwendung: Kindelement von <xsd:annotation>

Legt Informationen für den Benutzer fest.

```
<xsd:documentation
    source = anyURI
    xml:lang = language>
      Inhalt: ({any})*
</xsd:documentation>
```

(vgl. <xsd:annotation>)

xsd:element (siehe 12.3)

Verwendung: Kindelement von <xsd:schema> (globales Element) oder innerhalb des Inhaltsmodells

Legt die Verwendung eines Elements für die XML-Datei fest.

```
<xsd:element
  abstract = boolean : false
  block = (#all | (extension | restriction | substitution))
  default = string
  final = (#all | (extension | restriction))
  fixed = string
  form = (qualified | unqualified)
  id = ID
```

```
  maxOccurs = (nonNegativeInteger | unbounded)  : 1
  minOccurs = nonNegativeInteger : 1
  name = NCName
  nillable = boolean : false
  ref = QName
  substitutionGroup = QName
  type = QName >
  Inhalt: (annotation?, ((simpleType | complexType)?,
          (unique | key | keyref)*))
</xsd:element>
```

Attribute	Beschreibung
abstract	Legt fest, ob die Elementdeklaration im XML-Dokument verwendet werden kann. Werte: true, false (Defaultwert)
block	Legt fest, wie das Element von der Verwendung im XML-Dokument ausgeschlossen werden soll. Werte: #all, extension, restriction, substitution
default	Legt den Defaultwert fest
final	Legt fest, ob die weiteren Elemente abgeleitet werden dürfen. Werte: #all, extension, restriction
fixed	Bestimmt für Elemente einen festen vorgegebenen Wert. Ist im XML-Dokument kein Element vorhanden, so wählt der Prozessor dennoch das Element mit dem vorgegebenen Wert. Das Attribut „fixed" und das Attribut „default" schließen einander aus.
form	Bestimmt, ob das entsprechende Elemente im XML-Dokument qualifiziert werden muss. Zu beachten ist, dass das Attribut „form" die globalen Einstellungen von „attributeFormDefault" bzw. elementFormDefault" überschreibt. Werte: qualified, unqualified (Defaultwert)
id	ID, eindeutiger Bezeichner

Attribute	Beschreibung
maxOccurs	Legt fest, wie oft das Element im XML-Dokument maximal vorkommen darf. Werte: nicht negative ganze Zahl, unbounded (Defaultwert: 1)
minOccurs	Legt fest, wie oft das Element im XML-Dokument mindestens vorkommen muss. Werte: nicht negative ganze Zahl (Defaultwert: 1)
name	NCName, Name des Elements
nillable	Boolescher Wert, der festlegt, ob das Element im XML-Dokument das Attribut „nil" aufweisen darf
ref	QName, legt eine Referenz zu einem schon deklarierten Element (mithilfe seines Namens) fest
substitutionGroup	QName, erlaubt das Zusammenfassen von Elementen. Als Wert wird der Name eines bestehenden globalen Schema-Elementes („head element") angegeben. Die Elemente, die zusammengefasst werden, müssen entweder den gleichen Typ wie das „head element" oder einen davon abgeleiteten Typ haben.
type	QName, gibt den Namen eines integrierten Datentyps oder eines schon bestehenden benutzerdefinierten Datentyps an.

xsd:enumeration

Verwendung: <xsd:restriction>

Legt eine Aufzählung einzelner Werte fest.

```
<xsd:enumeration id = ID
   value = anySimpleType >
     Inhalt: (annotation?)
</xsd:enumeration>
```

Beispiel:

```
<xsd:element name = "Element">
  <xsd:simpleType>
    <xsd:restriction base = "xsd:string">
      <xsd:enumeration value = "Al"/>
      <xsd:enumeration value = "Br"/>
      <xsd:enumeration value = "Fe"/>
      <xsd:enumeration value = "O"/>
      <xsd:enumeration value = "Ra"/>
    </xsd:restriction>
  </xsd:simpleType>
</xsd:element>
```

Mit dieser Einschränkung können nur mehr Namen von Elementen angegeben werden, die in der Liste angeführt werden.

xsd:extension

Verwendung: <xsd:simpleContent>, <xsd:complexContent>

Erweitert einen bestehenden Typ.

```
<xsd:extension
    base = QName
    id = ID >
      Inhalt: (annotation?, ((attribute | attributeGroup)*,
                anyAttribute?))
</xsd:extension>
```

Beispiel:

```
<xsd:simpleContent>
    <xsd:extension base = "neuerTyp"/>
</xsd:simpleContent>
```

xsd:field

Verwendung: Als Kindelement von <xsd:unique>, <xsd:key>, <xsd:keyref> zusammen mit <xsd:selector>

Legt mithilfe des angegebenen XPath-Ausdrucks fest, welche Attribute oder Elemente der mit <xsd:selector> ausgewählten Elemente eindeutig sein müssen.

```
<xsd;field id = ID
   xpath = XPath-Ausdruck >
     Inhalt: (annotation?)
</xsd:field>
```

(Vgl. <xsd:key>, <xsd:unique>.)

xsd:group (siehe 12.3)

Verwendung: Als Kindelement von <xsd:all>, <xsd:choice> und <xsd:sequence>

Fasst Elementdeklarationen zu Gruppen zusammen.

```
<xsd:group name = NCName>
    Inhalt: (annotation?, (all | choice | sequence))
</xsd:group>
```

xsd:import

Verwendung: <xsd:schema>
Fügt einen Namensraum in das bestehende XML-Schema ein.

```
<xsd:import id = ID
   namespace = anyURI
   schemaLocation = anyURI >
     Inhalt: (annotation?)
</xsd:import>
```

xsd:include

Verwendung: <xsd:schema>
Fügt ein externes Schema ein.

```
<xsd:include id = ID
   schemaLocation = anyURI >
       Inhalt: (annotation?)
</xsd:include>
```

xsd:key

Verwendung: <xsd:element>

Legt Eindeutigkeit wie <xsd:unique> fest, verlangt aber zusätzlich, dass die mit <xsd:field> angegebenen Elemente bzw. Attribute im abgeleiteten XML-Dokument tatsächlich vorliegen (d.h., das betreffende Element darf nicht das Attribut nil=*"true"* aufweisen).

```
<xsd:key id = ID
   name = NCName >
     Inhalt: (annotation?, (selector, field+))
</xsd:key>
```

Attribute	Beschreibung
id	ID, eindeutiger Bezeichner
name	NCName; das Element <xsd:key> kann über diesen Namen von einem <xsd:keyref>-Element referenziert werden.

```
<xsd:key name = "modell">
   <xsd:selector xpath = ".//typ"/>
   <xsd:field xpath = "@bezeichnung"/>
</xsd:key>
```

Das Attribut „bezeichnung" der <typ>-Elemente muss eindeutig sein. Werden mehrere <xsd:field>-Elemente angegeben, so muss für jedes festgelegte Attribut bzw. Element Eindeutigkeit herrschen.

xsd:keyref

Verwendung: <xsd:element>

Mit <xsd:keyref> werden die mit <xsd:field> festgelegten Attribute bzw. Elemente der mit <xsd:selector> ausgewählten Elemente zum angegebenen Schlüssel referenziert.

```
<xsd:keyref id = ID
   name = NCName
   refer = QName >
```

```
    Inhalt: (annotation?, (selector, field+))
</xsd:keyref>
```

Attribute	Beschreibung
id	ID, eindeutiger Bezeichner
name	NCName
refer	QName; referenziert das entsprechende <xsd:key>-Element

xsd:length

Verwendung: Einschränkende Facette

Legt die Anzahl der Einträge für eine Zeichenkette oder Aufzählung fest.

```
<xsd:length
   fixed = boolean : false
   id = ID
   value = nonNegativeInteger >
     Inhalt: (annotation?)
</xsd:length>
```

xsd:list (vgl. 12.2)

Verwendung: <xsd:simpleType>, <xsd:complexType>

Legt einen Listentyp fest.

```
<xsd:list  id = ID
   itemType = QName >
     Inhalt: (annotation?, (simpleType?))
</xsd:list>
```

Attribute	Beschreibung
id	ID, eindeutiger Bezeichner
itemType	QName, legt den Basistyp für die Listenelemente fest (atomarer Datentyp oder kombinierter Datentyp)

Für Listentypen können die folgenden einschränkenden Facetten verwendet werden: <xsd:length>, <xsd:maxLength>, <xsd:minLength>, <xsd:>enumeration>, <xsd:pattern>, <xsd:whiteSpace>.

xsd:maxInclusive, xsd:maxExclusive

Verwendung: Einschränkende Facette

Legt die obere Schranke fest.

```
<xsd:maxInclusive
   fixed = boolean : false
   id = ID
   value = anySimpleType >
     Inhalt: (annotation?)
</xsd:maxInclusive>
```

<xsd:maxExclusive> wird analog verwendet, die angegebene Zahl darf aber nicht erreicht werden.

xsd:maxLength

Verwendung: Einschränkende Facette

Legt die größte Anzahl von Einträgen in einen Listentyp fest.

```
<xsd:maxLength
   fixed = boolean : false
   id = ID
   value = nonNegativeInteger >
     Inhalt: (annotation?)
</xsd:maxLength>
```

xsd:minInclusive, xsd:minExclusive

Verwendung: Einschränkende Facette

Legt die untere Schranke fest.

```
<xsd:minInclusive
   fixed = boolean : false
   id = ID
```

```
    value = anySimpleType >
      Inhalt: (annotation?)
</xsd:minInclusive>
```

<xsd:minExclusive> wird analog verwendet, allerdings darf der angegebene Wert nicht erreicht werden.

xsd:minLength

Verwendung: Einschränkende Facette

Legt die kleinste Anzahl von Einträgen in einer Zeichenkette, einer Aufzählung oder in einem Listentyp fest.

```
<xsd:minLength
    fixed = boolean : false
    id = ID
    value = nonNegativeInteger >
      Inhalt: (annotation?)
</xsd:minLength>
```

xsd:notation

Verwendung: <xsd:schema>

Ermöglicht eine NOTATION-Deklaration, um nicht XML-Werte als Entities zuzulassen.

```
<xsd:notation id = ID
    name = NCName
    public = anyURI
    system = anyURI >
      Inhalt: (annotation?)
</xsd:notation>
```

(Vgl. Abschnitt 3.4 „Externe Entities".)

xsd:pattern

Verwendung: Kindelement von <xsd:restriction>

Legt das Muster fest, das bei der Eingabe von XML-Daten erfüllt werden muss. Dieses Muster wird zweckmäßig mithilfe von regulären Ausdrücken festgelegt.

```
<xsd:pattern id = ID
   value = anySimpleType >
     Inhalt: (annotation?)
</xsd:pattern>
```

<table>
<tr><th>Elemente für reguläre Ausdrücke</th><th>Beschreibung</th></tr>
<tr><td>.</td><td>Jedes Zeichen außer \n („neue Zeile") und \r („Wagenrücklauf")</td></tr>
<tr><td>*</td><td>Der vorangehende Ausdruck tritt nicht oder mehrmals auf.</td></tr>
<tr><td>+</td><td>Der vorangehende Ausdruck tritt einmal oder mehrmals auf.</td></tr>
<tr><td>?</td><td>Der vorangehende Ausdruck tritt nicht oder einmal auf.</td></tr>
<tr><td>( )</td><td>Fasst ein Teilmuster zusammen</td></tr>
<tr><td>[ ]</td><td>Begrenzt eine Zeichenmenge. Falls als erstes Zeichen ein ^ auftritt, gilt das Gegenteil der angegebenen Zeichen.</td></tr>
<tr><td>{n}</td><td>Genau n-maliges Auftreten des vorangehenden Ausdrucks</td></tr>
<tr><td>{n,}</td><td>Mindestens n-maliges Auftreten des vorangehenden Ausdrucks</td></tr>
<tr><td>{n,m}</td><td>n- bis m-maliges Auftreten des vorangehenden Ausdrucks</td></tr>
<tr><td>{0,m}</td><td>Höchstens m-maliges Auftreten des vorangehenden Ausdrucks</td></tr>
<tr><td>|</td><td>Alternative Ausdrücke</td></tr>
<tr><td>\</td><td>Escapezeichen (etwa für n, r, t, ., -, *, +, ?, (,), [,], {, }, |)</td></tr>
<tr><td>\s</td><td>Whitespacezeichen</td></tr>
</table>

Elemente für reguläre Ausdrücke	Beschreibung
\S	[^\s]
\d	Ziffern [0-9]
\D	[^\d]
\p{X}	Legt eine Kategorie von Zeichen fest. Für X sind folgende Werte möglich: L[ultmo] - Buchstaben [uppercase, lowercase, titlecase, modifier, other] M[nse] - Markierungen [nonspacing, spacing combining, enclosing] N[dlo] - Ziffern [decimal digit, letter, other] P[cdseifo] - Satzzeichen [connector, dash, open, close, initial quote, final quote, other] Z[slp] - Trennzeichen [space, line, paragraph] S[mcko] - Symbole [math, currency, modifier, others] O[cfon] - andere [control, format, private use, not assigned]
\P{X}	[^\p{x}]

Beispiele:

```
<xsd:element name = "PLZ">
  <xsd:simpleType>
    <xsd:restriction base = "xsd:string">
      <xsd:pattern value = "[A-Z]-\d{4,5}"/>
    </xsd:restriction>
  </xsd:simpleType>
</xsd:element>
```

Damit wird festgelegt, dass der Inhalt des Elements „PLZ" aus genau einem Großbuchstaben und aus vier oder fünf Ziffern zwischen 0 und 9 bestehen muss.

```
    <xsd:pattern value = "ISBN \d-\d{4}-\d{4}-(\d|X)"/>
```

Dieses Muster bestimmt, dass zunächst die Zeichenfolge „ISBN", anschließend ein Leerzeichen, dann eine Ziffer gefolgt von einem Bindestrich, anschließend eine Vierergruppe von Ziffern, ein Bindestrich, eine zweite Vierergruppe von Ziffern, ein Bindestrich und schließlich eine Ziffer oder der Buchstabe X eingegeben werden muss.

xsd:redefine

Verwendung: <xsd:schema>

Ermöglicht das Überschreiben von extern definierten Schemata.

```
<xsd:redefine id = ID
    schemaLocation = anyURI >
      Inhalt: (annotation | (simpleType | complexType |
group | attributeGroup))*
</xsd:redefine>
```

xsd:restriction

Verwendung: <xsl:simpleType>, <xsl:complexType>

```
<xsd:restriction
    base = QName
    id = ID >
      Inhalt: (annotation?, (simpleType?, (minExclusive |
               minInclusive | maxExclusive | maxInclusive |
               totalDigits | fractionDigits | length |
               minLength | maxLength | enumeration |
               whiteSpace | pattern)*))
</xsd:restriction>
```

Schränkt den möglichen Wertebereich von Datentypen gemäß der angegebenen Bedingungen ein.

Attribute	Beschreibung
base	QName, Bezeichnung des Basisdatentyps
id	ID, eindeutiger Bezeichner

```
<xsd:element name = "titel">
  <xsd:simpleType>
    <xsd:restriction base = "xsd:string">
      <xsd:maxLength value = "25"/>
      <xsd:minLength value = "5"/>
    </xsd:restriction>
  </xsd:simpleType>
</xsd:element>
```

Mit dieser Einschränkung wird festgelegt, dass die Zeichenkette für das Element „titel" zwischen 5 und 25 Zeichen aufweisen muss.

xsd:schema

Verwendung: Wurzelelement für ein XML-Schema

Legt globale Eigenschaften des XML-Schemas fest.

```
<xsd:schema
    attributeFormDefault = (qualified | unqualified) :
unqualified
    blockDefault = (#all | List of (extension |
                   restriction | substitution))  : ''
    elementFormDefault = (qualified | unqualified) :
                   unqualified
    finalDefault = (#all | List of (extension |
                   restriction))  : ''
    id = ID
    targetNamespace = anyURI
    version = token
    xml:lang = language >
      Inhalt: ((include | import | redefine | annotation)*,
              (((simpleType | complexType | group |
              attributeGroup) | element | attribute |
              notation), annotation*)*)
</xsd:schema>
```

Attribute	Beschreibhng
attributeForm Default	Legt fest, ob lokal deklarierte Attribute unqualifiziert bleiben müssen. Werte: unqualified (Defaultwert), qualified
blockDefault	Legt fest, wie bestimmte Elementtypen oder Attribute für das gesamte XML-Schema ausgeschlossen werden sollen. Werte: #all, extension, restriction
elementForm Default	Legt fest, ob lokal deklarierte Elemente unqualifiziert bleiben müssen. Werte: unqualified (Defaultwert), qualified
finalDefault	Legt fest, welche Elementtypen oder Attribute für das ganze XML-Schema von der Verwendung im aktuellen Element ausgeschlossen werden sollen. Werte: #all, extension, restriction
id	Eindeutiger Bezeichner
targetNamespace	Legt den Zielnamensraum fest
version	Versionsbezeichnung
xml:lang	Legt die verwendete Sprache fest

xsd:selector

Verwendung: Als Kindelement von <xsd:unique>, <xsd:key> oder <xsd:keyref> gemeinsam mit <xsd:field>.

Wählt mithilfe des angegebenen XPath-Ausdrucks jene Elemente aus, deren mitmilfe von <xsd:field> festgelegten Attribute oder Elemente eindeutig sein müssen.

```
<xsd:selector id = ID
   xpath = XPath-Ausdruck>
     Inhalt: (annotation?)
</xsd:selector>
```

(vgl. <xsd:key>, <xsd:unique>)

xsd:sequence (siehe 12.3)

Verwendung: Inhaltsmodell (*content model*)

Legt die vorgegebene Reihenfolge von Elementen innerhalb eines zusammengesetzten Datentyps fest.

```
<xsd:sequence id = ID
   maxOccurs = (nonNegativeInteger | unbounded)  : 1
   minOccurs = nonNegativeInteger : 1 >
     Inhalt: (annotation?, (element | group | choice |
             sequence | any)*)
</xsd:sequence>
```

Attribute	Beschreibung
id	ID, eindeutiger Bezeichner
maxOccurs	Legt fest, wie oft ein Element in der XML-Datei auftreten darf. Werte: 0, eine positive ganze Zahl oder der Wert „unbounded" (Defaultwert: 1)
minOccurs	Legt fest, wie oft ein Element in der XML-Datei mindestens auftreten muss. Werte: 0 oder eine positive ganze Zahl (Defaultwert: 1)

xsd:simpleContent

Verwendung: Definition einfacher Datentypen

Legt fest, dass nur Zeichendaten und keine weiteren Elemente enthalten sind.

```
<xsd:simpleContent id = ID >
   Inhalt: (annotation?, (restriction | extension))
</xsd:simpleContent>
```

Beispiel:

```
   <xsd:element name = "DatenTyp" type = "KomplTyp"/>
   <xsd:complexType name = "KomplTyp">
```

```
      <xsd:simpleContent>
        <xsd:restriction base = "xsd:string">
          <xsd:pattern value = "ISBN \d-\d{4}-\d{4}-
                                (\d|X)"/>
        </xsd:restriction>
      </xsd:simpleContent>
    </xsd:complexType>
```

xsd:simpleType (siehe 12.2)

Verwendung: Inhaltsmodell

Dient zur Deklaration einfacher Datentypen, die von den vorgegebenen einfachen Datentypen abgeleitet sind.

```
<xsd:simpleType
    final = (#all | (list | union | restriction))
    id = ID
    name = NCName >
      Inhalt: (annotation?, (restriction | list | union))
</xsd:simpleType>
```

Attribute	Beschreibung
final	Legt fest, ob weitere Datentypen abgeleitet werden dürfen. Mögliche Werte: #all, list, union, restriction
id	ID, eindeutiger Bezeichner
name	NCName, Name für die Typdefinition

Hat das Attribut „final" den Wert „#all", dann sind keine weiteren Ableitungen dieses Typs möglich. Fehlt dieses Attribut, so wird das Verhalten der Ableitungen durch das Attribut „finalDefault" des Schema-Elements <xsd:schema> gesteuert.

xsd:union (vgl. 12.2)

Verwendung: <xsd:simpleType>, <xsd:complexType>

```
<xsd:union id = ID
```

```
  memberTypes = Liste von QName >
    Inhalt: (annotation?, (simpleType*))
</xsd:union>
```

Erlaubt das Ableiten eines kombinierten Datentyps von atomaren Datentypen, Listentypen und von anderen kombinierten Datentypen.

Attribute	Beschreibung
id	ID, eindeutiger Bezeichner
memberTypes	Liste von QName, Liste von Namen verschiedener Datentypen

Für Datentypen, die von kombinierten Datentypen abgeleitet werden, können die einschränkenden Facetten <xsd:pattern> und <xsd:enumeration> verwendet werden.

xsd:unique

Verwendung: <xsd:element>

Legt fest, dass ein Element oder Attribut innerhalb des Gültigkeitsbereiches eindeutig sein muss.

```
<xsd:unique id = ID
   name = NCName >
     Inhalt: (annotation?, (selector, field+))
</xsd:unique>
```

Das Element <xsd:selector> wählt anhand des angegebenen, einfachen XPath-Ausdrucks den Bereich aus, für den die Eindeutigkeit gelten soll. Das Feld <xsd:field> legt mit dem XPath-Ausdruck fest, welche Elemente oder Attribute einen eindeutigen Inhalt haben sollen.

```
<xsd:unique>
   <xsd:selector xpath="flieger/modelle"/>
   <xsd:field xpath="@bezeichnung"/>
</xsd:unique>
```

Die <flieger>-Kindelemente <modelle> müssen in diesem Fall das eindeutige Attribut „bezeichnung" haben. Mehrere <xsd:field>-Elemente können angegeben werden: In diesem Fall muss in allen ausgewählten Elementen bzw. Attributen Eindeutigkeit vorliegen.

Übersicht über XML-Schema-Attribute

abstract

Verwendung: <xsd:element>, <xsd:attribute>
Werte: *true, false* (Defaultwert: *false*)
Hat dieses Attribute den Wert „false", dann darf das Element oder Attribut im XML-Dokument erscheinen, andernfalls nicht.

attributeFormDefault

Verwendung: <xsd:schema>
Werte: *unqualified, qualified* (Defaultwert: *unqualified*)
Legt fest, ob lokal deklarierte Attribute unqualifiziert bleiben müssen.

base

Verwendung: <xsd:restriction>
Werte: einfacher Datentyp
Legt den Ausgangsdatentyp fest, der innerhalb eines <xsd:restriction>-Elements eingeschränkt werden soll.

block

4Werte: *#all, extension, restriction*
Legt fest, wie bestimmte Elementtypen oder Attribute von der Verwendung im aktuellen Element ausgeschlossen werden sollen.

Attributwert	Bedeutung
#all	extension, restriction

Attributwert	Bedeutung
extension	Erweiterung des gewählten Datentyps
restriction	Einschränkung des gewählten Datentyps

blockDefault

Verwendung: <xsd:schema>
Werte: *#all, extension, restriction*
Legt fest, wie bestimmte Elementtypen oder Attribute für das gesamte XML-Schema ausgeschlossen werden sollen.

default

Verwendung: <xsd:element>, <xsd:attribute>
Werte: Defaultwerte für das jeweilige Element oder Attribut.
Der Defaultwert eines Elements wird verwendet, wenn das entsprechende Element im XML-Dokument leer ist. Der Defaultwert eines Attributs wird verwendet, wenn das Attribut im XML-Dokument nicht verwendet wird.

elementFormDefault

Verwendung: <xsd:schema>
Werte: *unqualified, qualified* (Defaultwert: *unqualified*)
Legt fest, ob lokal deklarierte Elemente unqualifiziert bleiben müssen.

final

Verwendung: <xsd:complexType>
Werte: *#all, extension, restriction*
Legt fest, welche Elementtypen oder Attribute von der weiteren Ableitung ausgeschlossen werden sollen.

finalDefault

Verwendung: <xsd:schema>
Werte: *#all, extension, restriction*
Legt fest, welche Elementtypen oder Attribute für das ganze XML-Schema von der weiteren Ableitung ausgeschlossen werden sollen.

fixed

Verwendung: <xsd:attribute>, <xsd:element>, <xsd:simpleType>
Werte: *true, false* (Defaultwert: *false*)
Bestimmt für Attribute und Elemente einen festen vorgegebenen Wert. Ist im XML-Dokument kein Attribut vorhanden, so wählt der Prozessor dennoch das Attribut mit dem vorgegebenen Wert. Das Attribut „fixed" und das Attribut „default" schließen einander aus.

form

Verwendung: <xsd:element>, <xsd:attribute>
Werte: *unqualified, qualified* (Defaultwert: *unqualified*)
Bestimmt, ob das entsprechende Element bzw. Attribut im XML-Dokument qualifiziert werden muss. Zu beachten ist, dass das Attribut „form" die globalen Einstellungen von „attributeFormDefault" bzw. „elementFormDefault" überschreibt.

itemType

Verwendung: <xsd:list>
Werte: Typenbezeichner für einen bereits deklarierten Typ.
Referenziert entweder einen vorgegebenen einfachen Datentyp oder einen benutzerdefinierten Datentyp für die Erstellung von Listen.

memberTypes

Verwendung: <xsd:union>
Werte: Typenbezeichner für einen bereits deklarierten Typ.
Gibt eine Liste aller Datentypen für ein <xsd:union>-Element an.

maxOccurs

Verwendung: <xsd:element>
Werte: nicht negative ganze Zahl, *unbounded* (Defaultwert: 1)
Legt die maximale Anzahl des Auftretens des Elements in der XML-Datei fest. Der kleinste Wert ist 0, der Wert „unbounded" lässt beliebig viele Elemente zu. Der Wert des Attributs „maxOccurs" muss jedenfalls größer oder gleich dem Wert des Attributs „minOccurs" sein.

minOccurs

Verwendung: <xsd:element>
Werte: nicht negative ganze Zahl (Defaultwert: 1)
Legt die Mindestzahl fest, wie oft das Element in der XML-Datei auftreten muss. Der kleinste Wert ist 0.

mixed

Verwendung: <xsd:complexType>
Werte: *true*, *false* (Defaultwert: *false*)
Hat dieses Attribut den Wert „*true*", darf das Element sowohl Text als auch weitere Elemente enthalten.

name

Verwendung: <xsd:element>, <xsd:attribute>, <xsd:complexType>, <xsd:simpleType>, ...
Werte: Zeichenketten (*NCName*)
Legt den Bezeichner für die entsprechenden Elemente fest.

namespace

Verwendung: <xsd:all>, <xsd:include>
Werte: *##any, ##local, ##other*, URI (Defaultwert: *##any*)
Bezeichnet den Namensraum für das entsprechende Element. Die angeführten Werte haben folgende Bedeutungen:

Attributwert	Bedeutung
##any	Irgendein wohlgeformtes XML von irgendeinem Namensraum
##local	Irgendein wohlgeformtes XML, das nicht qualifiziert wurde (also in keinem Namensraum vorliegt)
##other	Irgendein wohlgeformtes XML, das nicht zum Ziel-Namensraum des Elements gehört
URI	Irgendein wohlgeformtes XML, das zu dem angegebenen Namensraum gehört

xsi:noNamespaceSchemaLocation

Verwendung: Instanzelement
Werte: URI
Legt den Namensraum für Dokumente fest, die keinen Zielnamensraum haben. Wird als Attribut im abgeleiteten XML-Dokument (XML-Instanz) verwendet.

> Das Präfix „xsi" wird für den Namensraum "http://www.w3.org/2001/XMLSchema-instance" verwendet. Dieser Namensraum wird üblicherweise beim Wurzelelement eines abgeleiteten XML-Dokuments (XML-Instanz) angegeben.

```
<buecher xmlns:xsi =
  "http://www.w3.org/2001/XMLSchema-instance"
   xsi:noNamespaceSchemaLocation =
  "file:///home/alfred/turbo/buch.xsd">
```

xsi:nil

Verwendung: Instanzelement (vgl. xsi:noNamespaceSchemaLocation)
Werte: *true, false* (Defaultwert: *false*)
Weist ein Schema-Element das Attribut „nil" mit dem Wert „*false*" auf, so müssen die Elemente im XML-Dokument einen Inhalt aufweisen. Hat es das Attribut „nil" mit dem Wert „*false*", so gilt das abgeleitete XML-Dokument auch dann als gültig, wenn das Element keinen Inhalt aufweist.

nillable

Verwendung: <xsd:element>
Werte: *true, false* (Defaultwert: *false*)
Ermöglicht, dass ein von diesem Element abgeleitetes XML-Element das Attribut „nil" enthält.

processContents

Verwendung: <xsd:any>, <xsd:anyAttribute>
Werte: *lax, skip, strict* (Defaultwert: *strict*)
Legt fest, was beim Validieren des XML-Dokuments mit dem entsprechenden Element geschehen soll. Dabei haben die Attributwerte folgende Bedeutung:

Attributwert	Bedeutung
strict	Bei der Validierung muss ein XML-Schema verwendet werden.

Attributwert	Bedeutung
skip	Das Element muss nur wohlgeformt sein.
lax	Falls ein XML-Schema vorhanden ist, muss es bei der Validierung verwendet werden. Es wird keine Fehlermeldung ausgegeben, falls kein XML-Schema vorliegt.

ref

Verwendung: <xsd:element>
Werte: Zeichenkette (*QName*)
Erlaubt die Referenz auf bereits bestehende Elementdeklarationen. Diese müssen global als Top-Level-Elemente (als Kindelemente vom Wurzelelement <xsd:schema>) vorliegen.

schemaLocation

Verwendung: <xsd:include>, <xsd:redefine>, <xsd:import>
Werte: URI
Legt den Namensraum fest. Die Verwendung dieses Attributs ist nur in Zusammenhang mit einem bereits definierten Namensraum sinnvoll.

xsi:schemaLocation

Verwendung: Instanzelement (vgl. xsi:noNamespaceLocation)
Werte: URI
Legt den Namensraum für das abgeleitete XML-Dokument fest. Die Verwendung dieses Attributs ist nur in Zusammenhang mit einem bereits festgelegten Namensraum sinnvoll.

substitutionGroup

Verwendung: <xsd:element>
Werte: Zeichenkette (*QName*)
Erlaubt das Zusammenfassen von Elementen. Als Wert wird der Name eines bestehenden globalen Schema-Elements („*head element*") angegeben. Die Elemente, die zusammengefasst werden, müssen entweder den gleichen Typ wie das „head element" oder einen davon abgeleiteten Typ haben.

targetNamespace

Verwendung: <xsd:schema>
Werte: URI
Legt den Zielnamensraum für ein XML-Schema fest.

type

Verwendung: <xsd:element>, <xsd:attribute>
Werte: Einfacher Datentyp, abgeleiteter Datentyp oder ein benutzerdefinierter Datentyp
Legt den Typ für den Inhalt des Elements oder den Typ des Attributs fest.

xsi:type

Verwendung: Instanz-Element (vgl. xsi:noNamespaceLocation)
Werte:Einfacher Datentyp, abgeleiteter Datentyp oder ein benutzerdefinierter Datentyp
Legt den Typ für den Inhalt des Elements oder Attributs fest.

use

Verwendung: <xsd:attribute>
Werte: *optional, prohibited, required* (Defaultwert: *optional*)

Legt fest, ob das entsprechende Attribut optional, nicht zugelassen oder zwingend erforderlich ist.

Attributwert	Bedeutung
optional	Attribut kann optional verwendet werden.
prohibited	Attribut kann nicht verwendet werden.
required	Attribut ist zwingend erforderlich.

xpath

Verwendung:<xsd:selector>, <xsd:field>
Werte: XPath-Ausdruck
Erlaubt die Eingabe eines XPath-Ausdrucks, der den Wert für das Attribut festlegt.

Anhang

A.1 Sprachcode gemäß ISO 639

Sprachfamilie	Sprache	Code
AMERINDIAN	AYMARA	ay
AMERINDIAN	GUARANI	gn
AMERINDIAN	QUECHUA	qu
ASIAN	BHUTANI	dz
ASIAN	BURMESE	my
ASIAN	CAMBODIAN	km
ASIAN	CHINESE	zh
ASIAN	JAPANESE	ja
ASIAN	KOREAN	ko
ASIAN	LAOTHIAN	lo
ASIAN	THAI	th
ASIAN	TIBETAN	bo
ASIAN	VIETNAMESE	vi
BALTIC	LATVIAN;LETTISH	lv
BALTIC	LITHUANIAN	li
BASQUE	BASQUE	eu
CELTIC	BRETON	br
CELTIC	IRISH	ga
CELTIC	SCOTS GAELIC	gd
CELTIC	WELSH	cy
DRAVIDIAN	KANNADA	kn

Sprachfamilie	Sprache	Code
DRAVIDIAN	MALAYALAM	ml
DRAVIDIAN	TAMIL	ta
DRAVIDIAN	TELUGU	te
ESKIMO	GREENLANDIC	kl
AMERINDIAN	INUPIAK	ik
FINNO-UGRIC	ESTONIAN	et
FINNO-UGRIC	FINNISH	fi
FINNO-UGRIC	HUNGARIAN	hu
GERMANIC	AFRIKAANS	af
GERMANIC	DANISH	da
GERMANIC	DUTCH	nl
GERMANIC	ENGLISH	en
GERMANIC	FAROESE	fo
GERMANIC	FRISIAN	fy
GERMANIC	GERMAN	de
GERMANIC	ICELANDIC	is
GERMANIC	NORWEGIAN	no
GERMANIC	SWEDISH	sv
GERMANIC	YIDDISH	ji
HAMITIC	AFAN (OROMO)	om
HAMITIC	AFAR	aa
HAMITIC	SOMALI	so
IBERO-CAUCASIAN	ABKHAZIAN	ab
IBERO-CAUCASIAN	GEORGIAN	ka
INDIAN	ASSAMESE	as
INDIAN	BENGALI;BANGLA	bn
INDIAN	BIHARI	bh
INDIAN	GUJARATI	gu

Sprachfamilie	Sprache	Code
INDIAN	HINDI	hi
INDIAN	KASHMIRI	ks
INDIAN	MARATHI	mr
INDIAN	NEPALI	ne
INDIAN	ORIYA	or
INDIAN	PUNJABI	pa
INDIAN	SANSKRIT	sa
INDIAN	SINDHI	sd
INDIAN	SINGHALESE	si
INDIAN	URDU	ur
INDO-EUROPEAN	ALBANIAN	so
INDO-EUROPEAN	ARMENIAN	hy
INTERNATIONAL AUX.	ESPERANTO	eo
INTERNATIONAL AUX.	INTERLINGUA	ia
INTERNATIONAL AUX.	INTERLINGUE	ie
IRANIAN	VOLAPUK	vo
IRANIAN	KURDISH	ku
IRANIAN	PASHTO;PUSHTO	ps
IRANIAN	PERSIAN (farsi)	fa
IRANIAN	TAJIK	tg
LATIN/GREEK	GREEK	el
LATIN/GREEK	LATIN	la
NEGRO-AFRICAN	HAUSA	ha
NEGRO-AFRICAN	KINYARWANDA	rw
NEGRO-AFRICAN	KURUNDI	rn
NEGRO-AFRICAN	LINGALA	ln
NEGRO-AFRICAN	SANGHO	sg
NEGRO-AFRICAN	SESOTHO	st

Sprachfamilie	Sprache	Code
NEGRO-AFRICAN	SETSWANA	tn
NEGRO-AFRICAN	SHONA	sn
NEGRO-AFRICAN	SISWATI	ss
NEGRO-AFRICAN	SWAHILI	sw
NEGRO-AFRICAN	TSONGA	ts
NEGRO-AFRICAN	TWI	tw
NEGRO-AFRICAN	WOLOF	wo
NEGRO-AFRICAN	XHOSA	xh
NEGRO-AFRICAN	YORUBA	yo
NEGRO-AFRICAN	ZULU	zu
OCEANIC/INDONESIAN	FIJI	fj
OCEANIC/INDONESIAN	INDONESIAN	in
OCEANIC/INDONESIAN	JAVANESE	jv
OCEANIC/INDONESIAN	MALAGASY	mg
OCEANIC/INDONESIAN	MALAY	ms
OCEANIC/INDONESIAN	MAORI	mi
OCEANIC/INDONESIAN	SAMOAN	sm
OCEANIC/INDONESIAN	SUNDANESE	su
OCEANIC/INDONESIAN	TAGALOG	tl
OCEANIC/INDONESIAN	TONGA	to
ROMANCE	CATALAN	ca
ROMANCE	CORSICAN	co
ROMANCE	FRENCH	fr
ROMANCE	GALICIAN	gl
ROMANCE	ITALIAN	it
ROMANCE	MOLDAVIAN	mo
ROMANCE	OCCITAN	oc
ROMANCE	PORTUGUESE	pt

Sprachfamilie	Sprache	Code
ROMANCE	RHAETO-ROMANCE	rm
ROMANCE	ROMANIAN	ro
ROMANCE	SPANISH	es
SEMITIC	AMHARIC	am
SEMITIC	ARABIC	ar
SEMITIC	HEBREW	iw
SEMITIC	MALTESE	mt
SEMITIC	TIGRINYA	ti
SLAVIC	BULGARIAN	bg
SLAVIC	BYELORUSSIAN	be
SLAVIC	CROATIAN	hr
SLAVIC	CZECH	cs
SLAVIC	MACEDONIAN	mk
SLAVIC	POLISH	pl
SLAVIC	RUSSIAN	ru
SLAVIC	SERBIAN	sr
SLAVIC	SERBO-CROATIAN	sh
SLAVIC	SLOVAK	sk
SLAVIC	SLOVENIAN	sl
SLAVIC	UKRAINIAN	uk
TURKIC/ALTAIC	AZERBAIJANI	az
TURKIC/ALTAIC	BASHKIR	ba
TURKIC/ALTAIC	KAZAKH	kk
TURKIC/ALTAIC	KIRGHIZ	ky
TURKIC/ALTAIC	TATAR	ti
TURKIC/ALTAIC	TURKISH	tr
TURKIC/ALTAIC	TURKMEN	tk
TURKIC/ALTAIC	UZBEK	uz

Sprachfamilie	Sprache	Code
[not given]	BISLAMA	bi
[not given]	MONGOLIAN	mn
[not given]	NAURU	na

A.2 Landescode gemäß ISO-3166

Land	Code
AFGHANISTAN	AF
ALBANIA	AL
ALGERIA	DZ
AMERICAN SAMOA	AS
ANDORRA	AD
ANGOLA	AO
ANGUILLA	AI
ANTARCTICA	AQ
ANTIGUA AND BARBUDA	AG
ARGENTINA	AR
ARMENIA	AM
ARUBA	AW
AUSTRALIA	AU
AUSTRIA	AT
AZERBAIJAN	AZ
BAHAMAS	BS
BAHRAIN	BH
BANGLADESH	BD
BARBADOS	BB
BELARUS	BY
BELGIUM	BE

Land	Code
BELIZE	BZ
BENIN	BJ
BERMUDA	BM
BHUTAN	BT
BOLIVIA	BO
BOSNIA AND HERZEGOWINA	BA
BOTSWANA	BW
BOUVET ISLAND	BV
BRAZIL	BR
BRITISH INDIAN OCEAN TERRITORY IO	IO
BRUNEI DARUSSALAM	BN
BULGARIA	BG
BURKINA FASO	BF
BURUNDI	BI
CAMBORDIA	KH
CAMEROON	CM
CANADA	CA
CAPE VERDE	CV
CAYMAN ISLANDS	KY
CENTRAL AFRICAN REPUBLIC	CF
CHAD	TD
CHILE	CL
CHINA	CN
CHRISTMAS ISLAND	CX
COCOS (KEELING) ISLANDS	CC
COLOMBIA	CO
COMOROS	KM
CONGO	CG

Land	Code
COOK ISLANDS	CK
COSTA RICA	CR
COTE D'IVOIRE	CI
CROATIA (Hrvatska)	HR
CUBA	CU
CYPRUS	CY
CZECH REPUBLIC	CZ
DENMARK	DK
DJIBOUTI	DJ
DOMINICA	DM
DOMINICAN REPUBLIC	DO
EAST TIMOR	TP
ECUADOR	EC
EGYPT	EG
EL SALVADOR	SV
EQUATORIAL GUINEA	GQ
ERITREA	ER
ESTONIA	EE
ETHIOPIA	ET
FALKLAND ISLANDS	FK
FAROE ISLANDS	FO
FIJI	FJ
FINLAND	FI
FRANCE	FR
FRANCE; METROPOLITAN	FX
FRENCH GUIANA	GF
FRENCH POLYNESIA	PF
FRENCH SOUTHERN TERRITORIES	TF

Land	Code
GABON	GA
GAMBIA	GM
GEORGIA	GE
GERMANY	DE
GHANA	GH
GIBRALTAR	GI
GREECE	GR
GREENLAND	GL
GRENADA	GD
GUADELOUPE	GP
GUAM	GU
GUATEMALA	GT
GUINEA	GN
GUINEA-BISSAU	GW
GUYANA	GY
HAITI	HT
HEARD AND MC DONALD	HM
HOLY SEE (VATICAN CITY STATE)	VA
HONDURAS	HN
HONG KONG	HK
HUNGARIA	HU
ICELAND	IS
INDIA	IN
INDONESIA	ID
IRAN	IR
IRAQ	IQ
IRELAND	IE
ISRAEL	IL

Land	Code
ITALY	IT
JAMAICA	JM
JAPAN	JP
JORDAN	JO
KAZAKHSTAN	KZ
KENYA	KE
KIRIBATI	KI
KOREA, DEMOCRATIC PEOPLE'S REPUBLIC OF	KP
KOREA, REPUBLIC OF	KR
KUWAIT	KW
KYRGYZSTAN	KG
LAO PEOPLE'S DEMOCRATIC REPUBLIC	LA
LATVIA	LV
LEBANON	LB
LESOTHO	LS
LIBERIA	LR
LIBYAN ARAB JAMAHIRIYA	LY
LIECHTENSTEIN	LI
LITHUANIA	LT
LUXEMBOURG	LU
MACAU	MO
MACEDONIA	MK
MADAGASCAR	MG
MALAWI	MW
MALAYSIA	MY
MALDIVES	MV
MALI	ML
MALTA	MT

Land	Code
MARSHALL ISLANDS	MH
MARTINIQUE	MQ
MAURITANIA	MR
MAURITIUS	MU
MAYOTTE	YT
MEXICO	MX
MICRONESIA	FM
MOLDOVA, REPUBLIC OF	MD
MONACO	MC
MONGOLIA	MN
MONTSERRAT	MS
MOROCCO	MA
MOZAMBIQUE	MZ
MYANMAR	MM
NAMIBIA	NA
NAURU	NR
NEPAL	NP
NETHERLANDS	NL
NETHERLANDS ANTILLES	AN
NEW CALEDONIA	NC
NEW ZEALAND	NZ
NICARAGUA	NI
NIGER	NE
NIGERIA	NG
NIUE	NU
NORFOLK ISLANDS	NF
NORTHERN MARIANA ISLANDS	MP
NORWAY	NO

Land	Code
OMAN	OM
PAKISTAN	PK
PALAU	PW
PANAMA	PA
PAPUA NEW GUINEA	PG
PARAGUAY	PY
PERU	PE
PORTUGAL	PT
PUERTO RICO	PR
QATAR	QA
REUNION	RE
ROMANIA	RO
RUSSIAN FEDERATION	RU
RWANDA	RW
SAINT KITTS AND NEVIS	KN
SAINT LUCIA	LC
SAINT VINCENT AND THE GRENADINES	VC
SAMOA	WS
SAN MARINO	SM
SAO TOME AND PRINCIPE	ST
SAUDI ARABIA	SA
SENEGAL	SN
SEYCHELLES	SC
SIERRA LEONE	SL
SINGAPORE	SG
SLOVAKIA	SK
SLOVENIA	SI
SOLOMON ISLANDS	SB

Land	Code
SOMALIA	SO
SOUTH AFRICA	ZA
SOUTH GEORGIA AND THE SOUTH SANDWICH ISLANDS	GS
SPAIN	ES
SRI LANKA	LK
ST. HELENA	SH
ST. PIERRE AND MIQUELON	PM
SUDAN	SD
SURINAME	SR
SVALBARD AND JAN MAYEN ISLANDS	SJ
SWAZILAND	SZ
SWEDEN	SE
SWITZERLAND	CH
SYRIAN ARAB REPUBLIC	SY
TAIWAN	TW
TAJIKISTAN	TJ
TANZANIA	TZ
THAILAND	TH
TOGO	TG
TOKELAU	TK
TONGA	TO
TRINIDAD AND TOBAGO	TT
TUNISIA	TN
TURKEY	TR
TURKMENISTAN	TM
TURKS AND CAICOS ISLANDS	TC
TUVALU	TV
UGANDA	UG

Land	Code
UKRAINE	UA
UNITED ARAB EMIRATES	AE
UNITED KINGDOM	GB
UNITED STATES	US
UNITED STATES MINOR OUTLYING ISLANDS	UM
URUQUAY	UY
UZBEKISTAN	UZ
VANUATU	VU
VENEZUELA	VE
VIETNAM	VN
VIRGIN ISLANDS (BRITISH)	VG
VIRGIN ISLANDS (U.S.)	VI
WALLIS AND FUTUNA ISLANDS	WF
WESTERN SAHARA	EH
YEMEN	YE
YUGOSLAWIA	ZW
ZAIRE	ZR
ZAMBIA	ZM
ZIMBABWE	ZW

A.3 Internet-Seiten

W3C-Referenzen

Inhalt	Adresse
W3C-Empfehlung zu DOM Level1	http://www.w3.org/TR/REC-DOM-Level-1/
W3C-Empfehlung zu DOM Level 2	http://www.w3.org/TR/REC-DOM-Level-2/
W3C-Empfehlung zu CSS2	http://www.w3.org/TR/1998/REC-CSS2-19980512
W3C-Empfehlung zu CSS2 als pdf-Datei	http://www.w3.org/TR/1998/REC-CSS2-19980512/css2.pdf.
W3C-Empfehlung Namensräumen	http://www.w3.org/TR/REC-xml-names
W3C-Empfehlung zu XLink	http://www.w3.org/TR/2000/REC-xlink-20010627
	http://www.w3schools.com/
Beispiele zu MathML	http://www.w3.org/Math/testsuite/
W3C-Empfehlung zu MathML (Version 2.0)	http://www.w3.org/TR/MathML2
W3C-Empfehlung zu SVG	http://www.w3.org/TR/SVG/
W3C-Dokument zu VoiceXML (Version 1.0)	http://www.w3.org/TR/voicexml
Working Draft zu VoiceXML (Version 2.0)	http://www.w3.org/TR/voicexml20
W3C-Empfehlung zu SMIL (Version 2.0)	http://www.w3.org/TR/smil20
W3C-Empfehlung SMIL-Animation	http://www.w3.org/TR/smil-animation
W3C-Empfehlung zu XPath (Version 1.0)	http://www.w3.org/TR/xpath

Inhalt	Adresse
W3C-Empfehlung zu XSLT (Version 1.0)	http://www.w3.org/TR/xslt
W3C-Empfehlung zu XML (Version 1.0)	http://www.w3.org/TR/REC-xml
W3C-Empfehlung zu CSS2	http://www.w3.org/TR/REC-CSS2
W3C-Empfehlung zu XSL (Version 1.0)	http://www.w3.org/TR/xsl/
W3C-Empfehlung zu XPointer (Version 1.0)	http://www.w3.org/TR/xptr
W3C-Empfehlung zu XML-Schema (Primer)	http://www.w3.org/TR/xmlschema-0/
W3C-Empfehlung zu XML-Schema (Structures)	http://www.w3.org/TR/xmlschema-1/
W3C-Empfehlung zu XML-Schema (Datatypes)	http://www.w3.org/TR/xmlschema-2/
W3C-Empfehlung zu XHTML (Version 1.0)	http://www.w3.org/TR/xhtml1
W3C-Empfehlung zu HTML 4.01	http://www.w3.org/TR/html401
W3C-Empfehlung zu XLink (Version 1.0)	http://www.w3.org/TR/xlink/
Amaya, XML-Editor und Browser	http://www.w3.org/Amaya

XML-Editoren

Inhalt	Adresse
SoftQuad, XMetal (XML-Editor)	http://www.softquad.com
SoftQuad, XMetal (XML-Editor)	http://www.xml.de
Amaya, XML-Editor und Browser	http://www.w3.org/Amaya
Antenna House Inc. (XSL-FO Formatierer)	http://www.antennahouse.com
Merlot, ChannelPoint Inc. (XML-Editor)	http://www.merlotxml.org

Inhalt	Adresse
Morphon Technologies B.V. (XML-Editor)	http://www.morphon.com
TIBCO Software Inc, TurboXML (XML-Editor)	http://www.extensibility.com
Altova GmbH, XMLSpy (XML-Editor)	http://www.xmlspy.com
Vervet Logic, XML-Pro (XML-Editor)	http://www.vervet.com
Wattle Software, XMLWriter (XML-Editor)	http://xmlwriter.net

Allgemeine XML-Themen

Inhalt	Adresse
XML-Projekt von Apache	http://xml.apache.org/fop http://v.hbi-stuttgart.de/~keitz/skripte/SMILTextbuch/Vorwort.htm http://v.hbi-stuttgart.de/tv/smil.html

Spezielle XML-Themen

Inhalt	Adresse
Ländercodes	http://sunsite.berkely.edu/amher/iso_639.html
IANA-Sprachcode	ftp://ftp.isi.edu/in-notes/iana/assignments/character-sets
David Megginson	http://www.megginson.com/SAX/
offizielle SAX-Webseite	http://www.saxproject.org/ http://www.w3schools.com/
XML-Projekt von Apache	http://xml.apache.org/fop
VoiceXML	www.voicexml.org
IBM VoiceXML for Direct Talk	www.alphaworks.ibm.com
Dienste über sprachgesteuerten Internetzugang	www.tellme.com
WAP-Forum	http://www.wapforum.org/

Inhalt	Adresse
IEEE Industry Standards and Technology Organization	http://www.ieee-isto.org
	http://v.hbi-stuttgart.de/~keitz /skripte/SMILTextbuch/Vorwort.htm
	http://v.hbi-stuttgart.de/tv/smil.html

Webseiten für Downloads

Inhalt	Adresse
Internet Explorer 6.0	http://www.microsoft.com/windows/ie
Xmetal	http://www.xml.de
XML-Spy	http://www.xmlspy.com
offizielle SAX-Webseite	http://www.saxproject.org/
Beispiele zu MathML	http://www.w3.org/Math/testsuite/
IBM VoiceXML for Direct Talk	www.alphaworks.ibm.com
SoftQuad, XMetal (XML-Editor)	http://www.softquad.com
SoftQuad, XMetal (XML-Editor)	http://www.xml.de
Amaya, XML-Editor und Browser	http://www.w3.org/Amaya
Antenna House Inc. (XSL-FO Formatierer)	http://www.antennahouse.com
Merlot, ChannelPoint Inc. (XML-Editor)	http://www.merlotxml.org
Morphon Technologies B.V. (XML-Editor)	http://www.morphon.com
TIBCO Software Inc, TurboXML (XML-Editor)	http://www.extensibility.com
Altova GmbH, XMLSpy (XML-Editor)	http://www.xmlspy.com
Vervet Logic, XML-Pro (XML-Editor)	http://www.vervet.com
Wattle Software, XMLWriter (XML-Editor)	http://xmlwriter.net

Stichwortverzeichnis

Symbole

A

B

C

D

Q

R

S

T

U

V

W

X